경계에 선 유교 지식인의 여성 담론

경계에 선 유교 지식인의 여성 담론

한국고전여성문학회 엮음

도서출판 월인

머리말

이 책은 19세기 말, 20세기 초 즉 근대 전환기 조선 여성 담론의 현실을 고찰하고자 하는 의도로 기획되었다. 근대 전환기 조선에서는 문명개화를 주장하는 사회적 담론과 국가적 필요가 만나면서 조선의 여성들도 근대 학교 교육을 받을 기회를 만들어 내고, 필요에 의해 여성도 엄연한 국가의 구성원으로, 국민의 일원으로 호명되었다. 갑오개혁으로 인해 축첩제도도 폐지되고 개가도 허용된 후이며, 여성의 독자 투고, 일본 유학, 자유연애 등이 신문이나 잡지 지면을 채우기도 하였다.

이 시기가 되면 재가금고법, 열녀 정려, 내외법 등등 유교 이데올로기에 의해 여성을 사회적으로, 성적으로 억압하고 차별하던 구시대의 마감과 함께 여성에 대한 유교적 담론이나 인식도 마감을 고하고, 남녀평등을 향한 시대가 열려갔던 것일까? 짐작하듯, 그렇지 않다. 이 시기 여성들은 여전히 유교적이고 가부장적이고 남성중심주의적인 문화 속에서 식민지 여성으로 살아가야 했다. 전교생 앞에서 대표 연설을 하던 신소설의 여학생 주인공도 학업과 결혼의 양자택일을 당연하게 받아들이고, 속아서 기생이 되고, 첩이 되어 평범하게 살다가 남동생을 맞닥뜨리자 성적 순결을 지키지 못 했다는 자책감에 자살하고 만다. 누가 뭐라고 한 사람도 없는데 말이다. 소설이 현실의 재현이라고 한다면 신소설에 재현되는 여성 현실은 조선 시대의 여성 현실에서 멀리 나아가지 못 한 것으로 보인다. 그 시대가 여성들에게 요구했던 것은 어떤 것이었을까?

당시까지 담론을 주도해 가던 이들은 유교 지식인이었고, 개화파 인물이라 할지라도 유교적 지식이 교양의 바탕을 이루고 있었다. 그러므로 당대의 여성 인식, 여성에 대한 사회적 담론을 고찰하기 위해서는 그때까지 담론의 흐름을 주도했던 유교 지식인들의 인식, 여성 담론을 살펴보는 것이 필요하다. 이 시기는 유교 지식인에 의해 여성 교육, 개가, 조혼, 미신타파, 정절 등 여성과 관련된 담론이 어느 때보다 활발하게 진행되었다. 하지만 이 시기 여성담론에 대한 연구는 개화파 지식인이나 신여성 쪽으로 편중되어 있어 전체적인 면모가 드러나지 않고 있다. 이 책은 이런 까닭으로 19세기 말, 20세기 초 조선의 유교 지식인들이 여성을 어떻게 인식하고 있었는가, 여성에 대한 당대의 담론은 어떻게 구성되어 있는가를 살폈다.

『경계에 선 유교 지식인의 여성 담론』은 크게 2부로 나뉘어 있다. 1부에서는 열녀 관련 글과 여성 교육의 내용을 검토하면서 당대 여성 인식의 전반을 다루었다. 섹슈얼리티는 정절 이데올로기 측면에서, 또 여성 교육은 어떤 여성상을 이상적 여성으로 간주했는가를 알 수 있는 근거가 되기 때문이다. 강성숙의 「19세기 여성 효열 담론 일고찰」에서는 열(烈)만이 아니라 효열(孝烈)을 기리고, 한 명의 열녀가 아니라 여러 대의 열녀들이 같이 거론되는 현상을 검토했고, 김경미의 「개화기 열녀전 연구」에서는 열녀의 열행이 기적담의 성격을 띠면서 신비화되는 측면과 당대 열녀가 아닌 과거의 열녀를 다시 거론하는 현상이 나타남을 지적하였다. 이는 이미 개화기에 들어서면 조선시대처럼 종사형 열녀가 많이 등장하지 않게 된 현실을 반영하는 것으로 보았다. 홍인숙의 「경학원 열녀전」은 조선총독부 직속기관이던 경학원의 경학원잡지에 수록된 열녀전을 대상으로 검토한 것이다. 홍인숙은 이 열녀전들이 일본 제국주의 권력이 식민지 유림을 포섭하고 지배하기 위한 일제의 매개체에 해당하는 성격을 띤다고 보았다.

김기림의 「규범요감에 관한 일고찰」과 황수연의 「19~20세기 초 규훈서 연구」는 여성 교육에 대한 내용이다. 전자는 전우의 제자인 유영선의 『규범요감』을 검토한 것으로, 『규범요감』에서는 종사형 열녀가 아닌 효열부를 강조했고, 여성들의 덕목으로 충을 포함하였다. 후자는 조선시대 규훈서가 유교 이념의 보급, 내재화에 중점이 놓이는 반면 19세기 말, 20세기 초 규훈서는 유교 윤리로 무너지는 국가와 윤리의 기강을 바로 세우는 것이 목표였음을 밝혔다.

2부는 19세기 말, 20세기 초 유교지식인들의 여성 인식을 개별적으로 접근한 논문들을 수록한 것이다. 각각의 글을 모아 보면, 위정척사파에 속하는 유교 지식인들이 주장했던 여성 담론의 성격이 귀납적으로 드러나게 될 것이다. 19세기 영남 성리학의 계보를 잇는 유치명, 화서 이항로와 화서학파에 속하는 유인석, 대마도에서 순절한 최익현, 강화학파의 전우, 호남 유림의 인식을 살필 수 있는 기우만, 기호의 유림이었던 김택영, 그리고 아예 은거하며 성리학적 도를 지키는 방법을 택한 조긍섭 등 8명의 유교 지식인들의 여성 인식을 고찰하였다.

근대 전환기 여성 담론을 주도했을 유교 지식인들의 글에 나타난 여성 인식을 종합해 본 결과, 그들은 여전히 조선적 질서, 성리학적 질서를 그대로 지키고자 노력했고 여성이 남편을 따라 죽는 것보다 살아남아서 집안을 지킬 것까지를 포함하여 의미를 부여했다. 즉 이 시대에는 여성의 가정 경영 능력, 경제활동의 필요가 열행과 결부되었으며 효열의 수행을 강조하는 것 또한 이 맥락 위에서 해석 가능하다. 그 한편 여성의 과도한 노동에 대해 지적하고 여성에 대한 기록을 중시한 의식을 보여주기도 한다. 또 여성이 민족을 상징하는 비유가 되면서 여성 담론이 반외세론의 담론, 민족적 주체를 정립하는 문제와 맞물리기도 한다. 근대 전환기의 여성 담론은 여성의 섹슈얼리티를 성리학적 질서와 민족의 상징으로 삼고, 효열 수행을 통해서는 가족과 가문 유지를 위해 더 많은 의무를 부여하는 쪽으로 강화하였음을 알 수 있다. 동시대의 한 편에서는 근대 제도 교육을 통한 여성 교육의 강조, 신여성의 등장, 공적 주체로서의 여성에 대한 인정 등의 담론이 있지만, 보다 전통적이고 일상에 영향력을 지녔던 유교 지식인들의 담론은 오히려 여성이 근대적 주체로 서는 것을 억압하는 방향으로 전개되고 있었던 것이다. 그리고 가정이라는 미시적 질서를 통해 통제되었을 여성에 대한 이러한 인식 태도는 그 이후로도 상당한 영향력을 지녔을 것으로 보인다.

이 책은 『조선시대의 열녀담론』(2002), 『고전문학과 여성화자, 그 글쓰기의 전략』(2003), 『한국 고전문학 속의 가족과 여성』(2007)에 이어 한국고전여성문학회에서 펴내는 네 번째 기획서로, 2016년 전반기의 준비 단계를 거쳐 6월부터 2017년 2월까지 진행된 한국고전여성문학회 콜로키움 '한말 지식인의 여성담론'에서 축적된 결과물을 책으로 출간해 낸 것이다. 콜로키움의 결과, 근대 전환기의 여성 담론이 오히려 유교적 질서를 더 강화하는 방향으로 기여했고 이는 조선이 근대로 진입했어도 여성들의 역사는 여전히 전근대에 머물도록 하는 사회적 억압으로 작동했을 가능성을 확인할 수 있었다. 이 같은 여성 인식은 국가의 존망을 바라보면서 나름의 방식으로 치열하고 진지하게 고민했던 근대 전환기 유교 지식인들의 사유의 한 단면이기도 하다는 점에서 씁쓸한 감을 부정하기 어렵다. 젠더 갈등은 오늘날 한국 사회에서 풀어야 할 사회적 문제 중 하나이다. 근대 전환기 유교 지식인들의 여성 담론에 대한 고찰이 21세기 한국 사회의 기저를 흐르는 유교적 가부장제 의식을 어떤 맥락에서 어떻게 풀어야 할지에 대해 하나의 지침이 될 수 있기를 기대한다.

2017년 3월,

한국고전여성문학회 회장 조혜란

제1부

조선 여성의 재생산 : 섹슈얼리티의 단속과 여성 교육

개화기 열녀전 연구*

김경미

1. 개화기, 전통 여성담론의 행방

열녀는 열을 수행한 여성을 의미한다. 그런데 조선의 열녀는 대부분 열을 수행하는 과정에서 죽음을 택했다. 열녀전은 이처럼 유교 이념인 열을 수행하다 죽은 여성에 대한 기록으로, 열녀전은 조선시대 여성 담론 가운데에서 가장 중요한 기록이라 할 수 있다.[1] 따라서 열녀전은 그것이 기록된 시기의 여성관과 유교 이념의 추이, 그리고 이와 관련된 사회상을 살필 수 있는 중요한 자료로 평가되어 왔다. 특히 근래에 들어 여성주의적 연구가 활발해지면서 열녀전은 새롭게 연구 대상으로 떠올랐고, 그 결과 열녀의 유형이나 시대에 따른 열 관념의 변화, 열행(烈行)의 이데올로기적 성격이 밝혀졌다.[2] 이와 아울러 〈종용록〉과 같은 새로운 자료가 발굴되어 열녀의 내면세계가 조명되기도 했으며,[3] 한시나 설화, 소설 등에 나타난 열녀 형상에 대해서도 광범위하게 논의가 이루어졌다.[4]

이 글은 개화기[5]에 창작된 열녀전을 대상으로 전통 여성 담론의 행방을 추적하는 것을 목표로 한다. 그런데 개화기와 열녀전의 조합은 어딘지 어색한 느낌을 주거나, 무의미하게 혹은 모순되게 여겨진다. 그 이유는 열녀전이라는 텍스트의 전통 지향성이, 근대적 지향이 강하게 부각되는 개화기라는 시대와 부정합적인 관계로 연결되는 듯한 느낌을 주기 때문이다. 따라서 신여성 담론을 중심으로 구성되어 있는 개화기 여성 담론의 지형도에서 개화기 열녀전은 부적절하거나 주변적인 자료로 보일 수밖에 없는 것이다. 물론 개화기 열녀전에서 드러나는 여성상은 개화기의 새로운 여성상으로 떠올리는 '신여성'과 여러 모로 충돌하는 것임에 틀림없다. 그러나 담론의 성격으로 볼 때 열녀 담론과 신여성 담론이 과연 충돌하는 가치를 표명하고 있는지, 아니면 서로 다른 가치가 아니라 동일한 가치를 표명하고 있는 것인지는 보다 구체적으로 살펴볼 필요가 있다.

개화기 열녀전은 30편 정도 남아 있으며, 이는 현재까지 조사된 열녀전 작품이 140여 편이라는 자료 전반의 사정을 염두에 둘 때 양적으로도 적지 않은 비중을 차지한다. 작가들도 유인석, 전우, 황현, 김택영, 곽종석 등 개화기의 대표적인 문인, 학자들이다. 또 개화기 열녀전은 전대의 열녀전과 비교할 때 입전 동기나 서사 방식 등에서도 일정한 차이를 드러낸다. 이러한 차이는 이 열녀전들이 개화기라는 특정한 변화의 시대에 창작되었다는 것과 분명 관련이 있을 것이다.

지금까지 개화기에 기록된 열녀전은 별도의 연구 대상이 되지 못하고 조선 후기 열녀전과 함께 다루어져 왔다. 그러나 개화기는 이 시기를 둘러싼 다양한 명칭이 말해주듯 유교를 중심으로 한 전통 담론이 지속되는 한편, 개화, 애국, 계몽 등을 핵심으로 하는 다양한 담론들이 활발하게 생성되고 충돌한 시기이다. 따라서 개화기라는 시대에 기록된 열녀전은 여성 담론으로서 새로운 의미망을 형성했을 것으로 생각된다. 이 글에서는 개화기 열녀전을 별도의 연구 대상으로 설정하고 그 특성과 시대적 의미를 고찰하고자 한다.

개화기 열녀전 연구는 개화기라는 시기에 기존의 가치와 새로운 가치가 어떻게 충돌하였는지 그 양상을 살필 수 있는 논의의 출발이 될 수 있을 것으로 생각되며, 이는 주로 신여성을 중심으로 논의되었던 개화기 여성 담론 연구를 보완하는 논의가 될 수 있을 것으로 생각된다. 뿐만 아니라 이 논의를 통해 전통 서사 양식인 열녀전의 말기적 모습을 살핌으로써 유교 이념을 선양하는 양식이었던 '전'의 말기적 양상을 살필 수 있을 것이다. 이는 여성관에만 국한된 문제가 아니라 전의 역사적 전개나 기존의 이념이 쇠퇴하면서 새로운 이념 즉 근대적 이념이 형성되어 가는 과정을 설명하는 데에도 유용한 논의가 될 것으로 생각된다.

2. 개화기 열녀전 자료 개관

개화기와 근접한 시기에 살았던 노사(蘆沙) 기정진(奇正鎭, 1798~1879), 성재(性齋) 허전(許傳, 1797~1886) 이후부터 백암(白巖) 박은식(朴殷植, 1859~1925)의 전집까지 조사한 결과 그 속에 실려 있는 열녀전 작품들을 아래와 같이 정리하였다. 앞으로 문집이 정리되면서 열녀전이 더 조사될 것으로 생각되지만, 이 글에서 대상으로 한 열녀전 작가들 속에 이 시기를 대표할 만한 유학자들은 모두 포함되어 있으므로 당대 유학자들의 여성 인식을 대표하는 것으로 보아도 무방할 것으로 보인다.[6]

문집 외에 이 시기에 편찬된 위암 장지연(1864~1921)의 『일사유사』와 이능화(1869~1945)의 『조선여속고』에도 열녀에 대한 기록이 다수 실려 있다. 그러나 이 두 책에서의 기록들은 이전의 열녀전 기록을 재수록한 경우가 대부분이어서 아래 표에 포함시키지 않았다.

번호	작가	작품	문집
1	전우 (1841~1922)	〈절부김씨전〉(1884) : 평민, 수절	간재사고
		〈김열부전〉(1905) : 평민, 자결	
		〈김절부전〉(1906) : 양반, 자결	
		〈이열녀전〉(1906) : 평민, 자결	
		〈오문이절부전〉(1906) : 평민, 수절	
		〈전불관전〉(1898) : 기생, 자결	
2	유인석 (1842~1915)	〈열녀유인이씨전〉(1901년경) : 양반, 자결	의암집
		〈열부유씨전〉 : 양반, 수절	
		〈열부김씨전〉 : 양반, 수절	
		〈열부양씨전〉 : 양반, 자결	
		〈열녀여종연덕전〉 : 천민, 자결	
		〈효열부양씨전〉 : 양반, 수절	
3	곽종석 (1846~1919)	〈홍열부전〉(1913) : 양반, 자결	면우집
		〈송열부전〉(1905) : 양반, 자결	
4	김택영 (1850~1927)	〈열녀김이익 이씨전〉 : 본관 모름. 자결	중편한대숭양기구전
		〈열녀차상민처 김씨·박석규처 황씨·고준실처 송씨전〉 : 양반·평민, 복수, 자결	
		〈열녀현석기처 김씨전〉 : 평민, 자결	
		〈이한석처 김씨〉 : 양반, 남편 대신 죽음	숭양기구전
		〈김이상처 이씨·김이서처 양씨〉 : ?, 자결	숭양기구전(고려대본)
		〈조열부전〉 : 양반, 수절	소호당집
5	황현 (1855~1910)	〈벽열부전〉 : 천민, 자결	매천전집속집
6	김재홍 (1867~1939)	〈열부신씨전〉(1920년경) : 평민, 수절	수오재선생문집
7	정재규 (1843~1911)	〈칠열부전〉 : 양반, 수절	노백헌집
		〈절부강씨전〉 : 양반, 자결	
8	정재필(?)	〈열부유인양씨전〉 : 양반, 수절	미재집
		〈열부유인이씨전〉 : 양반, 자결	
		〈열부유인정씨전〉 : 양반 수절	
		〈열부나씨전〉 : 양반, 자결	
9	송호언(?)	〈열부김씨전〉(1904년 이후) : 양반, 죽음	종용록

위에 제시한 열녀전 작가들 가운데 생애가 자세하게 알려지지 않은 김재홍, 정재규, 정재필, 송호언 등을 제외한 나머지 작가들은 호남의 학맥을 대표했던 간재 전우와 기호의 학맥을 이으면서 위정척사론을 대표했던 의암 유인석 등 19세기 말 20세기 초반의 대표적인 유학자들이다. 간재 전우는 임헌회를 이어 노론 산림을 대표하는 유학자이고, 의암 유인석은 화서 이항로를 이은 위정척사론자로서 의병활동을 했던 실천적인 유학자이다. 영남 남인 출신으로 의병, 독립 투쟁에 나섰던 면암 곽종석, 개성 출신으로 한말 문장가로 손꼽혔던 창강 김택영, 호남 출신의 선비로 1910년 일제에 의해 나라를 빼앗기자 자결한 한말의 문장가 매천 황현 등도 모두 전통적인 유학자들이다. 그런데 열녀전 작가들 가운데 서울 출신의 작가는 거의 없고 모두가 지방 출신의 유학자들로 애국적 경향이 강한 인물들이라는 점이 특징적이다. 이는 아마도 서울 경기 출신의 사람들이 다른 지방에 비해 근대 교육을 적극적으로 받아들여 서구 문명을 일찍 받아들인 것과 관련이 있을 것으로 생각된다.[7]

열녀전의 작가들은 유학을 근본으로 하고 있지만 각각의 학문적 경향이나 정치의식에서는 차이를 드러낸다. 임헌회-전우 계열은 세도정권에 추종하여 시사에 대한 언급을 회피하고, 사회 모순과 비리를 묵인했으며 국망(國亡)에 대해서도 자정론(自靖論)을 내세우는 소극적인 태도를 취한다.[8] 그런가 하면 매천의 경우 당대 세도정권에 의해 주도된 조정의 부패를 보고는 과거시험을 포기한 채 학문에 전념했고, 나라가 망하자 목숨을 끊은 지사였다. 따라서 이들에 대한 후대의 평가도 물론 상이하다. 이처럼 개화기 열녀전의 작가들은 당대 유학을 대표한 인물들로 학파가 다르고 학문적 지향도 다르다. 이들이 남긴 열녀전에도 이러한 차이가 드러나 있다. 그러나 이 글에서는 이 시대에 나온 열녀전 전반의 특성에 주목하고자 하기 때문에 개별 작가의 차이를 자세히 다루지는 않는다.

열녀의 신분을 보면 양반이 18명으로 가장 많고, 나머지는 평민, 기생, 여종 등이다.[9] 열행의 양상도 남편을 따라 순절한 경우가 가장 많다. 그

중 송호언의 전에 나오는 열녀는 남편의 죽음을 애통해 하다 가슴이 막혀 죽은 경우인데, 역시 죽음으로 열행을 마감했다는 점에서는 순절의 경우와 동일하다. 이 시기에 나온 열녀전의 전반적인 성격은 전대에 비해 길이가 짧아졌다는 점이다. 그것은 한 사람이 여러 명의 열녀를 입전하고 있는 것과도 관련이 있을 것이다. 전우나 정재필이 쓴 열녀전의 경우 사건은 매우 간단하게 서술되어 있으며, 대신 작가의 말에 해당하는 찬이 길어졌다. 김택영의 열녀전은 삭제되었다가 다시 부록으로 기록되는 등의 과정을 거치면서[10] 내용상 첨삭이 가해지고 길이도 달라지는 것을 볼 수 있다.[11] 그러나 김택영의 열녀전 역시 대체로 사건 위주로 기술되어 있고, 길이가 짧은 편이다.[12]

이상의 개관을 바탕으로 다음 장에서는 입전 대상, 입전의 동기, 서술 태도, 열행 또는 열녀에 대한 태도를 중심으로 개화기 열녀전의 특성과 의미를 살펴볼 것이다. 다음에 논의할 특성은 바로 전대에 해당하는 조선후기 열녀전과 비교할 때 상대적으로 그러하다는 의미이다.

3. 개화기 열녀전의 특성

1) 발굴/정리되는 열녀

개화기 열녀전의 입전 대상을 보면 지난 시대의 인물이 많다는 점이 특징적이다. 물론 50년, 100년 전의 열행을 기록하는 것이 이 시기에 와서 처음 있는 일은 아니다. 그러나 개화기 열녀전의 경우, 조선시대에 입전된 열녀전에 비해 개화기 당대의 열녀보다는 과거 시대의 열녀를 발굴하여 입전한 경우가 상대적으로 많아졌다는 것이다. 이는 무엇보다도 그 당시에 이미 열행을 위해 자결하는 여성이 많지 않았던 것과도 관련이 있을 것으로 생각된다. 또 창강의 예에서 보듯 당시의 국가적 위기를 극복할 방안으로 충절이나 정절을 지킨 인물들을 의도적으로 찾아서 기록한 것과도 관련이 있을 것으로 생각된다. 간재도 인인(仁人)과 군자가 열절을 반드시 찾아내서 기록하여 그 숨겨진 열행을 드러내고 감동을 주어 격려해야 한다(必爲搜訪而記載之, 以闡其幽烈而感勵)고 하며 열절을 찾아서 기록할 것을 강조하였다.

발굴/정리되는 열녀의 예를 보면, 전우의 〈절부김씨전〉은 희명이라는 인물의 5대조 할머니인 김절부의 일을 기록한 것이고, 유인석의 〈열부양씨전〉은 유인석의 친구인 김순범의 큰어머니의 일을 기록한 것으로 50년 전에 있었던 일이다. 유인석의 〈열녀여증연덕전〉 역시 백 년 전에 있었던 일을 기록한 것이다. 정재규의 〈칠열부전〉은 선대에 자기 집안에서 배출된 일곱 열녀를 한꺼번에 입전한 것이다. 김택영의 〈열녀차상민처 김씨·박석규처 황씨·고준실처 송씨전〉에서 차상민 처 김씨는 창강의 7대 고모이니 200년 이상의 과거로 거슬러 올라가며, 황씨나 송씨는 어느 때 사람인지도 모른다. 이들의 일은 『일사유사』, 『조선여속고』 속의 조선의 열녀에도 실려 있는데 황씨나 송씨의 일은 구전으로 전해지다가 창강에 의해 기록되고, 이것이 이후에 나온 다른 책에도 오르게 된 것으로 보인다. 또 〈열녀현석기처 김씨전〉의 김씨 역시 정조 때 사람이다.

다음 유인석의 열녀전 일부를 보기로 한다.

> 조선국 황해도 평산 한천리의 선비인 신씨 집에 연덕이라고 부르는 여종이 있었다. 남편이 죽었을 때 연덕의 나이 스무 살로 갓 아이를 낳았을 때였다. 장례를 치른 뒤에 상전이 "개가하라"고 하자 연덕이 울면서 "소상 때까지 기다려 주십시오" 하더니 소상을 치른 뒤에는 또 "대상 때까지 기다렸다가 상을 마치게 해주십시오"라고 애걸했다. 상이 끝나자 약을 마시고 죽었다. 이 일은 백 년 전에 있었던 일이지만 지금도 사람들의 입에 오르내린다. 그가 천민이었기 때문에 나라에서는 정려를 내리거나 포상하지 않았다고 한다.[13]

위 예문은 〈열녀 사비 연덕전〉의 일부이다. 작가는 여종 연덕의 이같은 열행이 백 년 전에 일어난 일인데도 아직도 사람들의 입에 오르내리는 일이라고 하며 이를 입전하였다. 백 년 전의 일을 기술하다 보니 '상전의 개가 명령을 미루다가 자결했다'는 기본 서사만이 간략하게 전달되어, 이전 시대 열녀전이 가지고 있던 서사적 성격이 약화되어 있는 양상을 드러낸다.

유인석은 과거의 열녀를 통해서라도 조선이 천하의 예의지국이라는 것을 확실하게 드러내고 싶어한다. 〈열부유인이씨전〉에서 그는 중국에서도 남편을 따라 죽는 부인이 없는데 우리나라에는 천백이나 된다고 하면서 "일찍이 『동국풍화록』을 지어 도학사업을 펼치고 절의와 충·효·열을 기록하여 천하 후세에 남기고, 아울러 만국의 오랑캐들에게도 보여서 우리나라를 공경하며 따르게 하려 했다"[14]고 하였다. 유인석이 이처럼 『동국풍화록』을 지으려 한다는 것을 듣고 유인석의 동문이었던 신씨는 자신의 5대조 할머니의 열행록을 보내주기도 했다.[15]

이처럼 과거의 열녀를 현재로 끌어내어 열녀전을 짓거나 숨겨진 열행을 적극적으로 드러내려고 하는 현상은 이 시기 열녀전의 창작 상황을 일정 부분 짐작하게 해준다. 개화기의 작가들이 50년 전, 또는 100년 전의 열행에 깊이 감동해서 전을 지었을 수도 있다. 그러나 그보다는 작가 당대에 실존하는 열녀가 이전에 비해서 드물어진 당대 현실을 시사하는 것이며, 동시에 열행을 강조할 필요성은 그 어느 때보다도 절실해졌다는 것을 의미한다. 따라서 이들 개화기 유학자들은 충효와 아울러 열행을 수행한 인물들을 모아서 기록했던 것이다. 결국 개화기 열녀전 작가들은 과거의 열녀를 발굴하여 정리하고 기록함으로써, 이들을 당대의 맥락에서 재구성하려고 한 것으로 보이는데, 이처럼 열행을 강조할 필요성에 대해서는 4장에서 다루기로 한다.

2) 열행(烈行)의 신비화

개화기 열녀전의 두 번째 특징은 열행이 신비화되는 양상을 보인다는 점이다. 박은식이 옛날부터 충·효·의·열에 관련된 일에는 신기한 일이 많이 일어난다고[16] 지적하였듯이 열녀나 효자의 행동이 너무나 정성스러워서 하늘이 감동했다는 이야기는 새로울 것이 없다. 열녀전의 경우에도 이옥의 〈협효부전〉 같은 작품이 있기는 하지만, 보통의 경우 극단적인 사건일지라도 사실적으로 묘사되고 있다. 죽어가는 남편을 살리기 위해 손가락을 자르고(斷指), 허벅지 살을 베어내서(割股) 먹게 하여 병을 낫게 했다거나, 남편이 죽자 아무 것도 먹지 않고 죽었다는 것 등 열녀의 행적이 사실적으로 묘사되고 있는 것이다. 이는 역사적 사실을 기록하는 전의 장르적 관습에 따라 기록되었기 때문일 것이다. 그런데 개화기 열녀전에 오면 전의 장르적 관습을 따르는 부분 외에, 새로운 경향으로 열행이 신비화되는 양상이 덧붙여지는 모습을 볼 수 있다. 다음 몇 가지 예를 보기로 한다.

> 남편을 만영산에 묻었는데 꿈에 한 곳을 얻어 찾아가 보니 큰 호랑이가 누웠다가 일어나기를 세 번 반복하고 갔다. 보니 과연 좋은 묏자리였다. 유인은 상을 치르는 3년 동안 슬픔과 공경을 모두 극진히 하였으며, 정성을 다해 시부모를 봉양하였다. 시아버지 상중에 불이 나서 불길이 영정이 있는 곳에까지 번졌다. 유인이 불을 무릅쓰고 구하러 들어갔으나 힘이 미치지 못했다. 그러나 갑자기 비가 쏟아져 불이 곧 꺼졌다. 시어머니가 3년간 병을 앓았는데, 백 일 동안 밤 새워 하늘에 기도했더니 꿈에 신령한 사람이 나타나 산삼이 있는 곳을 알려 주었다. 과연 산삼을 얻어 시어머니께 올리니 병이 바로 나았다. 유인이 조카인 근완을 데려와 아들로 삼았는데 그 또한 효로 이름이 났다.[17]

위 예문은 유인석의 〈효열부양씨전〉의 일부이다. 양씨는 18살에 시집간 지 13일 만에 남편이 병들어 위독해지자 손가락에서 피를 내서 남편의 목숨을 사흘간 연장시킨다. 그 뒤 남편이 죽자 따라 죽으려 하다가 양자를 들여 후손을 잇기 위해 죽지 않는다. 그러나 꿈을 통해 남편의 좋은 묏자리를 얻고 산삼을 얻어 시어머니의 병을 치료하고, 불이 나서 시아버지 영정이 탈 뻔했는데 갑자기 비가 와서 불이 꺼졌다는 이야기는 아무래도 현실감이 떨어진다. 이런 일이 현실에서 일어나지 말라는 법은 없지만 어떤 한 사람에게 이런 일들이 계속 일어나는 것은 비현실적으로 보인다. 집에 불이 나서 사당에까지 불이 옮겨 붙으려 하자 사당만은 지켜야 한다고 하면서 시어머니, 며느리, 손주며느리가 다 뛰어들어 타 죽은 일을 기록한 김간의 〈고산 삼열부전〉과 비교할 때 위 〈효열부양씨전〉의 일은 분명 신이성이 강조되고 있다. 이를 기록한 유인석은 이 모든 일들이 지극한 정성에서 나와 하늘을 감동시키고 신을 감동시켜 이루어진 것이라고 하면서, 본래 "신이한 일은 군자가 말하지" 않는 것이지만 이 일은 온 고을 사람들이 눈으로 직접 본 일이라고 하며 실제로 일어났던 일임을 강조한다.

다음은 곽재우의 〈홍열부전〉의 일부이다. 홍열부는 위독한 남편을 구하기 위해 절구공이를 들어 자신의 손가락을 찧고 피를 흘려 넣는다. 그러자 남편이 다 나은 사람처럼 소생하여 사흘을 더 살다가 갑자기 죽었다고 하였다. 홍열부는 남편의 장례를 정성껏 치르고 독약을 먹고 자결하였는데, 그 때 갑자기 비가 내리고 천둥소리가 울렸으며 장례 치를 때가 되어서야 날이 개었다고 한다.

> 이날 밤은 날씨가 맑았으나 갑자기 어두운 구름이 사방에서 모여들고 찬비가 쓸쓸히 내리면서 천둥소리가 집을 울렸다. 계속해서 날이 개지 않다가 관이 나가고 장례할 때가 되자 날이 맑게 개고 따뜻해지더니 미풍조차 불지 않았다. 사람들은 이를 천신이 감동한 것이라고 하였다.[18]

창강 역시 청조(靑鳥)가 나타난다거나 통곡소리에 시신이 떠오르는 등 자연물도 감응했다는 것을 기록하고 있다. 창강은 송씨가 어느 때 사람인지도 모른다고 했지만 『조선여속고』에는 숙종 때의 일이라고 되어 있다.[19] 이 일은 구전되어 오면서 이러한 신이한 요소가 더해진 것으로 보인다.

> 고준실의 처 송씨는 어느 때 사람인지 모른다. 준실은 의주의 상인이었는데, 의주 사람 박춘건이 준실의 재물을 욕심내서 늘 빼앗으려고 했다. 마침 준실이 일이 있어서 압록강변으로 가게 되자, 춘건이 가서 준실을 죽이고 타고 있던 말과 함께 강물에 던진 뒤에 그 재물을 다 차지했다. 송씨가 이 일을 알고 남자 옷을 입고 의주로 가서 구걸을 하며 정탐하였다. 한참 뒤에 춘건의 집에서 핏자국이 있는 준실의 등나무 말채찍을 발견했다. 의주부윤에게 달려가서 고발했으나 부윤은 (오히려) 송씨의 말을 의심하고 살피지 않았다. 송씨가 압록강 가를 오르내리며 밤낮으로 통곡하자 갑자기 강물 소리가 커지면서 사람과 말의 시체가 한꺼번에 떠올랐다. 송씨가 그 시체를 건져 강가에 드러내놓고 부윤에게 명백히 알리려고 했으나 춘건이 이미 뇌물을 주어 손을 써 놓은 상태였다. 송씨가 평양 관정으로 가서 감사에게 하소연하면서 하늘을 가리키며 크게 곡했더니 감사가 무례하다고 화를 내면서 벌을 주려고 했다. 그 때 갑자기 청조가 송씨의 머리 위로 날아와 날개를 치면서 울었다. 감사가 그것을 보고 크게 놀라 깨닫고는 드디어 용천부에 격문을 보내 춘건을 잡아 심문하여 사실을 알아냈다. 감사가 형벌을 내리려고 할 때 송씨가, "제 남편이 도둑놈의 손에 죽었으니, 도둑놈도 제 손에 죽게 해주십시오."라고 부탁하니 감사가 그것을 허락했다. 송씨가 드디어 칼로 직접 춘건의 배를 갈라 간을 꺼내서 남편에게 제사지낸 뒤에 남편의 관을 가지고 돌아갔다.[20]

위의 예들은 열녀의 열행이 신이한 결과를 낳는 것을 그리고 있다. 이러한 예들은 개화기의 열녀전이 사실적인 성격에서 벗어나는 경향을 보여준다. 그런데 열녀전이 이처럼 열행을 신비화하면서 사실적 흐름에서 벗어났다는 것은 무엇을 의미하는가? 그것은 이전의 열녀들이 수행한 열행 자체가 이제 현실 또는 일상의 맥락에서는 실행되기 어려운 세태를 반영한 것으로 보인다.

3) 여성 섹슈얼리티에 대한 단속

본래 열녀는 남편이 죽은 뒤에도 개가하지 않는 여자를 의미했다. 그러나 조선후기에 남편을 따라 죽는 여자들이 많아지면서 국가에서도 남편을 따라 죽는 여성들을 표창하였고, 열녀전의 대상도 순절 여성들이 주류를 이루게 되었다. 대부분의 유학자들이 이러한 현상을 의심 없이 바라보았으나, 연암과 이옥 등 일부 선진적인 의식을 갖고 있던 문인들은 여성의 순절에 대해 조심스럽게 문제를 제기하기도 하였다. 이옥은 평생 시아버지를 모시고 산 여성의 일을 기록하고 이를 '생열녀(生烈女)'라고 하여, 살아서 열행을 실천하는 것이 어렵다는 사실을 강조하였다. 그는 또 수절만 해도 열녀들인데, 남편을 따라 죽은 뒤에야 국가에서 정문을 내리니 조선의 열녀들은 모두 죽은 사람들뿐이라고 지적하기도 했다. 이는 수절 행위를 미흡한 열행으로 여기고, 남편을 따라 죽는 행위야말로 진정한 열행으로 인정했던[21] 조선후기의 열행관(烈行觀)을 비판적인 입장에서 지적한 것이다. 이러한 인식은 개화기에 와서 다시 한 번 정리되는데, 김택영의 〈절부설(節婦說)〉은 개화기 당시 열녀관의 한 양상을 보여주고 있다.

> 고금의 책을 살펴보니 과부가 죽지 않고 수절한 것과 남편을 따라 죽은 것을 똑같이 절부라고 하였다. 우리나라는 그렇지 않아서 남편을 따라 죽어야 비로소 절부라 일컫고 정려를 내려 포상하고, 저 고단하고 메마른 가슴으로 외로움을 안고 밤낮으로 우울함을 머금은 채 차고 싸늘한 방에서 점점 죽어가는 사람들은 대체로 거론조차 하지 않아서 인멸되어 사라지게 하니 어째서 그러한가? 무릇 따라죽는 것은 한 때의 괴로움이요, 죽지 않는 것은 평

생의 괴로움이다. 평생의 괴로움과 한 때의 괴로움을 비교하면 어떠한가? 가령 부녀의 도리를 반드시 남편을 따라 죽는 것으로 귀결시켜 다시 논의하지 않는다 해도 **어찌해서 세상의 열녀들은 반드시 젊은이들에게서 나오고 늙고 쇠한 사람들에게서는 결코 나오지 않는 것인가?** 내가 이러한 이유로 죽지 않는 것이 어렵고도 힘든 것임을 더욱 잘 알게 되어 감히 죽음을 중하게 여기고 죽지 않는 것을 가볍게 여기지 않는다. 더욱이 저 죽지 않는 사람들이 마음은 필히 죽는 데 있으나 의리상 죽을 수 없는 이유가 있음에랴?[22]

이 글을 통해 창강은 남편을 따라 죽어야 비로소 절부라 일컬어지는 우리나라의 현실을 지적하고 수절의 괴로움을 강조하고 있다. 그는 세상의 열녀들이 늙고 쇠한 사람들에게서 나오지 않고 젊은 사람들에게서 나오는 이유로 앞으로 평생 살아 견딜 일이 너무도 괴롭기 때문이라고 보고 있을 만큼 수절이 힘들고 괴롭다는 것을 인식하고 있다. 이러한 지적은 이옥이나 박지원도 앞서 지적한 바와 같은 맥락에 있다. 그러나 개화기에 오면, 순절 여성을 입전한 열녀전 창작이 극성했던 18, 19세기에 비해 '수절' 열녀에 대한 기록이 많아지면서 수절 행위를 평가하는 관점이 달라진 것을 확인할 수 있다. 이는 위 예문에서 보여주는 것과 같은 인식이 어느 정도 보편화되었다는 것과 관련이 있을 것이다. 다음 몇 개의 예문을 통해 수절의 어려움이 어떻게 강조되고 있으며, 섹슈얼리티의 문제와 어떻게 관련되는지 그 구체적인 양상을 살펴보기로 한다.

평소에는 미망인으로 자처하며 밥상에 온전한 그릇을 올리지 않았고, 몸에는 고운 옷을 입지 않았으며, 입으로는 맛난 것을 먹지 않았다. 스스로 머리카락을 잘라 얼굴을 가리고는, 비녀도 꽂지 않고 빗질도 하지 않았는데 죽을 때까지 그렇게 했다.

손자인 재필이 말한다. 열부 가운데 남편을 위해 절개를 지켜 죽은 사람은 많다. 그러나 평생의 뜻을 품고 한순간에 결단하기는 쉽지만, 하루의 마음을

> 지니고 한평생 늙어가기는 어렵다. 유인과 같은 사람이 진정 열녀라고 할 수 있으니, 그 열행 또한 더욱 어려운 일이 아니랴?[23]

위 예문은 정재필이 수절한 자기 집안 할머니를 입전한 작품인데, 여기서 특기할 만한 사실은 여성 스스로 자신의 여성성을 철저히 감추고 은폐하는 데 주력한다는 것이다. 고운 옷을 입지 않고 머리로 얼굴을 가리고 빗질도 하지 않았다는 언급은 여성으로서의 섹슈얼리티를 드러내지 않았음을 강조하는 부분이다.

또한 수절 열녀를 입전한 전우의 〈김절부전〉에서는 22살에 과부가 된 여성이 자신의 여성성을 어떻게 은폐했으며 단속했는지를 자세히 묘사하고 있다. 이 여성은 치마는 짚 끈으로 묶고 빨아 입지도 않으며 찢어지면 기워 입기만 하였고, 밤에 인적 소리가 들리면 뒷마당의 땔감 쌓아둔 데로 가서 인적이 없어지기를 기다렸다가 자기 방으로 들어가곤 했다고 한다.[24] 여기서 밤에 인적 소리만 들려도 뒷마당으로 숨어 들어갔다고 한 표현은 주목할 만하다. 즉 과부가 밤에 홀로 방에 있는 것이 성적 위협에 노출되는 위험한 상황이었다는 것이며, 그것을 피하기 위해서는 사람 소리만 들려도 뒷마당으로 피신하는 적극적인 행동의지가 필요했다는 것이다. 이는 결국 성적 위협으로부터 자신을 지키는 일이 수절의 어려운 점이었음을 뜻한다. 그래서 이 일을 기록한 뒤에 전우는 수절의 어려움을 이렇게 평하였다.

> 야사씨는 말한다. 의기가 격해져서 한 순간에 스스로 목숨을 끊는 것은 오히려 할 수 있으나, 저처럼 온갖 어려움을 다 겪고 두려워 전전긍긍하면서 수십 년을 하루 같이 정절을 온전히 한다는 것은 철석같은 심장이 아니면 할 수 없다. 아아, 김씨의 정절은 남들이 보기에는 매우 고생스러운 것이다. 그러나 절부는 일찍이 큰 의리를 알아 무릇 그가 행한 것은 모두 즐겨 한 것이지 억지로 그렇게 한 것은 아니었다. 절부의 행실이 아름다운 것은 이

때문이다.[25]

전우는 절부가 큰 의리를 알아서 즐겨 행한 것이지 억지로 한 것이 아니라고 하며 절부의 자발성을 강조하고, 그 행실이 아름다운 것은 바로 이 때문이라고 했다. 그러나 김절부의 행동을 보면 정절을 잃을지도 모르는 상황을 피하기 위해 평생 전전긍긍했음을 알 수 있다. 이와 같은 기록은 다음 곽종석의 〈홍열부전〉에서도 찾아볼 수 있다.

> 홍씨의 원통함과 괴로움은 바로 이러한 시대를 만난 데 있다. 삼강이 무너지고 구법이 사라져 큰 제방이 한 번 무너지니 강과 익의 귀함으로도 왕왕 상중(桑中)에서 만날 약속을 하게 되었다. 외로운 난초가 숲에 있고, 백옥이 상자 속에 있으면 그것을 온전히 할 수 있으나 향을 훔치고 금을 도둑질하는 무리들이 예기치 못한 때에 몰래 넘보지 않겠는가?[26]

위 예문에서 작가는 그 시대를 삼강(三綱)과 구법(舊法)이 사라진 때라고 하면서, 시경의 한 구절을 인용하여(姜弋之貴, 往往有桑中之要矣) 양반부녀들의 풍속이 문란해지고 있었음을 비유적인 표현으로 드러내고 있다. 그는 여성의 정조를 비유하는 '난초, 백옥' 등의 표현과 그것을 도둑질해가는 '도적' 무리에 대한 경고를 통해, 과부 여성의 섹슈얼리티 문제를 민감하게 드러내고 있는 것이다. 〈홍열부전〉에서 곽종석은 홍씨가 죽은 이유에 대해서 앞으로 닥칠 화를 피하기 위해 미리 목숨을 끊었다고 하였다. 작가는 여기서 홍열부가 죽음으로써 피하고자 했던 '앞으로 닥칠 화'가 성적인 위협이었음을 분명히 하고 있는 것이다.

조선후기에도 수절한 열녀의 이야기를 기록하지 않은 것은 아니다. 이때 강조된 것은 주로 유복자 양육, 시부모 봉양, 가문 유지의 일을 하는 어려움이었다. 그러나 개화기 열녀전에서는 '정절을 지키는 어려움'이 더욱 강조되고 있다는 점에서 차이를 보인다. 열녀의 본래적인 의미가 정절을 지키는 여자이고 순절은 곧 '죽어서 정절을 보존한다'[27]는 뜻을 표명하는 것이지만 개화기에 와서는 과부의 수절이 더욱 강조되고 있어, 여성의 섹슈얼리티 자체가 더욱 첨예한 문제가 되었음을 알 수 있다.

4. 개화기 여성 담론으로서의 열녀전의 의미

개화기는 유교 이념이 본격적으로 해체되기 시작하면서 위기의식이 고조되고, 외부 즉 일본이나 서양의 존재를 의식하면서 이에 대해 어떠한 태도를 취해야 하는지를 끊임없이 고민해야 했던 시기이다. 개화기 열녀전을 기록한 작가들은 일본이나 서양에 대해 매우 경계하는 태도를 취하고 배척하면서 유교 이념의 가치를 강조했던 유학자들이 대부분이다.

이들이 열녀전을 입전하게 된 동기를 보면 이들이 열녀전을 기록하면서 목표로 한 것이 무엇인지가 드러난다. 전우의 경우 열녀의 열행을 통해 벼슬아치들과 이름난 가문의 자제들을 권면해서 왕실을 중흥하려는 의도를 드러내고 있고,[28] 곽종석의 경우 세상의 부인들과 벼슬하고 있는 사대부들에게 알려서 스스로 처할 바를 알게 하기 위해 열녀전을 짓는다고 하였다.[29] 이들의 열녀전 창작은 당대 사회를 경세하기 위한 것으로 특히 외세의 위협 앞에서 흔들리는 윤리를 바로잡고 왕실을, 즉 국가를 바로잡고자 하는 강한 의도를 드러낸다. 유인석은 여기서 더 나아가 열녀전을 통해 서양이나 일본에 대해서 도덕적 우위를 강조하고 있다. 다음의 예문들은 유인석의 열녀전에 있는 찬의 내용이다.

> 지금 세계 각국이 비록 강하다 해도 귀천 남녀가 모두 짐승 같은 행동을 하고 강상이 없다. 이 일을 듣는다면 반드시 혀를 내두르며, "이러한 예의의 나라에 이러한 사람들"이라고 하고 우리나라가 비록 약해도 저들은 반드시 예의를 두려워할 것이다. 지금의 이른바 사대부들은 어찌하여 더욱 예의를

닦아 스스로 강성하게 할 계책은 생각하지 않고, 오로지 금수들을 좇아 나라를 망하게 하는 일을 즐겨 하는가? 내가 연덕전을 지어 강상을 멸한 도적들을 부끄럽게 만들고 각국 오랑캐들의 이목을 놀라게 하겠노라.[30]

아아, 오늘날 사람들은 금수가 되어간다. 아들이 아비에게 효도하지 않는데 하물며 며느리가 시부모에게 효도를 하리요? 여자들이 대회를 열고 아내가 남편을 무시하는데 하물며 열행을 하겠는가? 내가 유인에 대해 말하여 장차 세상을 경계하노라.[31]

위 두 예문은 개화기의 전통 유학자들이 당시에 가장 민감한 도덕적 문제로 여겼던 두 가지를 보여준다. 그것은 첫째, 도덕을 모르는 서양 오랑캐에 대해 윤리적 우월을 확인하는 것이며, 둘째 무너지는 내부의 윤리와 강상을 바로잡는 것이다. 그래서 유인석도 '짐승 같은 오랑캐'인 서양을 사대부들이 따라 하여 나라를 망하게 하는 것을 개탄하면서 열녀전을 지었다고 하였다. 그가 열녀전을 짓는 이유는 윤리를 망하게 한 도적들을 부끄럽게 하고 오랑캐들을 놀라게 하려는 것이다. 이런 유인석에게 있어 열녀의 존재는 서양에 대한 조선의 도덕적 우위를 표상하는 존재였다. 따라서 백 년 전에 일어났던 열행이라도 쓰지 않을 수 없었던 것이다.

유인석은 누구도 열행을 기대하지 않는 여종의 열행을 쓴 뒤에 남녀가 귀천 없이 짐승 같은 행동을 하는 세계 각국의 사람들이 연덕의 일을 들으면 예의를 두려워하게 될 것이라고 하였다. 유인석은 "여자들이 대회를 열고 남편을 무시하는" 당시의 세태를 보고 전통적인 여성 형상인 열녀를 개화기에 다시금 재구성하려는 의도로 열녀전을 창작하고 있음을 볼 수 있다. 그것은 새로운 변화의 물결이 나라 전체를 뒤흔들던 대변혁기인 개화기에 여성의 열행을 통해 조선의 민족적 도덕성의 우월을 확인하는 길이기도 했다. 그렇다면 이들은 왜 여성의 열행을 통해 민족적 도덕성의 우월을 확인하고자 했는가?

개화기는 여성과 관련한 담론이 어느 때보다 활발하게 이루어진 시기였다. 유교 이념에 의해 철저하게 통제 당했던 여성들에게 교육의 기회가 주어지고, 자유연애가 주장되었다. 또한 신여성이라는 새로운 여성 유형이 등장하면서 여성의 변화는 매우 민감한 주제가 되었고, 이러한 담론은 잡지라는 새로운 담론의 공간을 통해 활발하게 개진되기 시작했다. 개화기 열녀전은 이러한 시대의 변화를 바라보면서 전통 유학자들이 여성들에게 다가온 변화를 철저하게 부인하고 전통의 윤리로 더욱 여성을 통제하려 했던 노력의 산물이다.

이렇게 창작된 개화기 열녀전은 이미 지난 시대의 여성들을 입전 대상으로 한 경우가 많고, 열행의 결과도 신비화되고 있어서 사실감이 떨어진다. 그런데 이렇게 과거의 문학 산물인 개화기 열녀전에서 여성의 수절 행위 중 섹슈얼리티의 문제를 부각시켜 바라보고 있다는 점은 의미심장하다. 국난의 시기에는 대체로 여성의 정절에 대한 문제가 첨예한 문제로 대두되는데,[32] 그것은 여성이 흔히 민족을 은유하는 상징체계로 작동하는 것과 관련이 있다. 이런 맥락에서 볼 때 민족과 국가의 위기 상황에서 자행되게 마련인 여성의 성적 약탈은 국가 가부장제에 대한 수치스러운 침해로 여겨지게 된다. 따라서 민족의 위난이 닥쳐올 때마다 여성의 성은 단속과 통제의 대상이 되곤 하는 것이다. 전우가 을사보호조약이 강제로 체결된 뒤 집안의 부녀에게 보낸 편지는 국난이 있을 때 여성에게 더욱 가혹한 윤리적 결단을 요구하는 남성 유학자의 시각을 극명하게 보여준다.

> 이제 너희들은 이러한 난세를 만났으니 앞으로의 일을 알 수가 없다. 모름지기 언제나 의를 지켜 욕을 당하지 않도록 스스로 경계해라. 만약 너희들이 몸을 깨끗이 하지 못한다면 나는 죽으나 사나 얼굴을 들 수 없을 것이니 너희들은 마땅히 두려워해야 할 것이다. 내가 옛날의 정녀와 열녀전을 보고 대씨(戴氏) 부분을 기록해서 보내니 모름지기 서로 외워 잊지 말아라. 을사년(1905) 12월 8일 구산옹이 집안의 부녀들에게 편지를 보내서 보게 하다.

사태가 위급하면 급히 도모해야지 조금이라도 늦추면 죽고 싶어도 죽을 수도 없다.

옛날의 정녀(貞女)들은 난리를 당하면 죽음을 결심하고, 모두 자신들의 옷을 단단히 꿰맸는데 이 뜻을 몰라서는 안된다.

내가 일찍이 너희들 각각에게 단도를 차게 하려 했으나 그렇게 하지 못했다. 이제 대씨의 일을 보니 날카로운 가위로 스스로 찔러 죽었는데 이것도 쓸 만하겠구나.[33]

여기서 간재가 예로 들고 있는 대씨는 금화(金華)의 열녀인데 난리를 만나 온 가족이 잡히자 날카로운 가위를 꺼내 목을 찔러 죽었다. 그러자 적들이 의롭게 여겨 그 남편과 아들을 놓아주었다고 한다. 간재는 집안의 부녀자들에게 대씨의 일을 기록하여 보내면서 이를 외워 잊지 말고 모범으로 삼으라고 했다. 그리고 옛날의 정녀(貞女)들이 난리를 당하면 죽을 결심을 하고 자신들의 옷을 단단히 꿰맨 뜻을 알아야 한다고 했다. '너희들이 욕을 당하면 나는 죽으나 사나 얼굴을 들지 못할 것'이라는 간재의 말은 여성의 정절이 남성 가부장이나 집안의 체면과 직접적인 관련이 있는 문제로 여겨졌음을 보여준다. 더욱이 외세의 위협 앞에서 여성의 정절은 민족의 훼손 문제와 직결되는 문제로 여겨졌다. 따라서 여성들의 섹슈얼리티는 더욱 강하게 단속되어야 할 대상이 되었는데, 여성들의 정절과 순결을 지키는 것은 바로 민족의 가치를 보존하는 것으로 여겨졌기 때문이다. 간재의 위 편지는 외세의 위협 앞에서 여성의 섹슈얼리티를 단속하려는 강한 의지의 표현이라 할 수 있다. 개화기 열녀전의 지향도 여기서 크게 벗어나지 않을 것이다. 그것은 정절과 희생을 지속적인 가치로 심고자 하는 것이었고, 열녀 형상을 재구성하는 의도도 바로 여기에 있었던 것이다.

이는 개화기 여성 담론을 통해 그 이후에도 기표를 달리하며 지속되어 왔다. 개화기에는 성에 대한 논의가 많이 이루어졌다. 그러나 이 때 성이란 주로 '성도덕', '정조'를 지칭하는 경우가 대부분이었고, 정조는 건전한 가정을 이루기 위해 남녀 모두에게 요구되는 도덕이었지만 실제로 정조에 대한 논의는 주로 여성들에게 해당하는 것이었다고 한다.[34] 이는 이 당시 여성 담론의 지향과 관련해서 시사하는 바가 적지 않다. 전통 여성 담론에서 강조되었던 정절 문제는 근대적 여성 담론이라 할 수 있는 신여성 담론에서도 '정조'의 문제, '순결'의 문제, 자유연애의 문제 등 이름을 달리하면서 여전히 여성 담론의 핵심 문제로 남아 있었던 것이다. 이를 통해 근대적 가부장제의 여성관 역시 전통 여성 담론에서 크게 벗어나지 않는 방식으로 형성되어 왔던 것으로 보인다.

5. 개화기 열녀전의 역사적 의의

이 글은 신여성과는 극단적으로 대비된다고 할 수 있는 전통의 여성 형상인 열녀를 중심으로 한 담론을 살펴본 것이다. 그간 개화기의 여성 담론은 신여성 담론을 중심으로 논의되어 왔다. 그러나 개화기의 여성 담론을 살피는 데 있어서 개화기 열녀전은 매우 중요한 자료이다. 개화기라는 전환의 시대에 전통 여성 담론이 나아간 방향을 구체적으로 보여주기 때문이다. 지금까지의 열녀전 연구는 개화기 열녀전이 갖는 특징적인 국면을 소홀히 하지는 않았지만, 조선후기의 열녀전과 함께 다루고 있어서 개화기 열녀전만의 특징이 보다 부각되지 못한 것이 사실이다. 이를 보완하는 입장에서 이 글은 개화기의 열녀전을 별도의 연구 대상으로 설정하고 그 양상과 의미를 살펴보았다.

앞에서 살펴본 바에 의하면 개화기 열녀전의 작가들은 이념적, 실천적 지향에서 차이를 드러내지만, 전통 유학의 학통을 유지한 인물들이라는 점에서 공통점을 찾을 수 있었다. 이 글에서는 작가에 따른 차이보다는 개화기라는 시대에 주목하여 개화기 열녀전의 전반적 특성을 드러내는 데 주력하였다. 그 결과 개화기의 열녀전의 특성을 다음과 같이 정리할 수 있었다. 조선후기와 비교했을 때, 개화기의 열녀전은 당대의 인물보다는 전대의 인물을 많이 입전하고 있고, 열행을 신비화하고 있으며, 여성의 섹슈얼리티에 대한 단속을 강조하고 있다. 여성의 정절 문제가 중요하게 거론되는 것은 전 시대의 열녀전과 유사하지만, 개화기 열녀전에서는 정절 문제가 민족의 가치와 우월성을 확인하는 도덕적 가치로 부각되고 있다는 점에서 차이를 드러낸다. 이는 개화기 열녀전이 결국 가부장적 민족주의 담론과 여성의 섹슈얼리티가 교차되는 텍스트임을 보여준다.

개화기의 유학자들은 열녀전이라는 전통 여성 담론을 통해 정절 이데올로기를 지속시키고자 했다. 특히 유인석의 경우, 정절이나 효행 등의 전통 윤리 규범을 서양에 대한 도덕적 우위, 또는 서양의 위협으로부터 스스로를 지킬 수 있는 실천 윤리 규범으로 내세우고 있다. 따라서 정절이나 효행의 문제는 민족 수호의 문제와 교묘하게 연결되고 이에 대한 문제 제기는 민족 수호에 배치되는 불온한 행위가 될 수도 있음을 은연 중 드러내고 있다.

이리하여 전통 여성 담론은 열녀전을 통해 이 시기에도 지속, 유지되었던 것으로 볼 수 있다. 그런데 개화기 열녀 담론이 내세운 정절 문제는 근대적 여성 담론이라 할 수 있는 신여성 담론에서도 여전히 '정조'의 문제, '순결'의 문제, 자유연애의 문제 등 이름을 달리하면서 그 핵심으로 떠올랐다. 결국 정절의 문제는 열녀 담론이건, 신여성 담론이건 이 시기 여성 담론의 핵심이었던 것이며, 이를 통해 근대적 가부장제의 여성관이 전통 여성 담론에서 크게 벗어나지 않는 방식으로 형성되어 왔음을 짐작하게 해준다. 이런 점에서 개화기 열녀전 및 개화기 유학자들의 여성 담론과 신여성 담론을 대비하여 근대적 여성관의 형성 과정을 보다 체계적으로 드러낼 논의가 요청된다고 하겠다.

▸ **주**

* 이 글은 『국어국문학』 132, 2002에 게재된 글을 재수록한 것이다.

1 개인 문집에 상당한 분량으로 산재해 있는 여성 관련 행장, 제문, 묘지명, 전 등이 정리, 연구되고 있는 중이어서 조심스럽기는 하지만 이들 기록이 열절(烈節)의식을 핵으로 하는 유교 이념의 범주에 속하고 있음은 틀림없다.

2 대표적인 논의로 이대형, 「18세기 열녀전 연구」, 연세대 석사논문, 1994 ; 임유경, 「이옥의 열녀전 서술 방식과 열 관념」, 『어문학』 56집, 1995 ; 이혜순, 「조선후기 열녀전의 입전의식 - 하씨녀전, 열녀홍씨전, 홍열부전을 중심으로」, 『양포이상택 환력기념 논총』, 집문당, 1998 ; 이혜순, 「조선조 열녀전 연구」, 『성곡논총』 30집, 성곡학술문화재단, 1999 ; 홍인숙, 「조선후기 열녀전 연구」, 이화여대 석사논문, 2001 등을 들 수 있다.

3 황재문, 「종용록에 나타난 열녀 인식」, 『규장각』 22집, 서울대 규장각, 1999.

4 최근에 열녀담론에 대한 각 분야의 논의를 모은 단행본이 출간되기도 했다. 한국고전여성문학회, 『조선시대의 열녀담론』, 월인, 2002.

5 개화기는 보통 병자수호조약(1876년) 이후 시기를 말하는데, 이 시기에 대해서는 애국계몽기, 근대계몽기라는 다른 명칭이 있으나 이 논문에서는 개화기라는 명칭이 당시의 중심 담론을 가장 잘 반영하고 있다고 보고 이를 사용하였다.

6 이 시기 유학자들의 문집 가운데는 열녀전을 남기지 않은 경우라도 정려기(旌閭記)나 여성 교육에 대한 글들은 적지 않게 남기고 있다. 예를 들어 박은식이나 신기선 등은 열녀전을 쓰지는 않았지만 정려기를 각각 남기고 있어 비슷한 인식의 자장에 있음을 보여준다.

7 1908년 재일 유학생 43명 중에 서울, 경기도 출신이 전체의 43.6%로 가장 많았다는 데서 그 구체적인 증거를 볼 수 있다. 최혜실, 『신여성들은 무엇을 꿈꾸었는가』, 생각의 나무, 2000, 27면.

8 유봉학, 『조선후기 학계와 지식인』, 신구문화사, 1998, 109면.

9 〈열녀차상민처 김씨 · 박석규처 황씨 · 고준실처 송씨전〉에서 고준실처의 경우 『중리한대숭양기구전』에는 천인(賤人)이라 되어 있고, 『숭양기구전』(고려대본)에는 서인(庶人)이라 되어 있다. 김승룡, 『송도인물지』(현대실학사, 2000), 195면.

10 김택영은 개성의 인물들을 입전하여 1896년 『숭양기구전(崧陽耆舊傳)』으로 낸 뒤에 1903년에 『숭양기구전』, 1912년에 『창강고』, 1916년에 『소호당집』, 1920년에 『중편한대숭양기구전』, 1922년에 『중리한대숭양기구전』 등을 간행하는 과정에서 내용을 계속해서 수정, 보완했다. 『숭양기구전』 절록 문제 및 각 이본의 자세한 목록은 김승룡, 「창강 김택영의 전 연구」, 『민족문학사연구』 18, 민족문학사학회, 2001, 165면, 177~181면 참조.

11 김택영의 인물전은 김승룡에 의해 『송도인물지』(현대실학사, 2000)로 편역, 출간되었다. 이 책은 이본들 간의 차이를 밝히고 있어 도움이 된다. 〈이한석처 김씨〉, 〈김이상처 이씨 · 김이서처 양씨〉, 〈조열부전〉은 이 책을 참고하였다.

12 『중편한대숭양기구전』에 실린 〈열녀현석기처김씨전(烈女玄錫祺妻金氏傳)〉의 경우 전문이 202자에 불과하다. 이러한 면모는 조선 후기에 나온 열녀전들이 대체로 길이가 길고 서경창의 〈영남효열부전〉에서 보듯이 이야기성이 풍부하다는 점과 비교해 볼 때 큰 대조를 이룬다. 개화기의 열녀전은 길이가 짧고 전반적으로 사건만 간명하게 기록하고 있기 때문이다.

13 유인석, "朝鮮國黃海道平山漢川里申士人家, 有一婢名曰緣德. 其夫洪鍾達也. 夫死, 緣

德年卄歲, 新生子. 旣葬, 上典曰 : 更立夫. 緣德泣曰 : 請待小祥. 旣小祥, 又乞曰 : 願待大祥而終喪. 喪畢, 飮藥而死. 事在百年前, 至今膾炙. 以其賤也, 國無旌褒云.", 〈烈女私婢緣德傳〉, 『의암집』 권50.

14 유인석, "余嘗欲作東國風化錄, 著道學事業節義忠孝烈, 以示天下後世. 幷及萬國之夷, 使敬服我國.", 〈열부유인이씨전〉, 『의암집』 권50.

15 유인석, 〈열녀유인이씨묘지명병서〉, 『의암집』 권48, 442면.

16 "余觀自古忠孝義烈事, 多有神奇之應", 〈烈婦朴氏祠記〉, 「謙谷文稿」, 『박은식전서』 中, 동양학연구소, 단국대출판부, 1975, 447면.

17 유인석, "葬夫万永山. 夢得一處, 訪至則大虎在其地, 臥起三次而去, 果吉穴也. 執喪三年, 哀敬備至, 養舅姑竭誠. 舅喪中, 失火犯靈筵, 冒火入救. 勢將無及, 天忽注雨, 火卽滅. 姑病三年, 達夜百日禱天, 夢有神人, 指示山蔘在處. 果得以進, 病卽差. 孺人取姪根完爲子, 亦以孝稱.", 〈孝烈婦梁氏傳〉, 『의암집』 권50.

18 곽종석, "是夜, 天氣淸明, 忽陰雲四集, 寒雨凄凄, 疾雷響屋宇. 連日不霽, 及出柩而葬, 日候澄暖, 微風不動, 人以爲天神之感." 〈洪烈婦傳〉, 『면우집』.

19 이능화, 『조선여속고』, 민속원, 1995, 164면.

20 김택영, "高俊實妻宋氏, 不知何朝人. 俊實爲義州商主, 州人朴春建貪俊實貨而欲奪之. 會, 俊實以事往鴨綠江邊, 春建就而殺之, 幷其所乘馬, 投之江中, 而盡取其貨. 宋氏得其事, 爲男子服, 之義州行乞, 偵探久之, 於春建家, 發得俊實藤鞭點血痕者. 奔告義州府尹, 府尹疑而不省. 宋氏循江上下, 晝夜慟哭, 忽江聲澎湃大作, 人馬尸一時浮出. 宋氏取其尸, 暴於江上, 欲申明于府尹策, 春建已行子徑. 之平壤庭, 訴于監司, 指天大哭, 監司怒其無禮, 將加之罪. 忽一靑雀飛集宋氏頭上, 敲翼作聲. 監司見之大驚悟, 遂檄龍川府, 捕治春建得實. 將正刑, 宋氏請曰, 妾夫死於賊手, 願使賊死於妾手. 許之, 宋氏遂手劍刳春建腹. 取肝祭夫, 以喪還.", 〈열녀 차상민 처 김씨·박석규 처 황씨·고준실 처 송씨전〉, 「중편한대송양기구전(重編韓代崧陽耆舊傳)」, 『김택영전집』 5.

21 홍인숙, 「조선후기 열녀전 연구」, 이화여대 석사논문, 2000, 24면.

22 김택영, "觀於古今載籍, 寡婦不死而守節者, 與殉於夫者, 均之爲節婦矣. 吾邦則不然, 惟於殉者, 始稱爲節婦而旌褒之, 而彼旱然枯槁抱孤, 明齏幽鬱, 以潛消於凄房冷室之中者, 槩不在指數而湮沒之, 何也. 夫殉者一時之苦也, 不死者終身之苦也. 終身之苦, 與一時之苦, 何如. 且使婦女之道, 必以殉夫爲歸, 而無可更議, 則何世之烈女, 必出於少壯, 而絶不出於衰老乎. 吾以是尤以知不死者之至苦且難, 而不敢重彼而輕此也. 又況彼不死者, 或志在必死, 而義有所不可死者乎." 〈節婦說〉, 『김택영전집』.

23 정재필, "居喪三年, 哭必以晝. 平生以未亡人自處, 完器不登於盤. 身不美衣, 口不珍味. 自擢其髮, 以毁其形, 不笄不梳, 而終其身焉. 族孫在弼曰 : 夫人之烈行, 爲夫殉節者, 非不多矣. 然抱平生之志, 決於俄頃之間易, 持一日之心, 老百年之身難. 若孺人者, 眞可謂烈, 而其烈也, 尤不亦難乎.", 〈열부유인양씨전〉, 『미재집』.

24 전우, "節婦隻身持門戶, 不櫛不頮, 衣不澣濯, 隨裂隨補, 藍縷汙穢, 人不欲正視. 帷裳束以藁索, 行必曲身如癃病狀. 常自樵汲, 編草爲扇, 屨亦自捆, 工于紡績, 夜不用燈, 信手繹絲, 亦未嘗織細布, 以見其能.", 〈절부김씨전〉, 『간재사고』.

25 전우, "野史氏曰 : 氣義攸激, 一時自裁, 猶可能也. 若夫備經艱險, 危懼慄慄, 累數十年如

一日, 而能全節者, 非鐵石心腸不能. 噫, 金氏之節, 它人視之, 辛苦甚矣. 節婦早見大義, 凡所行皆其所樂爲, 非勉强致之爾. 此節婦之行所以爲美. 惜乎, 州郡不以聞於朝, 不獲書列史氏之籍, 然有德善者, 厥後必昌. 節婦玄孫喜命篤志力學, 將必有立於世. 異時, 使人謂金氏有孫, 而節婦行義, 因之而章, 則其傳也, 殆無窮期矣.", 〈절부김씨전〉, 『간재사고』.

26 곽종석, "洪氏之寃苦, 適際此時矣. 三綱淪而九法斁, 大防一毁, 而姜弋之貴, 往往有桑中之要矣. 孤蘭在林, 白玉在櫝, 能保, 其不有偸香竊金之流, 窺覦於不虞之頃也耶.", 〈홍열부전〉, 『면우집』.

27 홍인숙, 위의 논문, 106면.

28 特生此女以風勵, 夫名閥華胄而鼓勇忠憤, 使韓室得而中興也耶, 噫.

29 "苞山生曰 : 余之爲是傳, 非爲烈婦也. 亦不維使世之爲人婦者有聞焉, 竊欲奉以告于士大夫之爲人臣者而知所自處也."

30 유인석, "今宇內各國雖强, 貴賤男女, 皆獸行無綱常. 常聞此事, 必吐舌曰 : 禮義之邦也, 如此, 人類也, 如此. 我國雖弱, 彼必畏禮義矣. 今之所謂士大夫, 胡不念益修禮義, 以爲自强之策, 而惟禽獸是從甘心於亡國乎. 吾立緣德傳, 將以愧滅綱常之亂賊, 而警各夷耳目也.", 〈열녀사비연덕전〉, 『의암집』 권50.

31 유인석, "噫, 今日, 人化獸也. 子不孝父, 況婦孝舅姑. 女作大會, 以婦蔑夫, 矧有烈行矣乎. 吾之言孺人也, 其將警世也夫.", 〈효열부양씨전〉, 『의암집』 권50.

32 이혜순, 「조선조 열녀전 연구」, 『성곡논총』 제30집, 성곡학술재단, 1999 ; 홍인숙, 「17세기 열녀전 연구」, 『한국고전연구』 제7집, 2001에서 이 문제를 다루고 있다.

33 전우, "今汝等遭此亂世, 前頭事變不可知. 須常以義, 不受辱自誓. 若汝等不能潔身, 吾死吾生, 俱不得擧顔矣. 汝等宜惕念哉. 余閱古貞烈傳, 錄戴氏一條以往, 須相與誦之勿忘. 乙巳季冬八日, 臼山翁寄示家閭諸婦女. 事急則急圖之, 少緩亦求死不得矣. 古之貞女, 臨亂決死, 皆密縫其衣, 此意不可不知也. 余嘗欲令汝等, 各佩小刀而未果. 今見戴氏, 利剪自裁. 此亦可用也.", 〈遭亂示諸婦女〉, 『간재선생문집』 권15.

34 전은정, 「일제하 '신여성' 담론에 관한 분석」, 서강대 석사논문, 1999, 51~53면.

참고문헌

곽종석, 『면우집』.

김택영, 『김택영전집』.

박은식, 『박은식전서』.

유인석, 『의암집』.

장지연, 『일사유사』.

전우, 『간재사고』.

정재필, 『미재집』.

김승룡(편역), 『송도인물지』, 현대실학사, 2000.
이혜순 · 김경미, 『한국의 열녀전』, 2002, 월인.

김승룡, 「창강 김택영의 전 연구」, 『민족문학사연구』 18, 민족문학사학회, 2001, 155~181면.
유봉학, 『조선후기 학계와 지식인』, 신구문화사, 1998.
이능화, 『조선여속고』, 민속원, 1995.
이대형, 「18세기 열녀전 연구」, 연세대 석사논문, 1994.
이혜순, 「조선조 열녀전 연구」, 『성곡논총』 30집, 성곡학술문화재단, 1999.
______, 「조선후기 열녀전의 입전의식 - 하씨녀전, 열녀홍씨전, 홍열부전을 중심으로」, 『양포이상택 환력기념 논총』, 집문당, 1998, 283~302면.
전은정, 「일제하 '신여성' 담론에 관한 분석」, 서강대 석사논문, 1999.
최혜실, 『신여성들은 무엇을 꿈꾸었는가』, 생각의 나무, 2000.
한국고전여성문학회, 『조선시대의 열녀담론』, 월인, 2002.
한국성폭력상담소, 『섹슈얼리티 강의』, 동녘, 2000.
홍인숙, 「17세기 열녀전 연구」, 『한국고전연구』 제7집, 2001, 95~117면.
______, 「조선후기 열녀전 연구」, 이화여대 석사논문, 2001.
황재문, 「종용록에 나타난 열녀 인식」, 『규장각』 22집, 서울대 규장각, 1999.

19세기 여성 효열(孝烈) 담론*

강성숙

1. 19세기, 여성 담론 변화와 지속의 장(場)

19세기는 조선의 가부장적 여성 인식이 다각도에서 변화를 요청받는 시기였다. 급변하는 정세 속에서 새로운 사회적 변동에 맞물려 근대적 여성관이 대두되고 개화기 여성담론으로 이어지는 한편, 중세의 여성 인식이 지속되고 더욱 보수화되는 이중적인 양상을 보였다. 19세기는 17·18세기의 지속이면서 근대로의 변화를 동시에 담지하고 있는 복잡한 시대인 만큼 이 시기 여성 인식의 변화와 지속을 추적하는 작업은 매우 중요하다.

정치·사회적 측면에서 볼 때 19세기·20세기 초기는 왕권의 약화와 외척의 세도정치, 민중의 결집과 봉기, 외세침략 등으로 대변되는 정치적 혼란이 계속되었던 시기이다. 정조의 죽음과 함께 시작된 19세기는 그 어느 때보다 왕후들의 수렴청정이 잦았다. 순조 때 정순왕후 김씨(貞純王后 金氏), 헌종과 철종 때 순원왕후 김씨(純元王后 金氏), 고종 때 신정왕후

(神貞王后) 조씨의 수렴청정은 곧 약화된 왕권과 정치적 불안을 의미하는 것이었다. 동학을 비롯한 신흥종교의 부상은 단지 신앙적 차원의 문제가 아니라 민중의 봉기로 이어지는 사회적·정치적 현상이기도 했다. 개화기의 정치적 혼란과 사회적 변동이 그 어느 때보다 극심했음은 주지의 사실이다. 지배층마저도 보수와 진보의 지향이 다기했던 이 시대의 여성 인식은 어떻게 변화하고 있는지 그 실상을 구체적으로 살피는 기초 작업은 아직 시작 단계에 있다고 하겠다.

19세기의 여성 인식을 파악하기 위해 19세기·20세기 초기를 살았던 상층 남성 문인이 동시대 여성들에 대해 기록한 자료를 선택했다. 효열담론에 대한 연구는 열 설화, 순절가사, 열녀도 등 다양한 장르 영역에서 축적되었지만 열녀전을 대상으로 한 논의가 중심을 이루었다.[1] 여기서는 열녀전이나 정려기 같은 자료와 함께 묘지나 행장, 행록, 유사(遺事), 론(論), 서(書) 등을 포함한 좀더 폭넓은 자료를 통해 이 시기 여성의 효열담론을 살펴보기로 한다. 대상 자료는 『한국문집총간』 268~350권에 수록된 1170편 가량의 여성 관련 산문이다.

작가들은 주로 18세기 후반에 태어나 19세기, 20세기 초까지 활동한 문인들이다. 이들은 가부장적 조선 사회를 지배했던 상층 남성의 시각을 대변하는 인물들이다. 성민응(成海應, 1760~1839), 정약용(丁若鏞, 1762~1836) 등 19세기 전반기에 활동했던 실학자들, 현실 정치에 개입하지 않고 정통 성리학의 도통을 잇는다는 명분을 고수했던 보수 유림 전우(田愚, 1841~1922), 성리학자 출신으로 의병 운동을 일으켰던 유인석(柳麟錫, 1842~1915), 급격한 시대의 변화에 대하여 활발한 저술활동으로 대응했던 김택영(金澤榮, 1850~1927), 이건창(李建昌, 1852~1898), 황현(黃玹, 1855~1910) 등이 그들이다.[2] 상층 남성 지식인의 시각을 통해 본 여성 인식이 여성의 삶을 재구하는 데 분명 한계가 있지만, 전통 사회에서 여성 담론의 형성과 변화를 주도한 것이 이들이었던 만큼 그들이 남긴 여성 관련 기록을 통해 여성 인식을 살펴보는 것은 여전히 유효한 방법이라 본다.

여성 담론의 주제 가운데 대표적인 것이 열녀 담론이다. 19세기에 오면 열녀의 양상은 효 담론을 포괄하면서 좀더 복합적이고 중층적으로 드러난다. 따라서 '효열 담론'이라는 용어를 사용하여 이들 열녀 기록의 다양한 면모를 살피고자 한다. 19세기라는 역동적 시공간 속에서 벌어졌던 효열 관련 사건과 기록들이 생산하는 의미를 추출해본다면 여성 담론과 관련하여 이 시기 사람들이 고민했던 문제를 새롭게 해석할 수 있으리라고 기대한다.

2. 19세기 여성 효열 관련 자료의 성격

조선후기에 오면 조선전기에 지속적으로 행해진 교화정책의 효과가 나타나게 되며 임진왜란과 병자호란 이후 국가적 시책과 가문의식이 결합되어 열녀에 대한 관심이 높아지게 된다. 17세기에 오게 되면 사대부 여성에게만 국한되던 열 규범이 하층민에게로 확대되며 열행의 양상 역시 점차 규범화된다.[3] 열녀가 보여주는 극단적 열행은 어쩔 수 없이 선택하는 자기 파괴적 행동양상으로 읽히거나 '약자에게 강제된 도덕의 폭력'[4]으로 해석되기도 했다. 최근에는 열녀를 일방적 희생물로 보거나 적극적 주체로 보는 지나친 해석을 경계하여 당대의 상황을 감안해야 한다는 목소리도 나오고 있다.[5] 그렇지만 여성의 정절문제가 국가적 위기상황에서 거론[6]되며, 여성의 섹슈얼리티가 민족적 상징체계와 동일시되는 양상을 볼 때, 열녀 담론은 여성에게 엄중히 요구되는 정절 문제라는 분석[7]이 타당하게 된다. 열녀에 관한 가부장적 여성 담론은 사실상 시대를 초월하여 공고하게 작동하는 기제임을 확인할 수 있다.

18세기부터 극단적 형태의 열행이 나타나 가문 차원에서 이를 드러내려는 노력이 있어 왔는데, 다양하게 장면화되는 효/열행의 양상은 18세기 여성 효열 관련 기록의 특징적 면모였다. 19세기에 오면 이러한 특성이 더 강화되면서 여성의 죽음에 대해 점차 무감각해지고 죽음의 방식과 태도에 대한 관심도 높아졌다고 하겠다.

19세기 여성 효열 담론은 새로운 역사적 국면에서 맞닥뜨리게 되는 일련의 위기를 타개해가는 방편으로 작용하기도 했고, 그 자체로 효열 담론의 새 국면을 만들어가기도 했다. 이 시기 자료에서 나타나는 전반적 특징으로, 여성 관련 기록이 대부분 주인물이 지니는 효열의 특징을 부각하는 방향으로 제시된다는 점을 들 수 있다. 이전 기록에서는 효열 관련 기록은 '열녀'나 '효녀' 등의 표제로 제시되는 경우에만 특징적으로 드러났다. 그러나 19세기에 오면 제목에 효열의 표지가 나타나지 않고 일반적인 '행장', '행록', '묘지', '묘지명', '묘갈명' 등으로 제시되더라도 내용상으로는 효행이나 열행에 초점을 맞추어 기록되는 경우가 늘어났음을 쉽게 확인할 수 있다.

19세기 여성과 관련한 기록은 대상으로 하는 여성 인물의 계층이나 신분, 성격, 삶의 양상이 다르고 글의 형식이 그 형식이 같지 않아도 내용은 효성이나 열을 드러내기 위해 구성된다. 거의 모든 여성 관련 기록이 효열 담론의 영역으로 묶일 수 있다는 사실은 여성 담론의 영역이 그만큼 효열에 집중됨을 말해준다. 19세기에 오면 효행이나 열행은 특정한 어떤 인물의 기이한 행적이 아니라 누구에게나 찾아내서 드러내야 하는 필수적인 윤리 덕목으로 자리잡게 되는 것이다. 따라서 굳이 효열의 항목이 표제화되지 않아도 여성 관련 기록은 여성의 효행이나 열행과 관련된 일화를 선택하고 이들의 도덕성을 평가하는 것으로 나타난다.

이 시기 여성 관련 자료의 대부분이 효열 담론에 포함된다는 사실은 19세기가 효열 담론을 필요로 했던 시기이며 또한 이를 적극 활용했음을 말해준다. 이 장에서는 먼저 효열 담론을 형성하는 19세기 여성 관련 기록의 특징적인 면을 몇 가지로 추출하여 논의하고자 한다.

1) 과거/누대 기록의 재편성

19세기 여성 효열 관련 기록에서는 과거의 인물을 소급해서 소환하거나 여러 대에 걸친 효열 인물들을 함께 구성하는 경우가 많이 보인다. 18세기에도 가문의 위상을 드높이기 위해 열행과 효행으로 이름난 인물들을 묶어서 제시하는 경우가 보이기는 하지만 이 시기에 오면 그러한 경향이 전반적으로 확대된다. 적게는 50년 많게는 200년 전 인물을 의도적으로 다시 찾아 기록한다는 점은 이 시기 여성 관련 기록의 특징적인 면모라 하겠다.

단종, 광해군 때 인물부터 임진왜란 때의 인물들이 기록(최익현, 〈류씨의 두 딸 정려기(柳氏二女旌閭記)〉)되기도 하는데, 이는 조상의 오래 된 정려기나 정려각을 수리하거나 중건하는 계기로 작성된다. 18세기 중반에 건립된 열녀 채씨의 정려각의 경우, 형편이 여의치 않아 단청만 한 칸 정도 칠해 두었던 것을 100년 후 넓은 자리에 옮겨 정려각을 새로 세우게 되는데, 이 때 후손은 '선조의 사적이 무너지고 없어지는 것을 심히 슬퍼해서… 보고 듣는 사람들이 모두 공경하며 숭상할 수 있도록' 하고자 기록을 부탁한다.(유주목, 〈열부 채씨 정려각 중건기(烈婦蔡氏旌閭閣重建記)〉) 또한 집안의 가장(家狀)을 새로이 작성하는 과정에서 과거 누대의 효행과 열행이 부각되기도 한다.

〈숙부인에 추증된 안동권씨 묘갈명(贈淑夫人安東權氏 墓碣銘)〉은 유치명이 안동 권씨(1694~1759, 권극태 딸, 이재록의 아내)에 대해 쓴 묘갈명인데, 이재록의 5대손이 부탁하여 쓴 글이다. 100년 전 인물이지만 유치명은 권씨의 행동방식과 열행은 '머리털이 쭈뼛 설 정도'로 훌륭하다고 평가해 적극적으로 기록하고 있다. 시댁에 도둑이 들어서 남편이 찔려 죽고 아들도 잃자 권씨는 죽은 남편과 아들의 원수를 갚기 위해 도적을 관가에 고발하여 복수를 하고, 남은 손자와 며느리를 달래고 집안을 건사했는데, 명에서는 이러한 완벽한 열행이 후대에 꼭 전해져야 함을 역설하였다.

홍직필은 〈숙인 여흥 민씨 묘지명(淑人驪興閔氏墓誌銘)〉에서 며느리,

남편, 시아버지의 효행을, 허전은 〈하양 허씨 3대 두 효자, 네 열부 열전(河陽許氏三世二孝四烈列傳)〉에서 집안 3대 사이에 나온 두 효자와 네 열부, 즉 허앙과 그의 아들 허영, 허앙의 며느리인 반남 박씨(허춘의 아내), 그 손자며느리인 동래 정씨(허경의 아내), 거창 신씨(허모의 아내), 여흥 민씨(허극의 아내)의 효행과 열행을 기록하였다. 3대에 걸친 6인의 효행에 대하여 허전은 "효자 한 사람도 어렵건만, 이렇게 여러 사람이 나온다는 것은 오래도록 아들 된 자, 며느리 된 자에게 권장할 만한 표본이 된다"며 강조하고 있다. 부모님의 아픈 곳을 정성껏 치료하고, 3년상을 정성껏 치르며, 집안에 불이 나서 위급한 상황에도 자신을 생각하지 않고 신주를 먼저 가지고 나오는 행동이 효행으로 기술된다. 허앙과 허영은 피고름을 입으로 빨아내거나 탕약과 변을 맛보아 병세를 진단하는 수준까지로도 충분히 효성이 입증되나, 후대로 갈수록 효부이면서 열부의 조건에 알맞게 되려면 자신의 목숨을 아깝게 생각하지 않는 행동이 수반되어야만 그 가치를 인정하여 기록했다.

〈문씨 효열록 발(文氏孝烈錄跋)〉은 최익현이 문명효(文命孝)의 아내 강씨와 그 아들, 그리고 손부(孫婦) 두씨의 효열에 관해 기록한 것이다. 문명효의 아내 강씨는 남편의 병을 구호하기 위해 정성을 다했고 남편이 죽은 뒤에는 애통함을 참으며 자식을 가르쳐 성장시켰다. 그 아들은 부친의 상을 정성스럽게 치렀고, 문명효의 손부 두씨도 시어머니가 위독해지자 허벅지 살로 죽을 끓여 며칠 더 살도록 했다. 최익현은 문씨 집안 3대의 효열을 기록하면서 말세의 풍속에 도움이 되기를 바란다고 했다. 또한 문씨 집안 인물들의 행적이 이미 여러 차례 기록 되었지만 여론이 있어 이 글을 썼다고 했는데, 이를 통해 효열 담론이 반복적으로 생산된 정황을 알 수 있다.

임헌회의 〈여산 송씨댁 효자 6명과 열녀 1명에 대한 기록 서문(礪山宋氏六孝一烈錄序)〉(1869)은 여산 송씨 집안 자손들의 부탁을 받고 집안의 효자와 열녀에 대한 기록에 써준 서문이다. 여산 송씨 집안은 본래 순절한 충신을 많이 배출한 것으로 알려져 있다. 특히 임진왜란과 병자호란 때 송대립(宋大立)과 송심(宋諶) 부자의 충효에 관한 행적을 기록한 〈송씨충열록〉은 많은 문인들이 쓴 서발, 묘지명 등과 함께 간행되어 널리 읽혔다. 임헌회는 여산 송씨 집안에 효자와 열녀가 많이 나와서 『여지승람』 등에 기록되어 있다고 하면서 그들의 사적을 간단하게 전하고 있는데, 단지(斷指) 등으로 부모를 구호하거나 순효(殉孝)하는 것뿐 아니라, 초현실적인 현상까지 나타나서 이들의 효행을 도운 것을 부각했다. 임헌회는 후손들의 효행과 열행은 선조로부터 전하여진 것이라는 평가를 하며 충신과 효자, 열녀가 같은 집안에서 나오는 것이 당연한 이치라고 했다.

〈신열부, 강효자 사적 뒤에 붙이다(題申烈婦姜孝子事蹟後)〉에서 조병덕은 신열부에 대해 언급하면서, 강씨 집안의 4대에 걸쳐 배출된 8명의 효자에 대해 기록했다. 신씨의 열행과 그 아들의 효성은 누대에 걸친 효성의 전통에서 배출된 것임을 강조한 것이다.

이렇듯 19세기에 이르면 명망 있는 집안으로 인정받기 위해서 여러 대에 걸쳐 축적된 조상의 충절과 효행, 열행 등을 아울러 기록하는 경향이 나타난다. 이러한 기록에서 여성 개인의 고민과 결단을 포함한 구체적 삶은 드러나기 어렵다. 여성은 대대로 충효열을 실천하는 집안의 전형화된 인물 가운데 하나로 등장하는 경우가 많다.

1) 유인 정씨는 향북당(向北堂) 정준일(鄭遵一)의 후손으로 아버지는 정명리(鄭明履)이고 어머니는 함양(咸陽) 박씨인 수윤(壽潤)의 딸이다. (…중략…) 남편이 죽었는데 아들 하나 딸 하나만을 두었다. 따라 죽고자 했으나 시어머니 이씨가 기미를 알아채고 붙들고는 울며, "네가 만약 죽는다면 나는 장차 누구를 의지한단 말이냐? 또 어린 것이 홀로 남게 되니 경솔하게 마음먹을 일이 아니다."라고 하자 유인이 그 말에 따라 생각을 바꾸고는 이전처럼 일을 주관하고 시부모를 모시고 아이를 돌보며 시가를 굳게 지켰다.

시어머니가 학질에 걸린 지 오래되었는데 의원이 효력을 나타내지 못했다.

어떤 이가 “사람의 피가 가장 잘 듣는다.”라고 하자, 손가락에 피를 내어 죽에 섞어서 드리기를 세 차례 하니 마침내 소생하여 완쾌되었다. 돌아가시게 되었을 때에는 슬퍼하여 수척해지면서도 예를 다하니 고을에서 한결같이 효열부라고 칭송했다. (…중략…)

2) 서씨는 이천(利川)이 본적이며 신라 때 아간 신일(神逸)의 후손이다. (…중략…) 16세에 전의(全義) 이경근(李擎根)에게 시집가서 연로한 시어머니를 효성스럽게 봉양하였고 집안일에서 떠나지 않았다. 시어머니 정씨가 심한 병에 걸리자, 의원이 “자라 술이 효험이 있을 것이다.”라고 했다. 이때 서리가 혹독하고 바람이 높아서 구하기가 매우 어려웠는데, 마을의 부녀자 여러 명이 그 지극한 정성을 불쌍히 여겨서 함께 습지에 가서 찾으니 각각 1마리씩 얻었다. 이에 먹게 하니 곧 나았다.

또 전염병이 창궐하여 그 남편이 매우 위급하게 되니 서씨가 눈을 감고 자지도 못하고 향을 사르며 하늘에 축원하여 자신이 대신하게 해달라고 바라기를 7일 밤낮으로 했다. 얼마 지나자 병을 이어받아서 증세가 구하기 어려워졌으나 편안히 근심하지 않으며 “남편이 차도가 있는데, 내가 죽은들 무슨 한이 있겠는가?”라고 하고는 마침내 일어나지 못하게 되니 나이가 겨우 29세였다. (…중략…)

3) 홍씨는 본적이 풍산(豊山)으로 호가 홍애(洪崖)인 홍간(洪侃)의 후손이다. (…중략…) 전염병이 크게 돌자 온 집안 식구들이 위급한 가운데 있으니, 홍씨가 힘쓰며 띠를 풀지 않고 고단해도 잠을 자지 않으며 힘을 다해 돌보았다. 시아버지와 남편은 위급한 상태에서 겨우 벗어났으나 자신이 또 병에 옮았다. 하루는 밤에 희미하게 남편이 통곡하는 소리를 듣고, 있는 힘을 다해 “무슨 일로 그러셔요?”라고 하자 그 남편이 “아버님께서 병이 조금 나으셨는데, 거친 보리만 있고 제대로 된 쌀이 한 톨도 없으니 노인의 몸으로 어찌 감당하겠소?”라고 했다. 홍씨가 경황 중에 깨달아 “거친 쌀 몇 되를 작은 주머니에 보관해 두었는데, 꿈처럼 잊고 있었습니다. 찾아서 드시게 하셔요.”라고 했으니, 그 절약하고 부지런하며 검소하여 급할 때나 급하지 않을 때나

보탬이 되도록 한 것이 이와 같았다. 기묘년(1879) 3월에 죽었으니 34세였다.

외사씨가 이른다. (…중략…)

왕도가 사라지고 겸병하는 데에 이르러, 아들이 자라서 본분을 넘어서고 며느리와 시어머니가 반목하여 서로 따지니, 풍속이 이미 그러하다. 이에 이르러 서양과 교류하면서 사람의 마음이 빠져서, 자신이 낳은 자식보다 자식으로 사랑하는 자는 열에 하나도 어려운데, 하물며 섬겨야 할 분이 있는 처지에 있어서랴! 그러니 2대, 3대에 걸쳐 행실의 아름다움이 변하지 않은 것은 거의 이씨 집안이 독보적이다. 만일 자양(紫陽) 선생 같은 분이 있어서 〈소학〉의 속편을 짓는다면, 어찌 진효부, 당부인과 함께 드러나서 오래도록 전하지 않겠는가?[8]

위의 글은 전의 이씨 집안의 세 효부를 기리기 위해 쓴 전(傳)이다. 이윤대의 아내 정씨는 시가가 가난하여 집에 먹을 것조차 없자 부지런히 일하여 살림을 불렸고, 남편이 죽자 따라 죽고자 하는 마음을 돌려 시어머니와 어린 아이를 돌보았으며, 시어머니가 병이 들자 손가락에 피를 내어 소생시켰다. 또 이경근의 아내 서씨는 시어머니가 병이 드니 자라 술이 효험이 있다는 말을 듣고 추운 날씨를 무릅쓰고 자라를 구해 소생시켰으며 전염병으로 남편이 죽게 되자 본인이 대신하기를 기원하여 결국 남편은 살아나고 자신이 병으로 죽었다. 마지막으로 이태노의 아내 홍씨는 남편이 병으로 오래 앓으며 살 의지를 잃었을 때 그를 격려하여 완쾌하도록 했고, 전염병이 돌아 온 가족이 위기에 처했을 때 힘써 시아버지와 남편을 구하고 자신은 병에 옮아 죽어가면서도 남편이 시부모가 굶주리는 것을 걱정하자 미리 마련해 두었던 곡식을 찾아 드리게 했다.

전의 이씨 집안의 세 며느리는 각기 시가의 생계를 책임지고 자신을 희생하여 병으로 죽게 된 남편과 시부모를 살려냈다. 정씨와 서씨, 홍씨의 행적은 한 데 묶여서 양적으로 강화되었을 뿐 아니라 내용면에서도 그 효/열행의 정도가 심화되고 있다. 이씨 집안의 며느리들은 시어머니를 위해 손가락을 자르고, 남편의 병을 대신하기를 빌며, 목숨을 바치면서 가족을 구제하고 죽음에 이르는 순간까지 시부모의 봉양에 집중한다.

시간이 갈수록 강화되는 효/열행의 정도는 여성에게 점점 더 엄중하게 요청되는 의무를 반영하는 것으로 보인다. 이는 후대로 갈수록 변해가는 세태와도 연관이 깊다. 최익현은 '아들이 본분을 넘어서고' '며느리와 시어머니가 반목하여 서로 따지'는 풍속이 서양과 교류하면서 생겨난 것으로 보고, 이러한 환경에서도 과거의 아름다운 행실이 변하지 않은 사실을 칭송한 것이다.

집안의 여러 인물을 함께 기록하거나 누대에 걸친 기록을 병행하는 형태는 19세기에 와서 자료 전반으로 확대되었다. 여러 대가 지나도록 세태가 변함에도 변치 않는 그 도덕성의 현현은 가문의 명예를 높일 뿐 아니라 세태를 교정할 수 있는 기제로 작동할 수 있기에 널리 기록되기에 이른다. 그런데 기록자가 강조하는 이들의 효행은 신체를 훼손하거나 목숨을 내놓는 극단적 실천으로 이루어지고 있다. 최익현은 집안, 즉 규방에서부터 복이 흥성하기도 하고 도가 쇠퇴하기도 한다고 하면서, 왕도가 쇠퇴한 때에 부녀자의 역할이 중요함을 강조한다.[9] 어지러운 세태에 직면하여 당대 문인들은 교훈 담론을 양적으로 확대해가면서 여성들에게 그 실천의 내용을 더 엄중히 요청해간 것이라고 하겠다.

2) 교화의 범위 확대

효열 행위의 주체가 하층민으로 확대되는 현상은 17세기 이후 꾸준히 지속되는데, 19세기에 오면 하기 힘든 극단적 열행을 다룬 기록의 양이 전대에 비해 늘어난다는 점에서 특징적이다. 이 시기 문인의 기록에서는 고용살이를 하는 하층 여성이나 기녀, 여종의 다양한 행적이 적극적으로 드러날 뿐 아니라 하층민이 효/열행의 포상 추대에도 자발적으로 움직였던 사실을 확인할 수 있다.

성해응은 '사람은 모두 요순과 같이 될 수 있다'[10]며 노비에 대해서도 인륜에 입각하여 대우해야 한다고 역설했다. 〈의복전(義僕傳)〉에 등장하는 유관(柳灌)의 여종 갑(甲)이, 김상용(金尙容)의 종 순승(順承), 정씨(鄭氏) 집안의 종, 유항검(柳恒儉)의 여종, 김우추(金遇秋)의 여종, 이수온(李守溫)의 종 이험산(李險山), 이만증(李萬增)의 종 박귀동(朴貴同), 이씨 집안의 종 단금이(段金伊) 등은 주인이 목숨을 잃게 되거나 어려움에 빠졌을 때, 이전과 똑같이, 아니 그보다 더 충성스럽게 의리를 지킨 이들이다.

성해응은 조선시대의 노비 제도가 두 가지 점에서 인륜에 어긋난다고 보고 문제를 제기하였다. 첫째, 노비의 자손은 노비로 대를 이어 사역해야 하는 점이다. 당시 사람들은 기자(箕子)의 『팔조법금(八條法禁)』 중에 '남의 물건을 훔친 자는 그 집 노비로 삼는다'는 조항을 인용하며 도둑질한 자를 몰입(沒入)하여 노비로 삼았다. 성해응은 이는 당대에 그치는 것이지, 대대손손 묶어두고 노비로 삼으라는 의미는 아니었다고 주장했다.

둘째, 노비를 인간으로 보지 않고 짐승과 같이 취급한다는 점이다. 소나 말처럼 가격을 매겨 사고팔며, 재산을 나누듯이 노비를 주고받고, 사적으로 소를 잡아도 장형(杖刑) 100대요, 노비를 죽여도 장형 100대를 내리는 등 노비의 가치가 짐승인 소의 가치와 같이 취급되는 제도의 비인간성을 고발했다. 그러면서 정작 노비에게는 주인에 대한 공경과 충성을 강요하는 등 인륜 도덕을 적용하는 것이 아이러니하다고 보았다. 성해응은 모든 사람은 요순(堯舜)과 같은 성인(聖人)이 될 수 있는 바탕이 있으며, 노비도 보통 사람들과 같이 의리를 알고 때로는 그보다 더 훌륭하기도 하니 노비 역시 다른 사람들과 마찬가지로 존중받아야 할 존재임을 강변했다. 그러나 노비의 행적을 서술하면서 주인을 위해 희생하는 의리를 강조하고 있어 그 한계의 지점을 살필 수 있다.

홍석주의 〈관북열녀전(關北烈女傳)〉[11]은 당대 관북 지방에서 열녀라고 일컬어졌던 하층 여성에 대한 글이다. 흉년이 들자 남편과 같이 고향을 떠나 단양에서 종살이를 했는데 남편이 죽었다. 장례 치를 돈이 없었지만 흑심을 품고 장례 준비를 해 주는 이를 지혜롭게 거절하고 여름에 시체가 썩어 냄새가 진동해도 관 옆을 지켰다. 몇 달이 지나 여비를 마련하여 고향으로 돌아와 남편을 묻었다. 홍석주는 그녀에 대해 단순히 열녀라고 일컬음은 부족하다고 평가했다. 자기를 겁탈하려는 사람으로부터 자신을 지키는 지혜로움과 고향으로 돌아오면서 수천 리 길 위의 고생을 마다하지 않았던 그녀의 인내심을 칭찬했으며, 단순히 남편을 따라 죽지 않고 고향으로 돌아와 남편 장례를 치렀으므로 의로움을 행하여 도에 맞게 한 사람이라고 평가했다.

당대 문인들이 하층민의 효행과 열행을 적극적으로 평가한 데에는 이들을 이념적 영역에 묶어둠으로써 얻는 효용과 함께 세태 교정의 효과가 크기 때문이기도 하다. 신분이 낮고 교육받지 못한 이들도 적극적으로 도리를 다하였다는 점을 지속적으로 강조하면서 효열의 덕목에 대한 사회적 평가가 점점 강화되어간다는 사실도 확인할 수 있다. 19세기에 오면 하층 여성의 열행에 대한 관심과 포상이 점차 증가하는 한편, 하층민 주변에서 일어나는 열행에 대한 관심이 같은 계층민들에게도 파급되어 새로운 담론층을 형성한다.

> 김득이 병이 들어 여러 달을 앓아누웠다. 열부는 약물과 음식을 정성껏 마련하였다. 밤에는 옷을 벗지 않고 눈도 붙이지 않았으며, 낮에는 품삯을 받으면 이웃사람을 사서 남편의 병구완을 빠트리지 않았다.
>
> 남편의 병이 위독해지자 열부가 손가락을 찢어 피를 흘려 넣어서 다시 소생시킨 것이 무릇 십여 번이었으니, 손에는 더 이상 흘릴 피도 없었다. 그런데도 김득은 결국 죽고 말았다. 김득의 주인은 이씨와 함께 돈을 구하여 장사를 지냈다.
>
> 얼마 있다가 이씨 집에 오는 객(客) 중의 하나가 열부가 어진 것을 알고 덤벼들었고, 또 이씨에게 명(命)을 청하였다. 이씨 또한 열부가 아직 젊은 것을 가엾게 여겨 그를 위해 중매를 섰다. 열부가,

"참으로 제가 천한 몸이니 어찌 능히 절개를 지킬 수 있겠습니까. 다만 남편의 상(喪)이 아직 끝나지 않았으니 다른 사람에게 개가(改嫁)하는 것이 사람으로서 차마 할 수 없는 일입니다. 청컨대 3년만 기다려 주십시오."
라고 하였으니, 이는 완곡히 사양한 것이다. 일이 이러하니 객 또한 어쩔 수 없이 지켜보기만 하였다. 그리하여 날마다 음식을 차려 남편의 신위에 제사 지내며 아침저녁으로 빠트리지 않았다.

남편의 상(喪)을 마치는 날 저녁이 되자 열부는 음식을 차려 제사를 지내고 슬프게 곡(哭)을 하였다. 다음날 해가 저물었는데도 방문이 여전히 닫혀 있어서 이씨가 달려가 살펴보니 스스로 목을 매어 죽어 있었다.

이에 마을 사람들이 큰소리로 떠들며 열부의 절개에 대해 감탄하고 이씨네 객에게 분노하였으니, 심지어 내쫓는 이도 있었다. 이씨가 더욱 가엾게 여겨 열부를 남편이 묻힌 곳에 합장해주었다. 열부의 나이 그때 21세였다.[12]

〈최열부전〉의 주인공 최열부와 그 남편은 노비 신분이었다. 노비이면서도 남편에 대한 절개를 지켜 따라 죽은 최씨의 행위는 그 주인뿐 아니라 마을사람들도 깊이 감동시켰다. 그리하여 당시 최씨를 죽음에 이르게 한 원인을 제공한 이씨 집 객에 대한 비난의 여론이 거세게 일어나기도 했다. 노비인 여성일지라도 실절의 위협에서 꿋꿋하게 남편에 대한 의리를 지켜낸다면 누구나 감동하여 그 사람의 편에 서서 그를 가엾게 여기고 상대방 남성에 대해 분노해줄 수도 있는 것이다. 이러한 교화의 효과는 사대부들이 적극적으로 하층 여성의 열행을 찾아 기록하게 한 원동력이기도 했다. 다음은 임헌회가 쓴 관노(官奴) 홀개와 불관의 정려기이다.

아산(牙山)에 두 열녀가 있다. 한 명은 홀개(忽介)인데 온순하면서 자색이 있어서 품관(品官)인 이인눌(李仁訥)의 첩이 되었으니 나이 18세였다. 그 남편이 죽으며 유복자 한 명을 남겼는데, 관아의 하인이 그를 욕보이고자 하여 갖은 고생을 다 하였다. 심지어 송곳으로 힘줄을 끊었으나 홀개는 따르지 않고 머리카락을 자르며 절개를 온전히 할 것을 스스로 맹세하니 이 일이 알려져 정려가 내려졌다.

한 명은 불관(佛寬)으로 16세에 서울에 사는 이진서(李振緒)의 아내가 되어서 아들 하나를 낳았는데, 몇 년이 지나지 않아서 남편이 병이 들자 기원하며 부르짖고 울었다. 남편이 죽자 눈이 오거나 비가 오거나 상관없이 항상 빈소의 곁을 지켰으며 죽을 때까지 절개를 지키며 변하지 않으니, 다른 사람이 감히 어지럽힐 수 없었다. 또 시어머니를 잘 모셨는데, 돌아가시자 3년간 죽만 먹었다. 숙묘(肅廟) 기유년 일이 알려져서 정려가 내려졌으니 모두 관비(官婢)이다.

아, 주부자(周夫子)는 〈애련설(愛蓮說)〉에서 '연꽃은 진흙에서 나왔으나 물들지 않고, 향기는 멀리 퍼질수록 더욱 맑다.'라고 했는데 화양노인(華陽老人)이 이것을 인용하여 단양(丹陽)의 여종인 연옥(鍊玉)의 열행을 기록하였다. 지금 두 여종도 그러한 부류로다! 이는 비록 하늘이 준 품성에서 나온 것이지만, 또한 우리 열성조(列聖朝)가 도로써 제도한 결과이다.

두 여종은 모두 후사가 없어서 그 성씨(姓氏)가 전해지지 않고 정려도 허물어진 지 오래되었다. 이제 관노(官奴) 서춘근(徐春根) 등이 재물을 모아 다시 세우고 나에게 기록을 부탁하며 "훗날 사람들이 이어서 지붕을 잇도록 하고자 합니다."라고 했으니 또한 가상히 여길 만하다.

대개 정렬의 기운이 곧장 청허(淸虛)한 곳으로 올라가기를 화살이 표적을 맞추는 것처럼 하고, 예로부터 절개 있는 부인이 조화옹과 수작하기를 마치 북채와 북이 호흡하듯 하니, 자연스럽게 천지가 화합하여 응하게 되고 귀신이 영험함을 드러내게 된다. 하물며 백성이 상도를 굳게 지키며 이처럼 아름다운 덕을 좋아하는 것임에랴! 사람의 마음이 죽지 않아서 정려가 끝없이 영원히 보존될 것임을 알겠다. 생각건대 나 또한 마을 사람으로 기록하는 일을 어찌 사양하겠는가?[13]

홀개와 불관의 열행은 단순히 인간적 도리의 자연스러움을 넘어서 신체에 가해지는 끔찍한 위해를 견디고 죽음을 무릅쓰고 이루어낸 것이다. 하층의 여성이 혼자 살아가는 것은 현실적으로 너무나 힘든 일인데도 이들은 관노 신분으로 신체를 훼손하면서까지 열행을 수행했기에 임헌회는 그를 높이 평가하고 있다. 그는 이러한 열행은 임금의 도덕적 교화의 결과라고 평가한다. 하층민의 효/열행을 기록하며 도덕적 교화가 하층민에게까지 미친 점을 지적한 사례는 전대에도 흔히 발견된다. 그러나 19세기는 외세의 침입으로 세도가 피폐해졌다는 인식이 팽배했고, 가족 간의 불화 역시 사회적 문제로 빈번히 거론되기에 이른다. 이러한 상황에서 하층민의 효/열행에 대한 기록과 평가는, 시대가 달라지고 세태가 변함에 따라 점차 하층민에게까지 세도에 대한 책임을 지울 수밖에 없었던 당대 지식인의 윤리 의식을 반영하는 것으로 보인다.

이 기록에서 살필 수 있는 것은 열녀와 불관의 열행뿐 아니라 열행에 대한 평가가 다른 하층민에게 적극적, 자발적으로 수용되는 지점이다. 〈열녀 홀개와 불관의 정려기〉는 관노들이 재물을 모아서 임헌회에게 부탁한 것이다. 후사가 없는 두 여종을 위해 허물어진 지붕을 중수하고 정려기 마련에 애쓴 이가 천민인 관노 신분이라는 사실은 주목할 만하다. 이제 하층민은 교화의 대상일 뿐 아니라 자발적 효/열행의 주체이면서 효열 담론을 평가하고 지지하기도 하는 것이다. 지속적인 교화의 결과인지 효열 담론 생산에 동참하는 것이 어떠한 효용을 가져다주는지를 잘 알아서 이를 활용한 것인지 단정하기는 어려우나, 이 시기에 오면 하층민에게까지 열행이 가져다주는 명예와 권위의 힘이 작동한다는 사실은 분명해 보인다.

이러한 덕화가 미치는 범위는 하층민에게 그치는 것이 아니라 미물에게까지 확대된다.

> 이씨가 일찍이 조그마한 솥을 두고서 삼 년을 메를 올렸으니 불을 때고 쌀을 씻는 것을 반드시 손수 하였다. 그리고 남은 낟알로 개 한 마리를 먹였는데 죽은 날이 이르자 개가 먹지를 않고 슬피 짖으면서 문을 빙빙 돌면서

불안해하기를 며칠을 하더니, 마침내 수방 문턱에서 죽었으니 동물류의 감응도 또한 신이한 것이다.[14]

위의 글 〈집안 열녀의 일을 기록하여 호남백 서중구에게 보여주다(族家烈婦事, 錄示湖南伯徐仲裘)〉는 이시원이 집안의 열녀인 전주 이씨(?~1837, 이건우의 아내) 일을 기록하여 호남 도백인 서중구(徐仲裘)에게 준 글이다. 전주 이씨는 결혼을 한 지 1년 남짓 되어서 남긴 후손이나 유복자도 없이 남편인 이건우가 죽게 되었는데, 바로 따라죽으려고 하였으나 집안사람들의 만류와 어린 시동생 때문에 죽지 못한다. 대신 남편의 상례 기간인 3년 동안 아침저녁으로 제사를 올리는 것으로 자신의 마음을 표현하고서 기한이 지나자 자신의 의지대로 남편의 곁으로 따라갔다. 이 글은 유인의 훌륭한 성정을 기술하는 데 그치지 않고, 그 덕화가 미물에게까지 미칠 수 있음을 보여준다. 유인이 제사 밥을 나누어 주던 개는 유인이 죽자 며칠을 먹지 않고 울부짖다 죽었다. 동물의 감화가 드러나는 또 다른 글을 보자.

집에서 돼지를 길렀는데 다섯 마리의 새끼를 낳고 그 어미가 죽자, 개가 이 새끼들을 젖을 먹여 길러서 새끼 돼지 다섯 마리가 온전히 자랄 수 있었다. 사람들은 이를 부인의 덕화(德化)라고들 하였다. (…중략…)

사전(史傳)에 기록되어 있는 유검루(庾黔婁)의 별에 대한 기도나 동소남(董邵南)의 축물(畜物)을 감화시킨 효성 등은 모두 남자들의 이야기이다. 그런데 이런 자들 또한 겨우 천백 명 중에 한둘이 있을 뿐이다. 그러나 부인은 여자의 몸으로서 능히 이를 겸하였으니, 비록 그것이 첨추공의 독실한 행동이 모범을 보인 바가 있다고 하더라도 타고난 천성에 근본하지 않고는 불가능한 일이라 하겠다. 이만하면 법도로 보아서도 명(銘)을 지어 새길 만하다 하겠다.[15]

〈숙부인 연일 정씨 묘지명〉은 연일 정씨(1814~1887)의 훌륭한 행적을 드러낸 글이다. 숙부인은 5, 6세 무렵에 『소학(小學)』을 읽는 소리를 듣고 이를 실천하려 형제와도 자리를 같이 하지 않았고, 낮에도 문 밖에 나가지 않았다고 한다. 시집가서는 눈 먼 시어머니를 위해 모든 것을 챙겨드렸고 시어머니의 병이 위독하자 기도하며 자신이 대신하기를 빌었다. 남편인 첨추공 강현주에 대해서도 모든 것을 받아주었고, 자식들을 잘 교육했다. 부인의 경계는 이웃사람들에게까지 영향을 미쳤다고 하는데, 과부가 된 여종들도 부인의 영향으로 절조를 지켰다고 한다.

나아가 위의 글은 부인의 덕화가 동물에게까지 미쳤음을 보여준다. 부인의 집에서 기르던 돼지가 새끼를 낳고서는 죽었는데, 그 집 개가 어미 잃은 돼지 새끼를 젖 먹여 길러 새끼 다섯 마리가 모두 잘 성장했다는 것이다. 당시 사람들은 이것이 모두 부인의 덕화(德化)가 미친 결과라고 평가했다. 이는 일상의 모든 면에서 모범적이었던 부인의 행위를 미화하는 과정에서 드러난 과장된 서술이라고 할 수도 있겠지만 좀더 적극적인 평가도 가능하리라 생각한다.

18세기에도 이러한 서술이 없었던 것은 아니다. 이광정이 쓴 〈효열부 이공인 묘지명〉[16]에서는 이공인(1678~1732)의 효행과 열행을 드러내는 과정에서 동물과 관련한 비일상적 사건이 나타난다. 공인은 일찍 어머니를 여의었는데 계모에게 효성스러웠으며, 남편 박몽상(朴夢祥)이 죽자 지극정성으로 시부모를 받들어 모시면서 집안일을 맡아 다스리다가 세상을 떠났다.

이광정은 공인의 효행이 비일상적 사건을 만들어내기도 했음을 기술한다. 병든 시어머니가 꿩 요리를 먹고 싶어했는데 구하지 못해 걱정하자 갑자기 날아가던 꿩 한 마리가 마당에 떨어져 도망가지도 않아 잡아 드렸다는 것이다. 이광정은 이 사건을 효행의 보상 측면에서 해석하고 있다.

이공인의 기록은 꿩이 마당에 내려앉아 움직이지 않은 우연한 사건에 대한 적극적 해석으로 볼 수 있다. 그렇지만 19세기 자료는 동물의 일화가

'감응'과 '감화'로 이루어진 것임을 직접적으로 밝히고 있다는 점에서 차이가 있다. 이는 절조를 지킨 여성 인물이 교화시킨 대상이 주변 인물이나 하층민에게서 나아가 미물인 개에게까지 확대되고 있음을 보여준다. 이에 대해서는 4장에서 좀더 자세히 논의하기로 한다.

감화된 개들은 주인을 따라죽거나 집안의 다른 새끼들을 길러주는 등의 이적을 보인다. 이 시기에 오면 주인공의 도덕적 행위가 갖는 힘이 단순한 감화의 차원에서 신이한 결과를 낳게 하는 위력을 갖는 것으로 묘사된다. 이는 효행이나 열행이 신성화되는 양상으로 해석할 수 있겠다.

3) 충(忠)과 접속하는 효·열

19세기 효열 관련 자료의 성격 가운데 주목할 만한 것이 바로 열행이 효행과 결합될 뿐 아니라, 효/열 담론이 충(忠)의 개념과 자주 연결된다는 측면이다. 여성의 열행은 여성 개인의 인격적 훌륭함을 드러내는 표지가 아니다. 열행은 열부 개인의 것이라고 평가되지 않는다. 열행을 가능하게 한 부모의 교육이나 남편의 인품, 나아가서는 국가의 교화가 잘 이루어진 덕분이다.

다음은 임헌회가 자신의 문인 고세진의 아내 신씨를 위해 쓴 정려기이다. 신씨는 남편을 위해 3년 동안 병수발을 들었고, 남편이 죽자 염습을 마치고 남편의 허리띠로 목을 매고 죽었다.

> 아! 부녀자가 남편을 여의면 이로부터 살아가기가 지극히 힘들고 모진 고생에 매우 애처롭게 되니 누군들 따라 죽을 마음이 없겠는가? 다만 죽고 사는 일은 사람에게 또한 큰 일이다. 비록 뱃심이 두둑한 남자도 진실로 굳이 죽겠다고 결심하지 못하고 열행이 남보다 뛰어난 사람도 힘써 해냄이 적은데, 이제 신씨는 여자로서 의연하게 따라 죽었으며 또 조용히 이와 같이 할 수 있었다. 이것은 이른바 "실로 나의 남편이니 비록 죽음에 이르렀다 해도 다른 마

음이 없을 것임을 맹세한다."라는 것이니, 어찌 그리 열렬한지? 어찌 그리 열렬한지? 비단 하늘이 백성에게 바른 도리를 주어서 그런 것만이 아니라 또한 여러 성인들의 교화가 있어서이다.

대개 세진은 효자로 나이가 겨우 15세에 후모가 된 분의 병을 위하여 손가락을 잘라 피를 드시게 해서 며칠간의 생명을 연장할 수 있었으니, 이러한 남편에게 이러한 아내가 있는 것은 마땅하도다! 이것은 족히 풍교에 도움이 될 만하다. 또 성상께서 풍속에 힘쓰고 백성을 진작시키려는 뜻을 두셨으니 또한 천자의 뜻을 받들어 세상에 널리 알리지 않을 수 없다. 그러므로 위와 같이 대략 기술한다. 세진은 일찍이 나를 따라 문자를 배운 자이다.[17]

임헌회는 남편을 여윈 여성들이 목숨을 버리고 열녀가 되는 이유를 명분과 이데올로기보다는 고단한 환경에서 찾으면서, 장정이나 열행이 뛰어난 자들도 해내지 못하는 일을 신씨는 의연하고 조용히 해냈음을 칭송했다. 그런데 신씨의 이러한 열행은 성인들의 교화나 훌륭한 남편이 있었기에 가능한 것으로 평가된다. 신씨의 정려기에 남편 고세진이 후모를 위해 단지(斷指)를 하여 며칠이나마 그 수명을 연장했던 사례를 소개한 것도 그러한 의도를 반영한 것이다.

기우만의 〈열부 정씨전〉[18]에서는 열과 충을 하나로 묶는 방식이 드러난다. 열부 정씨는 김이원의 아내로 남편이 죽은 다음날 목을 매어 자결하였다. 정씨를 염습하면서 보니 허벅다리를 여러 곳 벤 자국과 손가락을 잘라 아직 마르지 않은 핏자국이 있었다. 남편이 아플 때 피를 약에 타서 먹였는데 그러한 사실을 아무도 모르게 했던 것이었다. 기우만은 정씨의 열행이 '충'과 그 지향점은 같다고 하면서 왕의 신하된 사람들이 부끄러움을 알게 해야 하는데 그렇게 하지 못함이 애석하다고 했다.

송병선은 〈열부 서씨 행장〉에서 서씨 부인(1859~1879)이 어려서부터 효성스러웠던 점을 들어 서씨 부인의 열행이 효과 관련이 있음을 말하고, 충신과 비교하며 '효'와 '충'이 또한 깊은 관련이 있다고 말한다.

부인이 남편을 따라 죽는 것은 도의 일반적인 것이다. 그러나 지금까지 백성 가운데 능히 그렇게 한 사람은 드물다. 유인 같은 사람은 자신의 몸을 염두에 두지 않았으니 진실로 임금을 따라 죽으며 두 마음이 없는 선비에게도 부끄럽지 않다.

"충신을 구하려면 반드시 효자의 가문에서 찾아야 한다."고 한다. 유인은 시집오기 전에 부모에게 효성하고 시집이 쇠퇴하지 않았으니 이 탁월한 절개를 세운 사람이 어찌 이유가 없이 그렇게 생긴 것이겠는가? 딸이었을 때는 딸로서, 며느리가 되었을 때는 며느리로서 하늘에서 타고난 성품을 모두 갖추었으니 다만 '효'에서 '충'을 구하는 것뿐만이 아니다. 나는 부인의 남편과 같은 집안으로서 귀로 듣고 마음으로 심복하여 유자정의 필력이 없음을 부끄러워하였다. 어찌 부인의 만분의 일이라도 드러낼 수 있겠는가? 대략 행록에 의거해 위과 같이 장을 지어 송병대의 부탁에 맞춘다.[19]

열부 서씨는 겨우 21세에 남편이 돌림병에 걸려 죽자 장례를 마친 후 남편의 대상을 지낸 날 밤에 스스로 목숨을 끊었다. 송병선은 남편을 따라 죽은 열부의 열행에서 효성을 길러준 집안의 가풍을 읽어냈고, 또한 효자의 가문에서 충신이 가능하다고 하여 좀더 근원적이고 중대한 가치가 '충'에 있음을 도출하려 했다.

전우는 〈조유인의 행장에 제하다〉[20]에서 규방의 도가 세상의 도와 관련이 있다고 역설한다. 집안 부인의 도가 맑아야지 자제의 도가 바르게 되고, 결국 백성과 나라에 관련된다고 하면서 결국 부녀자가 어질고 어질지 않음에 따라 천하가 다스려지기도 하고 어지럽게 되기도 한다고 했다. 규방 안의 드러나지 않은 여인의 기록은 이제 자신이 훈육받은 가문의 효를 드러내는 데 그치지 않고 국가의 근간에 영향을 미치는 중차대한 기준으로 작동하기에 이른다.

이남규의 〈세 여종의 일을 기록함〉은 애초에 이들 여종이 얼마나 충직한가를 드러내기 위한 글이다. 이들은 왜병이 이남규의 집안을 수색할 때,

안주인을 보호하기 위해 일본군에게 대항했으며 보선은 칼을 맞으면서도 피하지 않았다. 이 사실은 이남규가 감옥에 구금되어 있을 때, 간수 김동선(金東璇)에게서 들은 것으로 간수는 이남규에게 어떻게 해서 여종마저 이렇게 충성스러울 수 있느냐고 물었다. 이남규가 세 여종의 일을 기록하면서 이들이 용기 있는 남자로서도 하기 어려운 일을 했다고 하면서 그 충성스러움을 존경할 만하다고 높이 평가했다. 이 글에서 당시 사대부들이 명분과 의리에 따라 행동하지 못한 점을 비판하려는 의도가 엿보인다. 그런데 이 충 담론에 충실한 서사를 기술하는 맨 마지막에 여종 보선(保善)의 열행을 함께 기록하고 있다.

> 보선은 나이가 40이 못 되어서 과부가 되었으므로 남들이 재가(再嫁)하기를 권하였으나 이를 따르지 않았으며 그 자식을 잘 길러서 마침내 성장시켰다. 그리고 지순과 함께 한 형제의 아내가 되었는데, 지순의 아들을 마치 자기 아들처럼 사랑하여 이를 먹이고 입히고 하였으며, 심지어 그 딸의 아이까지도 그렇게 하였다. 그래서 마을 사람들은 다들 이에 대해, 설사 선비의 집안으로 특별히 화목하다는 소리를 듣는 가문의 부녀들이라 하더라도 그렇게까지 하기는 어려운 일이라고들 하였다. 이 또한 기록하여 남길 만한 일이다.[21]

위와 같은 보선의 열행은 보선이 주인을 위해 칼 앞에서도 피하지 않았던 강직한 '충'의 행위를 할 수 있었던 전제처럼 기능한다. 위의 기술은 앞 절에서 제시한 교화 범위의 확대로 읽을 수도 있지만, 여기서는 충의 개념을 열행과 연결시키고 있다는 점을 중요하게 보아야 할 것이다. 이남규는 '나라의 변고가 거듭 지극한 때'에 당대의 선비와 조정의 관료들이 부끄러워해야 할 일이라며 이 기사를 소개하고 있다. 최익현[22]이나 전우[23] 같은 이 역시 '신하와 자식이 임금과 아버지를 버리며 적과 원수를 섬기고 선비가 성현을 배반하며 이교를 받드는 자가 도처에 있는' 때에 열녀의 열행을 통해 전통 사회의 근간이었던 가치를 회복하려고 애썼는데, 그 과정에서 열행은 의도적으로 효 또는 충 개념과 접속할 수밖에 없었다. 삼강(三綱)과 오상(五常)이라는 당연한 가치가 무너지는 시대적 위기 상황에서 열행은 국가적 위기 상황을 타개할 해결책으로서 모든 가치와 접속하며 의미를 도출해야 했다. 19세기 효열 담론이 충과 자주 접속할 수밖에 없었던 사실은 당시 지식인들의 절박한 선택이었다고 하겠다.

3. 19세기 여성 효열 담론의 의미

1) 효/열로 재구성되는 여성의 생애

성해응은 〈선비[성대중처]행장(先妣[成大中妻]行狀)[24]에서 어머니가 아주 어렸을 때, 그 어머니인 할머니가 젖을 먹이느라 몸이 아프다는 말을 듣고 다시는 젖을 먹지 않았다는 고사를 선택해 그녀가 얼마나 효성스러웠는지에 대해 서술하고 있다. 이처럼 어린 딸로서 존재할 때에도 바람직한 여성은 자신보다 타인[부모]을 생각하는 이타적 존재여야 했다. 물론 효성이 희생을 전제하는 명제라 하더라도 젖먹이 때부터 보여주는 이러한 효성의 현현태는 여성이 스스로 주체가 되는 경험을 애초부터 봉쇄한다.

어머니는 시집온 이후로는 혼수를 팔아 살림에 보태면서 험한 일도 마다하지 않아 남편이 다른 일에 신경 쓰지 않고 학업에 열중할 수 있게 하였으며, 시아버지의 음식은 항상 자기 손으로 직접 장만하고 시어머니가 이질에 걸렸을 때는 대변의 맛을 보아가며 병간호를 극진히 하였다. 이처럼 시집에서 겪는 자기희생적 경험은 효녀가 자연스럽게 체득하는 역할로 보인다. 남편이 병들었을 때 취하는 대속(代贖)의 기도 역시 이 같은 맥락에서 설명될 수 있다. 남편의 병을 대신 앓게 해달라는 기도가 통하지 않아 남편이 죽게 되면 따라죽는 열행이 열녀의 보편적 양상이었다.

공자가 부인의 삼종지의(三從之義)를 논하면서 "남편이 죽으면 아들을 따라야 한다"라고 하였으며, 또 『주역』의 전(傳)을 지으면서 "부인은 한 지아비를 좇아 일생을 마치는 것이다."라고 하여 또한 지조를 지키는 것을 아름답게 여겼습니다. 그러나 일찍이 남편이 죽은 뒤에 아내가 따라 죽는 열행에 대해서 언급한 적은 없습니다.

세대가 점점 내려옴에 미쳐서 풍도(風度)와 절의(節義)가 더욱 빛나 동국의 풍속이 더욱 지조가 굳고 신의가 있게 되었습니다. 부인의 열행은 남편이 죽으면 따라 죽는 것을 최고의 경지로 삼게 되었습니다. 대개 옛날의 절개 있는 아내들에게서 볼 수 없는 것이며, 성인들이 논하지 않았던 바의 것입니다. 그러한 즉 절개가 남편이 죽으면 따라 죽는 것에서 그쳐 다시 더함이 없게 되었습니다.

남편이 죽으면 따라 죽는 것 같은 행동은 모두 그렇게 하는 것이 의리에 편안하고 마음에 편안해서입니다. 저들이 어찌 후세에 드리울 이름을 구해서이겠습니까. 그러나 그를 위하여 정문을 세우고 작위를 봉하여 기리는 것은 그렇게 함으로써 풍속을 돈독하게 하고자 해서입니다. 무릇 풍속을 돈독하게 하는 것은 참으로 왕도 정치가 마땅히 우선으로 삼아야 하는 바입니다. 그런데 궁벽하고 비루한 시골 마을에서는 또 저절로 (소문이) 이를 수 없는 것이 있습니다. 그래서 이에 본 현의 유생들이 열부 김씨의 절행을 합하(閤下)에게 아뢰게 되었습니다. …무릇 남편이 살아있으면 그와 더불어 살고 남편이 죽으면 그와 더불어 죽는 것이 곧 의(義)입니다. 김씨는 마음이 고요하고 한결같으며 심지가 곧아 오직 일이 의로운지 아닌지만 살펴보았습니다. 그러므로 조용히 그 의를 이룰 수 있었던 것입니다. 한낱 시골구석의 열부가 하루아침의 슬픔을 이기지 못해 도랑에서 아무도 모르게 목을 매어 죽는 것과는 차원이 다른 것입니다.[25]

남편을 따라 죽는 것이 의에 합당한, 신의를 지키는 행위라는 것은 남편과의 관계 속에서만 아내의 존재가 인정된다는 점을 극명하게 말해준다.

여기에는 아내의 존재가 독립적으로 존재할 여지는 보이지 않는다. 그런데 19세기에는 남편에 대한 열행 외에도 시부모에 대한 공양과 후사의 양육 문제가 중요하게 부각되면서 이 모든 것이 여성의 열행에 포함되는 양상을 보인다.

> 부인이 남편을 따라 죽는 것은 옛날 경서(經書)에서는 논하지 않은 것이다. 하물며 대를 이을 아들은 없고 종사(宗祀)의 중함이 있는 이들은 더욱 더 죽어서는 안 되는 것이다. 만약에 시부모나 남편의 마음으로 생각한다면 그럴 수 있겠는가. 진실로 이것으로 의(義)를 삼는다면, 옛날의 공강(共姜)이나 경강(敬姜) 같은 이들이 이미 먼저 그렇게 했을 것이다. 그러므로 종가(宗家)의 맏며느리가 되어 경솔하게 남편을 따라 죽는다면, 이것은 슬퍼서 죽는 것이지 의롭게 죽는 것이 아님을 알 수 있다.
>
> 이부인은 좌랑공이 죽은 지 11년 뒤에 죽었으니, 삼종지의(三從之義)를 이미 다한 뒤였다. 그러나 신부인이 있어서 종가의 일을 맡길 만한데, 참으로 그렇게 하지 않은 것은 이부인이 반드시 죽지 않고 기다린 것이다.
>
> 신부인(申夫人)은 학생공(學生公)이 죽은 지 15년 후에 죽었으니, 종가의 일에 주인을 두었다. 예(禮)에 며느리가 시부모를 처음 뵙는 현구고례(見舅姑禮)를 할 때, 며느리는 동쪽 계단으로 내려가고 시부모는 서쪽 계단으로 내려가는 것은 대를 이을 것임을 드러내는 것이다. 이미 대를 이을 것을 드러냈으니, 신부인이 비로소 그 뜻을 이룬 것이다. 이것은 의(義)이지 슬픔이 아닌 것이다.[26]

가족 구성원으로서 해야 할 부모 봉양과 자식 교육, 살림살이 등 남편 사후에 처리해야 할 현실적인 문제들을 완벽하게 해결해야 할 의무가 남편을 따라죽지 못 하도록 죽음을 지연시킨다. 물론 남편 사후 여성의 삶은 '잔명(殘命)' 또는 '투생(偸生)'으로 유예된 죽음을 준비하는 시간이다. 무작정 따라 죽는 열녀의 행위에 대한 정약용의 비판이 있기도 했지만, 이후 열녀의 '조용한' 죽음에 대한 칭송은 여성에게 더욱 엄정한 의무를 지게 했으며 이는 죽음에 이르기까지 정해진 관계 속에서 자신을 드러낼 수밖에 없었던 여성들에게 제한적 선택을 할 수밖에 없도록 했다고 본다.

2) 지금/여기에 없는 전범(典範) 구현

19세기에 오면 몰락한 향반이나 새로 양반 신분을 얻은 계층에서 가문의 위상을 높이고 명예를 얻기 위해 충·효·열에 대한 포상을 청하는 일이 증가하게 된다. 2장 1절에서 언급한 과거/누대 열행 기록이 증가하는 현상 역시 미약한 자신의 존재를 과시하려는 현상으로 해석될 수 있다. 과거의 사실이나 권위에 기대어야 존재 증명이 가능한 불안한 상황에서 사람들은 오래 전 조상의 행적을 찾아서 기록하고 편집하는 일을 멈추지 않으며, 주변의 특기할 만한, 그래서 포상 받을 만한 행위를 적극적으로 이끌어내서 관아에 요청했다.

19세기 당시 효열로 정려를 받기 위해서는 오랜 시간이 소요되었다. 〈열부 류씨 정려기〉[27]의 경우 열부가 죽은 지 8년 뒤에야 조정에 소식이 알려져 정려를 받았다. 점점 늘어나는 정려 요청에 열행을 구분하기 위해서도 기준이 필요해졌을 것이다.

> 아! 부인의 효성스러운 열행은 오히려 정려로 보답 받으시는 데 미치지 못하였으니, 아깝다! 살펴보건대 <u>요즈음은 풍속이 더욱 구차해지고 문채만 더욱 승하여서 효열로 문서를 내는 예가 이루 다 셀 수 없으나 거짓과 실상이 서로 섞여 있어서 위에 계신 분이 참으로 믿지 못하셔서 뽑을 수가 없게 되었다.</u> 이와 같은 종류의 거짓과 실상이 나에게도 있으니, 어찌 더욱 명확하지 않은 것을 말을 수 있으랴!
>
> 지금 김씨 일의 실상을 살피니 모두 속일 수 없는 것이었다. 시아버님의 병이 낫기를 기다려서 조용히 죽음에 나아간 것을 보면, 그 죽음을 맹세했던

맘을 알 수 있다. 남편을 여윈 처음에 정했던 것이니, 하루아침에 마음이 끓어서 스스로 목숨을 끊은 자들과는 비교가 되지 않는다. 또 그 늙으신 시아버님을 너그럽게 달래는데 마음을 다하여 병간호를 하면서 그를 미룬 것이니 곧 그 진실된 효성의 도타움이 천부적인 마음에서 왔다는 것을 알 수 있다. 그런데 이것은 지아비가 죽은 직후에 억지로 만들어진 것이 아니다. 하물며 그 쓴 것이 아름다운 선비에게서 나왔으니 곧 그 글의 징험할 만한 것이 기록으로 뒤에 남을 뿐 아니라 화공을 부를 수 있을 것이니, 이 어찌 끝내 없어질 것이겠는가?[28]

송달수는 당시에 효열 문서가 셀 수 없이 많다고 하면서, 이 중에는 문장만 그럴 듯하게 꾸며서 실상과 거리가 있는 경우가 생긴다고 지적했다. 이제 그 효행과 열행이 거짓인지 아닌지 가려내는 일이 중요하게 되었다. 유인의 경우에는 그 효성과 열이 꾸며낸 것이 아님이 분명한데도 거짓된 문서에 가려 정려를 받을 수 없음을 안타까워하고 있다. 유주목 역시 〈열부 채씨 정려각 중건기〉에서 '우리 고향 선배들은 스스로 근약(謹約)하셔서 마땅히 한 마디 꾸며주는 말도 없었으니 칭찬하는 일이 성취됨으로 바뀌는 것은 대개 그 사실이 아닌 것이 없고 핵심이 있어서 믿을 만한 것이 충분히 있기 때문이다.'[29]라고 하여 그 열행이 사실에 기반하는 것임을 강조하고 있다. 이 경우, 1차 목격자나 기록자가 얼마나 진실한지가 관건인데, 그 각각의 경우가 얼마나 믿을 만한지 판단할 근거가 쉽지 않다. 그리하여 그 문장의 설득력이나 사건의 심각성으로 판단할 수밖에 없기에, 순절만을 열행으로 인정하는 사회적 분위기가 형성되었을 것이다.

열행을 인정하는 기준이 점차 강화되면서 효열 문서가 나아가는 방향은 두 가지로 집약될 수 있다. 효/열행 과정의 고통을 강조하고, 그 결과 드러나는 이적을 적극적으로 포함시키거나 이미 검증받은 과거 조상의 효/열행을 재평가받는 것이다. 열행의 극단적이고 과장된 성격에 대해서는 다음 4장에서 자세히 논하기로 한다. 이 절에서 주목하는 것은 과거/누대 기록의 재편성이 의미하는 바이다.

19세기의 효열 관련 기록은 오래 전 과거의 인물에 대한 것이거나 당대 인물이라 할지라도 그 가문의 조상이 행한 수많은 효열 기록과 함께 배치되는 경우가 많다. 이는 당대 효열 관련 포상 요청 문서가 폭발적으로 늘어나는 사실과 무관하지 않다. 효열을 행했다는 사실을 기록한 문서는 많지만 실제로 그 사실을 검증할 수 있는 시스템은 부족했고, 그 대부분이 거짓으로 이루어져 있다고 생각하는 사람들이 많았다. 따라서 효열의 개념은 점점 협소화되어갔고, 그 기준에 맞는 효자와 열녀를 찾기란 점점 어려워졌을 것이다. 효열 관련 기록이 과거/누대 기록으로 재편성되는 현상은 바로 '지금/여기'에는 없는 '전범(典範)'적 실체를 찾아내는 과정에서 만들어진 것이다. 이상적 효열 담론의 전범적 실체를 적극적으로 만들어 내기 위한 노력은 과거를 탐색하거나 현실을 허구화하는 방식으로 나타났다고 하겠다.

4. 19세기 여성 효열 담론의 신성화(神聖化)와 폐쇄성

19세기는 계몽 지식인과 정통 유학자들이 서로 다른 가치를 향해 내달리던 때임에도 여전히 효열 담론이 유지되던 시기였다. 이는 고종 때까지도 여전히 효/열녀에 대한 포상이 적극적으로 이루어졌던 사실을 보아도 알 수 있다.[30] 개인적 영달이나 가문의 재건을 위해서 정려의 포상을 필요로 하는 이는 점점 많아지고, 작성되는 효/열행 자료가 범람하게 되는데, 이 과정에서 효/열녀로 인정받기 위해서 실제와 거리가 있는 비현실적 신이 요소를 활용하는 사례가 점차 늘어나게 된다. 한편으로는 강화된 열행의 요건에 대한 회의와 맞물리면서 남편이 죽었음에도 살아남은 여성에 대해 주목한 사례가 증가하게 된다. 이 장에서는 19세기 효열 담론의 이 두 가지 양상을 분석하여 그 의미를 도출하고자 한다.

김택영은 〈절부에 관한 설〉[31]에서 일반적인 열 관념에 대해 비판한다. 책에는 죽지 않고 수절한 과부나 남편을 따라 순절한 사람을 모두 '절부'라고 했는데, 우리나라는 오직 남편을 따라 죽은 사람만 절부라고 칭하고 정려로 표상한다고 비판하면서, 죽지 않고 종신토록 고통을 겪으며 외롭게 늙는 것이 더욱 힘든 일이라고 평가했다. 임헌회, 육용정, 성근묵, 기우만 같은 이들도 협소화된 열 관념에 대해 의문을 표시했지만, 당시의 세태는 남편을 따라죽거나 남편을 대신해 죽어야만 열녀로 인정받았으며 실제 정려문이나 정려각을 받을 수 있었다.

실제로 열녀나 절부로 인정받은 이들의 기록을 보면, '죽음'을 통해 열녀로 '살아 있음'을 상징적으로 보여주는 신이한 징표들이 공통적으로 나타난다. 허훈은 〈열부 영양 남씨 행록〉[32]에서 남편을 따라 죽은 열녀의 모습을 그리고 있다. 열부는 남편이 역병으로 죽자, 1년 여묘살이를 하고 나서 아이 셋을 남겨놓고 따라 죽었다. 처음에는 목을 찔러 죽으려고 하였으나 사람들이 구해내서 살아나고, 그 다음 독약을 먹었으나 또 실패하고, 세 번째 목을 매서야 죽었다. 그런데 열부의 모습은 죽은 지 3일이 지나서도 그 열행의 강한 기운 덕분에 살아 있는 것처럼 보인다. 안색도 살아 있을 때와 다름이 없고 스스로 목을 찔러 난 핏자국도 그대로였으며 팔다리에도 생기가 있었다고 묘사된다.

조씨 집안의 열부 염씨는 살아서 못한 일을 죽어서 적극적으로 실행한 경우이다.[33] 열부 염씨는 같은 마을 윤후신이 만든 추문 때문에 곤경에 빠지자 편지를 써서 군수를 찾았지만 당시 좌수가 그 도적의 큰처남이라 받아들여지지 않았다. 자신의 정절에 관한 추문을 벗을 길이 없어진 열부는 좌절하여 현문(縣門) 밖에서 자결했다. 군수가 윤후신을 하옥했으나 그의 사촌인 환관 여(呂)가 감형하라는 협박을 하여 억울함을 풀기 어려워지자 남편 조후창이 순찰사(巡察使) 조엄(趙曮)에게 고했다. 이 때부터 여러 이적이 발생하는데, 한겨울에 갑자기 우레가 치고, 정승의 꿈에 부인이 나타나 말과 하인을 빌려 임금을 만나러 갔으며, 급기야 영조의 꿈에 열부가 나타나 자신의 일을 호소하기까지 했다. 영조는 안핵사(按覈使)를 파견, 윤후신을 참하고 열부를 위해 정려문을 세우고 제사지내게 했다.

여기서 열부가 선택한 죽음은 결국 살아서는 해결할 수 없는 문제를 해결하기 위한 몸바꿈으로 이해할 수 있다. 실상이야 어찌 되었든, 문면에 드러나는 열부의 죽음은 살아서 겪을 정절 훼손의 추문을 견디기 힘들어 선택한 소극적 행동으로 보기 어렵다. 죽음은 오히려 열부에게 살아서는 엄두를 내지도 못했던 행동, 적극적으로 자기 의지를 실현하는 능력을 발휘할 수 있는 신이한 기회로 해석된다. 정승에게 가서 말과 하인을 빌린다거나 임금 앞에 나아가 자기 이야기를 하는 모습은 살아 있을 때 상상하지 못한 대담하고도 폭넓은 행보인 것이다. 물론 이러한 행위가 남편과 관원, 그리고 임금의 눈과 입을 빌어 현현된다는 점에서 해석의 여지는 많다. 하지만 여성의 열행과 연관된 죽음을 보는 방식이 이렇게 비일상적이라는 사실은 열녀 담론이 그 자체로 한계에 도달했음을 방증하는 것이라 생각된다.

열행에 수반되는 신이한 사건의 기록은 19세기에 와서 온전히 허구의 모습을 숨기지 않게 되는데, 기록자는 이를 '신명의 감응'으로 보고 용인하고 있다. 이 시기 순절 열녀 기록에는 빛[34]이나 동물,[35] 또는 자연물(바람, 식물 등)[36]의 감응 같은 환상적 요소가 자주 발견된다. 열행을 신성화하는 허구적 기술이 노골화되는 현상은 결연하게 죽음으로 나아가는 열녀의 모습을 실제에서는 찾아보기 힘들다는 것을 반증하는 예가 아닐까 생각한다. 효/열 담론이 환상적인 신이담의 요소를 빈번히 차용한다는 사실은 이 담론이 현실의 맥락에서 점차 괴리되고 있음을 보여주는 예라 하겠다. 죽음을 통해 증명하는 효/열행에 대한 인식이 급격하게 바뀌는 상황에서, 부모와 반목하는 아들, 며느리가 증가하는 세태에 대한 반동으로, 교화에 대한 신념을 실현하기 위해 상층 남성 지식인은 효열 담론의 신성화라는 선택을 할 수밖에 없었을 것으로 보인다.

물리적인 죽음 이후에 효열 담론의 문면에서는 찬연히 살아 있게 되는 순절열녀와 달리, 따라 죽지 못하고 살아남게 된 여성들은 살아 있어도 죽은 것과 다름없는 고통을 스스로 선택하고 극단적 자기 부정의 모습을 보여준다. 유인 김씨 역시 남편을 따라 죽기 전까지 마치 죽은 사람처럼 행동했다.

> 머리를 숙이고 흑색 얼굴빛으로 한 곳에 앉아 있다가 하루 종일 엎드려 울고 울기를 그치면 다시 앉았다. 눈동자도 굴리지 않았고 몸도 움직이지 않았다. 매일 거처하는 곳에 나아가고 들어가는데 자로 잰 듯이 하여 마치 나무 인형을 보는 듯했다. 사람들을 볼 때에는 몸 둘 데 없는 것처럼 했고, 노비라고 해도 눈을 들어 보지 않았다. 그리하여 시댁에서 지낸 몇 개월 동안 노비들도 그 얼굴을 자세히 알 수 없었다.[37]

'나무 인형[木偶人]'이라는 표현이 말해주듯 죽기 전까지 열부는 살아 있어도 죽은 것이나 마찬가지였다. 열부 김씨의 경우에는 몇 개월 만에 죽었지만 평생을 이러한 죽음과 다름없는 상태로 연명하는 사례가 많았다. 효열부 최씨는 남편의 병이 위독해지자 손가락을 잘라 피를 먹였고, 상을 마친 뒤에도 빗질을 하거나 씻지 않았으며, 7년간 문 밖을 나서지 않았다.[38] 유인 경주 김씨는 31세에 홀로 되어, 이후 9년 동안 고기를 먹지 않았고, 스스로 죄인으로 자처하고 40년 가까이 머리를 꾸미지 않았으며 발에는 버선을 신지 않았다.[39]

시부모를 봉양하고 자식을 키워야 한다는 의무 때문에 죽을 수도 없이 평생 고통을 감내하며 자신을 숨기고 부정하며 죄책감 속에서 살아야 했던 여성들의 삶은 19세기 효열 담론에서 더욱 부각된다. 장렬하게 죽은 열녀는 문면에서 생생한 생명력을 부여받지만 현실에서 구현되기 힘든 반면, 살아남아 구차한 생을 이어가야 하는 삶은 대부분 홀로 남은 여성의 실제였다. 남성 문인들은 이러한 삶의 현실을 감안하여 열녀의 기준을 순절열녀에서 시부모를 봉양하고 자식을 키우며 살아가는 여성에게까지 확대해야 한다고 주장한다.

기우만은 자식이 있는데 남편이 죽었다고 따라죽는 것을 어찌 열일 수 있는가 반문하고, 차씨 부인이 삼종의 도를 지켰을 뿐만 아니라 자식을 잘 길러 남편의 제사를 잇게 했기 때문에 열행을 한 것이라고 역설한다.[40] 열행의 의미를 가문의 유지와 번성에 두는 이러한 논의는 제한적이고 폐쇄적인 범위 내에서나마 삶에 적극적 의미 부여를 한다는 측면에서 긍정적이다. 그렇지만 이들 여성에게는 죽을 때까지 열절 훼손의 위험이 여전히 상존한다. 때문에 살아 있는 동안 정절과 관련된 위험이 발생할 때에는 언제나 그 생의 의지는 차단되고 강고한 열행의 결단만이 요청된다. 이런 의미에서 살아남은 여성에 대한 효열 담론은 폐쇄적이다.

이열부는 남편을 여의고 남편의 유언에 따라 두 아들을 키우던 중 외간 남자가 낮으로 위협하며 겁탈하려 하자 죽을 각오로 이를 벗어나서 손가락을 잘라 관에 혈서를 올리고는 남자에게 잡힌 팔을 도끼로 잘라냈다. 또한 3살, 7살 아이들을 달래 문 밖으로 내보내고 간수를 마신 채 목을 맸다. 임헌회는 이열부의 극단적인 열행을 아름답게 여기며 기리고 있다. 신체 훼손과 자살이라는 매우 충격적이고 비극적인 결단임에도 '남자도 하기 어려운 의롭고 열렬'한 죽음이라는 평가를 받는다.

> 아! 열부는 바탕이 약하고 융통성이 부족한 일개 여자일 뿐이나 갑자기 강포한 자를 만나서 하얀 칼날을 무릅쓰고 오욕을 당하지 않았으니 진실로 하기 어려운 일이었다. 그러나 반드시 온 세상과 후세에 그 원통함을 드러내고자 하여 손가락을 자른 것으로도 부족해서 팔을 자르고, 팔을 자른 것으로도 부족해서 소금물을 먹었으며, 소금물을 마신 것으로도 부족하여 스스로 목을 매면서 죽는 것을 돌아가는 것처럼 여기고 의지할 곳 없이 남겨진 두 아이를 돌아보지 않았다. 그 천성이 결연하고 열렬한 것이 이와 같고, 조용히 의로운데 나아가는 것이 또한 이와 같으니 이것이 더욱 사람에게 어려운 일이다. '죽는 것이 어려운 것이 아니라, 죽음에 나아가는 것이 어렵다.'라고 했으니

장부에게도 오히려 어려운 일인데, 하물며 여자임에랴! 열부는 어려운 가운데 더 어려운 일을 한 자라고 할 수 있다. 내가 옛날 왕응(王凝)의 아내에 대해 들었는데, 열부와 누가 더 뛰어난지 모르겠다.[41]

정절 훼손의 위험은 그나마 살아서 자식을 기르고 집안을 건사하기 위해 살아남은 여성에게 극단적 선택을 강요한다. 죽어 칭송받는 열녀가 되기를 끊임없이 요청하는 것이다. 그런데 이러한 죽음의 순간에까지 여성은 열녀가 되기에 적절한 신체를 요구받는다. 다음은 홍직필의 서종형수 전의 이씨 묘지명이다. 전의 이씨는 남편이 죽은 지 1년이 지난 후에 간수를 마시고 죽었다.

옛날 정렬로써 전이나 기에 이름을 드리운 이들은 혹 머리카락이나 피부를 훼손하여 부모님이 주신 신체를 온전히 하지 않았거나 혹은 그 자취를 겉으로 드러내고 물에 빠져 죽은 미미한 어짊을 이루기도 한다. 비록 마음을 먹고 몸을 잃게 되고 행실을 세웠지만 형체는 어그러져서 능히 그 도를 온전하게 하지 못하게 된다. 처음부터 끝까지 흠이 없는 이들이 아주 적다.

이씨의 죽음은 흔적이 없다. 죽어서 그 마땅한 바를 얻었다. 한때의 생각에서 나온 것이 아니니 이것이야말로 '조용하게 의리에 나아가기가 강개하여 몸을 죽이는 일보다 더 어렵다.'라는 말이다.[42]

홍직필은 신체를 훼손하면서 열을 수행하는 행위를 부정적으로 보았다. 이씨는 간수를 마시고 죽었기에 외형상 몸이 상한 곳은 없었는데, 그는 이를 높이 평가했다. 자신의 의지로 결단한 것이지만 한 인간이 죽음에 이르기까지 심적·외적 고통은 헤아리기 힘들 것이다. 그런데 그는 진정한 열행은 조용하고 온전하게 삶을 마감하는 것이라고 하면서 고통의 흔적을 몸에 남기지 않고 죽어야 함을 역설한다. 자신의 결단이 얼마나 힘든 것이었는지, 죽음으로 나아가는 한 걸음이 얼마나 고통스러운 것인지 말하는 것은 효열 담론이 아니다. 효열 담론은 개인이 지닌 인간적 고통의 감정을 얼마나 절제하고 감추어야 하는지 말한다. 이러한 효열 담론은 외부로뿐만 아니라 자기 내부와도 철저하게 닫힌 관계를 요청한다는 측면에서 폐쇄적이라 할 수 있다. 이러한 폐쇄성은 불가능한 현실에 허구를 채색한 신성화 양상과 함께 19세기 효열 담론의 기저가 된다.

5. 시대를 교정하는 도구, 19세기 효열 담론

이 글은 19세기 여성 인식이 그 시대적 변화와 맞물리면서 어떻게 지속되고 변화하는지를 살피기 위해 시도되었다. 이를 위해 여성의 효행과 열행에 대한 평가가 드러나는 문집의 자료를 대상으로 검토했다. 한 시대의 여성 인식을 살피는 데 상층 남성 문인의 자료만을 대상으로 하는 것이 제한적인 방법이기는 하지만 시대의 담론을 주도하는 위치에 있던 상층 남성 지식인의 시각을 파악할 수 있다는 점에서 의의를 지닌다고 생각한다.

19세기와 20세기 초에 활동한 문인들이 쓴 여성 행장, 묘지명 등의 자료를 검토한 결과, 이 시기 대부분의 여성 기록은 효행과 열행에 주목하여 여성의 생애를 재구하고 있었다. 효/열녀의 정려기나 효/열녀전이 아닌 일반적인 행장과 묘지명 등에서도 효/열행이 차지하는 비중이 전대에 비해 점차 커지고 있음을 발견할 수 있다. 거의 모든 여성의 기록이 효열 담론의 영역에서 거론될 수 있음은 효/열행이 여성의 삶을 평가하는 보편적 도덕 기준으로 자리잡았음을 말해준다. 이를 통해 19세기가 효열 담론이 절실히 필요했던 시기였음을 유추할 수 있다. 담론을 주도했던 이들은 이 효열 담론을 시대와 세태를 교정하는 도구로 적극 활용했다.

19세기 여성 효열 관련 기록은 기술 방식과 그 지향에서 몇 가지 특징을 보인다. 첫째, 몇 백 년 전 과거의 인물을 다시 기록하거나 당대의 인물에 관한 기록이라고 하더라도 그 집안에 효열로 이름난 조상들을 함께 배치하는 경향이 확대된다. 둘째, 하층민의 극단적 열행 기록이 증가하고 하층민 내부에서도 열행에 대한 적극적 평가가 드러나 교화의 범위를 하층민에게까지 넓히고 있음이 드러난다. 셋째, 열행이 효행 또는 충과 관련성 속에서 의미화되는 경향이 나타난다. 이러한 양상은 19세기라는 불안한 격변의 시대를 겪으면서 여성의 열행을 통해 전통 사회의 근간이었던 가치를 회복하려 애썼던 상층 남성 지식인들의 도덕적 결단과 맞물려 있다고 본다.

19세기 효열 담론에서 거론되는 여성은 생의 다양한 경험 속에서 주체를 형성하지 못하고 오로지 효녀 또는 열녀로서만 그 존재의 의의를 인정받게 된다. 그러나 현실에서 점점 더 강화된 효/열의 기준에 맞는 여성을 찾기는 쉽기 않았을 것인데, 바로 그런 이유로 효열 관련 기록은 점차 과거/누대 기록의 재편성이라는 방법을 동원하여 '지금/여기'에 없는 전범적 실체를 구현해내려 애썼다. 그 과정에서 순절 열녀의 열행을 신성화하는 허구적 기술이 점차 노골적으로 드러나는데, 이러한 양상은 효열 담론이 당대 사회의 현실적 맥락에서 의미를 지니지 못하고 허구적 영역에서만 존재하는 것임을 방증한다. 19세기에 오면 순절한 여성에 대해서만 열녀로 인정하는 데 반발하여 살아남은 여성에 대한 적극적인 평가를 요청하는 글이 많아진다. 그렇지만 이들 여성은 늘 정절과 관련한 위기에서 벗어나지 못한 채 산 자로서의 삶을 누리지 못한다. 이는 순절열녀가 죽은 후에 열녀로 영원히 살게 되면서 자기 존재를 입증받는 것과는 다르다. 철저하게 고립된 삶을 살면서 정절 위해의 순간에 늘 과감히 생을 포기할 것을 요구받는다는 점에서 효열 담론은 살아남은 여성에게 폐쇄적이라 할 수 있다.

순절 열녀와 관련한 허구적 사건이나 살아남은 열녀에게 요청되는 폐쇄적 삶은 19세기 상층 남성 지식인의 효열 담론 속에서 구현되며 그들의 도덕적 지향을 실현하는 데 기여했다. 그렇지만 이러한 효열 담론 자체는 당대인의 실제 삶의 모습과는 점차 이질적인 방향으로 흘러가고 있었음을 신성화 양상을 통해 확인할 수 있는데, 이러한 세태와의 괴리가 사람들의 근대적 인식과 맞물리면서 '신여성'과 같은 새로운 담론을 형성해갔을 것으로 본다.

▸ 주

* 이 논문은 『한국고전여성문학연구』(2013, 한국고전여성문학회)에 실린 「19세기 여성 孝烈 담론 일고찰」을 본서의 출판 방향에 맞추어 약간 수정한 것임.

1 『한국의 열녀전』(이혜순·김경미, 월인, 2002, 1~468면.) 발간 이후, 열녀 담론의 사상적 배경과 역사적 의미, 열녀 재현의 양상, 열 관념의 양상 등에 대해 다양한 논의가 이루어졌다. 이에 대해서는 한국고전여성문학회 편, 『조선시대의 열녀담론』, 월인, 2002, 1~402면 참조.

2 19세기 후반기라 할 수 있는 개화기에 지어진 열녀전의 경우, 작자층이 모두 지방 출신의 유학자로 애국적 경향이 강한 인물들이라는 점이 이미 지적(김경미, 「개화기 열녀전 연구」, 『국어국문학』 132, 국어국문학회, 2002, 182~211면.)된 바 있다. 19세기 효열 관련 기록의 작자는 그 출신 지역이나 계층적 측면에서 훨씬 다양하다고 볼 수 있다. 지방 출신의 유학자뿐만 아니라 허유(1776~1852)와 같은 서울 출신의 학자, 영의정을 지낸 정원용(1783~1873), 형조참의를 지낸 성근묵(1784~1852), 이조참의를 지낸 송달수(1808~1858), 궁내부 특진관을 지낸 이남규(1855~1907) 등 이들 다양한 작자층은 당대 열녀 담론을 좀더 폭넓게 바라보아야 하는 근거를 시사한다.

3 열녀 전승의 역사적 전개 양상에 대해서는 강진옥, 「열녀전승의 역사적 전개를 통해 본 여성적 대응양상과 그 의미」, 『여성학논집』 12집, 이화여대 한국여성연구소, 1995, 63~115면 참조.

4 강명관, 「삼강행실도: 약자에게 가해진 도덕의 폭력」, 『한국고전여성문학연구』 5, 한국고전여성문학회, 2002, 5~32면.

5 이경하는 열녀의 행위가 역사적 실재라는 점을 감안하여 그 자기폭력의 진정성을 '세계의 폭력에 대한 저항' 또는 '상층신분의 도덕적 자의식'으로 적극적으로 읽어내기도 했다. 「『삼강행실도』의 폭력성 재고 - 열녀편을 중심으로」, 『고전문학연구』 35집, 한국고전문학회, 2009, 453~483면. 박선희는 열녀의 열행이 지배층의 이익과 정치적 사안에 따라 의도적으로 반복, 재생산되거나 변형된다는 전제에 입각하여 그 권력과 담론의 추이를 살펴보려 했다. 「조선후기 '열녀담론' 연구 - 〈열녀전〉을 중심으로」, 강원대 석사논문, 2012, 1~97면.

6 이혜순, 「조선조 열녀전 연구」, 『성곡논총』 30집 1권, 성곡학술문화재단, 1999, 95~149면 ; 홍인숙, 「17세기 열녀전 연구」, 『한국고전연구』 제7집, 한국고전연구학회, 2001, 95~117면 참조.

7 김경미, 앞의 글.

8 崔益鉉, 〈李氏三世孝婦傳〉, 『勉菴集』 卷40, 『한국문집총간』 326, 389~390면.

9 "복이 흥성함은 집안에서 근본을 두지 않음이 없고, 도가 쇠퇴함도 규방에서 시작되지

않음이 없다. 집안에서 도를 연마하면 천하가 도리를 얻게 되므로, 『시경』은 〈국풍(國風)〉에서 비롯되었으며, 『역경』은 〈가인(家人)〉에 근본을 두니, 성정에 근본을 두고 인륜을 밝히는 방도인 것이다." 崔益鉉, 〈李氏三世孝婦傳〉, 『勉菴集』 卷40, 『한국문집총간』 326, 389~390면.

10 〈義僕傳〉, 『研經齋全集』 卷12, 『한국문집총간』 273, 249면.

11 『淵泉先生文集』 卷20, 『한국문집총간』 293, 448면.

12 趙秀三, 〈崔烈婦傳〉, 『秋齋集』 卷8, 『한국문집총간』 271, 523면.

13 任憲晦, 〈烈女忽介佛寬旌閭記〉, 『鼓山集』 卷9, 『한국문집총간』 314, 215면.

14 李是遠, 〈族家烈婦事, 錄示湖南伯徐仲裘〉, 『沙磯集』 册3, 『한국문집총간』 302, 117면.

15 李南珪, 〈淑夫人延日鄭氏墓誌銘〉, 『修堂遺集』 册4, 『한국문집총간』 349, 426~427면.

16 〈孝烈婦李恭人墓誌銘〉, 『訥隱集』 卷14, 『한국문집총간』 卷187, 390~391면.

17 任憲晦, 〈烈婦申氏女旌閭記〉, 『鼓山集』 卷9, 『한국문집총간』 314, 213~214면.

18 奇宇萬, 〈烈婦鄭氏傳〉, 『松沙集』 卷16, 『한국문집총간』 346, 584면.

19 宋秉璿, 〈烈婦徐氏行狀〉, 宋秉璿, 『淵齋集』 II 卷45, 『한국문집총간』 330, 371면.

20 田愚, 〈題曺孺人狀〉, 『艮齋集』 前編續 卷5, 『한국문집총간』 333, 503면.

21 李南珪, 〈記三婢事〉, 『修堂遺集』 册4, 『한국문집총간』 349, 521면.

22 〈漆原尹氏孝烈旌閭記〉, 『勉菴集』 卷21, 『한국문집총간』 325, 496~497면.

23 〈烈女吳氏旌閭記〉, 『艮齋集』 前編續 卷5, 『한국문집총간』 333, 478면.

24 成海應, 〈先妣[成大中妻]行狀〉, 『研經齋全集』 卷10, 『한국문집총간』 273, 220~222면.

25 成海應, 〈爲麻田士人請褒烈婦金氏狀〉, 『研經齋全集』 卷14, 『한국문집총간』 273, 371면.

26 成海應, 〈孺人平山申氏家傳〉, 『研經齋全集』 卷17, 『한국문집총간』 273, 424면.

27 奇正鎭, 『蘆沙集』 卷21, 『한국문집총간』 310, 476면.

28 宋達洙, 〈題孺人金氏孝烈事蹟後〉, 『守宗齋集』 卷10, 『한국문집총간』 313, 132면.

29 柳疇睦, 〈烈婦蔡氏旌閭閣重建記〉, 『溪堂集』 卷9, 『한국문집총간』 313, 393면.

30 이 시기 정표 정책에 관해서는 박주, 「19세기 후반기의 旌表政策 : 고종·순종대를 중심으로」, 『연구논문집』 52, 대구효성가톨릭대학교, 1996, 15~40면 참조. 고종 대 포상된 열녀 가운데, 그 행적이 밝혀진 사람은 모두 남편을 따라 순절한 경우였다.

31 〈節婦說〉, 『韶濩堂集』 卷7, 『한국문집총간』 347, 312면.

32 〈烈婦英陽南氏行錄〉, 『舫山集』 卷22, 『한국문집총간』 328, 198면.

33 曺兢燮, 〈曺烈婦廉氏傳(1910)〉, 『巖棲集』 卷35, 『한국문집총간』 350, 526면.

34 崔益鉉, 〈烈婦淸州韓氏墓表〉, 『勉菴集』 卷34, 『한국문집총간』 326, 247~248면.
任憲晦, 〈烈婦朱氏傳〉, 『鼓山集』 卷20, 『한국문집총간』 314, 463면.

35 曺兢燮, 〈曺烈婦廉氏傳〉, 『巖棲集』 卷35, 『한국문집총간』 350, 526면.

36 許薰, 〈節婦裵氏傳 附張娘子〉, 『舫山集』 卷22, 『한국문집총간』 328, 210면.
鄭元容, 〈鄭錄妻李孺人墓碣銘〉, 『經山集』 卷16, 『한국문집총간』 300, 354면.

37 洪直弼, 〈烈婦孺人金氏墓誌銘幷序〉, 『梅山先生文集』 卷43, 『한국문집총간』 296, 389~390면.

38 柳重教, 〈題孝烈婦崔氏行錄後〉, 『省齋集』 卷39, 『한국문집총간』 324, 297면.

39 宋達洙, 〈孺人慶州金氏墓碣銘〉, 『守宗齋集』 卷11, 『한국문집총간』 313, 169면.

40 〈孺人車氏[劉鳳逑妻]墓表〉, 『松沙集』 卷16, 『한국문집총간』 346, 424면.

41 任憲晦, 〈李烈婦旌閭記〉, 『鼓山集』 卷9, 『한국문집총간』 314, 216~217면.

42 洪直弼, 〈庶從嫂全義李氏墓誌銘幷序〉, 『梅山先生文集』 卷44, 『한국문집총간』 296, 413면.

참고문헌

1. 자료

奇宇萬, 『松沙集』.

柳重教, 『省齋集』.

成海應, 『研經齋全集』.

宋達洙, 『守宗齋集』.

李南珪, 『修堂遺集』.

李是遠, 『沙磯集』.

任憲晦, 『鼓山集』.

田　愚, 『艮齋集』.

鄭元容, 『經山集』.

曺兢燮, 『巖棲集』.

趙秀三, 『秋齋集』.

崔益鉉, 『勉菴集』.

許　薰, 『舫山集』.

洪直弼, 『梅山先生文集』.

2. 논저

강명관, 「삼강행실도: 약자에게 가해진 도덕의 폭력」, 『한국고전여성문학연구』 5, 한국고전여성문학회, 2002, 5~32면.

강진옥, 「열녀전승의 역사적 전개를 통해 본 여성적 대응양상과 그 의미」, 『여성학논집』 12집, 이화여대 한국여성연구소, 1995, 63~115면.

고승재, 『한국촌락사회사연구』, 일지사, 1979, 1~425면.

김경미, 「개화기 열녀전 연구」, 『국어국문학』 132, 국어국문학회, 2002, 182~211면.

김인걸, 「조선후기 향촌의 추이와 지배층 동향: 충청도 목천현 사례」, 『한국문화』 2, 서울대학교 한국문화연구소, 1981, 167~251면.

박선희, 「조선후기 '열녀담론' 연구 - 〈열녀전〉을 중심으로」, 강원대 석사논문, 2012, 1~96면.

박 주, 「19세기 후반기의 旌表政策: 고종·순종대를 중심으로」, 『연구논문집』 52, 대구효성가톨릭대학교, 1996, 15~40면.

이경하, 「『삼강행실도』의 폭력성 재고 - 열녀편을 중심으로」, 『고전문학연구』 35집, 한국고전문학회, 2009, 453~483면.

이혜순, 「조선조 열녀전 연구」, 『성곡논총』 30집 1권, 성곡학술문화재단, 1999, 95~149면.

이혜순, 김경미, 『한국의 열녀전』, 월인, 2002, 1~468면.

한국고전여성문학회 편, 『조선시대의 열녀담론』, 월인, 2002, 1~402면.

홍인숙, 「17세기 열녀전 연구」, 『한국고전연구』 제7집, 한국고전연구학회, 2001, 95~117면.

홍인숙, 「봉건 가부장제의 여성 재현 - 조선후기 열녀전」, 『여성문학연구』 5, 한국여성문학학회, 2001, 276~303면.

19~20세기 초 규훈서 연구*

황수연

1. 19~20세기 초 여성 교육 담론의 활성화와 교육 텍스트의 제작

1895년 2월 고종은 교육의 중요성을 밝힌 교육조서를 내리고, 이 해 4월과 7월에 학무아문(學務衙門)이 한성사범학교 관제와 소학교령을 공포하였다. 이를 계기로 여성에게도 남성과 똑같은 취학의 기회가 주어졌고, 언론들은 이례적으로 교육 사업을 적극 추진해야 한다고 주장하면서 여성에게도 동등한 교육 기회를 줄 것을 강조했다.[1] 이어 1898년 「여권통문」이 발표되면서 여성들에 의해 여성을 위한 교육 제도, 즉 여학교의 설립에 대한 필요성이 적극적으로 제기되었고 여성은 제도권 교육의 장(場)에서 근대적 교육을 받게 되었다.[2]

한편, 19~20세기 초는 유교 지식인들에게 조선사회의 정체성이 근간부터 흔들리기 시작하던 격동의 시기로 인식되었다. 유교 지식인들은 국난을 극복하는 방법으로 여성 교육의 필요성을 강조하였고 여성 교육용 서적을 출판하거나 제작하는 일에 앞장섰다. 이에 중국에서 수입되어 반포되었던 전통 교육서가 재발간 되는가 하면 규훈서, 수신서 등이 활발하게 창작되었다.

1907년, 영조 때 이덕수가 언해한 『여사서(女四書)』가 박만환의 주관 아래 재간행 되었는데 송명선이 서문을 짓고 전우가 발문을 썼다. 전우는 발문에서 『여사서』를 중간하는 이유에 대해 "오랑캐의 화가 하늘에 가득하고 예의와 가르침이 땅을 쓸어 사람의 도리가 없어진 당시에 이 책을 얻어 사람의 마음과 눈을 깨게 하면 어진 부인이 되고 궁극적으로 이남의 교화를 회복하기 위해서"[3]라고 하였다. 1914년 간행된 박건회의 『현토주해 여자보감(女子寶鑑)』은 송약소의 『여논어(女論語)』와 왕절부의 『여범첩록(女範捷錄)』을 합쳐 놓은 책이다. 이처럼 중국의 여성 교육 서적이 간행되는 한편 외세의 침입에 위기의식을 느낀 유학자를 중심으로 집안의 여성들을 가르치기 위한 교육 텍스트인 규훈서가 이전과 변화된 모습과 지속적 측면을 보이면서 꾸준히 명맥을 유지하고 있었다. 이처럼 19~20세기 초는 여성 교육에 대한 관심의 고조, 교육 담론의 활성화, 교육 텍스트의 양산 등 여성 교육에 있어 특기할 만한 현상을 보이고 있는데 이 시기에 대한 연구는 거의 이루어지지 않았다.[4] 필자는 15세기부터 18세기에 제작된 규훈서를 살피면서 18세기 이후 규훈서는 이전 시기와는 다른 목적에서 제작되고, 규훈서를 사적으로 조망하는 작업을 통해 규훈서의 지속적 측면과 변화된 면모를 살펴야 할 필요성을 제기하였다.[5] 이에 19세기~20세기 초 규훈서를 수집하고 규훈서의 특징을 살펴 선행 연구에서 제기한 문제에 대해 해명해보고자 한다.

2. 규훈서 작자와 작품 개관

1. 이면승(1766～1835), 〈十毋閨訓〉, 규장각도서관.
2. 박윤묵(1771～1849), 〈閨誡〉, 『存齋集』, 『한국문집총간』.
3. 성근묵(1784～1853), 〈婦人之行〉, 〈婦人之職〉, 〈嫡妾之分〉, 「家訓」, 『果齋集』, 『한국문집총간』.
4. 김익동(1793～1860), 〈閨範〉, 『直齋文集』, 국립중앙도서관.
5. 이의익(1794～?), 〈閨門十戒〉, 『伊山世稿 - 竹下稿』, 국립중앙도서관.
6. 임교진(?～1862), 〈十毋閨訓解〉, 『荷汀草稿』, 국립중앙도서관.
7. 임헌회(1811～1876), 〈諭內間〉, 〈誡女孟順〉, 『鼓山集』, 『한국문집총간』.
8. 장복추(1815～1900), 〈謹夫婦〉, 〈勸農桑〉, 「訓家九箴」, 『사미헌집』, 『한국문집총간』.
9. 서응순(1824～1880), 〈內儀〉, 『達城世稿 - 伊岡逸稿』, 연세대 도서관.
10. 전우(1841～1922), 〈教長女〉, 〈戒孫婦鄭氏權氏〉, 『艮齋集』, 『한국문집총간』.
11. 박문호(1846～1918), 『女小學』, 홍문각, 1882.
12. 이정모(1846～1875), 「閫範」, 『紫東集』, 국립중앙도서관.
13. 임공렬(?～?), 〈閨內須知〉, 『欽齋集』, 국립중앙도서관.
14. 이이교(?～?), 〈女戒〉, 『蓉崗集』, 국립중앙도서관.
15. 신기선(1851～1909), 〈夫婦〉, 〈內外〉, 〈婦人常戒〉, 「家訓」, 『陽園遺集』, 『한국문집총간』.
16. 박건회(?～?), 『현토주해 여자보감』, 회동서관, 1914.
17. 화산 최씨(?～?), 〈화산최씨내훈〉, 국립중앙도서관, 1914.
18. 노상직(1855～1931), 『女士須知』, 자하서당, 국립중앙도서관, 1889/1918.[6]
19. 왕성순(1868～1923), 『閨門軌範』, 해동인쇄소, 1915.
20. 권순구(?～?), 『婦人行實錄』, 광학서포, 1916.

21. 조예석(1861 ~ ?), 〈女範〉, 『磐巖文藁』, 이대도서관.
22. 강의영(? ~ ?), 『名媛 新女子寶鑑』, 영창서관, 1922.
23. 유영선(1893 ~ 1961), 『閨範要鑑』, 국립중앙도서관, 1925.

19 ~ 20세기 초에 지어진 규훈서의 목록을 작자의 생년과 작품 제작 시기를 고려하여 배열하였다. 개인 문집에 전하는 것이 15종, 단행본으로 간행된 것이 6종이다. 이 밖에 이면승의 〈십무규훈〉은 규장각 소재의 『효경언해』 마지막 장에 필사되어 전하고, 〈화산 최씨 내훈〉은 독립된 형태로 전하지만 단행본은 아니다. 성근묵과 장복추, 신기선은 별도로 규훈서를 작성하지는 않았지만 가훈서의 일부분에 여성을 교육하는 내용을 담고 있어 목록에 첨부하였다. 분량 면에서는 금지 사항을 열 조목으로 항목화한 〈십무규훈〉이 가장 짧고 단행본으로 간행된 것은 여러 권으로 구성되어 있는데 『여소학』이 6권으로 가장 분량이 많다. 연구자의 역량과 논문 분량의 제한상, 이 글에서는 개인 문집에 전하는 글을 위주로 연구를 진행하고 단행본은 부분적으로 살피기로 한다. 그리고 여성을 교육하는 내용에 대한 글은 본격적으로 남기고 있지 않지만 서, 발문을 통해 여성 교육에 관한 관점을 드러낸 여성 교육 관련 담론을 참고 자료로 삼아 함께 논의를 전개하고자 한다.

3. 19 ~ 20세기 초 규훈서의 특징

유교를 통치 이념으로 받아들인 조선 사회는 '가(家)'를 기본 단위로 삼아 국가를 다스렸고 책임의식과 사명감이 강했던 사대부들은 집안(가문)의 자녀를 교육하고 단속하기 위해 가훈서, 규훈서 등의 글을 다수 남겼다. 앞선 연구에서 규훈의 내용을 처음으로 언급한 작가를 김굉필(1454 ~ 1504)로 보았는데 지속적인 연구 결과 신숙주(1417 ~ 1475)가 「가훈(家

訓)」에 딸에 대한 교육을 담은 〈교녀(敎女)〉를 따로 작성하였음을 확인하였다. 15세기 초부터 여성 교육에 관심이 꾸준히 이어오고 있었음을 알 수 있다.

조선 초기 사대부들은 집안과 가문의 남/녀를 교육하고 경계하기 위해 가훈서[7]를 제작하기 시작하다가 여성에 대한 기대와 경계가 강화되는 시기인 17, 18세기에 이르러 여성에 대한 교육의 필요성을 절감하여 가훈서와는 별도로 규훈서 제작에도 관심을 기울였던 것으로 보인다. 이에 규훈의 내용이 가훈서의 일부분에 편입되어 전해지는 경우도 적지 않게 발견된다. 17, 18세기가 유교의 보급을 위해 정려 정책이 강화되고 정절 이데올로기가 극에 달했던 만큼 규훈서의 내용도 여성의 유교의 내면화에 집중을 한 반면, 19～20세기의 규훈서는 이전 시기와 다소 다른 면모를 보인다. 이 시기 규훈서의 특징을 작자, 서술 방법, 교육 내용 등을 중심으로 살펴보기로 한다.

1) 작자

19～20세기 규훈서 작자를 살펴보면, 이전 시기와 마찬가지로 유학자가 대부분이다. 그러나 18세기 이전의 규훈서 작자들은 이황, 이이, 송시열, 한원진 등 조선을 대표하는 학자들이었던 반면에 19～20세기 초에는 작자의 신분이 다양해진 변화를 보인다. 규훈서 제작 동기에 있어서도 차이를 보이는데, 15～18세기의 작자는 유학 이념을 정착하고 내재화시키기 위해 규훈서를 작성한 반면, 이 시기의 작자는 유교 이념을 회복하여 무너지는 국가와 윤리의 기강을 바로 세우고자 규훈서를 작성하고자 했다.

신분상으로 보면, 이면승과 성근묵 박윤묵, 신기선 등은[8] 비교적 높은 벼슬에 올랐으나 서응순은 간성군수가 최종 벼슬이며, 이밖에 대부분 작가들은 재야 유학자로서 학문과 후진 양성에 힘썼다. 장복추는 영남에서 유학의 전통성 유지와 실천에 힘쓴 정통 유학자였고, 전우는 전라도의 계화도에서, 노상직은 경남 밀양에서 각각 후학을 가르치는 일에 전념하였다. 박문호는 경기도 과천에 거주하며 경학을 연구한 학자였다. 유영선은 전우를 따라 왕등도, 계화도 등에서 20여 년간 유학을 공부하고 스승과 마찬가지로 후학 양성에 힘을 기울였다. 왕성순은 송도를 근거지로 경학 연구에 전념하였고, 박건회는 번역문학가이자 고소설을 쓴 소설가였고, 권순구와 조예석은 친일파 명단에서 그 이름이 발견된다. 임공렬, 이이교, 강의영은 생몰연대를 비롯하여 신상 파악이 전혀 되지 않는데 이들은 신분이 상대적으로 낮았던 향촌 지역의 유림으로 짐작된다.

규훈서를 작성한 작자들은 여성뿐만 아니라 가족 구성원을 대상으로 한 교육에 관심이 많았던 면모를 보인다. 그들은 〈가범(家範)〉, 〈가규(家規)〉, 〈가약(家約)〉, 〈거가잡의(居家雜儀)〉 등 가훈서에 해당하는 글을 함께 남긴 경우가 많은데 집안의 하인을 포함한 남/녀 모든 가족을 대상으로 집안을 유지하기 위해 규범을 익히게 하고 각자 성별에 적합한 교육 내용을 별도로 서술하기도 하였다.

신기선은 〈부인상계〉와 함께 〈남자상계〉를 함께 썼고, 임공렬은 〈규내수지〉와 〈남아수지〉를 써 남/녀가 경계하고 알아야 할 내용에 대해 교육하고 있다. 성근묵은 삭망의에 해당하는 의식을 행하며 정기적으로 집안 식구를 단속했던 것으로 보이는데 〈매월삭망헌수지절(每月朔望獻壽之節)〉이란 글을 통해 삭망의의 절차를 자세히 살펴볼 수 있다.

신분적 차이는 다소 있지만 이 시기 작자들은 한말 외세의 침략 등으로 위기의식이 고조되던 때를 살던 사람들로서 위기를 극복하고 '구국(救國)'해야 한다는 책임감이 강했던 것으로 보인다. 그들의 교육에 대한 관심은 이러한 사회적 맥락에서 비롯되었고 구국의 방법은 유교 이념을 회복하는 데 있다는 신념과 태도를 보이고 있다.

2) 구성과 서술 방식

규훈서의 구성과 서술 방식은 일반적으로 제명에서 드러난다. "계(戒/誡)"는 일방적인 경계와 금지의 내용으로 이루어지고, "훈(訓)"은 이론에 의한 당위적 설명에 입각해 제작되며 "감(鑑)"은 모범적인 인물의 예화를 들어 본받을 만한 행동을 제시하고 있다. 이 밖에 "범(範)", "수지(須知)" 등의 명칭을 붙여 꼭 알아서 지켜야 할 사항에 대해 이야기하고 있다. 자식을 경계하고 가르침을 전달할 때 서간의 형식이나 유서의 형식으로 쓰는 경우도 많은데 여전히 그러한 형식의 규훈서도 발견된다.

〈십무규훈〉, 〈규내수지〉, 〈곤범〉, 〈규군십계〉 등의 글은 해야 할 것과 하지 말아야 할 것 등을 간략하게 제시하고 있다. 이미 규범의 당위성에 대해 대상자들이 충분히 숙지하고 있기 때문에 반복적인 설명이 필요 없었던 것으로 보인다. 한편, 이전 시기부터 여성 규훈의 내용이 병풍에 기록되면서 여성의 생활공간 속으로 들어오기도 하였다.[9] 이는 여성들이 일상생활에서 늘 보고 암기하며 체화하도록 하기 위한 목적에서 시도되었던 것으로 보이는데 실제로 〈십무규훈〉은 거처하는 방의 벽면에 기록되어 여성들이 암기했다고 한다.[10] 따라서 기록하고 암기하기 쉽도록 하기 위해 항목화되고 간략화되는 특징을 드러내고 있다.

임교진은 〈십무규훈해〉라는 글을 지어 이면승의 〈십무규훈〉의 각 조항을 풀이한 글을 남기고 있다. 간단하게 제시된 〈십무규훈〉의 각 항목에 대해 왜 그래야 하는지에 대한 원리와 당위성을 밝히기 위해 자신의 견해를 덧보탠 글이다. 신기선의 〈부인상계(婦人常戒)〉는 잘못된 행동을 등급을 매겨 제시하고, 잘못을 했을 경우 등급에 따라 꾸짖는 사람이 달라지는 내용으로 구성되어 있어 전체적으로 보았을 때 하강의 구조를 갖추고 있다. 예를 들면, "첫 번째에 해당하는 잘못이니 각자가 마땅히 엄격하게 끊어야 한다. 잘못을 저질렀으면 가장이 그를 꾸짖고 남편이 경계하며 동서가 간하고 자식과 조카가 간하며 백숙이 말해야 한다.(第一等過, 各宜痛

絶. 犯之則家長責之, 丈夫戒之, 娣姒規之, 子姪諫之, 伯叔言之.)", "두 번째에 해당하는 잘못이니 각자가 마땅히 엄격하게 고쳐야 한다. 잘못을 저질렀으면 가장이 꾸짖고 남편이 경계하며 동서가 간하고 자식과 조카가 간해야 한다.(第二等過, 各宜痛改. 犯之則家長責之, 丈夫戒之, 娣姒規之, 子姪諫之.)", "세 번째에 해당하는 잘못이니 각자가 마땅히 엄하게 살펴야 한다. 잘못을 저질렀으면 가장이 꾸짖고 남편이 경계하며 동서가 간해야 한다.(第三等過, 各宜猛省. 犯之則家長責之, 丈夫戒之, 娣姒規之.)"[11]와 같은 방식으로 기록되어 있는데 각 항목에 해당하는 허물이 있으면 그 단계에 따라 요구되는 행위와 꾸짖는 사람이 달라진다. 당연히 허물의 등급이 낮을수록 꾸짖는 사람의 수가 줄어든다.

3) 내용

19~20세기 초에 만들어진 규훈서의 내용은 전반적으로 이전 세대와 크게 다르지 않다. 효와 열, 남녀의 분별 등의 가치가 여전히 중요시 되고 있다. 그러나 보수적인 유교 이념에서 조금씩 벗어나는 내용이 보이기도 한다.

> 부부의 도는 한결같이 공경하는 데에 있을 따름이다. 공경함이란 분별을 두텁게 하여 부부의 의리를 살리고 공경함을 돈독하게 하여 화락함에 이르는 것이다. 때문에 비록 매우 화락하여도 공경할 줄 알면 친압하거나 장난하고 업신여기는 병폐가 없다. 비록 꾸짖더라도 공경할 줄 알면 반목하며 다투는 폐단이 없다. 옛날의 어진 부인은 내쫓김을 당하더라도 원망하는 말을 하지 않았으니 그 덕이 어떠했겠는가? 이에 생각하니 일마다 공경하지 않음이 없고 따르지 않는 말이 없으면 모든 것이 편안하고 온 집안이 화목해져서 그것으로 실마리를 삼아 복을 꾀할 수 있다.[12]

〈규문십계〉에서는 부부간의 구별이 부부의 의리를 이루고 가정의 화락을 가져올 수 있다고 하며 어느 순간이든지 부부가 서로 공경함을 돈독히 해야 한다고 당부하고 있다. 성근묵도 〈남녀지별(男女之別)〉이라는 글에서 남녀의 구별에 대해서 언급하였는데 그는 남녀의 차이를 구분 지을 수 있는 가장 큰 행동 강령은 '남녀의 격리'임을 강조하였다. 내외 간이라도 같은 곳에 옷을 걸어 두지 말아야 하며 화장실도 같이 쓰지 않아야 함을 역설하면서 그것이 이루어져야 남녀유별이 온전해진다고 하였다.

부부간의 구별을 통해 부부의 의리와 화목함을 이룰 수 있고 부/부가 서로 공경해야 한다는 생각은 신기선에서도 확인할 수 있다. 신기선의 〈부인상계(婦人常戒)〉와 〈남자상계(男子常戒)〉에서 부부간에 행하지 말아야 할 잘못에 대해 언급한 부분을 비교해서 살펴보기로 한다.

신기선은 〈부인상계〉에서 아내가 경계해야 할 내용으로 "남편을 섬기는데 예가 없고 원망하며 성내고 따르지 않기, 남편에게 제공하는 것이 성실하지 못하고 음식과 의복을 제대로 갖추지 않기, 장부의 뜻을 기꺼이 받들지 않기, 무례하며 불경하고 웃고 장난치기, 절하고 일어나기를 게을리 하고 말이 공손하지 않음, 남편의 경계를 원망하고 화내며 받아들이지 않기, 말은 번번이 거역하고 일은 번번이 제 멋대로 하기, 남편 앞에서 기대어 눕거나 걸터앉기" 등을 들었다. 이에 더해 남편의 가장 큰 잘못은 "아내를 은혜롭지 않게 대하고 이유 없이 소박하기", 두 번째 잘못은 "아내를 불경하게 대하고 친압하며 장난치기, 권하고 경계하는데 정도를 잃고 자신이 옳지 않은 것으로 이끌기, 잔인하게 학대하는 것을 좋아하고 무례하게 꾸짖기" 등이라고 하며 이러한 잘못이 있으면 첫 번째의 경우 "각각 엄격히 끊어야(各宜痛絶)" 하고 두 번째의 경우 "각각 마땅히 엄하게 살펴야(各宜猛省)"한다고 하며 모두 "위반했으면 가장이 꾸짖고 형제와 처자식이 간해야 한다(犯之則家長責之, 兄弟妻子規諫之)"고 하여 남편과 아내 모두 부부 관계를 잘 유지하기 위해서 노력해야 함을 평등하게 제시하고 있다.

또한 〈부부(夫婦)〉라는 글에서는 "남편은 정성을 다해 말하고 장난함이 없어야 한다. 일을 시키되 가혹하게 하지 말고 물건을 제공함에 갖춤을 구하지 말고 예는 조금도 늦추어서는 안 된다. 아내가 일을 잘하면 장려해주고 허물이 있으면 경계하여야 한다. 명령을 어기고 덕을 어기면 진실로 타이르고 충고하며 스스로 깨닫기를 기다려야지 괄시해서는 안 된다. 또 화를 내어 화목함을 잃어서는 안 된다. 아내는 응대하고 말함에 공경해야 하고 온순하되 거만해서는 안 된다. 감히 원망하고 비방하는 말을 해서는 안 되고 남편이 허물이 있으면 조용히 경계해야 한다."라고 하였는데 이 글에서 아내의 순종함과 공경함을 받기 위해서 남편 역시 예의를 갖추는 등 존경받는 남편으로서의 조건을 갖추어야 함을 요구하고 있다.

"남편이 아내를 온화하고 의롭게 대하고 사랑으로 어루만지며 예로 이끌면 아내는 남편의 뜻을 이어 순종하고 바르며 따르지 않는 말이 없다."라는 말에서도 부부 사이가 상대적인 관계임을 말하고 있다. 이는 결국 남/녀, 부/부 모두 자신의 역할에 충실해야 함을 강조하는 것으로 이전의 규훈서에서 여성에게 일방적으로 순종을 요구하던 것과 다른 지점을 보이고 있음을 확인할 수 있다.

여성의 정절에 대한 경계는 이전 시기 규훈서에 비해 감소한 경향을 보이지만 정열을 지킨 여성을 모범적인 사례로 거론하는 등의 경우는 드물지 않게 보인다. 조예석은 남성과 동등하게 여성도 개가할 권리가 있으며 절개를 지키는 것은 자발적 선택에 의한 것이기 때문에 높이 평가하는 것은 가능하지만 그렇지 않은 경우 비난하는 것은 부당하다는 주장을 하여 여성의 성에 대한 개방적인 자세를 보이고 있다.[13]

그런가 하면 여전히 유교 이념에 지나치게 경도되어 편향된 시각을 보이는 경우도 있다. 전우는 편지, 서발문 등을 통해 여성의 교육에 대해 자주 언급하는 등 여성 교육에 관심이 많았다. 그는 〈가규(家規)〉에서 여성에게 아래가 막힌 바지, 색저과를 입으라는 당부를 하고 있다. 전우는 남원의 사족 부녀자가 겁욕을 당해 자살한 사실을 들며 만약 이 여자가 색저과를 입었다면 정절을 잃지 않았을지도 모르니 부녀자들은 반드시 색저과를 착용하라고 하였다. 그는 공주의 강회에서 여성에게 색저과를 입혀야 한다는 내용으로 강론을 하기도 하였다.[14]

전우가 여성에게 기대했던 유교 덕목은 단연 정절을 지키는 것이었다. 중국의 대씨 부인이 적에게 붙잡히자 날카로운 가위를 이용해 목숨을 끊음으로써 남편과 자식을 살렸다고 한다. 전우는 정열전을 읽다가 대씨의 대목을 보고 '모름지기 외우며 잊지를 못했다.'고 하며 곧바로 집안의 부녀자들에게 편지를 보내 가위가 칼보다 위기 상황에서 가장 확실하고 신속하게 목숨을 끊을 수 있는 도구이니 가위를 몸에 착용하도록 권하였다.[15] 당시를 '난시(亂時)'로 인식하면서 누구보다 심각한 위기의식을 갖고 있었던 점을 이해한다고 해도 파행적인 모습을 보이고 있음을 부인할 수는 없다.

전우가 여성에게 요구했던 무리한 요구는 극단의 처방이 없으면 해이해진 기강을 회복할 수 없다는 무력감에서 기인한 것일 수도 있다. 규훈서에서 여성에게 요구했던 기대와 금지했던 경계 사이에서 당시의 사회상이 이처럼 고스란히 드러나기도 한다. 이처럼 과부 개가 허용의 여론이 대두되는 시기에 여성의 성을 개방하는 입장과 더욱 강고한 어조로 여성의 섹슈얼리티를 단속하는 목소리가 병존하는 것이 19세기~20세기 초 여성 교육 관련 담론의 특징이라고 할 수 있다.

> 가난한 집안에 시집을 와서 내 손으로 집안 살림을 일구거나, 친정의 재산을 가지고 와서 사는 아내는 전에 가난하게 살던 일을 들추어내어 시부모를 박대하며 남편을 업신여기는 일이 있으니 각별히 조심해야 한다. 혹 시댁이 자기 마음에 맞지 않으면 자기 집으로 가 버리려고 하고 시집살이를 싫어하는 사람들이 있는데, 이러한 이들은 아내의 도리에 맞지 않는 이들이다. 또 어떤 괴팍한 부인은 가장을 데리고 자기 집에 들어가서 살다가 결국에는 자기 집 식구들에게 업신여김을 받게 된다. 사위가 처가에 드물게 찾아가야 귀한 손님이 되는 것이니라.

1795년에 지어진 『류한당언행실록』에서 이미 재산을 믿고 시부모를 박대하고 남편을 업신여기는 여성의 모습이 보인다. 심지어 시집이 마음에 들지 않는다며 자기 집으로 가 버리려는 경우도 있었던 것으로 보인다. 전우는 여성의 지위가 높은 나라의 문화 수준이 높다고 주장한 양계초의 논지에 대해 이는 결국 '여존남비(女尊男卑)'이니 그 또한 진정한 의미의 평등은 아니라며 비난하였는데,[16] 그럼에도 불구하고 19~20세기 초 남성과 여성의 역할과 지위에 이미 변화가 일어났음을 외면할 수는 없었던 것으로 보인다.

박윤묵은 "근래 여자들이 집이 가난한데도 바느질은 다른 집의 아녀자에게 맡기고 집안일을 여종들에게 맡겨 두면서 언서를 읽으며 편하게 놀고", "무당이나 승려들의 길흉화복설에 현혹되어 집안 재산을 모두 바쳐 패가하는 데 이르는" 세태를 거론하며 집안일을 등한시 하고 자신의 문화생활을 즐기며 미신을 숭상하여 재산을 탕진하는 풍속을 비판하였다. 언서(諺書)를 읽거나 무당이나 승려에게 현혹되지 말 것을 강조하는 내용이 규훈서에 편입되는 것은 전대와는 다른 19세기의 사회상을 보이는 것이다. 임헌회는 딸에게 서양 옷감으로 만든 옷을 입지 말 것과 흡연하지 말 것을 경계하였는데[17] 이 역시 달라진 세태를 반영하는 내용이다.

임공렬은 〈규내수지〉에서 '신육계(愼六戒)' 항목을 설정하여 잡언(雜言), 잡기(雜技), 잡희(雜戱), 잡가(雜歌)를 보거나 듣지 말고, 잡인(雜人)을 가까이 하지 말고 푸닥거리(雜禳)를 하지 말고 민간요법(雜方)에 구속되지 말라고 하였다. 이는 여성에게 금기했던 놀이와 문화에 대한 내용이다. 이 시기 작자가 거론한 다양한 놀이 문화가 여성을 중심으로 유행했고 여성들이 즐겼던 것으로 보인다. 점술가가 행하는 금기의 미신에 구애받지 말 것과 삼신제나 칠성제 용왕제등의 푸닥거리를 행하지 말 것을 경계하는 내용은 이 시기 다른 규훈서의 "원무복(遠巫卜)"의 항목에서 자주 언급되었다.

성근묵은 〈적첩지분(嫡妾之分)〉[18]을 지어 "옛 어진 첩들은 나그네살이

하는 외로운 신하에 스스로를 견주고 언제나 늘 경외하고 삼갔다. 이와 같은 첩은, 정실이 된 자 그 누가 미워하겠는가! 정실과 첩이 각기 그 도리를 다하면 그 집은 다스릴 만하다. 서자, 서녀가 만일 효성스럽고 공손하며 삼간다면 누가 그를 사랑하지 않겠는가! 마땅히 자기에게 있는 도를 힘써 다하면 집안의 우환을 없게 할 것이다."라고 하여 가정에서의 첩의 위치를 규정짓고 서자 역시 자신의 신분에 상관없이 공손하고 효도해야 하는 의무를 강조하였다. 왕성순은 〈체첩잉(逮妾媵)〉[19]에서 중국의 첩 가운데 행실이 훌륭했던 여인의 일화를 기록하였다. 성근묵과 왕성순을 제외하면 19~20세기 초 규훈서에 첩을 대하는 내용은 거의 보이지 않는다. 대신 "계주색(戒酒色)"의 조항이 남성을 대상으로 쓰인 경우는 더러 보인다. 조예석은 〈계주색잡기(戒酒色雜技)〉[20]에서 주색잡기로 인해 패가망신할 수 있음을 경계하고 있는데, 첩에게 빠지는 것은 남성의 잘못도 있지만 남성을 유혹하는 여성에게 더 큰 잘못이 있음을 강조하고 있다.

앞서 살펴본 신기선과 마찬가지로 부부 사이에 지나치게 사이가 좋아 친압하는 지경에 이르러서는 안 된다는 경계가 자주 보인다. 서응순은 "남편이 혹 온화한 안색을 잃으면 부드러운 목소리로 간하여 뉘우치기를 도모해야 하고 죄에 빠지게 해서는 안 된다. 옳고 그름을 따지지 않고 오직 총애만을 일삼으면 끝내 반드시 사이가 벌어지는 데 빠져드는 걱정이 생길 것이다."[21]라고 하여 무조건적인 총애를 경계하였다. 박문호는 〈사부자(事夫子)〉 조항에서 여계, 주역, 의례의 구절을 인용하여 부부가 지켜야 할 예의에 대해서 주로 말하다가 마지막 단락에서 부부가 지나치게 가까이 지내서는 안 된다고 하며 우암 부부가 서로 공경했음을 모범적인 사례로 들고 있다.[22] 부부가 격의 없이 지내는 것에 대해 경계하는 내용이 증가하는 것은 이 시기 부부 관계가 이전과 달리 수평적인 관계로 변했으며 신의와 예의보다는 자유로운 애정을 돈독히 하는 사이로 바뀌었음을 드러내는 징표로 볼 수 있을 듯하다. 따라서 경계하는 내용 역시 이전 시기에 강조했던 부인의 일방적인 '사부(事夫)'가 아닌, 감정과 정도를 벗어나지 않는 범위 내에서의 부부 생활을 충고하는 것으로 바뀌었다.

자녀를 교육하는 어머니의 역할은 전통 시대 교육에서 늘 언급되었다. 그러나 이전의 규훈서에서는 자애보다는 의로운 방법으로 교육해야 한다는 기본적인 역할에서 크게 벗어나지 않은 반면 이 시기에는 교육의 내용과 환경, 목적과 태도 등에 대해 언급하면서 자식을 교육하는 어머니의 역할이 강조된다. 『한씨부훈』을 작성한 한원진을 비롯하여 대다수의 규훈서 작자는 "한 집안이 흥하고 쇠함은 부녀자의 행실에 달려 있고, 부녀자의 행실이 바른가 그른가는 교육이 있고 없음에 말미암는다."는 생각을 기본적으로 갖고 있었다. 여성 교육이 왜 중요한가에 대한 이러한 생각은 여성을 교육의 대상으로 인식하고 있음을 보여준다. 그러나 이 시기 규훈서에서는 자식이 어렸을 때 어머니의 역할이 얼마나 중요하며 자녀를 어떻게 가르쳐야 하는가에 대한 구체적인 방법을 언급하고 있는 경우가 많은데 이는 여성을 교육을 담당하는 교육 주체로 인식한 사고의 전환을 보여주는 것이며 그 결과 가문 내에 국한되었던 여성의 역할이 사회와 국가의 범위로 확장되고 있음을 드러내는 것이다.

> 상황과 이익에 이끌려 자식이 좋지 못한 행실을 하면 곡진히 타일러 다시 그런 짓을 하지 않도록 하고, 잘한 일이 있으면 장려하여 권하고 이끌어 나아가게 한다. 매사를 이와 같이 하여 날로 달로 쌓여 가면 비록 어리석은 자도 점차 착하게 변화된다. 하물며 총명한 자라면 깨닫는 것이 어떻겠는가? 그런데 만약 자식이 잘못을 했다고 화를 내거나 꾸짖고 볼기치고 회초리질 한다면 한낱 은혜를 손상할 뿐 아니라 쉽게 격분케 하여 교화시키기 어려워지니 가르치려던 것이 마침내 병을 만들고 만다. 그래서 옛말에 '어려서는 어머니의 가르침을 받고 자라서는 엄한 스승의 살핌을 받는다.'고 하였다. 대개 선하게 가르치는 방법은 타일러 이끄는 데 있지, 감독하여 핍박하는 데 있지 않다. 사람이 어릴 적엔 그 뜻이 정해져 있지 않고 오직 어머니를 연모하기 때문에 어머니께서 온화하게 타일러 이끌면, 그 말이 쉽게 먹혀들고 그 본성

도 쉽게 변하게 된다.[23]

전통 시대의 교육은 의로운 방법으로 엄격하게 가르치는 데에 있었다. 하지만 위에서는 잘못을 저질렀을 때에도 간곡하게 타일러 잘못을 고치게 하고 잘한 일이 있으면 적극적으로 장려하도록 권하고 있다. 특히 총명한 아이가 저지른 잘못에 대해 화를 내거나 꾸짖고 매질을 하는 것은 은혜를 상하게 하고 격분하게 하는 일이라고 하며 타일러 인도하는 것이 교육의 정도라고 하였다. '은의상탈(恩義相奪)'에 빠지기 쉬운 자식 교육의 문제점을 거론하며 엄격함과 자상함 사이에서 균형을 이루어야 하는 교육자로서의 태도와 역할에 대해 방향을 제시하고 있다. 어머니가 온화하게 타일러 인도하는 방법이 자식이 어머니를 연모하는 마음과 상응하면 아이는 어머니의 말을 쉽게 받아들이고 본성까지 변화시킬 수 있다고도 하였다. 이는 어머니의 교육자로서의 역할이 매우 중요하며 그 교육적 효과와 힘이 얼마나 큰 것인지에 대해 인정하는 발화이다.

19~20세기 규훈서에 제시되는 예화는 중국의 인물과 사건이 여전히 많은 비중을 차지하지만 『여사수지(女士須知)』와 『규중요감』 등을 비롯하여 몇몇 규훈서에는 우리나라 인물과 사건이 다수 등장한다. 또한 이들이 규훈서를 제작하던 당시보다 앞선 시기에 제작되었던 규훈서에 대한 인용도 빈번해진다. 노상직은 15세기에 김굉필이 지은 〈가범〉을 비롯하여 정개청의 〈규계부녀잠〉, 이항복의 〈선부인규범〉 등을 언급하고 있는데 『여사수지(女士須知)』를 제작하기 위해 노상직이 우리나라 여러 문헌을 섭렵하고 규훈서를 발견해내었던 사실을 확인할 수 있다. 유영선은 자신의 스승이었던 전우를 비롯하여 송시열, 한원진, 이덕무의 글을 인용하고 있다. 『한씨부훈』과 『사소절』의 〈부의편(婦儀編)〉에 대한 인용이 특히 많은데 17, 18세기에 지어진 규훈서가 오랜 시간을 거쳐 꾸준히 읽히며 전범의 역할을 담당했음을 반증한다는 의미를 부여할 수 있겠다.

4. 19~20세기 초 규훈서의 의의

조선은 건국 초기부터 유교 이념과 사회 질서를 확립하기 위해 국민에 대한 교육과 교화를 정치과제로 삼았다. 법치(法治)와 예치(禮治)를 통해 가부장제 권력을 확립하고자 한 조선왕조는 '가(家)'의 통치를 통해 국가를 다스리고자 하였고 국가의 뜻에 부응하는 지식인들은 직접 가훈서와 규훈서를 제작하여 집안의 자녀를 교육하는 일에 앞장섰다. 조선시대의 '가'는 단순한 생활공간이 아니라 교육의 공간이었다. 15세기부터 몇몇 사대부를 중심으로 가훈서가 작성되면서 여성을 대상으로 한 내용이 일부분 편입되다가 17, 18세기 여성에 대한 규제가 심해지면서 본격적인 규훈서의 제작이 활발해졌다. 규훈서 제작의 동기와 목표는 단연 여성에게 유교 이념을 내재화하여 유교적 행동 규범을 체화하게 하려는 것이었다. 19~20세기 초에 제작된 규훈서에도 여전히 유교적 여성의 양성을 목표로 하고 있지만 외세의 침입과 위기적 상황이라는 시대 배경으로 인해 경계하는 내용이 달라지는 지점을 보이고 있다. 이에 19~20세기 초 규훈서는 이전 시기 규훈서와 제작 동기나 필요성, 내용, 서술 방법 등에 있어 조금씩 차이를 보이고 있다. 그러한 지점을 포착하는 것은 단순히 내용에 대한 파악을 떠나 여성에 대한 지위와 역할, 기대와 요구가 달라졌음을 밝히고 그 의미를 찾는 작업으로 이어져야 할 것이다.

> 내가 중국에서 보니 옛날의 혼례를 지금까지 지켜 그 여자들이 20세가 되지 않으면 시집을 보내지 않는다. 심지어 혹 거의 서른 살이 되어도 시집을 보내지 않는 경우가 있으나 우리나라에서는 그렇지 않다. 멀게는 열다섯 살, 가까이는 11, 12세에도 시집을 보내니 심히 할 말이 없다. 만일 하루아침에 고쳐 중국을 따른다면 여자가 교육을 받을 날이 많을 것이다. 그리고 기운과 혈기가 완전해지고 아이를 갖고 낳는 것 또한 왕성해서 말할 만한 것이 있을 것이다. 내가 중국에서 보니 만주 사람들이 주인이 된 이후부터 모두 중국에

서 옛날부터 여자가 맡아 하던 음식, 바느질, 빨래, 물 긷기, 절구질 등의 일이 남자의 일로 옮겨졌고 여자가 하는 일은 단지 수를 놓는 것뿐이었다. 그러나 우리나라에서는 이전에 여자가 맡은 일이라고 하는 것을 아직도 지키며 바꾸지 않으니 중국 여자들은 지나치게 편안한데 우리나라 여성들은 지나치게 부지런하다. 지금 약간만 바꾸어 물 긷고 절구질 하는 일 하나만 줄여도 여자들이 교육을 받는 것을 전적으로 할 수 있을 것이다. 그리고 옷을 지어 헌수를 드리는 것과 수를 놓는 일들 정도만 말할 만할 것이다. 원초(왕성순-필자 주)가 혹 여기에 이러한 사실을 채록한다면 가르침을 베푸는 일에 한 줄기 도움이 되지 않겠는가?[24]

위의 인용문은 왕성순이 지은 『규문궤범』에 김택영이 쓴 서문의 일부분이다. 김택영은 왕성순이 『규문궤범』을 지어 유향과 반소의 뒤를 이어 빠뜨린 것을 보충한 공로를 먼저 인정하면서 실천 방안에 대해서도 고려할 것을 요구하고 있다. 다시 말해, 김택영은 여성을 가르치는 교육 내용이 훌륭한 것은 인정하나 이러한 것들을 실천하는 것이 더욱 중요하다고 하며 그러기 위해서는 풍속의 개량이 필요하다고 지적하고 있다. 김택영이 지적하는 개량해야 할 풍속은 조혼 풍습과 여성에게 부과된 과중한 업무이다. 여성이 충분한 나이가 들어 결혼을 해야 교육을 받을 시간이 많다고 하며 조혼을 반대하고, 여성이 맡은 여러 가지 일 때문에 교육받은 내용을 실천할 시간적 여유가 없다고 하면서 여성의 일을 줄여줘야 한다고 주장하고 있다. 이처럼 김택영은 교육의 내용 자체도 중요하지만 그것을 실천하는 것이 더욱 중요하고, 그러기 위해 풍속을 개선해야 할 필요성과 대안을 제시하고 있다. 이러한 현실 인식적 사고방식은 김택영이 중국의 문명을 접한 개인적 경험에서 나온 것이기도 하지만 20세기 초에는 이미 전통시대의 여성 교육과 달라진 면모가 있음을 노정하는 것이기도 하다.

그런가하면 사회질서의 혼란과 파국적 상황에 대한 위기의식으로 말미암아 충효열에 대해 경직된 반응을 보이며 전대로의 복귀를 희망하고 유교적 이념으로 난세를 바로잡으려는 노력들로 인해 도리어 전대보다 경직되고 교조적인 내용의 규훈서가 지어지기도 한다.[25]

교육의 기능과 역할, 목표 지향점은 당대를 살아가는 사람들의 사회관과 인생관 그리고 당시의 상황을 반영할 수밖에 없다. 19~20세기 초 규훈서에는 여성의 개가 역시 본인의 의사에 따라 결정되어야 함을 언급하기도 하였고 부부 관계가 부/부(夫/婦)의 상호 노력에 의해 유지되어야 함을 강조하기도 하였다. 이전 시기에 빠지지 않고 언급되었던 첩에 대한 항목은 몇몇을 제외하곤 더 이상 보이지 않고 대신 교육 주체자로서의 어머니의 역할을 인정하는 발화가 그 자리를 대신하고 있다. 유교 이념으로의 복귀와 회복으로 난세를 바로잡으려고 했던 조선 말기 유학자의 경직된 태도 역시 존재하고, 한편으로 변화된 세상을 반영하며 여성의 지위와 역할이 달라졌음을 인정한 작자들의 개방적 태도 또한 공존하고 있었음이 19~20세기 초 규훈서의 특징적인 모습이라고 할 수 있다.

여성담론의 변화와 지속은 동일한 주제에 대해 사람들이 취하는 입장과 평가가 어떻게 변화하고 있는가를 면밀하게 분석함으로써 추적이 가능하다. 열녀 담론을 통해 여성의 성(性)에 대한 인식의 차이와 변화를 규명할 수 있듯이, 여러 시대에 걸쳐 계속해서 다루어지는 여성 교육 관련 담론과 주제에 대해 남성과 여성의 인식이 변모하는 과정을 추적함으로써 전/근대에 이르는 여성 담론의 변화와 지속을 해명할 수 있을 것이다. 이러한 점에서 19~20세기 규훈서의 면모를 파악하는 일은 중요한 의의를 지닌다고 할 수 있다.

하지만 이 글에서 미처 다루지 못한 문제들이 있다. 여성 교육의 필요성에 대한 관심이 높아지고 담론이 활발하던 19~20세기 초에는 여성 교육 텍스트가 규훈서, 수신서, 전통 윤리 교육서, 계녀서/가 등의 다양한 형태로 존재하였다. 이 시기 여성 교육을 파악하기 위해서 다양한 자료의 실상을 파악하는 일이 우선되어야 할 것이다. 이 글에서는 작자가 분명한 규훈서만을 대상으로 하였기 때문에 다른 형태의 교육서에 대한 검토가 요구된다.

앞서 지적했듯이 규훈의 내용은 가훈서에 편입되어 전하기도 하고 규훈서 작자들이 가훈서를 함께 작성한 경우도 많다. 남/녀의 구별의식이 강했던 조선 사회에도 남/녀 모두에게 동등하게 요구되었던 덕목과 규범이 분명 존재했다. 남/녀 양성 교육의 실상을 파악한다면 여성 교육의 특성이 보다 선명히 드러날 것이고 젠더적 특성도 밝힐 수 있을 것으로 보인다. 따라서 가훈서와의 비교 연구도 필요하리라 생각한다.

교육 주체자인 부/모와 교육 대상자인 딸, 며느리, 누이 등의 여성이 무엇을 어떻게 교육하고 수용하고 조율하였는지에 대한 실상 또한 파악되어야 할 것이다. 이 글은 남성 작가의 규훈서만을 대상으로 하였기 때문에 남성의 입장에서 여성에게 무엇을 가르치고 경계하고자 했는지에 대한 내용만 제시하였다. 교육 대상자인 여성이 무엇을 수용하고 배제했는지에 대한 파악은 교육 대상자였던 여성이 교육 주체자의 입장이 되어 다른 여성을 어떻게 교육했는지에 대한 실상을 살필 때 전모가 드러날 수 있을 것이다. 이에 여성이 작성한 여성 교육 자료를 함께 살피는 일도 수반되어야 할 것이다.

▸ 주

* 이 글은 『한국고전여성문학연구』 24(2012.6)에 실린 글을 부분 수정한 것이다.

1 1898년에서 1910년까지의 신문 잡지에서 가장 빈번하게 발견되는 여성담론은 여성 교육에 대한 것이었다. 1900년대 초 여성 교육 담론에 대한 연구는 이경하, 「『제국신문』 여성 독자투고에 나타난 근대계몽담론」, 『한국고전여성문학연구』 8집, 2004 ; 최기숙, 「교육주체로서의 여성과 서구 유학의 문제」, 『여성문학연구』 12호, 2004 ; 홍인숙, 「여학교 주변의 여자들」, 『한국고전여성문학연구』, 한국고전여성문학회, 2006을 참고할 수 있다.

2 박용옥, 『한국근대여성운동사 연구』, 정신문화연구원, 1984.

3 전우, 〈敬題女四書後丁未〉, 『간재집』 권16.

4 이 시기 전근대 교육에 관한 연구는 이지원, 「조선후기 여성규훈에 대한 고찰 - 사대부가의 가훈류를 대상으로」, 경성대 석사논문, 2001 ; 임미정, 「20세기 초 여훈서의 존재 양상과 의미」, 『한국고전여성문학연구』 19집, 한국고전여성문학회, 2010을 참고할 수 있다.

5 황수연, 「조선시대 규훈서에 나타난 여성에 대한 기대와 경계」, 『열상고전연구』 32집,

열상고전연구회, 2010.

6 1899년에 제작하고 1918년 편찬함. 제작시기에 관한 추정은 조상우의 연구에 따름. 조상우, 「『여사수지시』 연구 1 - 편자 노상직의 편찬의도를 중심으로」, 『단국어문논집』 제2집, 단국대학교 인문과학대학 단국어문학회, 1998.

7 가훈서는 가족 구성원을 교육하기 위해 만들어진 글로서 가훈(家訓), 가계(家誡), 가범(家範), 정훈(庭訓), 가규(家規), 여훈(女訓), 계녀(誡女), 규범(閨範) 등을 비롯하여 잠(箴), 감(鑑), 명(銘), 서(書), 시(示), 여(與), 첩(帖) 등의 제목으로 전해지는 작품들이 있다. 가훈서는 부모와 자식, 조부모와 손자 혹은 방계적 관계에 있는 가족 구성원들 사이에서 진행되는 가정 혹은 가문교육을 위해 지어진 교육서이다. 그런 의미에서 규훈서도 넓은 의미에서 가훈서에 속한다고 볼 수 있다.

8 이면승은 형조판서를 거쳐 이조판서에 임명되었고, 성근묵은 사마시에 합격하고 사헌부 집의 등을 지내고 사후에 이조판서에 추증되었다. 박윤묵은 내각 서리에서 출발하여 첨사에 이르렀다. 신기선은 1894년 갑오개혁으로 등용되어 김홍집(金弘集) 내각에서 공부(工部)를 거쳐 내부·법부·학부 대신을 역임, 참정(參政)에 이르렀다.

9 윤봉구 〈醮女鋪房八帖屛畵銘〉, 유언호 〈題夫人舊屛後〉, 이경하, 『18세기 여성생활사 자료집』, 보고사, 2010.

10 임교진, 〈十毋閨訓解〉, "이는 상서 이면승이 지은 것인데 시아버님께서 정확하고 지당한 가르침이니 부녀들이 몰라서는 안 될 것으로 여기시고 언문으로 번역하여 방의 벽에 붙여 딸과 며느리들로 하여금 늘 보고 외도록 하셨습니다."(此李尙書勉昇作 而尊舅以爲格訓 婦女不可不知 以眞諺飜解付之室壁 使女婦常目故誦之), 『荷汀草稿』.

11 신기선, 〈婦人常戒〉, 『양원유집』 권14.

12 이의익, 〈閨門十戒〉, 『이산세고 - 죽하고』, 국립중앙도서관.

13 조예석, "鰥夫再娶, 孀婦再醮, 倫理之常也. 先王制禮, 固因人情而爲也. 孀不再嫁, 是豈人人之所同願也? 以禮束縛之防, 雖美和氣則減矣. 苟或自守貞節, 勸嫁而不嫁者, 是卓異之行也, 故旌閭而褒風聲." 『반암문고』.

14 전우, 〈被劫婦女〉, 『간재집』 권17.

15 전우, 〈遭亂示諸婦女〉, 『간재집』 권15.

16 전우, 〈女尊男卑〉, 『간재집』 별편.

17 임헌회, 〈〈誡女孟順〉, "勿服西洋布 勿吸煙茶", 『鼓山集』, 속집 권1.

18 성근묵, 〈嫡妾之分〉, 『과재집』 권5.

19 왕성순, 여성문화이론연구소 고전연구팀 옮김, 『규문궤범』, 한국국학진흥원, 2005.

20 조예석, 〈戒酒色雜技〉, 『반암문집』.

21 서응순, 〈內儀〉, 『達城世稿 - 伊岡逸稿』.

22 박문호, 『女小學』, 홍문각.

23 임교진, 〈十毋閨訓解〉, 『荷汀草稿』.

24 김택영, 〈閨門軌範序癸丑〉, 『韶濩堂文集』 권3.

25 조상우, 「여사수지 연구 1 - 노상직의 편찬의도를 중심으로」, 『단국어문논집』, 단국대학교 인문과학대학 단국어문학회, 1998, 196면.

참고문헌

작자미상, 『효경 언해』, 규장각도서관.
오희상, 『老洲集』, 『한국문집총간』.
박윤묵, 『存齋集』, 『한국문집총간』.
성근묵, 『果齋集』, 『한국문집총간』.
김익동, 『直齋文集』, 국립중앙도서관.
이의익, 『이산세고 - 죽하고』, 국립중앙도서관.
임교진, 『荷汀草稿』, 국립중앙도서관.
임헌회, 『鼓山集』, 『한국문집총간』.
장복추, 『사미헌집』, 『한국문집총간』.
서응순, 『達城世稿 - 伊岡逸稿』, 연세대 도서관.
전우, 『艮齋集』, 『한국문집총간』.
박문호, 『女小學』, 홍문각, 1882.
이정모, 『紫東集』, 국립중앙도서관.
임공렬, 『欽齋集』, 국립중앙도서관.
이이교, 『蓉崗集』, 국립중앙도서관.
신기선, 『陽園遺集』, 『한국문집총간』.
박건회, 『현토주해 여자보감』, 회동서관.
화산 최씨, 〈화산최씨내훈〉, 국립중앙도서관.
노상직, 『女士須知』, 국립중앙도서관.
왕성순, 『閨門軌範』, 해동인쇄소.
권순구, 『婦人行實錄』, 광학서포.
조예석, 『磐巖文藁』, 이대도서관.
강의영, 『名媛 新女子寶鑑』, 영창서관.
유영선, 『閨範要鑑』, 국립중앙도서관
『18세기 여성생활사 자료집』, 보고사, 2010.
왕성순, 여성문화이론연구소 고전연구팀 옮김, 『규문궤범』, 한국국학진흥원, 2005.

고영진, 「조선시대 예치의 형성과 구조」, 『전통 예교와 시민윤리』, 한도현 외, 청계출판사, 2001, 131~170면.
김미영, 「여훈서에 나타난 여성의 몸」, 『한국여성철학』 9, 2008, 55~76면.

______, 「유교가족윤리에 나타난 타자화된 여성」, 『철학연구』 제46집, 1999년 가을, 53～70면.
김선경, 「조선 후기 여성의 성, 감시와 처벌」, 『역사연구』 제8호, 역사학연구소, 2000, 57～100면.
김신연, 『조선시대의 규범서』, 민속원, 2002, 1～341면.
김언순, 「조선시대 여훈서에 나타난 여성의 정체성 연구」, 한국학중앙연구원 박사논문, 2005, 1～209면.
김언순, 「조선후기 사대부 여훈서에 나타난 여성상 형성에 대한 연구」, 『한국교육사학』 28권 1호, 한국교육사학회, 2006, 27～61면.
김진명, 「가부장제 담론과 여성 억압 - 내훈서 및 의례서의 분석을 중심으로」, 『아세아여성연구』 제33집, 1994, 71～94면.
박주, 『조선시대의 정표정책』, 일조각, 1990, 1～273면.
박용옥, 『한국근대여성운동사 연구』, 정신문화연구원, 1984, 1～241면.
송인자, 「개화기수신서에서의 성 정체성」, 『教育學研究』 41, 淑明女子大學校教育問題研究所, 2003, 49～74면.
이경하, 「『제국신문』 여성독자투고에 나타난 근대계몽담론」, 『한국고전여성문학연구』 8집, 2004, 67～98면.
이규순, 「규훈류 연구」, 숙명여대 박사논문, 1987, 1～166면.
이성림, 『한국문학과 규훈연구』, 관동출판사, 1995, 3～238면.
이지원, 「朝鮮後期 女性閨訓에 대한 考察 : 士大夫家의 家訓類를 對相으로」, 경성대 석사논문, 2001, 1～59면.
임미정, 「20세기 초 여훈서(女訓書)의 존재 양상과 의미」, 『한국고전여성문학연구』, 19, 한국고전여성문학회, 2009, 337～360면.
정무곤, 「조선시대 가훈의 성립과정 연구」, 『장서각』 15, 2006, 71～95면.
정순우, 『공부의 발견』, 현암사, 2007, 1～424면.
조경원, 「유교 여훈서의 교육원리에 관한 철학적 분석」, 『여성학논집』 제13집, 이화여자대학교 한국여성연구원, 1996, 271～294면.
______, 「조선시대 여성교육의 분석」, 『여성학논집』 제12집, 이화여자대학교 한국여성연구원, 1995, 39～62면.
조상우, 「여사수지 연구 1 - 노상직의 편찬의도를 중심으로」, 『단국어문논집』, 단국대학교 인문과학대학 단국어문학회, 1998, 196～236면.
최기숙, 「교육주체로서의 여성과 서구 유학의 문제」, 『여성문학연구』 12호, 2004,

95～130면.
최재석, 『한국 가족 제도사 연구』, 일지사, 1983, 1～784면.
______, 「조선시대의 門中의 형성」, 『한국학보』 32호, 일지사, 1982, 30～73면.
홍인숙, 「여학교 주변의 여자들」, 『한국고전여성문학연구』 13, 2006, 103～135면.
황금중, 「실학교육사상 연구의 반성과 전망」, 『교육철학』 14-2, 한국교육학회 교육철학연구회, 1996, 275～310면.
황수연, 「조선시대 규훈서에 나타난 여성에 대한 기대와 경계」, 열상고전연구회, 『열상고전연구』 32, 2010, 143～172면.

대한제국에 대한 절의와 여성
–현곡 유영선(1893~1961)의 『규범요감』*

김기림

1. '집 안'에서 여성 가르치기

『규범요감』은 현곡 유영선(1893~1961)이 1925년에 여성을 가르치기 위해 엮은 책이다.

여성 및 여성교육 측면에서 볼 때, 개화기부터 개화 사상가들에 의해 여성 교육의 필요성이 제기되었고 여성을 위한 학교들이 세워져 여성들도 '집 밖으로' 나가 배울 수 있게 되었다. 하지만 여성들의 취학률은 그리 높지 않았고 전통 방식으로 집안에서 배우는 경우가 훨씬 많았다. 여성 교육서도 여학교용과 개인용으로 나뉘었다. 여학교용으로는 『초등여학독본』(이원긍, 1908), 『여자독본』(장지연, 1908), 『여자수학수신서』(노병희, 1909)가 있고 개인이 집에서 여성을 교육하기 위한 책으로는 『여소학』(박문호, 1882), 『여손훈사』(유중교, 1887), 『여사수지』(노상직, 1889), 『여사서』(재간행, 1907), 『내범요람』(이철영, 1911), 『규문궤범』(왕성순, 1915)

등이 있다. 1920년 들어와서도 개인적 차원의 여성교육은 지속적으로 행해져 기존의 여성교육서가 활용되는 한편 『규범』(김복한, 1922), 『여자행실록』(김동진, 1928), 『부인치가법』(조남희, 1925), 『규문보감』(서우석, 1935) 등이 편찬되었다.

유영선의 『규범요감』은 일본이 공적 교육을 주도하던 시기에 개인적으로 여성 교육을 위해 편찬되었다. 이에 이 글에서는 『규범요감』의 편찬 의도, 내용 살피고 이를 통해 유영선 및 『규범요감』의 여성 인식 양상을 살펴보고자 한다.

2. 서양 문물 성행 속의 유학 수호자

유영선은 1893년(고종 30) 고창에서 태어났다. 자(字)는 희경(禧卿)이고 호는 현곡(玄谷)이다. 아버지는 유기춘(柳其春)이고 어머니는 광주 이씨이다. 5세 때 할아버지에게서 『소학』을 배웠고 12살 때 할아버지를 따라 당시 고부 영주산에서 강학 활동을 하고 있던 간재 전우 문하에 들어갔다. 이후 전우가 고부의 천불암, 목중리 군산도(君山島) 등으로 옮길 때마다 따라갔다. 20세(1912년)에는 전우를 따라 계화도로 옮겼고 이때부터 성기운(成璣運), 권순명(權純命) 등과 전우의 문집을 정리하기 시작했고 28세 때인 1920년 11월에 전우의 문집을 완성하였다. 30세 때(1922년) 스승이었던 전우가 죽자 전우의 학설을 계승하여 저작활동을 하였다. 해방이 되고 정부가 수립되자 국운이 융성하기를 기원하기도 하였다. 1924년에 고창에 현곡정사를 세웠고 만년에는 여기로 다시 돌아와 강학활동을 하면서 전우의 뒤를 이어 성리학 연구에 매진하였다.

유영선이 생존했던 시기에는 외국으로부터 들어온 새로운 사상과 학문이 생활 전반을 지배해 나갔다. 대부분의 학자나 지식인들이 외국에서 들어온 학문, 사상을 배우려고 하였지만 유영선은 성리학을 지키고자 노력

하여 조선 성리학의 도통을 율곡－우암－간재로 정리하기도 하였다.[1]

유영선은 임헌회－전우의 학맥에 속한다. 조부인 유지성은 전우와 친밀하여 학문적 교유도 잦았다. 아버지 유기춘은 임헌회 문하에서 배웠고 임헌회 사후 아들인 임진재(任震宰)가 임헌회 행장을 한 부를 따로 줄 정도로 인정을 받았다. 이러한 집안 학문 배경으로 인해 유영선은 임헌회와 전우의 학문을 어려서부터 접할 수 있었다. 더구나 조부가 직접 전우에게 교육을 부탁함으로써 유영선은 전우의 제자로서 그 학맥을 이어갔다.

유영선은 성리학과 유교적 윤리를 배제하고 실용 위주로 나아가는 학문적 풍토에 대해 우려했다. 개화기 지식인들이 양계초의 실용적 학문을 적극 수용하자 17세에 양계초의 『음빙실문집』을 읽고 나서 "무엇보다 이(利)를 학문의 강령으로 삼은 것이니 이것으로 사람들을 이끌어 간다면 서로 이익을 다투어 빼앗지 않으면 만족하지 못하여 천하의 난리가 언제 그칠지 모르겠다."고 비판하였다.[2] 또 약육강식론을 내세우며 실용 지식에 치우치는 현상에 대해서도 비판하여 실용 지식은 말단에 속하며 윤리와 도덕을 기본으로 삼을 것을 주장했다.[3] 유학 및 성리학을 지지하는 의식은 광복 후 대한민국의 상황 비판에도 드러나 있는데[4] 무엇보다 국가 흥망을 실용 학문에서 찾지 않고 윤리 확립에서 구하고자 하는 태도를 견지했다.

성리학 연구를 지속하면서 우선 전우의 학설을 정리하는 데에 심혈을 기울였다. 전우의 〈태극도설〉, 〈기질명칭설〉에 관련하여 왕래한 편지를 분류하여 『성리유선(性理類選)』을 지었고, 『담화연원록(潭華淵源錄)』을 지어 전우의 도통을 정하기도 하였다. 이 외에 집안 자손을 가르치기 위한 저서로 『훈자편(訓子編)』, 『규범요감(閨範要鑑)』 등이 있다. 특히 예학에 밝았는데 『사례제요(四禮提要)』는 관혼상제의 예학에 관해 총정리한 저작이다. 그의 사후 아들에 의해 『현곡집』(1978)이 출간되었다.

3. 어머니와 가문의 며느리를 지향하며:『규범요감』

1) 나라와 함께 하는 여성

유영선은 33세였던 1925년에『규범요감』을 엮었다. 유영선은 당시 여성들이 집 밖으로 나가지 못하기 때문에 남성들에 비해 교육 기회가 적어[5] 견문을 넓히는 데에 한계가 있다고 여겼다. 그래서 여성들도 집 안에서나마 견문을 쌓도록『규범요감』을 지었다고 하였다.

우선 여성에 대한 교육과 자녀교육의 상관관계에 주목했다. 남자의 경우 8세 이후에 집 밖으로 나가 스승과 친구를 찾아 배우지만 8세 이전까지는 '집 안'에서 양육되는 사실에 주목했고 이들을 기르고 가르치는 주체는 여성이란 점을 부각했다. 유영선의 관점에서 볼 때 8세 이전의 교육은 한 사람의 인생에서 아주 중요한데 이 시기의 양육은 단순히 아이를 키우는 데에 그치지 않고 대업을 이루고, 나라를 다스리는 큰 공을 이루는 데에 긴요한 기초가 된다는 것이다.[6] 여성인 어머니가 기르고 가르친 것이 한 개인의 일생과 긴밀한 만큼 양육을 담당한 여성의 견문 수준 정도에 의해 개인의 일생도 좌우될 수 있다고 본 것이다. 그러므로 여성에 대한 교육은 필수적이라고 역설하였다.

둘째는 여성에 대한 교육을 가장인 남편을 보좌하는 성과와 연계했다. 여성들이 가르침을 우습게 알고 화려하게 꾸미는 데에만 힘쓸 뿐 규범이나 성행(性行) 등이 무엇인지도 알지도 못한다고[7] 하면서 이런 상태에서는 남편의 배필로서 남편을 잘 보좌할 수 없다고 보았다. 집, 나라, 천하를 다스리는 일 자체는 남성들의 몫이지만 그것을 잘하게 하는 이는 여성이라고 하였다. 여성의 견문과 덕은 천하 다스림과 연계되므로 여성을 교육하는 일이 필수적이며 중요하다고 강조했다.

이상에서 본 바와 같이 유영선은 여성이 자식을 양육하고 남편을 보좌하는 존재이며 이를 통하여 국가와 천하가 잘 다스려질 수 있다고 하였다.

곧 『규범요감』은 여성에 대한 교육은 다스림과 교화의 근원이라고 하면서[8] 국가 및 천하와 연계하고자 하는 의도에서 편찬되었던 것이다.

이러한 편찬 의도는 유영선이 살던 시대의 여성교육의식 및 여성 교육서 내용과 상통한다. 조선말, 개화기부터 외세의 침입으로 인해 국권이 위태로워지자 국권수호와 강화, 자주독립, 국력 강화 등이 현실적으로 필요했다. 이를 위해 국가의 기초가 되는 가정에서부터 교육이 이루어져야 한다고 했고 여성이 그 담당자로서 주목 받았다.[9] 또 한편으로 가정의 운영을 여성이 맡고 남성을 도와야 한다는 이른바 양처(良妻) 역할을 강조했다. 여성을 국가흥망의 연쇄적 과정 속에 편입시키면서 여성 교육 필요성이 공론화되었고[10] 여성 교육서들도 이러한 인식을 반영하였다.[11] 『규범요감』도 마찬가지로 여성 교육을 국가 흥망의 맥락 속에서 이해하여 저작 동기 내지 편찬 의도로 삼았던 것이다. 다만 견문과 덕을 바탕으로 남편을 돕는다는 점에서 『규범요감』은 오히려 '현처(賢妻) - 현명하고 지혜로운 아내'에 더 가깝다. 그런 점에서 『규범요감』은 조선시대 전통적으로 강조되던 집안 중심적 여성교육서 편찬 동기와 차별성을 지니며 동시에 당시의 시대적 요구를 적극적으로 수용했다고 할 수 있다.

2) 여성의 책무들

『규범요감』은 상권, 하권 두 부분으로 구성되었다. 상권에는 효애(孝愛 - 34장), 경순(敬順 - 52장), 친목(親睦 - 25장), 교육(敎育 - 40장), 체하(逮下 - 14장), 봉제(奉祭 - 18장), 대빈(大賓 - 9장) 등 7항목이 있다. 하권에는 성행(性行 - 62장), 언어(18장), 복식(服食 - 34장), 근검(勤儉 - 23장), 정렬(貞烈 - 50장) 등 5항목이 있다. 상권 항목을 보면 부모, 시부모, 남편, 친척, 자식, 하인과 첩, 손님 등 다양한 인적 관계 속에서 여성이 행해야 할 행동지침을 제시했고 하권에는 여성의 성품이나 여성이 일상에서 행할 생활규범을 제시했다.

각 항목의 구성 방식을 보면 전반부에서는 경전, 기존의 교훈서 내용, 격언, 명언 등에서 내용을 뽑았고 후반부에서는 실행의 구체적 예시 곧 본보기가 되는 여성들의 행적을 제시했다. 이는 『소학』의 구성방식을 따른 것으로 앞에서 언급했던 내용을 실증하는 방식이어서[12] 현실에서 여성들이 행동하는 데에 참고하는 효과를 기대하고 있다

한편 『규범요감』은 각 항목마다 『예기』의 〈내칙〉, 안씨가훈, 사마광의 『거가잡의』, 『소학』, 『여사서』, 한원진의 〈한씨부훈〉, 이덕무의 〈사소절 - 부의〉 등에서 뽑은 내용을 차례대로 실었고 이 외에 각 항목마다 필요한 경우 이이, 송시열, 전우, 임헌회, 유중교 등의 말을 인용했다. 전우는 유영선의 스승이었고 임헌회는 유영선의 아버지였던 유기춘의 스승이었다. 『규범요감』은 여성관에서도 전우의 의식을 계승하고 있다.

효애(孝愛)는 맨 첫 번째에 있는데 시부모에 대한 효를 강조하면서 효의 근본은 승순(承順)이라고 했다. 특히 시부모를 "남편 집안의 주인이다."[13], "시부모 마음을 얻지 못하고서는 남편을 섬길 수 없다."[14]는 말을 인용하면서 시부모를 절대적으로 우선시하는 입장을 드러냈다. 이는 당시 여성교육서와 약간 다른 면이다. 개화기 이후 여성 교육서인 『부인언행록』(권순구, 1908)은 남편섬기기－시부모 섬기기 순서로 서술했고, 『여자소학수신서』(1909)에는 아내도리－어진아내－어진어머니 등의 항목이 들어있지만 '며느리로서 시부모 모시기' 등의 항목은 거의 드러나지 않는다. '아내' 또는 '어머니'를 여성의 정체성으로 강조하는 경향이 강해지며 반면 '며느리' 정체성은 약화되는 경향을 보인다. 하지만 『규범요감』은 시부모를 남편 집안의 주인이라고 하면서 시부모를 절대적으로 우선시한다. 이런 면에서 『규범요감』은 조선시대의 여성관을 그대로 계승하는 성격을 지닌다.

경순(敬順)은 남편을 대하는 규범을 제시했는데 부부관계에 있어 남편에 대한 여성의 무조건적 순종만을 강조하지 않는다. 남편의 뜻을 따르는 데에 있어 여성이 이성적으로 판단하기를 요구한다. 노래자 처는 정치를 하겠다고 나서는 남편을 두고 떠난다. 추호자 처는 남편이 어머니를 생각

하지 않고 황금으로 여자를 유혹하는 데에만 마음을 쏟는 불효한 남자라고 하며 남편을 떠난다. 이는 남편이 공업을 이루는 데에 여성에 대한 교육이 필요하다고 여긴 『규범요감』의 편찬의식과도 상통한다. 곧 여성은 식견을 쌓아 이성적으로 판단하는 현부(賢婦)의 모습을 보여주고 있다.

친목(親睦)은 남편의 친족이나 형제들, 특히 동서끼리의 화목과 시누이와 올케가 사이좋게 지내기를 강조한다. 즉 남의 집 여성을 받아들이는 시가의 여성들도 함께 노력해야 함을 강조했다. 집안 화목을 일방적으로 며느리에게 미루는 전통적 인식과는 좀 다른 면이기도 하다.

교육은 자식교육에 관한 내용으로 아들, 딸, 며느리를 가르치는 어른의 역할을 강조한다. 체하(逮下)는 첩과 하인 대하기에 관한 내용이다. 체하는 명나라 태후의 『내훈』에 나오는 항목과 같다. 『내훈』에서는 후비가 후궁을 대하는 내용으로만 되어 있는데 『규범요감』은 첩과 하인을 같은 항목에 넣었다. 첩과 하인을 따로 구성하는 대부분의 여성 교육서와는 차이가 있다. 〈한씨부훈〉의 어노비(御奴婢), 대첩잉(待媵妾) 항목의 내용을 한데 합침으로써 첩의 위치를 하인과 동등하게 고착시켰다. 노비가 주인에게 충정을 다하듯이 첩도 남편에 대한 신의 지키기는 물론이고 주인인 적처에게 충정을 다하기를 강조한다.[15] 봉제(捧祭)에서는 부부가 함께 제사를 받들기를 강조하면서 평소에도 제수준비를 하고 제수조차도 삼가서 다루기를 요구하였다. 대빈에서는 손님 접대가 중요하다고 하면서 자식을 위한 손님 접대 일화 위주로 구성하였다. 도간의 어머니가 손님을 대접을 잘함으로써 끝내 도간이 공을 이루게 하도록 한 이야기, 주개(周凱)의 어머니가 손님을 접대하여 결국 그녀가 주개를 낳으니 이부상서가 되었다는 따위의 예화들을 실었다.

이는 상권의 내용으로 여성의 인적 관계에서 필요한 예법, 도리에 대한 것이며 하권에서는 성행, 언어, 복식, 근검, 정렬 등 여성의 성품이나 일상에서 지켜야 할 규범 위주로 서술하면서 모범이 되는 인물이나 사례를 제시하였다.

각 항목별 제시된 모범 여성은 다음과 같다.

번호	항목	인물	내용
1	효애	진효부	병역 간 남편 대신 28년간 시어머니 봉양했다. 집과 밭을 팔아 장례와 제사를 지냈다.
2	효애	제영	아버지 순우의가 형을 받게 되자 자신이 대신 형을 받는다고 자청하니 아버지가 형을 면제받게 되었다.
3	효애	노씨	정의종 처. 도둑이 들어와 시어머니를 칼로 죽이려 하자 자신이 그 칼을 가로 막아 시어머니를 살려냈다.
4	효애	당부인	최산남의 할머니. 시어머니인 장손부인에게 자신의 젖을 먹여 봉양했다.
5	효애	왕씨	주옥 처. 남편 죽자 70세 된 시어머니 봉양했다. 홍수가 나 집이 다 무너지자 걸식하여 시어머니를 봉양하며 평생 같이 살았다.
6	효애	허씨	진승조 처. 시어머니가 성질이 나빠 회초리 치거나 발광하여 머리에 피가 나도록 때려도 시어머니가 병이 있어서 그렇다고 하면서 견뎌냈다.
7	효애	장예수	조숭 처. 시어머니가 무례해도 화내지 않고 친정에 가서도 시댁에 관한 말을 하지 않았다.
8	효애	신씨	신사천 딸, 왜구가 침략했을 때 아버지와 피난하였다. 그런데 아버지가 화살에 맞아 죽으니 항거하다 죽음을 당함. 당시의 나이 20세였다.
9	효애	임씨	박조 처. 남편 서울 간 사이 집에 불이 났다. 불길에 뛰어들어 병든 시어머니 구해 내었는데 온몸에 화상을 입었다.
10	효애	이씨	이사온 딸. 신명화 처. 친정어머니 아프자 친정으로 와서 봉양했고 남편이 아프자 기도하여 낫게 하였다. 율곡의 외할머니이다.
11	효애	고송효부	지평의 고송에 살았던 여인. 비 온 뒤 물 불어난 시냇가에서 시어머니가 효부의 아들 씻기다 놓쳐 물에 떠내려가 죽었다. 그런데도 시어머니를 위로하며 닭죽까지 끓여 올렸고 시어머니 마음이 상할까봐 아들 시체도 숨겨두었다.
12	효애	사월이	김말묘 딸. 어머니가 미친병에 걸려 아버지에게 버림 받았는데 사람의 뼈가 효험 있다는 말 듣고 자신의 손가락 잘라 약으로 해서 드려서 낫게 했다.
13	경순	환소군	포선 처. 남편 말에 따라 소박하게 옷을 입고 녹거를 끌고 향리로 가서 생활하였다.
14	경순	악양자 처	악양자가 공부하다가 금세 돌아오니 짜고 있던 옷감을 잘라 깨우쳐 주었다.

15	경순	왕장	왕장이 가난할 때 아파서 소 거적을 덮고 우니 질책하였다. 후에 왕봉이 전횡할 때 왕장이 상소를 올리려고 하자 말렸다. 그러나 왕장은 상소를 올려 결국 대역죄에 걸리게 되었다.
16	경순	노래자 처	노래자가 몽산에 살 때 초왕이 와서 도와달라고 하자 허락했다. 이 일을 아내에게 말하니 아내는 그 이야기를 듣고 남편을 두고 강남으로 혼자 떠났다.
17	경순	맹광	양홍 처. 평소 양홍에게 시집가기를 원했다. 결혼 후에는 남편 말대로 수수하게 차려 입고 패릉산으로 들어가 농사짓고 생활하였다. 부부가 함께 글 읽으며 지냈고 회계에 살 때에는 절구질로 고용살이하면서도 남편에게 공손하게 밥상을 올렸다.
18	경순	추호자 처	추호자가 결혼 직후 진나라로 벼슬살이 갔다가 5년 후 돌아왔다. 그 때 뽕 따는 여자가 있어 금을 주면서 꾀었는데 자신의 아내였다. 그의 아내는 추호자에게 여색을 보고 금을 주는 불효자이며 불충한 것이므로 집안이 망할 기세라고 질책하고서는 물에 빠져 자살했다.
19	경순	여형공 처	여형공과 그 부인은 60여 년간 맨 얼굴로 본 적이 없다고 한다.
20	경순	정씨	채군산 처. 남편이 죽자 사람들은 그녀가 돈이 없다는 사실을 알고 돈을 모아 부조하였지만 남편의 청렴함에 누가 될까 받지 않았다.
21	경순	유응규 처	아이를 낳고 젖병을 앓았는데 채소국만 먹자 아전 한 명이 꿩을 갖다 주었다. 그러나 남편의 청렴에 누가 된다고 하면서 받지 않았다.
22	친목	목용	형제가 재산도 공동으로 쓰다가 각자 결혼하여 나누고자 다투니 방문 닫고 자신에게 회초리를 치며 질책했다. 이를 듣고 동생과 제수들이 뉘우쳤다.
23	친목	우홍	동생인 우필은 형의 마차를 끄는 소를 술김에 죽였다. 우홍의 아내는 시동생이 소를 죽였다고 말했지만 우홍은 그저 포를 뜨라고 말했다. 아내가 다시 말하니 우홍은 알았다고 대답만 하고 계속 책을 읽었다.
24	친목	장공예	장공예 집안이 9세가 동거했는데 당나라 고종이 어떻게 그렇게 할 수 있었느냐고 물었다. 그 때 장공예는 참을 인자를 백여 번 써서 바쳤다.
25	친목	진씨네	강주사람. 종족 700명이 항상 나란히 차례대로 앉아 밥 먹었는데 그 집 가축들까지도 그렇게 하였다.
26	친목	정씨네	포강의 정씨 집안 사람들은 13대가 동거했다. 명 태조가 그렇게 할 수 있었던 이유를 물으니 "아녀자 말을 듣지 않는다."고 대답했다.
27	친목	주씨	왕상의 계모. 왕상의 이복 동생 왕람과 그 처가 형, 동서를 위해 엄마의 구박을 같이 견뎌냈다.

28	친목	장씨 집안	장맹인 처 정씨와 장중의 처 서씨는 동서인데 친자매보다도 더 사이좋게 지냈다. 이 집의 고양이와 개도 같은 혈속처럼 지냈다.
29	친목	응씨	장후 처. 동서인 주씨와 자매처럼 지냈다. 방납의 난 때 응씨가 발병이 나고 10살 아이와 살면서 피난가지 못하여 주씨에게 빨리 피난가라고 하였는데 주씨는 같이 살고 같이 죽어야 한다면서 피난가지 않았다가 같이 죽음을 당하였다.
30	친목	허씨	손극 처. 시동생 손살이 병역 의무 때문에 수자리를 지키러 가게 되자 남편에게 대신 가라고 했다. 왜냐하면 시어머니가 시동생을 부탁하고 죽었고 시동생은 아직 결혼도 안 해 후사도 없었기 때문이었다. 이에 손극이 동생 대신 간다고 하니 태수인 장대가 의심하여 각각 물어보고는 사실임이 드러나자 병역 의무를 면제 해주었다.
31	친목	추영	생모가 후처였는데 전처의 자식인 오빠와 올케 형씨를 구박하였다. 이에 추영은 구박을 같이 받으면서 생모의 생각을 바꾸어 놓았다. 결혼 후 친정 왔다가 올케 방에 아이를 두었는데 아이가 침대에서 화롯가로 떨어져 죽었는데도 자신의 잘못이라고 하며 오히려 올케를 옹호했다. 추영이 아플 때 올케가 3년간 병간호를 해주었다.
32	친목	최씨	결혼 후 네 동서를 예의로 대하고 시어머니가 동서들에게 일을 시키면 뒤에서 따라가 도와주면서 동서들이 시어머니에게 순종하게 하였다. 동서의 아이가 자신의 비단옷에 오줌을 쌌는데도 비단을 아까워하는 기색이 전혀 없었다. 결국 4년 후에는 동서들이 서로 화목하게 지냈다.
33	친목	하씨	옥목숙 처. 처음 시집갔을 때 무척 가난했지만 근검하게 생활하고 남편도 벼슬하게 되어 넉넉해졌다. 시동생과 시누이가 가난하게 사는 것을 보고 도와주면서 밭도 나누어 주었다.
34	교육	태임	문왕을 임신했을 때의 태교.
35	교육	맹자	맹자 어머니가 맹자 교육 때문에 세 번 옮겨 살았다. 맹자가 어렸을 때 이웃집에서 돼지를 잡자 어머니에게 물으니 '널 위한 것'이라고 했다. 맹자 어머니는 곧 후회하고서 돼지고기 사서 먹였다.
36	교육	황보밀	황보밀의 숙모가 조카인 황보밀을 교육하였다.
37	교육	후씨	정자 어머니. 서자식들도 자신 소생처럼 여겼고 노비들을 때리는 일을 좋아하지 않았다. 자식들이 종을 질책하면 오히려 자식을 꾸짖었다. 자식들이 잘못하면 덮지 않고 아버지에게 알렸고 반찬투정하면 커서는 어떻게 감당할 것이냐고 질책하였다. 또 사람들에게 화를 내면 편들지 않으면서 능히 굴하지 못함을 걱정해야지 펼치지 못함을 걱정하지 말라고 타일렀다.
38	교육	진씨	화정 윤돈의 어머니. 윤돈이 과거시험을 보러 갔는데 시험문제가 '원우년간 여러 신하를 주살한 것의 마땅함에 대해 논하

			라'였다. 이것은 정이천의 학문을 금지하려는 의도가 있었던 것이었고 윤돈이 정이천의 제자였으므로 답을 쓰지 않고 그냥 나왔다. 그는 어머니에게 벼슬을 하지 않겠다고 했는데 어머니 진씨는 흔쾌히 승낙했다.
39	교육	정씨	구양수 어머니. 구양수 4살 때 남편이 죽자 남편 대신 아들을 가르쳤다. 집안이 가난하여 붓을 살 돈조차 없자 화로의 재 위에 글씨를 써가며 가르쳤고 아들이 직간하다가 귀양가도 태연하게 행동했다.
40	교육	계씨	장준 어머니, 장식 할머니. 25살 때 남편이 죽자 친정아버지가 개가하라고 하였으나 거부하였다. 장준이 말을 할 즈음에 평소 남편의 말을 들려주면서 아들을 가르쳤다. 아들이 당시 대신이었던 진회에 대해 간언하려할 때 "부월 앞에서 말하고 죽을지언정 말을 하지 않아 폐하를 저버리게 되는 일이 없도록 하겠다."고 한 남편의 말로 아들을 격려했다. 결국 아들이 봉주로 귀양갔지만 오히려 직언하다 그렇게 된 것이라고 하면서 태연했다.
41	교육	최씨	정성 처, 정선과 어머니. 13세에 결혼했는데 전쟁 때 남편이 죽었다. 20세에 과부가 되어 재가하지 않고 아들을 기르고 가르쳤다. 아들이 벼슬할 때 판결을 잘 하면 기뻐했고 아들이 사람들에게 화를 내면 정사를 공정하게 하지 못했다고 부끄럽다고 질책하였다.
42	교육	정씨	원정 어머니. 20여 년간 훈계로 집안을 다스렸고 매를 때리지 않았다. 그런데 정색을 하여도 모두 어려워했다.
43	교육	이경양 어머니	장마 때 집 담이 무너져 고치다가 종들이 돈을 발견했다. 그러나 자기 집의 복이 아니라고 하면서 제 자리에 두라고 하였다.
44	교육	최씨	방애친 처, 방경백과 방경광의 어머니. 방경백이 청하태수일 때 불효자를 고발한 어머니가 있었다. 그래서 그 어머니와 아들을 불러다가 같이 생활하면서 효도에 대해 직접 보여주었다. 20일 정도 지나가 모자가 서로 회개하면서 집으로 돌아갔다.
45	교육	정여창 어머니	정여창이 술 먹고 외박하고 들어오자 꾸짖어 아들을 회개시켰다.
46	교육	박씨	퇴계 어머니. 과부들의 자식임을 일깨우면서 가르쳤다.
47	교육	김씨	이수광 처. 자식들을 매우 엄하게 가르쳤다.
48	교육	시씨	진유부 처, 남편이 전처 아들을 부탁하고 죽었다. 그 후 진녕이 쳐들어 왔을 때 맏아들이 잡혔다. 적군 중 장복이란 자가 평소 맏아들과 사이가 안 좋아 해를 입히려 했다. 시씨는 자기 소생의 아들로 대신하였는데 관리가 그 사실을 알고 풀어주었다.
49	교육	이씨	자는 목강. 정문구 처. 전처 아들 4명이 이씨를 싫어했었다. 맏이인 정홍이 아프자 몸소 간호를 하니 정홍이 뉘우치며 세 동생에게 계모의 어짊을 말하였다.

50	체하	나씨	양성재(양만리) 처. 70세에도 새벽에 일어나 종들에게 죽을 쑤어 먹였다.
51	체하	정씨	이수 처. 남편을 위해 첩 들이기를 권유했는데 첩이 계광을 낳았다. 자신의 소생인 계광이 금비녀를 사주면서 장손부(長孫婦) 얻을 때 주라고 했었다. 그런데 계광이 결혼할 때 그 금비녀를 주었다.
52	체하	진씨	손패 처. 자식이 없자 첩 하씨를 들여 자매처럼 지냈는데 남편이 죽었다. 이 때 첩 하씨는 겨우 17살이었다. 진씨는 안타까워하며 하씨에게 다른 데로 시집가라고 했지만 하씨는 거부하고 평생 같이 살았다.
53	봉제	나씨	김수항 처, 나성두 딸. 제사 준비에 몸소 살피고 여종들에게도 깨끗하게 차려 입고 준비하라고 하며 제수 물품에도 존칭을 붙여 부르며 조상을 존대하는 마음을 드러냈다.
54	봉제	이씨	오재순 처, 이천보 딸. 사당 일을 할 때 제사에 앞서 목욕재계하고 청소하고 씻고 익히는 일 등을 직접 하고 진열하고 올리는 것도 몸소 했다. 각종 제기들은 빛이 나고 음식은 향기로웠다. 나이가 들어 몸소 일하지는 못해도 오로지 한 마음으로 조심스럽게 행동했다.
55	대빈	담씨	도간의 어머니. 범륙이 도간의 집에서 자게 되었을 때 큰눈이 내렸다. 담씨는 깔고 있던 자리를 잘라서 말 먹이로 주고 자신의 머리카락을 잘라 음식을 마련하여 범륙을 대접했다.
56	대빈	이씨	이낙수 딸, 주개 어머니. 주개의 아버지 주준이 사냥 나왔다가 이씨 집에 머물렀다. 이 때 나이 어린 여자인데도 여종 한 명, 남자종 한 명과 함께 백여 명의 식사를 마련하여 풍족하게 먹였다. 주준이 그 능력을 보고 첩으로 삼았고 아들 주개를 낳았는데 그 아들이 이부상서가 되었다.
57	대빈	후씨	정자 어머니. 평소 훌륭한 스승과 친구들을 따라 배우게 했는데 혹 아들 손님이 있으면 대접을 후하게 하였다.
58	성행	한씨	유공작 처, 한휴의 증손녀. 평소 비단옷을 안 입었다. 고삼, 황련, 웅담 등의 가루를 섞어 쓴맛 나는 환을 만들어 아이들에게 주어 공부하는 데에 마음을 굳게 먹도록 하였다.
59	성행	기양공주	당 헌종 딸, 두종 처. 황제가 준 노비들도 사양하고 남편의 정사에 간여하지 않았다. 시어머니가 아팠을 때에는 직접 간호하기도 하였다.
60	성행	조대고	이름은 반소, 조세숙 처. 친정에 가서 시댁 이야기를 전혀 하지 않았다. 오빠 반고가 한서를 다 끝내지 못하고 죽자 황제가 반소를 불러 마치게 하였다. 또 황후, 귀인들을 가르치기도 하였다.
61	성행	서황후	명나라의 황후, 내훈 20편을 지었다.
62	성행	주재미	집안일을 며느리에게 맡기면서 말과 되를 써 이중으로 계산

		며느리	하였는데 이에 며느리가 사양하면서 그만 두었다. 20여 년 간 그렇게 이중으로 셈한 것을 대신하여 20여 년간 다시 하여 다 갚아주었다.
63	성행	도씨 처	도를 3년 다스렸는데 이름은 나지 않고 집안 재산만 몇 곱절이 불었다. 처가 여러 번 간했지만 듣지 않았다. 그리하여 이는 재앙이라면서 어린 자식과 집을 떠났다. 그 다음해 도둑이 들어 남편이 죽자 시어머니를 봉양하였다.
64	성행	김씨	조린 처. 소학, 내훈 등도 읽음. 제사도 잘함.
65	성행	신씨	사임당. 종족 잔치 때 다른 여자들은 웃고 떠드는데 잠자코 있었다. 시어머니가 그 까닭을 물으니 바깥일을 잘 알지 못하기 때문이라고 하였다. 시어머니 앞에서는 첩을 꾸짖는 말을 하지 않았다.
66	성행	최씨	이항복 어머니. 오빠를 만날 때 꼭 여종을 옆에 두었다. 자식들에게는 남매 사이라도 함께 있지 못하게 하였다.
67	언어	사씨	오상 처, 오하 어머니. 아들이 남의 장단점을 말하자 회초리를 쳤다. 남용이 백규의 시를 외우자 공자가 형님의 딸과 결혼시킨 고사를 들어가면서 아들을 가르쳤다.
68	언어	최씨	설손 처. 말하거나 웃는 소리가 이웃에게 들리지 않았다.
69	복식	육속어머니	고기도 네모 반듯하게, 파는 꼭 길이가 같게 잘랐다.
70	복식	장부인	장온지 딸, 여형공 부인. 시어머니가 이모였다. 친정어머니가 하루는 집에 왔다가 집 뒤에 솥이 있는 것을 보고 그 동생 신국부인에게 어린애들로 하여금 저희들끼리 음식을 만들어 집안 법도를 흐리게 하느냐고 질책하였다.
71	근검	공보문백 어머니	아들이 왜 방적을 몸소 하느냐고 묻자 꾸짖으면서 방적은 여자의 일이라고 타일렀다.
72	근검	공보문백 어머니	시어머니에게 들었던 말을 계강자에게 들려주었다. 자하가 이 말을 듣고 칭찬하니 곧 며느리가 시어머니에게서 배운다는 것이다.
73	근검	마황후	황후인데도 좋은 음식이나 옷을 구하지 않았다. 흰 비단주머니만 차고 향주머니는 차지 않았다.
74	근검	마황후	옷과 이불이 해졌어도 바꾸지 않았고 옷 만들고 남은 비단을 수건으로 만들어 공주들에게 주었다.
75	근검	나씨	양만리 처. 남편이 전운사로 강동으로 갈 때 종들이 먹을 죽을 몸소 끓여주었다. 그녀가 방적일을 하자 아들이 왜 천한 일을 하느냐고 물으니 화를 내면서 경계하였다.
76	근검	주신 처	절강으로 벼슬살이 갈 때 아내가 소박한 비녀를 꽂고 베치마를 입으니 화려하게 차려 입은 다른 여자들이 부끄러워했다.
77	근검	이씨	신흠 처, 이제신 딸. 문중 잔치에 다른 여자들이 화려하게 치장했어도 자신은 아무 장식도 없이 참석했다. 신흠이 이조에 있을 때 뇌물을 써 벼슬을 구하는 이가 있었다. 집안의 엄한

			명성에 누가 되게 할 수 없다고 하며 물리쳤다. 아들 신익성이 공주와 결혼하자 더 삼갔으며 날마다 실 잣고 꼬는 일을 직접 했다.
78	근검	권씨	권극지 딸, 이정구 부인. 이명한, 이소한 어머니. 정명공주가 며느리 맞이하는 잔치할 때 부인네들을 초대했다. 권씨는 베옷 치마 입고 참석했는데 공주가 반갑게 맞이하며 윗자리에 모셨다. 이에 화려하게 차려 입었던 다른 부인들이 높은 사람인 줄 알아차렸다.
79	정렬	공강	공백의 처. 공백이 일찍 죽자 백주 시를 읊어 의리 지킬 것을 다짐했다.
80	정렬	송인	채인 처. 혼인했는데 남편이 악질이 있어 친정어머니가 개가시키려 했지만 종신토록 절개를 지켰다.
81	정렬	영녀	하문녕 딸, 조문숙 처. 남편이 일찍 죽어 친정에서 개가시키려고 하자 코를 베어가면서 수절할 뜻을 나타냈다.
82	정렬	두씨 딸들	봉천 두씨의 두 딸. 영태 년간에 도적들이 쳐들어 와 겁박하자 항거하다가 언니가 떨어 져 죽고 동생은 자해하려고 하자 도적들이 놀라 달아났다.
83	정렬	동씨	당고 처. 남편이 귀양가면서 독수공방하지 말고 살길을 찾으라고 권했다. 그러나 남편을 따르기를 원하면서 머리카락을 묶고 지냈다. 20여 년 뒤 남편이 돌아오자 그제야 묶었던 머리를 풀었다.
84	정렬	최씨	포의 처. 남편이 일찍 죽자 시아버지 포증이 시험삼아 개가할 의향을 물으니 시집 귀신이 되겠다고 하였다.
85	정렬	왕정부	임해 사람. 덕우 2년에 원나라 군대가 절동에 다다르자 시부모와 남편이 모두 죽었다. 적에게 혼인을 허락하는 척하다가 남편의 상을 다 마친 다음에 하기로 약속했다. 그 다음해 적들이 돌아갈 적에 승현 청풍령에 이르러 절벽에서 떨어져 죽었다.
86	정렬	조씨	담씨네 며느리. 지원 14년 원나라 군대가 쳐들어와 겁탈하려 하자 저항하다 예전에서 죽임을 당했다. 그런데 그 피가 기둥과 바닥에 스며들어 지워지지 않았다.
87	정렬	반묘원	서윤양 처. 적을 피해 달아나다 시부가 잡히고 남편이 죽고 겁탈당하게 되자 시아버지를 놓아주고 남편을 불사르면 좋겠다고 함. 남편 불사를 때 불 속으로 뛰어들어 죽었다.
88	정렬	한구영	한중성 딸. 적을 만나자 똥무더기에 뛰어들어 적이 도망갔다.
89	정렬	유씨	이중의 처. 원말 초 땅에 기근이 들어 군사들이 사람을 잡아먹었는데 이중의가 삶겨질 위험에 처하자 아내 유씨가 대신 죽었다.
90	정렬	월아	갈통보 처. 명 태조가 강을 건넌 지 6년에 진우량이 위에서부터 내려오니 노씨가 월아에게 다른 여자들과 피하라고 했다. 금세 적이 오니 월아는 어린 딸을 안고 물 속으로 들어가 죽음.

91	정렬	왕씨	남편 진가가 결혼 전부터 아팠다가 결혼 직후 죽었는데 그 때 왕씨 나이가 17세였다. 시모가 아직 예를 치룬 것이 아니니 수절할 명분이 없다고 말했지만 진씨 집안에 이미 들어와 남편을 섬겼으니 명분이 있다고 하면서 시댁에서 살았다. 시어머니와 두 시누이가 구박해도 떠나지 않고 밤마다 작은 시누이 침상 아래서 자느라 구루병이 걸리자 오히려 다행으로 생각하며 살았다. 조카 진매를 후사로 삼고 집안이 창성하게 했다.
92	정렬	사씨	이응시 처. 허혼했는데 이응시가 병이 있어 친정부모가 후회하였다. 7년간 남편 병수발을 했지만 결국 죽었다. 그 후 시할머니, 시부모를 봉양했다. 시아버지가 불쌍하게 여겨 재가시키려 했지만 거절했다. 시아버지 상을 다 마치고 죽으려고 하다가 친정어머니를 생각하여 실행하지 못하였다. 친정어머니가 죽은 후 44일 동안 곡기 끊었는데 목숨이 끊어지지 않자 끈으로 목매 죽었다.
93	정렬	범씨	저복 처. 20살 때 남편이 죽자 날마다 남편 무덤에 나아가 곡을 하였다. 하루는 시냇가에서 빨래를 하다가 자리풀이 있는 것을 보고 뜯어다 자리를 만들어 팔아 시어머니를 봉양했다. 시어머니가 죽자 묘닥을 지어 살다가 80여 세에 죽었다. 그 후 자리풀은 더 이상 나지 않았다고 한다.
94	정렬	주씨	주이충 딸, 왕씨집 며느리. 시집이 가난하여 혼수를 팔아 생계 꾸렸다. 결혼 3개월 만에 남편 역질 걸리자 할고도 했지만 남편이 죽었고 따라 죽으려 했지만 대부위자(代夫爲子) 책임을 지고 시부모 봉양했다. 시부가 아프자 할고하여 먹이니 나았다. 시모가 자식도 없는데 다시 시집가라고 하자 정효는 정색을 하고 거절했고 남편 상기가 끝나자 다시 재가에 대해 말하니 목매어 죽었다.
95	정렬	왕씨	왕경우 손녀, 고동길 처. 성혼하지 못한 상태에서 남편이 죽자 시댁으로 와서 시부모를 봉양하였다. 조카 고염무를 후사로 삼았다. 명이 멸망하자 굶어죽었는데 고염무에게 유언하기를 다른 조정에서 벼슬하지 말라고 하였다.
96	정렬	방씨	원견 처. 남편이 성북 호상에서 죽었는데 집이 가난하여 살 곳이 없었다. 그리하여 밤에는 남편 관 속에 들어가 자고 낮에는 관 옆에서 지냈다. 이를 본 군수 유신이 남편 무덤을 만들어 주었다.
97	정렬	문씨	강호문 처. 왜구가 쳐들어오자 두 아이와 몽불산으로 피신. 바위 아래에 떨어져 죽으려 했으나 덩굴에 걸려 살아남.
98	정렬	유씨	유백준 딸, 송극기 처. 남편 일찍 죽자 22세에 재가시키려 하자 회덕까지 아이 업고 시댁으로 도망 왔다. 시부모가 받아주지 않자 삼종지도를 명분으로 삼아 돌아가지 않았다.
99	정렬	허씨	허웅 딸, 김장생 집안의 할머니. 17세 때 남편이 죽어 친정에서 개가시키려고 하자 아이를 업고 몰래 시댁으로 와서 평생 살았다.

100	정렬	서씨	서사달 딸. 도운봉과 결혼했는데 1년 만에 남편이 죽었다. 집 뒤 대나무 숲에서 울었는데 흰 대나무 세 줄기가 생기더니 삼 년 동안 7, 8줄기가 더 생기는 일이 일어났다. 세종 때 이 일이 알려져 백죽도를 그리게 하였다.
101	정렬	이씨	유한천 처. 수개월 사이에 남편과 시동생들이 잇달아 죽어 제사를 주관할 사람이 없었다. 이 때 임신 3개월이었는데 상을 다 마친 후 아이를 낳아 기르면서 유씨 집안 귀신들을 굶게 하지는 않겠다고 다짐하였다.
102	정렬	향랑	선산 향랑의 이야기. 남편이 구박하여 친정으로 갔으나 친정에서 받아주지 않자 자결하였다.
103	정렬	김천덕	제주의 사노인 연근 처. 남편이 바다에서 죽자 매 삭망 때마다 바다에 제사를 지냈다. 종신토록 수절하였는데 제주목사 임진이 이를 알려 정려를 받았다.
104	정렬	정의군교처	정의군교 처. 군영의 비장이 손을 잡아 끌자 도끼를 들고 나와 손을 잘라 버리고 죽었다.
105	정렬	송씨	고준실 처. 고준실은 송도의 부상이었다. 의주 박춘건 집에 숙박했는데 박춘건이 재물 욕심을 내 고준실을 죽여 압록강에 버렸다. 송씨는 남장하고 의주로 가 수소문을 해서 박춘건을 관가에 고발했지만 박춘건이 뇌물을 써서 막았다. 송씨는 다시 평양감사에게 가서 호소하였는데 이 때 청조 한 마리가 송씨 머리 위로 돌아다녔다. 감사가 이상하게 여겨 다시 조사를 하여 박춘건의 죄를 밝혔다. 이에 송씨는 박춘건을 자신의 손으로 죽일 수 있게 해달라고 하여 남편의 원수를 갚았다.
106	정렬	왕손가 어미니	왕손가는 제나라 민왕을 섬겼는데 민왕이 죽음을 당하자 집으로 돌아왔다. 그의 어머니는 왕이 죽었는데 아무 일도 하지 않는다고 다그쳤다. 이에 왕송가 400여 명을 모아 작치를 죽여 민왕의 원수를 갚았다.
107	정렬	왕릉 어머니	왕릉은 한왕을 섬겼다. 항우가 왕릉의 어머니를 인질로 삼았는데 그 어머니는 아들에게 누가 될까봐 칼에 엎어져 죽었다.
108	정렬	범방 어머니	범방이 곧은 절개로 죽게 되자 충신의 어머니가 되었다고 말했다.
109	정렬	위 유모	진이 위나라를 멸망시키고 공자를 찾았지만 그 유모가 끝내 대답하지 않았다. 공자와 함께 택중으로 달아나려다 진군의 화살을 대신 맞아 죽었다. 진왕이 그 이야기를 듣고 그 오빠를 대부로 삼았다.
110	정렬	계씨	사방득의 어머니. 적에게 사로잡혔는데 나이 90세였어도 태연하게 행동했다.
111	정렬	구자 처	서융이 갑(蓋)나라를 치고 임금을 죽였다. 이 때 구자는 사람들이 구해주어 살아남았다. 집으로 돌아오니 그의 아내가 그를 꾸짖었다. 장수로서 싸우지 않았으니 불충한 것이고 왕이 죽었는데도 죽지 않았으니 불인한 것이고, 처자에 연연하여 왕

			의 원수를 갚지 않으니 불의라고 하였다. 그런 사람과는 같이 살 수 없다고 한탄하면서 목매 죽었다.
112	정렬	이씨	마막 처. 위나라가 촉을 정벌하자 강유를 지키던 마막이 항복하였다. 그 아내는 싸우지도 않는 사람은 자신의 남편이 아니라면서 목매 죽었다.
113	정렬	옹씨	송나라 조묘발 처. 원나라 군대가 지주를 함락시키자 조묘발은 아내에게 피신하라고 권했다. 그러나 옹씨는 같이 충신이 되어야 한다며서 남편과 함께 자결하였다.
114	정렬	주씨	의종의 황후. 숭정 17년데 이자성이 역모를 하여 경사를 함락시키자 태자 2명과 같이 목매 죽음. 희종황후 장씨 또한 죽음. 제소공주는 17세였는데 칼로 찔러 죽지 않자 만세산 수황정에 올라 머리카락으로 목매 죽음. 궁인 위씨는 적이 들어오자 욕을 당할 것이라고 하니 이에 연못에 빠져 죽은 이가 수백 인이었다. 궁인 비씨는 16세로 우물에 빠졌다가 적에 의해 건져지자 공주라고 거짓말을 했다. 이자성이 궁내관을 시켜 진짜인지 조사하게 하고 부교데게 상으로 주려고 하니 길한 날을 택하여 하여 성례하자고 했다. 부교가 기뻐하면서 술자리를 마련하니 비씨는 적이 술 취하기를 기다렸다가 품고 있던 칼로 자신의 목구멍을 찔러 죽었다.
115	정렬	위경원 어머니	이자성이 위경원 어머니를 시켜 아들을 회유하려 하자 봉토를 받은 대신이므로 죽지 않으면 안된다고 하면서 거절, 위경원은 어머니의 안전을 위해 스스로 죽음.
116	정렬	장씨	이자성 난 때 김현고가 국은의 의리 때문에 죽을 일이 있을지도 모르니 어머니를 피신시키고자 했다. 하지만 그 어머니는 거절했고 성이 함락되자 우물에 빠져 죽었고 김현고의 첩 왕씨도 같이 죽었다.
117	정렬	서씨	서주 딸, 김반 처. 병자호란 때 강화도로 피난갔는데 청나라 군대가 다다르자 자결하였다. 이 때 셋째딸인 장차주 아내도 함께 자결했다.
118	정렬	민씨	병자호란 때 민성의 여동생이 강화도로 피신했다가 천등사에서 목매 죽었다. 그 전에 민성이 첩 우씨에게 사족이 아니므로 굳이 죽을 필요는 없다고 말하니 첩 우씨는 거절하고 같이 죽기를 원했다.
119	정렬	이씨	민씨 집안으로 시집갔는데 사위가 신천영이었다. 신천영은 이인좌 난 때 이인좌 편이었다. 싸움터에 나가려고 장모인 이씨에게 인사하려 왔는데 이씨는 역적이라고 하면서 신천영을 죽이려고 했다.

4. 교육하고 절의를 주장하는 여성들

1) 교육주체자로서의 여성 부각

조선시대 여성은 대체로 교육 대상으로만 여겨지는 경향이 강했다. 태교에 있어서만 예외여서 "임신을 하면 부인들은 잘 때에도 옆으로 눕지 않고 가장자리에 앉지 않는다."[16]는 말이나 "옛 사람들은 자식을 가졌을 때 일찍부터 가르치는 일을 귀하게 여겼으니 태교는 곧 가장 예비적으로 먼저 하는 가르침이다."[17] 등은 태교의 중요성을 역설한 것이고 그 실행 주체자는 여성임을 분명히 한다.

『규범요감』은 여성 교육을 위한 교재라는 점에서 여성을 교육 대상자로 보면서도 동시에 교육을 행하는 주체로서의 중요성을 강조한다. 우선 『규범요감』 분량면에서 드러난다. '교육' 항목은 모두 40장으로서 성행(60장), 경순(52장) 다음으로 세 번째로 많은 장으로 구성되었다. 그 만큼 교육 주체자로서 여성을 중요하게 여기고 있음을 보여준다. 또한 뽑은 내용을 보면 여성에 대한 교육이 필요하다는 내용은 물론이고 여성도 교육활동에 참여해야 한다는 내용도 같이 싣고 있다. 특히 여성의 교육 활동의 의미를 강조하던 한원진의 말을 그대로 재서술하고 있는 데에서도 여성의 교육 활동 중요성을 강조한다.

> 세상의 많은 아녀자들이 자식 교육하는 일을 자신의 책임으로 여기지 않는다. 자애로움만을 위주로 하여 (자식이) 허물이 있어도 덮어주고, (자식이) 다투면 편들어 주고, 놀고 먹으려는 태도를 방관하고, 교만하고 드센 기운을 조장하며 나쁜 말을 못 듣게 막지도 않고 못된 행동을 못 보게 하지도 않는다. 어렸을 때 나쁜 습관을 갖게 되면 자라서도 가르칠 수 없으니 이는 모두 어머니의 잘못이다.[18]

한원진은 자식 교육을 집안 남성들에게만 맡기려는 여성들의 태도를 비판한다. 오직 자애만 베풂으로써 자식들이 스스로 잘잘못을 가리거나 건전한 사고를 형성할 여지를 주지 않으며 그리하여 교만과 방탕함에 빠지고 나쁜 습관을 갖게 한다고 하였다. 자애 위주의 양육으로는 자식들이 윤리적 판단력, 이성적 판단력을 기르고 올바른 인성을 형성할 수 없다는 것이다. 또 이 과정은 자식의 생애 초기에 이루어져야 한다고 본 것이다. 그리고 그 교육 과정에서 여성의 역할이 지대하다는 사실을 강조, 여성들이 그 책임의 막중함을 깨닫고 교육자로서 적극적으로 참여하기를 요구한다.

특히 『규범요감』은 의리 교육을 실행하는 여성의 모습을 보여준다. 그 일례로 윤돈(尹焞)의 어머니 진씨 사례를 거론했다. 윤돈은 정이의 제자였다. 과거 시험을 보던 중 정이의 학문을 금지해야 한다는 답안을 써야만 하는 상황임을 깨닫고 시험장에서 나왔다. 진씨는 아들에게 "벼슬하는 봉록으로 봉양받기를 원치 않는다."고 하면서 윤돈의 의기를 북돋워주었다.[19] 출세하려고 스승의 학문을 부정하는 일을 하지 않았던 아들의 뜻을 받아줌으로써 의리를 간접적으로 가르쳐준 것이다. 계씨는 장준의 어머니이다. 당시 송나라는 금의 침략으로 인해 국력이 약해졌고 진회가 승상으로서 권력을 휘둘렀다. 장준은 진회에 대해 논의하다 귀양 가게 될 위기에 놓이자 어머니가 염려되었다. 이 때 계씨는 "부월 앞에서 죽을지언정, 말하지 않아 폐하에게 폐가 되는 일은 하지 않겠다."고 하면서 직언했던 남편의 말을 들려주었고 아들이 봉주로 귀양 갔지만 직간으로 인한 결과이므로 괴이하게 여길 것이 없다고 하였다.

이처럼 의리 교육은 비록 집 안의 여성이지만 집 밖의 상황에 대해 주시하면서 어떻게 행동해야하는가를 가르친다. 이는 의리 교육이 남성들 사이에서 이루어지는 것이기도 하지만 여성에 의해서도 이루어질 수 있고 그럼으로써 여성들도 의리 교육에 동참할 것을 권장한다.

여성을 교육주체자로서 부각하는 『규범요감』의 태도는 개화기 및 1920년대 여성교육과 관련한 추세와도 부합한다. 개화기에 들어서면서 아동

교육의 주체로서 '어머니'가 부각되었다.[20]

아동을 국가적 인재로 양성할 때 국가에 대한 의리 정신도 교육 내용으로서 중요하다. 개화기, 한일합병, 일제 강점기를 경험하면서 국가에 대한 의리 정신이 절실히 필요하다는 사실을 깨달았고 의리정신이 희박한 세태에 대해 비판하기도 하였다. 더구나 1920년대에 들어서서 일본은 황국신민화를 위한 교육 정책의 일환으로 일본이라는 국가를 위해 자녀를 키우고 가르치는 여성상을 강조하였다.[21] 이는 표면적으로 볼 때 국가를 위해 인재를 양성한다는 점에서는 개화기에 강조했던 면과 비슷해 보이기도 한다. 그러나 이면적으로 볼 때 국가의 의미는 확연히 다르다. 개화기 때 강조하던 국가는 대한제국(조선)이고, 일본의 황국신민화 정책 속의 국가는 일본이기 때문이다. 곧 국가적 인재를 양성하는 여성인 '어머니'란 개화기 때에는 대한제국(조선)을 위하고 외세에 대항하여 국가를 흥성시키는 인재를 양성하는 어머니이지만 황국신민화 차원에서는 일본이란 국가를 위해 인재를 교육하는 어머니인 것이다.

유영선은 『규범요감』에서 여성에 의한 의리 교육 시행을 강조함으로써 한편으로 개화기 여성 교육의 의식을 계승하는 것이면서 다른 한편으로는 일본의 황국신민화 논리 속에 감추어진 여성 교육 의식에 대항하는 것이라고 할 수 있다. 이 의리 정신 함양은 집안 교육 차원에서 이루어져야 하며 그 임무를 여성인 어머니에게 부여하고 있는 것이다.

이러한 점은 개화기 및 1920년대 여성 교육서에서 여성을 교육주체자로서 인식하는 면과도 상통한다.[22] 다만 여성에 의한 의리 교육 측면에서 볼 때 『규범요감』이 엮어진 1920년대 전후 여성 교육서에서는 '어머니'에 의한 의리 정신 교육 내용은 드문 편이어서 이것이 『규범요감』의 다른 점이기도 하다.

2) 열 개념의 변화와 여성의 효열 겸비 강조

열행(烈行)은 조선시대 여성에게 강하게 요구했던 항목이고 『규범요감』에도 여전히 존재한다. 다만 『규범요감』에서는 조선후기 및 말기에 성행했던 열 개념과는 차이가 있다.

우선 『규범요감』은 '貞烈'이라는 제목을 붙이고 '정(貞)' 과 '열(烈)'을 구분한다.

> 힘들고 어려운 상황에서 고통스럽게 절개를 지키는 것을 정(貞)이라 하고, 강개하여 삶을 버리는 일을 열(烈)이라고 한다.[23]

이 말은 왕절부 유씨의 『여범첩록』에 나온다. 열(烈)은 강개함과 죽음을 수반하는 반면 정(貞)은 고통스럽지만 삶을 지향한다. 『규범요감』은 이러한 의미를 전적으로 수용한다. 정렬 항목의 주에서 '의리를 지키고 절개를 온전히 하는 일'이라고 하였다.

『규범요감』에서는 "그 덕에 항상하면 바르니 부인은 길하다."와 "부인이 바르니 하나를 좇아서 마친다."는 주역의 글귀를 실었다. 이는 정(貞)이란 '하나를 좇아서 끝까지 그렇게 한다'는 의미이며 '열녀불경이부(烈女不更二夫)'와 상통한다. 따라서 정(貞)에는 '오로지 하나를 좇는다'라는 의미가 중심이 되며 '죽음'은 내포되어 있지 않다. 여성의 행적과 관련해 볼 때 남편이 죽으면 여성은 일생동안 남편과의 신의를 지키며 다시 시집가지 않는다는 말이다. 이런 점에서 볼 때 『규범요감』은 조선 후기 및 조선말의 열녀 개념과 차이를 보인다.

열(烈)과 관련하여 『규범요감』도 '죽음'이란 요소를 완전히 배제하지는 않는다. 조선 후기로 갈수록 수절하는 것보다 죽음이 더 강조되어 남편이 죽으면 따라 죽는 여성까지 생겨났다. '죽음'이 열녀의 필수조건이 되기에 이르렀다.[24]

그러나 『규범요감』에서는 연고 없는 죽음을 중시하는 열(烈)은 거의 보이지 않는다. 죽음은 난리, 전쟁 등의 비상상황의 변고로 인하여 절개를 지킬 수 없을 때 택하는 마지막 수단이다. 반묘원은 서윤양 처이다. 적들이 시아버지를 붙잡고 남편을 죽였을 때 시아버지를 놓아주고 남편을 불사르면 적을 따르겠다고 말하였다. 적들이 남편을 불사르려고 할 때 불속으로 뛰어들어 죽었다. 월아는 진우량이 난을 일으켜 쳐들어 오자 실절(失節)하게 될 상황이라면서 어린 딸을 안고 물 속에 몸을 던져 죽었다. 강호문의 처 문씨는 왜구가 쳐들어오자 몽불산으로 피신하여 바위 아래로 몸을 던졌으나 다행히 덩굴에 걸려 살아났다.

이처럼 『규범요감』은 변고로 인해 다른 선택이 거의 없을 때 자신을 지키기 위한 죽음만을 인정하고 열(烈)로 보았고 남편이 죽었다고 해서 아무 이유없이 따라 죽는 죽음에 대해서는 전혀 다루지 않았다. 『규범요감』은 이러한 여성들의 일화만을 모음으로써 어떤 상황인지 상관하지 않고 죽음만을 필수 요건으로 여겼던 조선후기 및 조선말의 열녀 개념에서 벗어나 있고 오히려 '재가하지 않음'을 열녀로 여겼던 조선초기의 열녀 개념과 맞닿아 있다고 할 수 있다. 즉 조선후기 및 조선말 열녀 개념에 들어있던 '죽음'을 되도록 배제했고 생(生)을 중시하는 경향을 보이고 있다.

그리하여 『규범요감』에서는 남편 사후 온갖 회유와 핍박에도 재가하지 않거나 절개를 지키고자 고통을 견뎌내는 여성들의 일화를 실었다. 송극기 처 유씨는 남편이 죽자 재가시키려는 친정 부모를 피해 아이를 업고 회덕까지 도망쳐 왔고 포의의 처 최씨는 남편이 죽었을 때 시아버지 포증이 재가할 의사를 묻자 포씨집 귀신이 될 것이라고 하면서 재가 권유를 물리쳤다. 진가의 처 왕씨는 결혼 직후 남편이 죽었지만 재가하지 않았다. 시어머니와 시누이가 온갖 구박을 하며 여종처럼 부려도 시댁에서 나가지 않았고 시누이 침상 아래에서 자는 바람에 구루병에 걸리자 오히려 다행으로 여기며 평생 시댁에서 살았다.

이러한 일화들은 열녀불경이부(烈女不更二夫) 또는 '한결같이 하여 종신토록 고치지 않으니 남편이 죽어도 다시 시집가지 않는다'는 초기의 열녀 개념에 충실한 것이다. 열과 정을 구분한 유영선의 관점에서 볼 때 이것은 오히려 정(貞)의 개념에 더 가까운 열녀들이라고 할 수 있다. 다시 말하면 『규범요감』은 죽음을 중시하는 열행보다는 '한결같아 변하지 않는' 정(貞)한 마음을 지니고 실천으로 옮기는 열행을 강조한다.

한편으로 『규범요감』은 단순히 재가하지 않고 절조를 지키는 여성뿐 아니라 재가하지 않고 살아 남아서 남편이 해야 할 일들을 대신 수행한 여성까지 확대하여 다룬다. 남편 대신 수행할 큰 일은 효행과 남편 집안 보전이다.

저복의 처 범씨는 20세에 남편이 죽었다. 남편 장례를 예를 다하여 치르고 가난한 시집 살림을 도맡아 하면서 시어머니를 봉양했다. 시냇가에 난 자리풀을 뜯어다 자리를 만들어 팔아 생계를 이어갔고 시어머니가 죽자 묘막을 짓고 살다가 80여 세 나이에 죽었다. 그녀의 효성 때문인지 범씨가 죽자 자리풀도 더 이상 나지 않았다고 한다. 이응시 처 사씨는 남편이 수족조차 움직이지 못하자 7년 동안 병수발을 했다. 남편이 죽고 난 후 시할머니, 시부모를 봉양했다. 시어머니의 나쁜 성질을 다 받아주기도 했고 시어머니와 시할머니가 연달아 죽자 예를 다하여 장례를 치렀다. 시아버지가 재혼하기를 권유했지만 손가락까지 잘라가며 거절했다. 시아버지 병간호를 3년간 정성들여 했을 뿐 아니라 시아버지가 죽자 장례까지 치렀다. 고동길의 처 왕씨는 성혼도 못하고 남편이 죽자 시댁으로 가 평생 살았다. 시어머니가 아플 때 간호하면서 위독해지면 손가락을 잘라 약으로 먹일 정도로 효성을 다했다. 그리고 집안을 의해 고염무를 후사로 삼기도 했다. 왕씨는 시부모에 대한 효행과 집안 보전의 두 가지 일을 다 해낸 것이다.

남편이 죽은 '남편 부재' 상황에서 효행을 실천하는 일화들은 『규범요감』 효애(孝愛) 항목과 흡사하다. 효애 항목은 시부모에 대한 효행이 중심 내용인데 '남편 부재' 상황에서 효를 실행하는 여성들의 일화가 많은 편이다. 그 가운데 진효부(陳孝婦) 이야기는 거의 모든 여성 교육서에 실릴 정도로 유명하다. 주옥의 처 왕씨는 남편이 죽은 후에도 70살 된 시어머니를 봉양했는데 홍수가 나서 집이 무너져 없어지자 걸식하면서 시어머니를 봉양했다.

이 여성들이 남편 대신 효도를 하거나 집안 보전을 하는 것은 남편과의 신의를 지키는 일이기도 하다. 결혼을 통해 남편과 평생 같이 하기로 한 약속, 남편이 죽을 즈음 부모 봉양을 부탁하여 그것을 수락한 약속을 지켜 신의를 저버리지 않은 것이다. 바꾸어 말하면 남편과의 신의를 지켜야 하므로 살아남아 효도를 한 것이다.

이처럼 『규범요감』은 '남편 부재'의 여성에게 절개를 지키기를 요구하며 동시에 효행 책무까지 덧보탠다. 열(烈)에서 '살아 있음'을 강조함으로써 조선후기 및 조선말의 '죽음을 내포한 열' 개념에서 벗어나기는 했지만 열과 효를 동시에 행하는 여성을 다룸으로써 열녀에서 '효열부'의 여성상으로 확대하고자 한다. 이는 『규범요감』에서 왕숭병의 말을 그대로 서술한 데에서 명확하게 드러난다.

> 의로움을 잡고 순절하여 하루 아침에 사람들을 격발하는 것은 그 일이 신기하여 족히 많은 사람들의 마음을 움직일 만하다. 마음 속에 뜻을 품고 몸 삼가기를 평생동안 지키는 일인 즉 행동이 평범하여 이름을 얻기에 부족하다. 그렇지만 저 정영과 공손저구가 행했던 일들의 쉽고 어려움에 대해서는 이미 옛 사람들이 다 말했다. 젊어서 수절하며 위로는 시부모를 섬기고 아래로는 집안의 후사를 두어 잇게 한다. 그리하여 살아 있는 사람으로 하여금 의탁할 데를 있게 하고 죽은 이들을 편안하게 한다. 어찌하여 꼭 한결같이 죽어 신기한 것만 할 것인가.[25]

조삭이 진(晉)나라 경공에게 죽음을 당했다. 이 때 공손저구는 정영에게 어린애 구하는 일과 떳떳하게 죽는 일 중 어느 것이 더 시급한지 물었다. 정영은 죽기는 쉽지만 어린애 구하는 일이 더 시급하다고 대답했다. 그러자 공손저구는 쉬운 일은 자신이 한다고 하면서 정영에게 어린애 구하는 일을 부탁하고 죽었다. 정영은 자신의 아들과 조삭의 아들을 바꿔 길러 조씨 집안이 망하지 않게 했다. 왕숭병은 의리를 지켜 죽음을 택하는 일은 순간의 고통을 견디면 되지만 살아서 다른 사람을 위해 일을 하는 일은 긴 시간의 고통을 견뎌내야 한다고 보았다. 남편이 죽은 여성도 마찬가지다. 남편을 따라 죽는 일보다 남편의 부모를 봉양하고 집안을 보전하기 위해서 뒤따르는 고난을 견뎌내는 여성의 삶이 더 가치 있다고 평가했다. 여성의 효행을 기반으로 남편 부모는 살아갈 수 있고 집안 조상들도 편안하게 쉴 곳을 얻을 수 있기 때문이다.

유영선이 보기에도 죽는 열행은 여성 자신에게 명예를 주지만 살아 있는 사람들과 조상들에게는 삶의 기반을 잃게 하는 행위였다. 그러므로 재가하지 않음으로써 절개를 지키고 남편 집안을 위해 고난을 겪으면서 효행을 실천하는 일이야말로 진정으로 남편의 마음을 헤아릴 줄 아는 여성이라고 보았던 것이다.

『규범요감』이 엮어진 1925년 전후의 여성 교육서 중에서 효열을 겸비한 여성 유형은 거의 다루지 않는다.[26] 이런 점에서 볼 때 『규범요감』은 효열부를 중점적으로 다루어 조선후기 및 조선말의 열(烈) 개념에서 벗어나 효열로 확대했고 동시대 여성 교육서와 차이점을 지닌다.

재가를 거부하는 여성, 남편 부재 상황에서 남편 집안 보전을 위한 효행 실천 등을 포괄하는 『규범요감』의 효열 개념은 당시 상황과 무관하지 않다. 조선시대에는 여성의 열행이 극가적 차원에서 장려되었으나 1894년 여성의 재가금지 법 조항이 폐지되면서 여성의 재가와 열행 문제는 전혀 다른 상황을 맞이하게 되었다. 1920년에 들어서면 자유연애 사상이 확산되고 여성의 재가문제도 공론의 장으로 나오고 재가를 허용하고자 하는 추세로 변화했다.[27]

그렇지만 유영선의 『규범요감』은 전래의 수절하는 열행 관념을 고수하는 입장이었다. 여성의 재가금지라는 기존의 관념만은 전적으로 수용한 것이다. 여자의 재가에 대해 유영선은 "세상에서 죽은 남편을 버리고 새로 혼인하는 자는 가히 천성이라는 것이 없다고 할 수 있다."고 단언한다. '재가하지 않음'이라는 '열(烈)' 개념에 기초하여 여성의 인간적 도덕성을 규정하고자 하는 유영선의 태도가 『규범요감』에 반영된 것이다.

시간이 흐름에 따라 재가금지의 관습적 규제력도 느슨해지는 상황 속에서 여성이 재가하지 않는 것의 의미도 약해졌다. 이에 열행에 있어 재가하지 않음에다 시부모를 봉양하고 남편 집안 보전을 위해 고난스런 삶을 고스란히 받아들이고 견뎌내는 희생적 삶까지 더하여졌다. 조선후기로 갈수록 재가하지 않음에서 남편 따라 죽기로 열행의 의미가 바뀌었듯이, 유영선의 『규범요감』은 열행에서 죽음이란 요소를 배제했지만 대신 효행으로 바꾼 것이다. 당시 남편과 남편 집안을 돌아보지 않는 추세에 대해 경계하며 이로써 『규범요감』은 효열이라는 확장된 개념을 가진 여성 유형을 강조한 것이다.

3) 충의의 강조

『규범요감』에서는 충의를 강조한다. 이 부분은 정렬 항목 50장 중 14장이 이에 해당한다. 『규범요감』의 충의는 정(貞) 곧 '한결같이 하며 하나만 좇아 변하지 않는다'는 정신과 통한다. 제목 아래에 주를 달면서 "충의 또한 정렬 가운데에서 나온다."라고 하였다.[28] 자신이 충의를 실천하는 여성을 소개한다. 진(晉)은 위나라를 멸망시키고 위나라 공자를 찾아 죽이려고 하였다. 위나라 공자의 유모는 공자가 어디에 숨었는지 끝내 대답하지 않았다. 그 후 공자와 함께 택중으로 달아나다가 발각되자 공자를 껴안아 진나라 군사의 화살을 대신 맞아 죽고 공자를 살릴 수 있었다. 송나라 때 원나라 병사에 의해 지주(池州)가 함락되자 지주 통판이었던 조묘발은 부인 옹씨에게 먼저 피신하라고 했다. 그러나 옹씨는 자신도 충신의 아내가 되겠다고 하면서 남편과 함께 자결한다. 영조 4년에 이인좌가 난을 일으키자 신천영은 충청도에서 이인좌 편에 가담했다. 싸우러 나가기 전 장모인 이씨에게 와 인사를 했는데 이씨는 역적이라고 하며 칼로 신천영을 찔러 죽이려 했다. 이씨는 장모와 사위라는 개인적 친분보다 임금에 대한 충정을 앞세웠다.

이처럼 충의를 직접 실천하며 한편으로는 남자들이 충의를 실현하는 데에 도와주거나 충의심을 격발시켜 충의를 실천하게 하는 조력자, 촉구자 역할을 한다. 왕손가는 민왕을 섬겼는데 민왕이 시해당하자 그냥 집으로 돌아왔다. 그의 어머니는 "임금이 죽음을 당했는데 신하가 임금을 위해 아무 일도 하지 않는다."고 꾸짖었다. 왕손가는 이에 자극을 받아 민왕을 위한 복수를 감행했다. 위경원은 명나라 때 사람으로 이자성이 난을 일으켰을 때 잡혔다. 이자성은 위경원을 얻고자 그 어머니를 회유했지만 "아들은 이미 명나라 황제의 봉토를 받는 대신이므로 죽어야 한다."고 항변했다.

심지어 남자들의 충의를 실현하도록 하는 데에 죽음도 마다하지 않는다. 서융이 갑(蓋)나라를 거의 멸망시켰을 때 구자는 살아 돌아왔다. 그의 아내는 한 나라의 장수로서 나라가 거의 멸망할 지경인데도 힘을 다해 싸우지 않았으니 불충한 것이고, 임금이 죽었는데 순사하지 않았으니 불인(不忍)한 사람이니 함께 살기가 부끄럽다면서 목매 죽는다.

이런 여성들은 대부분의 여성 교육서에서 권장하는 '순종하고 온순한 아내'와는 전혀 다르다. 임금과 나라에 대한 충의 앞에서 남편의 뜻을 받들어야 하는 여성은 없고 오히려 남편을 질책하거나 비난하면서 죽음으로써 남편을 스스로 버리는 극단적인 모습을 띤다. 항우는 왕릉을 사로잡고서 유방을 배신하고 자신을 따르라고 회유했다. 이 때 왕릉의 어머니는 자신 때문에 아들이 충의를 지키지 못할까봐 칼에 엎어져 죽었다.

『규범요감』이 여성의 충의를 부각하는 면모는 다른 여성 교육서와 비교해볼 때 독특하다. 다만 『규범요감』을 엮을 때 참고했던 『여범첩록』의 영향을 받았던 것으로 보인다. 『여범첩록』은 왕절부 유씨가 엮었는데 정렬과 충의를 각각 따로 설정했다. 유씨는 명말청초 시기에 명의 입장에서 서술함으로써 나라의 위기와 멸망을 겪는 과정에서 충의 의식을 적극적으로 드러내고 있다.[29] 『규범요감』은 정렬 항목 안에 충의를 포함하여 실질적으로는 『여범첩록』의 항목 배정 방식과 그 의도를 수용하였다고 할 수 있다.

이는 왕절부 유씨와 유영선의 시대적 경험이 거의 흡사했던 데에 기인한 것으로 보인다. 유영선은 외세의 간섭으로 정치적으로 혼란한 시기에 태어나 일본에 의해 국권을 상실하고 식민지화되는 현실 속에서 살았다. 이는 명이 멸망하는 것을 본 유씨의 경험했던 것과 비슷했다. 명의 멸망을 보면서 명에 대한 충의 의식을 가졌던 유씨처럼 유영선도 조선의 멸망 과정을 지켜보면서 조선에 대한 충의 의식을 가졌다. 더구나 유영선의 스승이었던 전우는 외세에 대해 적극적으로 반대하며 조선을 지키고자 노력했던 위정척사파에 속한 인물이었다. 그의 할아버지 또한 철저하게 일본을 거부함으로써 항일의식을 심어주었다. 그리하여 유영선은 국권회복과 독립에 대한 열망이 강했고 이를 위해서는 충의 의식의 부각과 강화가 필수적이었다.

특히 『규범요감』에서 여성의 충의 의식에 주목한 것은 자식교육 및 남편 보좌와 관련하여 여성 교육이 필요하다고 했던 유영선의 편찬의식과도 상통한다. 여성 자신이 국가에 대한 충의 의식을 확실하게 가짐으로써 자식의 의식 교육을 하고 남편의 활동을 돕는 데에 있어 그들의 충의 의식을 형성하는 데에 큰 영향을 끼칠 수 있을 것으로 여겼던 것이다.

또 한편으로는 당시 여성들이 나라를 위해 적극적으로 활동하던 상황과도 무관하지 않은 것으로 보인다. 개화기부터 국채보상운동과 같은 구국운동, 3.1만세 운동 참여나 물산장려운동 등의 항일운동이나 독립운동에 여성들도 참여하였다. 이는 여성들이 국가를 위해 자발적으로 행동한 것으로 그 기반은 충의 의식이다. 여성들은 이제 집 안에서만 행동하지 않고 관심을 집 밖의 국가로 확대하여 국가적 차원에서 행동할 수 있다는 점을 명백히 보여준 것이다.

『규범요감』에서 충의를 설정한 것도 이런 맥락과 연관된다. 유영선이 볼 때 충의는 남자들만 실행하는 것이 아니고 여성들도 할 수 있고 해야만 할 필요가 있었다. 기존의 여성 교육서가 여성이 집 안에서 행동하기를 기대하는 것과 달리 『규범요감』은 국가적 차원으로까지 여성 활동의 의미를 적극적으로 부여한 것이다.

한편 『규범요감』에서 '충의'에 들어있는 일화를 다룬 여성 교육서로는 『여범첩록』과 『부인언행록』 정도이다. 『여범첩록』은 충의편에서 왕릉(王陵) 어머니 이야기, 범방의 어머니, 진나라 공자의 유모이야기, 구자의 이야기, 마막 처 이야기, 조묘발 처 이야기 등을 싣고 있다. 『여범첩록』은 『여사서』 형태로 1920년대까지 꾸준히 여성 교육서로서 활용되었다. 『부인언행록』에서는 왕손가 어머니와 왕릉 어머니 일화를 싣고 있는데 이는 '훈자손(訓子孫)' 항목에 속해 있다. 그런데 『여자독본』, 『여자소학수신서』, 『규범』, 『여자행실록』, 『규문보감』 등에서는 '충의' 항목을 따로 두지 않았고 위 일화 등도 거의 싣지 않았다. 이런 점에서 『규범요감』에서 '충의'를 따로 두어 강조하는 것은 시대적 의미를 띠면서 당시의 여성교육서와는 구별되는 점이라고 할 수 있다.

4. 대가족 공동체 속의 여성 역할 부각

『규범요감』에서 여성들이 대해야 할 인적 범위는 시댁의 집안 구성원들이다. 집안 구성원이란 시부모, 남편의 형제에 한정되지 않고 남편과 같은 혈족까지 포함한다.

『규범요감』은 남편의 형제 및 여자 동기들에 대해 "형제는 천속(天屬)이고 부부는 의리로 합해진 사람이다."라는 전우의 말을 인용하였다. 거리나 밀착감에서 따져볼 때 천속의 친밀함과 중함은 부부 사이의 소원함과 가벼움에 비할 바가 아니라고 본 것이다. 여성은 천속의 친밀함 사이에 끼어든 존재이며 친밀함을 깨지 말아야 하고 그 속에 동화되어야 한다는 의미를 깔고 있다. 결혼한 여성은 천속끼리의 친밀감 유지 및 강화를 위해 노력할 의무가 있다는 것이다. 『규범요감』에 실린 일화들도 이 의무를 성실히 수행한 여성들이다.

손극의 처 허씨는 시동생 대신 남편에게 병역 의무를 대신하라고 다그친다. 왜냐하면 시동생은 장가도 안 가서 후사도 없고 특히 시어머니가 돌아가실 때 시동생을 잘 돌봐달라고 부탁했기 때문이었다. 옥목숙의 처 하씨는 처음 시집왔을 때 집이 가난했지만 근검하게 생활하고 남편이 벼슬을 하게 되어 살림이 넉넉해졌다. 그러나 시동생과 시누이들이 여전히 어렵게 살았으므로 밭까지 내어주자고 남편에게 제의했다.

허씨와 하씨는 친형제조차 생각지 못했던 일을 다른 집안에서 들어온 여성이 앞장서서 하여 천속간의 친밀감을 강하게 했다. 천속 사이에서 매개 역할을 잘 수행하는 여성을 『규범요감』은 다루고 있다.

이뿐만 아니라 『규범요감』은 동서들도 비록 의리로 맺어진 사이지만 천속인 형제들의 배우자이므로 천속만큼이나 친밀하고 화목하게 지내기를 강조한다. 『규범요감』은 "동서간 또는 시누이들과의 사이는 정이 소원하다."는[30] 〈한씨부훈〉에 나오는 말을 인용했는데 그만큼 천속처럼 지내기 위해서는 여성들의 노력이 필수적임을 의미한다. 정이 소원한 관계를 극복하여 천속과 같이 되어야 하기 때문이다. 그 예로 송나라 장후 집안의 이야기를 소개한다. 장후의 처 웅씨는 동서인 주씨와 친자매처럼 지냈다. 방납의 난이 일어나자 피난을 가려는데 웅씨가 발병이 나 가지 못하고 주씨에게 먼저 빨리 피하라고 했다. 그러나 주씨는 죽고 살기를 같이해야 한다며 그냥 머물렀다. 또 장맹인과 장중의 형제이야기도 실었다. 장맹인의 처 정씨는 가난했지만 비굴하게 굴지 않았고 장중의의 처 서씨는 부자였지만 교만하지 않았다. 각각 다른 집안에서 한집으로 시집온 동서들로서 서로 자식까지 돌봐줄 정도로 화목하게 지냈고 집안의 고양이와 개도 본받아 화목하게 지냈다고 한다. 생사를 같이 하고자 하는 친밀감을 보여주는 일화나 짐승까지도 교화될 정도로 화목하게 지낸다는 일화들을 보여줌으로써 『규범요감』은 천속이 아닌 여성들이 화목하게 지내야 한다는 의무를 강조하고 있는 것이다.

이와 같이 『규범요감』이 남편 형제, 시누이 등과 화목하게 지내기를 강조하는 것은 남편의 모든 혈족까지 포용하기 위한 전제이다. 『규범요감』에서 최종적으로 지향하는 것은 혈통을 같이 하는 종족의 화목이다. "한 집안의 친한 것으로서 가까우면 형제가 되고 멀면 종족이 된다. 그런즉 근원을 같이 한다."는 인효문황후의 『내훈』 구절을 인용하여 화목해야 할 범위를 동원(同源)의 종족까지 확대한다. 그 지향하는 화목 형태는 대가족 동거이다.

그 예로 장공예 집안 이야기와 진씨 집안, 포강의 정씨 집안이 대표적이다. 장공예는 당나라 때 사람인데 9대에 걸친 많은 사람들이 한 공간에서 살았으며, 진씨 집안은 종족 700여 명이 나란히 같이 앉아 차례대로 밥을 먹었다고 한다. 포강 정씨 집안은 13대에 걸친 사람들이 한데 모여 살았다고 한다. 이들 집안사람들은 집단적인 공동생활을 하며 재산도 공유하는 동거형태로 살았다.

이 일화들은 『소학』에 이미 실려 있다. 『소학』은 송나라 때 엮어졌는데 대가족으로 결합되어 여러 세대가 동거하는 이른 바 누세동거(累世同居)의 모습을 보여준다.[31] 그리고 많은 구성원들이 화목하게 지내기 위해 각자 노력할 것을 강조한다. 반면 『규범요감』은 대가족의 화목을 위해서 여성들의 적극적인 노력과 도움과 인내심이 필요하다는 점을 더 부각시켰다.[32] 이는 여자들의 말을 듣지 않았기에 13대가 동거할 수 있었다는 정씨의 말을 그대로 재서술하고 있는 데서 드러난다.

이렇게 대가족이 화목하게 동거하고 공동화(共同化)한 모습에는 '재물의 공동 소유' 의식이 밑바탕에 깔려 있다. 이는 여러 세대가 동거할 수 있는 경제적 기반이며 전제이다. 재물과 관련된 모든 것, 심지어는 먹을 거리까지도 '한데' 모여 '함께' 한다. '재물의 공동 소유'라는 전제가 깨어지면 집안 화목은 유지하기 어렵다. 다른 집안에서 들어온 여성이 '재물을 자기만의 소유로 생각'하면 여성의 말은 들어서는 안 되며 여성도 화목을 위해 참아야 한다.

1920년대 전후의 여성 교육서에서 『규범요감』식의 대가족 공동 소유 및 동거적 의식 곧 대가족 공동체주의적 의식—'재산이나 재물을 자기만의 소유로 생각하지 않기'—을 지향한 일화들은 별로 보이지 않는다. 친목 관련 내용들은 대체로 남편의 형제나 시누이들, 시가 친족들의 어려움을 돕고 은혜를 베푸는 데에 초점이 맞춰져 있다. 『규범요감』은 그것에 그치지 않는다. 이것을 실현하기 위해 여성들로 하여금 재물에 대한 개인적 소유 개념을 배제하도록 하며 재산 공유 개념에 입각하여 나누어 쓰기 또는 베풀기를 적극 실행하기를 강조하는 것이다.

이러한 대가족 공동소유 및 동거적 의식 지향 태도는 조선후기부터 강화된 가문의식의 소산이기도 하다. 향촌에서 영향력을 발휘하기 위해 가문 구성원의 결속과 그로 인한 가문 위상을 높이고자 하는 가문의식은[33] 지속되어 왔고 유영선도 이러한 의식을 그대로 계승한다. 조종(祖宗)을 높이고 공경하고 그 친족들을 다 거두면 천하가 저절로 편안해진다고 하면서 세대가 멀리 떨어져도 돈독하게 지낼 것을 강조하는 것이다.[34] 『규범요감』에서 보여주는 바와 같이 여러 대에 걸친 많은 인원의 대가족이 한데 모여 사는 일은 현실적으로 어렵다고는 해도 혈족 간의 공동적 소유 의식를 바탕으로 한 화목이라는 이상은 여전히 추구하고 있는 것이다.

이는 당시 시대적 추세와도 무관하지 않다. 『규범요감』 편찬 시기인 1925년경에 이르면 가문이나 혈족을 중시하는 대가족 형태에 대한 비판이 일어나고 가정 개량론이나 부부 중심의 소가족 형태를 주장하는 추세가 생겨났다.[35] 이런 사회적 논의는 대가족 형태를 약화시키는 데 일조를 했으며 이에 따라 가족 윤리 개념도 변화했다. 유영선의 관점에서 볼 때 대가족 형태가 와해되는 것은 같은 혈족에 대해 무관심하게 되는 요인이 되며 더 나아가 국가의 안위와도 결부되는 문제였다. 따라서 혈족 중심의 여러 세대에 걸친 유형의 대가족이 화합하는 것을 긍정적으로 받아들일 수 있는 의식을 여성들에게 심어주고 그럼으로써 대가족 형태가 유지될 수 있도록 여성들의 도움을 당연한 것으로 의식화할 필요가 있었던 것으로 보인다.

5. 국가와 가문으로 여성을 재규제

이상과 같이 유영선의 『규범요감』이 지닌 내용적 특성과 그 의의를 살펴보았다.

『규범요감』은 자녀를 교육하고 남편을 보좌함으로써 국가의 인재를 가정 안에서부터 양성하고 의식화하고자 하는 의도에서 편찬되었다. 그리하여 여성을 교육 실천의 주체자로 부각하여 개화기부터 여성에게 집 안에서의 교육을 담당하고자 했던 추세를 반영했다. 또한 조선말까지 지속되던 열녀 개념에서 벗어나 한결같이 하여 변하지 않고 절개를 지켜 개가하지 않는 여성의 열행을 강조했고 이와 더불어 남편 가족을 위해 고난을 견뎌내는 효부상도 덧보태었다. 이렇게 한결같이 변하지 않는 마음을 국가에 대한 충의의 개념으로 확대하여 여성들에게 충의 정신을 고취시키고자 하였다. 이를 통해 여성도 충의 정신을 고취하며, 여성이 교육하고 도와야 했던 집안의 남자 구성원들에게도 충의 정신을 불어넣고자 했다. 그럼으로써 여성을 포함한 전 국민이 충의 정신을 고양시킬 수 있으리라고 생각하였던 것이다.

다른 한편으로는 여러 세대에 걸친 종족들이 재물을 공유하며 공동거주하는 모습을 보여줌으로써 대가족 공동체주의적 의식을 지향한다. 이는 조선후기에 형성된 가문의식의 영향이기도 하다. 『규범요감』이 편찬된 1925년 즈음에는 대가족 형태의 폐단이 제기되면서 소가족 형태를 지향하던 때인데 유영선은 여전히 전래의 대가족 형태를 고수하고 있다. 이는 대가족 구성원들의 화목 여부가 국가의 안위와 연결되어 있다고 생각했기 때문이다.

『규범요감』이 갖고 있는 이러한 내용상의 특성은 당시의 여타 여성 교육서 내용과 겹치는 부분도 있으며, 여성의 열 개념을 효열 개념으로 확대한 것, 국가에 대한 여성의 충의 정신 강조, 대가족 공동의식 지향 등은 약간 다른 점이기도 하다.

어떤 면에서 볼 때 유영선의 『규범요감』은 조선시대의 여성에 대한 규범을 수용하고 유교적 윤리를 더 확대했다고 할 수 있다. 1920년대가 유교적 사상의 영향에서 벗어나고자 했던 시기라는 관점에서 보면 보수적 성향을 띠는 것이라고도 할 수 있다. 그러나 당시 시대적 상황이 일본에 대한 항거를 통해 일본 통치에서 벗어나 국가의 주권을 회복해야 했다는 점에서 보면 충의 정신을 고취하고자 한 점, 그것을 기초로 하여 교육주체자로서의 역할, 특히 의리 정신 교육을 여성에게 부여한 점 등은 긍정적으로 평가할 수 있을 것이다.

▸ **주**

* 이 글은 『한국고전여성문학연구』 28집(2014)에 게재된 논문을 수정한 것이다.

1 나종선, 「현곡 유영선의 도학시 연구」, 원광대 박사논문, 2006, 13면.

2 世之爲新學者 開口便說保身復國 余尋常疑其眞正學問有如吾聖人之教 而竊怪其名爲新學矣 今春得其所謂梁啓超飮氷集草草看過此則新學者之所祖宗也 (…중략…) 彼書最以利之一字爲學問全體綱領 稱日本之富强 曰嗚呼人生世間勢位富厚 豈可忽乎哉 此眞梁氏吐出肝肺之言也 以是率人上下征利 不奪不饜 吾未知天下之亂 何時而可已乎 獨不看孟子 對梁王利國之問歟. 〈新書論〉, 『玄谷集』 권9, 유영선.

3 近日時輩動輒言六洲旁闥弱肉强食 (…중략…) 天下皆實用 洙泗洛閩之學 則國家自升大猷 安有弱肉强食之患也. 謙恭忠讓禮義倫常歸鬼窟則必傲慢詐貪悖逆無道而後謂之人類矣 彼以屋船兵器 侈麗奇巧爲文明之實 則是外也末也. 〈囈語〉 『玄谷集』 권9, 유영선.

4 今世日下 而異言蜂起 倫常墮地 詬罵聖賢 侮辱經傳 罔有紀極至於撤廢漢字 埋置賢牌此是秦火以後 創變也. 〈贈李桂淳〉, 『玄谷集』 권8, 유영선.

5 男子亦可就師擇友 成其德 而女子不出閨門無他見聞 則其教尤不可忽也. 〈閨範要鑑後題〉, 『규범요감』, 유영선.

6 男子八歲以前 亦專關於母儀 則異日之繼開大業位育極功 未爲不權輿於慈教矣. 〈閨範

要鑑後題〉, 『규범요감』, 유영선.

7 內訓尤蔑 如專務纂繡華巧粉黛靚裝之習 而不知閨範性行之爲何等物事 將何以輔相君子. 〈閨範要鑑後題〉, 『규범요감』, 유영선.

8 內則之爲治敎本源 豈徒其敎女子而已. 〈閨範要鑑後題〉, 『규범요감』.

9 이송희(2005), 앞의 논문, 195면.

10 이윤희, 「개화기 언론을 통해 본 여성교육론」, 『백산학보』 41호, 백산학회, 1993.

11 조경원, 「대한제국말 여학생용 교과서에 나타난 여성교육론의 특성과 한계」, 『교육과학연구』 제3집, 1999.

12 김준석, 「조선전기의 사회사상 - 〈소학〉의 사회적 기능 분석을 중심으로」, 『동방학지』 29호, 연대국학연구원, 1981, 182면.

13 宋若昭女論語曰 阿翁阿姑 夫家之主. 〈孝愛〉, 『규범요감』 권상, 유영선.

14 不得於舅姑 則不可以事君子. 〈孝愛〉, 『규범요감』 권상, 유영선.

15 이에 부합하는 일화를 중심으로 실었다. 손패(孫珮)의 첩인 하씨(賀氏)가 적처인 진씨(陳氏)에 대한 신의를 지켜 죽을 때까지 동거했다.

16 列女傳曰 古者婦人任子 寢不側 坐不邊 入不蹕. 〈敎育〉, 『규범요감』 권상, 유영선.

17 小學纂註曰 古人有子 貴於早諭敎 胎敎則敎之最豫者矣. 〈敎育〉, 『규범요감』 권상, 유영선.

18 世之婦人 多不以敎子爲已之責 而一以慈愛爲主 過則掩之 爭則右之 縱其佚欲 長其驕險 惡言不憚使聞之 邪行不憚使見之 幼而習惡 長而不可敎 此皆母之過也. 〈敎育〉, 『규범요감』 권상, 유영선.

19 和靖師事伊川 紹聖初應進士擧答策問議誅元祐黨人 和靖曰噫尙可以干祿乎 不對而出古伊川曰 吾不復應擧矣 伊川曰 子有母在 和靖歸古其母 母曰 吾願汝以善養 不以祿養. 〈敎育〉, 『규범요감』 권상, 유영선.

20 임미정, 「20세기초 여훈서의 존재양상과 그 의미」, 『한국고전여성문학연구』 19집, 한국고전여성문학회, 2009.

21 정상이, 「〈여자고등조선어독본〉을 통해 본 여성상」, 『국학연구』, 한국국학진흥원, 2011, 329면.

22 황수연, 「19~20세기 초 규훈서 연구 19~20세기 초 규훈서 연구」, 『한국고전여성문학연구』 24집, 한국고전여성문학회, 2012.

23 艱難苦節謂之貞 慷慨捐生謂之烈. 〈貞烈〉, 『규범요감』 권하, 유영선.

24 이혜순, 「열녀상의 전통과 변모」, 『진단학보』 85, 진단학회, 1998, 176면
이에 의하면 16세기까지는 대체로 순절형 열녀는 거의 보이지 않고, 17세기 이후부터 '죽음'을 열녀와 연관시키는 개념이 생겨났다고 하였다. 특히 열녀 출현의 직접적인 동인이 되었던 어떤 '변고'가 '남편의 죽음'으로 대치되었다고 하였다.

25 王氏崇炳曰 秉義殉節激於一朝 則事奇而足以動衆 抱志飭躬守之終身 則行常而不足取名 然嬰臼之難易 古人已言之 彼靑年守節 上事舅姑 下延宗嗣 使生有所託而亡有以安 何必以一死爲奇. 〈貞烈〉, 『규범요감』 권하, 유영선.

26 진가의 처 왕씨, 이응시 처 사씨, 저복의 처 범씨, 주이충 딸, 고동길 처 왕씨 등의 일화는

개화기 및 이후 여성 교육서인 『여사수지』(1889, 1918), 『여자독본』(1908), 『여자소학수신서』(1909), 『규문궤범』(1915), 『부인언행록』(1918) 등에서도 다루지 않았다.

27 1923년 6월 1일 『조선일보』에서는 '과부의 痼習'을 개선할 것을 주장했고 1930년대에도 여전히 공론이 지속되었다. 자식을 둔 여성에 대해서 모성애를 기반으로 하여 되도록 재혼하지 않기를 주장하는 논의들도 있었지만 원칙적으로나마 과부의 재혼을 허용하고자 하는 추세가 되었다. 김경일, 『근대의 가족, 근대의 결혼』, 푸른역사, 2012, 93~95면.

28 忠義亦貞烈中由出. 〈貞烈〉, 『규범요감』 권하, 유영선.

29 김지선, 「명말청초유민(明末淸初遺民)의 기억, 서사, 그리고 『여범첩록(女範捷錄)』」, 『중국학논총』 36집, 고려대 중국학연구소, 2012.

30 娣姒之間 情疎勢逼. 〈親睦〉, 『규범요감』 권상, 유영선.

31 김준석, 「조선전기의 사회사상 - 〈소학〉의 사회적 기능 분석을 중심으로」, 『동방학지』 29호, 연대 국학연구원, 1981, 182면.

32 睦親之務 必有內助. 『내훈』

33 박연호, 「〈訓子姪歌〉와 조선후기 향촌교육의 지향」, 『개신어문연구』 제30집, 개신어문학회, 2009, 123면.

34 蓋人之親疎 有恒理而無恒情 自同祖推而至於無服之 及于同姓愛敬厚薄 亦自有等殺矣 然親焉而若疎歲時不相見 則同姓如路人 疎焉而若親交遊相屬 則路人如昆弟 習使之然也 豈人之本情哉 此先王之敎所以約民於禮樂 使親者愈親 疎者相睦矣 若萬姓各自尊其祖敬其宗收其族 則天下自安矣 噫 人之異於禽獸者 以篤於倫理 而知所本也 倫理一失 則雖具人之形而實與禽獸無別也. 〈高興柳氏木川花樹會案序〉, 『玄谷集』 속권2.

35 김혜경, 정진성, 「"핵가족"논의와 "식민지적 근대성" : 식민지 시기 새로운 가족 개념의 도입과 변형」, 『한국사회학』 제35집 4호, 한국사회학회, 2001.

참고문헌

노병희, 『여자소학수신서』, 1909.

노상직, 『여사수지』, 1889.

서우석, 『규문보감』, 1935.

왕성순, 『규문궤범』, 1915.

왕절부 유씨, 『여사서』.

유영선, 『현곡집』.

이원긍, 『초등여학독본』, 1908.

장지연, 『여자독본』, 1908.

강명관, 『열녀의 탄생』, 돌베개, 2009.

김경일, 『근대의 가족, 근대의 결혼』, 푸른역사, 2012.

_____, 『여성의 근대, 근대의 여성 : 20세기 전반기 신여성과 근대성』, 푸른역사, 2004.

손직수, 『조선시대여성교육연구』, 성균관대학교출판부, 1982.

최혜진, 『규훈문학연구』, 역락, 2004.

김준석, 「조선전기의 사회사상 - 〈소학〉의 사회적 기능 분석을 중심으로」, 『동방학지』 29호, 연대 국학연구원, 1981, 1C5～192면.

김지선, 「명말청초유민(明末淸初遺民)의 기억, 서사, 그리고 『여범첩록(女範捷錄)』」, 『중국학논총』 36집, 고려대 중국학연구소, 2012, 137～160면.

김혜경, 정진성, 「"핵가족"논의와 "식민지적 근대성" : 식민지 시기 새로운 가족 개념의 도입과 변형」, 『한국사회학』 제35집4호, 한국사회학회, 2001, 213～244면.

나종선, 「현곡 유영선의 철리시 연구」, 원광대 박사논문, 2006.

박연호, 「〈訓子姪歌〉와 조선후기 향촌교육의 지향」, 『개신어문연구』 제30집, 개신어문회, 106～129면.

이송희, 「한말, 일제하의 여성교육론과 여성교육 정책」, 『여성연구논집』 제16집, 신라대여성문제연구소, 2005, 187～221면.

이윤희, 「개화기 언론을 통해 본 여성교육론」, 『백산학보』 41호, 백산학회, 1993, 209～224면.

임미정, 「20세기초 여훈서의 존재양상과 그 의미」, 『한국고전여성문학연구』 19집, 한국고전여성문학회, 2009, 337～360면.

정상이, 「〈여자고등조선어독본〉을 통해 본 여성상」, 『국학연구』, 한국국학진흥원, 2011, 299～327면.

조경원, 「대한제국 말 여학생용 교과서에 나타난 여성교육론의 특성과 한계 : 『녀자독본』 『초등여학독본』 『녀자소학수신서』를 중심으로」, 『교육과학연구』 제30집, 1999, 163～187면.

최형욱, 「조선의 양계초 수용과 양계초의 조선에 대한 인식」, 『동아시아문화연구』 45호, 2009, 325～326면.

황수연, 「19～20세기 초 규훈서 연구 19～20세기 초 규훈서 연구」, 『한국고전여성문학연구』 24집, 한국고전여성문학회, 2012, 359～386면.

식민지 시대 열녀 재현, 유림의 권력 욕망과 재소환된 '가문'의 영광

–『경학원잡지(經學院雜誌)』 열녀 기사를 중심으로*

홍인숙

1. 서론

'경학원'은 식민 통치가 시작된 직후인 1911년, 조선왕조의 교육기관이었던 성균관을 개편하여 조선의 유생과 양반 집단을 관리하고 통치하기 위해 조선총독부가 만든 기관이다. 경학원은 『경학원잡지(經學院雜誌)』라는 기관지를 발행하여 조선총독부의 식민지 통치의 방향과 이념을 선전하고 전국의 유림 집단을 통제하면서 이들의 협력과 공조를 자발적으로 이끌어내고자 하였다. 이 글에서는 경학원의 중앙 활동과 각 지방의 양반 유생 집단을 활발하게 연계하는 역할을 한 『경학원잡지』를 통해 식민지 시대 유림들의 여성 인식을 살펴보고자 한다.

『경학원잡지』는 경학원의 주요 사업을 공식적으로 소개하고 홍보하는 기관지였다. 이 잡지는 경학원이 설치된 후 2년 뒤인 1913년 처음 발행되기 시작하여, 3, 6, 9, 12월에 연 4회 발간하였으며 1944년까지 통권 48호가 간행되었다.[1] 여기에는 유교 경전 및 성현의 말씀을 풀이하는 논설, 경학원의 큰 행사였던 석전제 후의 강연, 13도 강사들의 지방순회 강연, 일본인 유학자들의 논설, 총독의 유고(諭告), 각종 법령, 지방 향교 및 문묘에서 상황을 보고하는 지방보고 등 다양한 분류의 글들이 실려 있다.[2] 그 중에서 이 글이 주목하고자 하는 것은 각 지방의 유림들이 경학원에 자기 지방의 향교와 문묘에서의 상황을 보고하면서 해당 지방에 있었던 미담을 적어 보냈던 '지방보고'라는 기사란이다. 여기에는 각 지방에서 보고된 약 백여 편 이상의 '열녀' 기사가 실려 있기 때문이다.[3]

'지방보고'란의 주요 필자는 중앙에 있는 『경학원잡지』의 편찬 담당자가 아니라, 당시 식민지 조선의 전국 각 지역에 산재해 있었던 지방 유림의 공동체인 '향교'와 '문묘'의 유생, 양반들이었다. 즉 『경학원잡지』의 '지방보고'는 식민지 시대 전국의 지역 유림들의 현실 인식과 가치관의 판단 기준을 읽어볼 수 있게 해주는 중요한 자료인 것이다. 바로 이러한 '지방보고'에서 1920년대 이후 두드러지게 늘어나는 것이 백여 편 이상의 '열녀 기사'들이다. 이들 기사는 개화기의 열녀전에 이어 1910~40년대의 식민지 전 시기에 걸쳐 여전히 '열녀'라는 여성 재현이 특정한 남성 지배담론의 정치적 목적과 효과를 위한 유효한 기표로 작동하고 있었음을 보여준다.[4] 따라서 이 글에서는 식민지 시기의 열녀 기사가 대거 수록된 『경학원잡지』라는 매체 및 수록란의 성격과 특징을 살펴보고 『경학원잡지』 소재 열녀 기사들의 특징을 분석하며, 이를 통해 식민지 시대 유림 집단의 여성 인식의 일단을 읽어보고자 한다. 이를 통해 식민지 시대 지방의 양반 유생 집단에게 '열녀'라는 전통적인 가부장제 여성 형상이 총독부라는 권력 중심에 접촉하기 위한 중요한 매개로 작동했으며, 식민지 근대의 변화 속에서 퇴락한 자신들의 권위를 '가문 중심'으로 재건하기 위한 이념적 재설정의 지표였음을 논하고자 한다.

2. 경학원, 식민지 유림의 포섭과 지배를 위한 제국주의 권력의 매개체

1910년 한일합병을 체결한 뒤 조선총독부는 바로 다음 해인 1911년 9월 조선 왕조의 최고 교육기관이자 유교 사상의 상징적 기관이었던 성균관을 폐지하였다. 이를 대신하여 조선총독부가 '유교의 개혁과 진흥'을 명분으로 내걸고 성균관을 대신하는 기구로 설립한 것이 바로 경학원(經學院)이다.[5] 1913년 발간된 『경학원잡지』 1호에 실려 있는 「경학원규정(經學院規程)」의 본문을 보면 다음과 같다.

第一條 經學院은 朝鮮總督府의 監督에 屬ᄒᆞ야 經學을 講究ᄒᆞ며 風敎德化ᄅᆞᆯ 裨補ᄒᆞᆷ을 目的으로 ᄒᆞᆷ.

第二條 經學院은 此ᄅᆞᆯ 京城에 寘ᄒᆞᆷ.

第三條 朝鮮總督은 各道로부터 學識德望이 有ᄒᆞᆫ 者ᄅᆞᆯ 擧ᄒᆞ야 經學院에 列케ᄒᆞᆷ.

第四條 經學院은 每年春秋二回 文廟의 祭祀ᄅᆞᆯ 擧行ᄒᆞᆷ. 祭祀ᄂᆞᆫ 朝鮮總督의 指揮ᄅᆞᆯ 承ᄒᆞ야 大提學이 此ᄅᆞᆯ 行ᄒᆞ고 經學院 講士 此에 列함.

第五條 經學院에 左의 職員을 置ᄒᆞᆷ. 大提學 一人 副提學 二人 祭酒 五人 司成 若干人 職員 若干人 前項 職員의 進退ᄂᆞᆫ 朝鮮總督이 此ᄅᆞᆯ 行ᄒᆞᆷ.

第六條 大提學은 朝鮮總督의 指揮監督을 承ᄒᆞ야 院務ᄅᆞᆯ 總理함.

(…중략…)

第十條 經學院의 職員에게ᄂᆞᆫ 手當을 給ᄒᆞᆷ을 得ᄒᆞᆷ.

第十一條 滿六十歲 以上의 講士로 功勞 又ᄂᆞᆫ 德望이 顯著ᄒᆞᆫ 者에게ᄂᆞᆫ 特히 手當을 給ᄒᆞᆷ을 得ᄒᆞᆷ. 京城以外에 在住ᄒᆞᄂᆞᆫ 講士로 經學院에 列ᄒᆞᄂᆞᆫ 者에게ᄂᆞᆫ 旅費ᄅᆞᆯ 給ᄒᆞᆷ.

(…중략…)

第十七條 本規程의 施行에 關ᄒᆞ야 必要ᄒᆞᆫ 事項은 朝鮮總督의 認可ᄅᆞᆯ 受

ᄒᆞ야 大提學이 此ᄅᆞᆯ 定ᄒᆞᆷ.[6]

위에 제시한 「경학원규정」은 총독부의 경학원 및 식민지의 유림에 대한 명백한 지배를 천명하고 있다. 우선 경학원이라는 기관의 조직과 재정, 업무 운영의 모든 측면에서 최종적인 승인의 권력을 갖고 있는 것은 '조선총독부'이다. 제1조에서 명시한 바 '經學院은 朝鮮總督府의 監督에 屬'해 있으며, 따라서 '各道의 學識德望이 有한 者를 擧'(3조)하는 것, '文廟 祭祀의 擧行'(4조)하는 것, '大提學 이하 모든 직원의 進退'(5조)를 정하는 것, '院務를 總理'(6조)하는 것, 경학원의 '職員과 講士의 手當과 旅費를 給'(10, 11조)하는 것, '本規程의 施行에 관한 認可'(17조)를 하는 것은 모두 '총독부'의 소관이다.

또한 위의 「경학원규정」은 경학원의 사회적 위상과 역할을 '風教德化를 補裨'(1조)하고, '每年 春秋 二回 文廟를 祭祀'(4조)하는 것으로 못박았다. 이는 기존의 성균관이 갖고 있던 조선왕조 최고의 유교 지식인 및 관료를 양성하는 교육기관으로서의 성격을 의도적으로 배제·말살한 것으로, 경학 강구와 문묘 제사의 목적을 '사회적 교화'라는 한정적 범위로 축소한 것이다. 즉 유교 지식인과 관료를 배출하는 최고학부로서 성균관이 체현했던 권위가 한 왕조의 '실질적 지배이념이자 통치사상'으로서의 차원이었다면, 총독부의 하위 기관으로서 경학원은 '풍속의 교화와 제사 배향'이라는 피상적이고 형식적인 차원의 유교적 명맥을 겨우 이어가게 된 것이었다.

경학원의 실질적인 주요 업무는 춘추 2회, 즉 음력 2월과 8월 초정일(初丁日)에 공자 및 성현을 제사하는 행사인 석전제(釋奠祭)를 거행하고 경학 강연회를 여는 것이었다. 석전제는 조선총독을 비롯한 총독부의 고등 관리들이 참석한 가운데 경학원의 대제학이 제사를 집전하였고 경학원의 모든 직원, 강사, 다수의 유림들이 참석하였으며 학생 등 대중들이 동원되었다. 그러나 사실상 석전제의 주요 목표는 성현에 대한 제사 자체에 있기보다는 같은 날 시행되는 각종 강연회를 통해 총독부로 대표되는 내지의 통치이념을 전달하는 데 있었다. 따라서 가급적 석전제를 지내는 날에 경학 강연회를 비롯한 각종 시책과 법규를 선전하는 일반 강연회들을 함께 개최하라고 장려하는 지침이 내려졌고[7] 그러한 경학의 강연은 명치 천황의 '교육칙어'를 봉독하는 순서로 시작하여 '황은(皇恩)의 우악(優渥)하심'과 '신정(新政)의 취지'를 주지하도록 하는 내용으로 철저히 제한되었다.[8]

또한 석전제와 강연회는 각 지방의 향교와 문묘에서도 경학원과 동일한 춘추 2회의 방식으로 경학원 소속의 직원과 강사들이 파견된 가운데 집행되었다. 지방에서의 석전제와 강연회도 철두철미하게 중앙의 경학원의 통제 하에 이루어졌는데, 행사가 끝나면 각 지방의 향교에 파견되었던 경학원의 강사나 직원은 해당 강연회의 '강연자, 강연제목, 주요 내용, 청강자의 수와 상황'[9] 등을 상세하게 기재하여 대제학과 총독에게 보고했다.

그렇다면 이러한 경학원의 설치를 통해 제국주의 권력이 얻고자 했던 것은 무엇인가? 그것은 식민지가 된 조선 유생들의 구도를 일제에 유리하게 재편하는 것이었다. 이들은 조선 사회에서 양반을 비난하던 '공의공론, 무위도식'의 비판론을 항일 유림들에게 향하게 하여 유교의 개혁이 필요하다는 논리와 명분을 만들고, 이를 대체할 수 있는 새로운 친일적 유림 세력을 형성해 원래 조선 사회에서 양반이 갖고 있었던 사회적 지위와 영향력을 부여하고자 했다.[10] 즉 조선의 유학을 개혁한다는 명분을 내걸고 경학원을 유교의 총본산으로 중심화함으로써 일제에 협력하는 유림들을 포섭하고 항일 성향의 유교 지식인을 철저히 주변화하고 배제했던 것이다.[11]

특히 경학원의 주요 사업이었던 '석전제의 강화'와 '경학원의 직제 명명'은 식민지의 유림을 효율적으로 도섭하고 지배하기 위한 일제의 전략적 장치로 작동했다. 조선 총독을 위시한 관리들이 모두 참석하여 집행되었던 석전제 의례의 성대함은 근대 문물이 유입되면서 위축되었던 전통적 유교 권위의 부활을 상징하는 것으로 보였다. 또한 경학원의 주요 직제명으로 '대제학(大提學), 부제학(副提學), 좨주(祭酒), 사성(司成)'과 같은 조선왕조의 관직명을 그대로 사용한 점은 경학원이 마치 조선왕조의 성균관의 권위를 계승한 것 같은 착오를 유도했다. 이러한 제사 의례의 강화 및 경학원의 직책명을 통한 상징 정치는 제국주의에 협력적인 유림 세력을 형성하는 데 매우 효과적으로 작용했던 것으로 보인다.[12]

3. 『경학원잡지』와 '지방보고'란 소재 열녀 기사

『경학원잡지』는 1913년부터 1944년까지 총 48호가 발간되었다. 원래 연 4회 발행을 원칙으로 하였으나 원칙대로 간행된 것은 세 번(1914~15년, 1918년)뿐이며, 연 3회 간행된 것은 두 번(1916~17년), 연 2회 간행된 해는 다섯 번(1922년, 1930년, 1932년, 1935년, 1937년), 이외에는 연 1회만 간행된 해도 있고(1941~42년, 1944년) 간행되지 않은 해도 있었다(1919년, 1942년). 발행 간격은 다소 불규칙했지만 일제 시대 전 기간에 걸쳐 꾸준히 발간이 계속되었다는 점은 『경학원잡지』가 총독부의 식민지배 정책에 있어 중요한 역할을 했다는 사실을 의미한다.

『경학원잡지』라는 매체의 성격 규정에서의 핵심은 총독부의 직접적인 지휘 감독을 받는 직속 기관이었던 경학원의 기관지라는 점이다. 따라서 이 잡지의 가장 큰 목표는 유교라는 전통 사상을 매개로 식민지의 토착 지식인인 '유림'들을 제국주의 권력의 자장으로 끌어들이고 이들을 관리, 지배하여 조선 사회에서 일제의 영향력을 강화하는 것이었다. 실제로 약 1천 부 가량을 인쇄했던 『경학원잡지』의 주요 배부 대상에서 가장 많은 비중을 차지한 것은 각 지방의 '유림'과 '향교'였다.[13] 즉 『경학원잡지』라는 매체에서 가장 유력한 예상 독자로 상정하고 있는 대상은 지방의 유림들이었던 것이다.

『경학원잡지』가 지방 유림에 대한 지배력을 강화하는 것을 주요한 목표로 했음을 알게 해주는 또 다른 근거는 이 잡지의 편집 체제에서 빠지지 않고 등장했던 '지방보고'란이다. 『경학원잡지』의 편집 체제는 이 당시 근대계몽기 이후 대부분의 학회지나 월보들의 구성이 그러하듯 일관된 편은 아니었다. 그래도 48호에 걸쳐 비교적 반복적으로 안정되게 등장했던 주요 구성 체제는 '論說, 學術, 文苑, 彙說, 詞藻, 本院記事'로, 이 중 경학원의 주요 행사와 업무를 보고하는 '본원기사'는 다시 '日誌大要, 講說, 地方報告'의 하위 목차로 나뉘었는데 이 중 '지방보고'란이 바로 지방 유림들의 동향을 보고하는 것이었다. '지방보고'란은 주로 각 도의 강사, 문묘 직원들이 해당 지방의 향교에서 열린 석전제, 강연회, 백일장, 향교 중수 등과 같은 행사의 경과를 보고하는 내용으로, 대개 5행 내외의 간략한 기사들이 10~20개 가량 연속해서 실려 있다.[14]

'지방보고'라는 수록란의 특성은 지방의 향교, 문묘에서 직접 보낸 보고서가 실리는 것이었다. 그리고 1910년대에서 40년대까지 '지방보고'란에 보고서를 송부하는 지역의 숫자는 시간이 지날수록 뚜렷한 증가 추세를 보였다.[15] 이 기사들의 보고 및 작성자 대부분이 각 지역의 문묘 직원이거나 유림이었다는 사실은 지방 유생들에게 경학원의 중앙으로서의 권위와 위상이 갈수록 강화되었다는 점, '지방보고'란이 이러한 경학원의 권력에 접촉하고자 하는 지방 유림들의 욕망이 표출되는 난이었다는 점을 알게 해준다.

『경학원잡지』 내의 대부분의 열녀 기사들은 바로 이 '지방보고'란에 수록되어 있다. 현재까지 확인한 110편의 열녀 기사 중에서 10편이 '문원(文苑)'에 실린 '열녀비문'이며, 그 나머지인 100편은 모두 '지방보고'에 실려 있는 각 지역 열녀의 소개, 발굴 기사이다. 열녀 기사는 11호에 처음 등장해 24호까지는 각 지방의 석전제 및 강연회를 보고하는 수십 개의 지방보고 기사들 중 한두 건 끼어 있는 형식으로 발견된다. 열녀 기사가 정기적으로 자리를 잡고 그 숫자도 대폭 늘어나는 것은 25호부터로, 특히 26호와 27호는 각각 한 호당 열녀 기사가 18건, 15건에 이르기까지 했다. 이렇게 열녀 기사가 많이 등장하는 25호에서 39호까지의 열녀 기사들은 '지방보고' 안에서도 '효열행적'이라는 하위목차로 따로 분리되어 수록되어 있다는 점도 특기할 만하다. 각 호별 열녀 기사의 수록 양상을 정리하면 다음과 같다.

표1 『경학원잡지』 호별 열녀 기사 수록 양상 및 소장처

호수	발행일	열녀 기사 수록 개수	비고	소장처
1~10	(비고란)	없음	1913.12.5. 1914.3.25.6.25.9.25.12.25 1915.3.25.6.25.9.25.12.25 1916.3.25	1~2호 국중 3~7호 국회 8호 독립 9~10호 국중
11	1916.6.25	지방보고 1건		국중
12	1916.12.25	없음		국중
13	1917.3.25	없음		독립
14	1917.7.25	지방보고 2건		국중
15	1917.10.15	없음		국중
16	1918.3.25	없음		국중
17	1918.7.25	없음		국회
18	1918.9.25	지방보고 2건		국회
19	1918.12.25	지방보고 1건		독립
20	1919.3.25	없음		국회
21	1921.3.25	없음		국회
22	1922.3.10	지방보고 1건		국회
23	1922.12.25	지방보고 1건	'효열부행록' 소제목	국중
24	1923.12.25	문원 1건, 지방보고 1건 → 2건	'도권부인문'	국회
25	1924.12.25	지방보고 4건		국중
26	1925.12.25	지방보고 18건		국중
27	1926.12.25	문원 2건, 지방보고 13건→ 15건	'열녀신부장부인비', '열부최씨정려중수기'	국중
28	1927.12.25	문원 1건, 지방보고 6건 → 7건	'효열부김씨비문'	국중
29	1928.12.25	문원 1건, 지방보고 7건 → 8건	'김부인열행기적비문'	국중
30~31	1929.12.25 1930.8.25	미확인		국중
32	1930.12.27	문원 1건, 지방보고 5건	'김부인열행비명병서'	국회

		→ 6건	'효열행적' 소제목	
33	1931.12.25	문원 1건, 지방보고 5건 → 6건	'유인나주임씨효열비' '효열행적' 소제목	국회
34	1932.3.31	문원 2건, 지방보고 2건 → 4건	'절부전씨비', '열녀수원백씨비' '효열행적' 소제목	국회
35	1932.12.25	지방보고 7건		국회
36	1933.12.25	문원 1건, 지방보고 4건 → 5건	'족질인혁자부밀양박씨효열기적비명' '효열행적' 소제목	국회
37	1934.10.25	미확인		서울대
38	1935.3.30	지방보고 5건	'효열행적' 소제목	국회
39	1935.10.5	지방보고 3건	'효열행적' 소제목	국회
40	1936.8.25	없음		국회
41	1937.2.25	미확인		서울대
42	1937.12.25	없음		국회
43	1938.12.25	미확인		서울대
44	1939.10.5	지방보고 4건	'효열행적' 소제목	국회
45	1940.12.20	없음		국회
46	1941.12.25	지방보고 2건	'효열행적' 소제목	국회
47	1943.1.25	지방보고 3건	'효열행적' 소제목	국회
48	1944.4.10	지방보고 2건	'효열행적' 소제목	국회

4.『경학원잡지』 열녀 기사의 특징적 양상—열행의 '가문 윤리화'

이 장에서는『경학원잡지』 소재 열녀 기사들의 대표적인 특징을 '열행의 가문윤리화'라는 측면에서 살펴보고자 한다. 이들 열녀기사에서 가장 특징적인 양상 중 하나는 '열행'이 '남편에 대해 지켜야 하는 여성 윤리'[16]라는 원래의 의미보다 확장된 차원인, '가문 유지에 기여하는 윤리'로서의 성격이 강하게 부각되고 있다는 점이다.

따라서 이 장에서는『경학원잡지』 열녀 기사가 '가문 윤리화'한 열행의 성격을 보여주고 있다는 근거로 다음 세 가지 국면들을 제시할 것이다.

첫 번째는 『경학원잡지』의 열녀 기사들이 '열'이라는 단독 윤리보다는 '효'가 결합된 '효열'의 개념으로 설명되고 있다는 점이다. 두 번째는 '가문으로 집합화된 효열 보고'가 다수 등장하고 있다는 것이다. 세 번째는 열행의 판단 근거로 '남편과 조상 묘의 복원', '시부의 재혼'을 주선하는 행위가 중요하게 언급되고 있다는 점이다. 이를 차례대로 살펴보기로 한다.

1) '효'와 결합된 '열'의 강조

『경학원잡지』 소재 열녀 기사들이 '가문 윤리'로서의 열행을 보여준다고 생각되는 첫 번째 특징은 열행을 지칭하는 명칭 자체가 '열'이 아니라 '효열'이라는 접합된 개념으로 쓰이고 있다는 점이다. 물론 '효열'이라는 개념은 식민지 시기에 처음 나타난 것이 아니라 조선시대의 열녀전 서사에서도 그 쓰임을 종종 발견할 수 있다.[17] 그러나 조선시대의 열녀전에서의 '효열' 개념은 그 용어 사용에 있어서 특정 시기에 특정 주체가 일정한 의도성이나 목적성을 갖고 썼던 개념은 아니었다. 이에 비해 일제 시대 『경학원잡지』의 '지방보고'에 등장하는 열녀 기사들은 소제목의 표제 자체를 '효열행적(孝烈行績)'이라고 통칭한 하위 목차 안에 들어 있다. 또한 『경학원잡지』의 열녀 기사들 중에서도 '열부, 열녀, 열행'이라는 단어를 사용하여 '열' 윤리를 독립적으로 사용하는 경우도 간혹 발견되지만, 대부분의 열녀 기사들이 '효열'이라는 복합 개념으로 소개되고 있다는 점은 분명히 특기할 만한 점이다.

이들 기사는 대개 '아무개 가문의 자부 또는 처'의 '孝烈卓行', '孝烈特行'을 소개한다고 시작하여 '孝烈雙全', '節孝雙全'이라고 칭송하는 내용으로 마무리되는 경우가 많다.[18] 또한 34호부터 48호까지의 모든 열녀 기사는 '孝烈行績'이라는 하위 목차로 통칭되어 있는데, 이 '효열행적'이라는 목차 분류는 '효자・효부'의 기사와 병렬적으로 실려 있는 '열녀'의 이야기들을 모두 '효열'의 상위 개념으로 포괄하는 효과를 준다.

그렇다면 실제 기사에서는 '효'와 '열'의 행적이 어떤 비중으로 소개되고 있는지 살펴보기로 하자. 위에서 정리한 표의 내용을 일부 인용하면 다음과 같다.

> 통영군 옥씨부 효열탁행–옥선출 아내 김씨, 남편의 하종 말라는 유언대로 사구고, 자식양육 27년 한결같이 수절. 19호 ①
>
> 덕천군 사인 허원 모부인 심씨 효절탁행–단지출혈, 상장례 극진, 곧 이은 시부상, 일가 두 영정 탄식, 시모 봉양 극진, 자녀교육 맹모삼천 언급, 박운암 문하, 농업잠업 열심 생계, 딸네 집에서 숨진 시모 유해 모시고 돌아와 장례, 72세 수절. 22호 ①
>
> 고흥군 이영옥 처 주씨 효열–16세 성혼한 지 1년만에 남편 병, 남편의 양친 봉양 유언, 시모 병 정성 간호, 시부상 극진 예법, 남편 묘 풍수 좋은 데로 이장. 24호 ②
>
> 정주군 영산 신씨 효열특행–반친영 풍속, 전안례 후 몇 달 뒤 남편 죽음, 상 마치고 절곡하자 과부 형수도 따라 절곡, 시부모 울며 만류, 청상끼리 의지하며 근검방적, 가사, 시동생이 사형제 낳아 가문 후사, 효열쌍전. 25호 ②
>
> 고흥군 사인 선준훈 처 고령 신씨 효열특행–남편 학질 4년, 할고자육, 효험, 살려냄. 25호 ③
>
> 옥구군 문한규 처 고씨 효열특행–전염병 남편, 시부 죽음, 하루에 단지 재절, 제사 생각해 하종하지 않고 뜻 돌림, 26호 ②
>
> 연백군 강태인 처 열녀 신씨 효열포장물–평소 효성, 자고출혈 남편 마시게 함, 남편 사후 읍혈성묘, 소나두 말라버림, 개가 권유하자 굶어 죽음은 작지만 절개는 큰 일, 시묘 삼년, 곡이 끊이지 않음. 26호 ⑥

위 기사의 내용에서 볼 수 있듯이 실제 기사를 보면 '효'와 '열'은 대등한 비중이나 분량으로 서술되고 있지 않음을 알 수 있다. 즉 효행은 평소의 열녀의 행실과 자질 면에서 '효성스러웠고 남편 사후에도 시부모를 극진히 모셨다'는 내용이 간략하게 제시되는 것으로 그치며, 기사의 주요 사건은 남편에 대한 '열행', 예를 들면 '희생적인 간호, 단지, 할고, 자결 시도, 상장례 준비를 위한 극심한 노동' 등에 초점이 맞춰져 있다. 즉 대부분의 '효열특행' 기사들은 실질적으로는 '열녀' 기사인 것이며, 그럼에도 불구하고 굳이 '효'라는 부모에 대한 윤리를 결합시켜 기사화하는 특징이 있는 것이다.

이렇게 '열'이라는 여성 윤리를 '효'와 결합시켜 '효열'이라는 가부장적 가문 윤리로 부각시키는 것은 『경학원잡지』 열녀 기사만의 특징적인 형상이라 할 만하다. 즉 『경학원잡지』의 열녀 기사들은 '열'의 단독 윤리적 성격보다는 '효'와 결합된 성격일 때 그것이 더 의미 있는 행적이라는 가치관을 전달하고 있는 것이다. '열'이라는 여성의 덕행이 남편과의 관계에서의 성적 정절에 초점이 맞춰진 윤리임에 비해, 이를 굳이 부모에 대한 '효' 윤리와 결합시킨 '효열'이라는 용어로 대다수의 작품에서 강조하고 있는 점은 이들 지방 유림들에게 여성의 열행을 '가문 윤리'로 연결하겠다는 의식의 일단이 작동하고 있음을 보여준다.

2) 가문의 미덕으로 집합화

『경학원잡지』 소재 열녀 기사들이 열행을 가문의 윤리로 종속시키고자 하는 경향을 갖고 있음을 보여주는 두 번째 특징은 열행을 '가문의 미덕으로 집합화'한다는 점이다. 다음 기사들의 제목을 보기로 하자.

沃溝郡 前參事 <u>李完植家의 勤儉孝烈等 特行</u>	(25호 ①)
槐山郡 士人 <u>金時應家 四孝一烈</u>	(26호 ③)
槐山郡 士人 <u>韓錫鎭家 孝烈特行</u>	(26호 ⑧)
靈光郡 士人 <u>成夏忠家 三世孝烈</u>	(26호 ⑮)
全南道誌 <u>孝子 車氏家 孝烈之行</u>	(26호 ⑱)

羅州郡 公山面 金氏家門 孝烈卓行 (27호 ⑥)

羅州郡 金川面 金氏家門 孝烈特行 (27호 ⑦)

靈光郡 金氏家門 孝烈卓行 (27호 ⑨)

靈光郡 成氏家門 孝烈特行 (27호 ⑩)

錦山郡 李龍洙家 二婦烈行 (28호 ⑦)

任實郡 士人崔遇喆 妻礪山宋氏, 婦申氏 '一門雙節' (35호 ③)

高敞郡 士人嚴柱儀 前室韓氏, 繼室朴氏 '一室二美' (44호 ④)

위 기사들은 모두 효자, 효부, 열녀의 디담이 한 가문에서 여럿 나온 가문을 칭송하는 기사들이다. 이들 기사는 '아무개 가문의 효열특행', '아무개 가문의 몇 대 효열'이라는 식으로 소개를 시작하며, 효와 열의 미덕을 갖춘 그 가문의 이대, 삼대에 걸친 가문 내의 부자, 모자, 형제, 고부간 인물들의 행적을 소개하는 내용으로 되어 있다. 실제 기사의 양상을 예로 들어보면 이러하다.

> 작년 봄 이태하가 천명을 다해 죽자 조씨는 남편의 죽음을 애통해하며 슬픔으로 몸이 상해 뼈만 남은 듯하였고 마침내 그해 봄에 따라 죽었다. 남긴 가르침을 받들어 오로지 조상을 섬기며 아들 이완식이 집안을 이은 이래 극진히 그 가르침을 계승하니, 선조를 모심에 효가 두터웠다.[19]

> 본군 법성면 사인 성하충의 증조모 김해 김씨는 원래 여사의 행실이 있었다. 그 남편이 우연히 병에 걸려 아무 약도 효험이 없이 병이 깊어지자 손가락을 물어 피를 흘려 넣어 사오 일 명을 연장했다. 영결할 때에 김씨가 호곡하며 기절하자 그 아들 성영환이 7살이었는데 어머니가 기절한 것을 보고 칼로 손가락을 베어 입에 넣어 조금 뒤 살려냈다. 아들 영환이 겨우 관례를 치르자 김씨는 가사를 모두 넘겨주고 남편의 기일에 병으로 하종하였다. … (영환의) 둘째 아들 광수는 가문의 법도를 잘 배워 효성이 지극했는데 의원이

고칠 수 없는 병이 있었다. 그 아내 유씨는 단을 쌓고 자기 몸으로 대신하게 해달라고 축원했으며, 남편이 위급한 지경에 이르자 손가락을 베어 피를 흘려넣어 칠 일의 명을 연장했다. 영결함에 이르러 유씨와 아들 성하충은 삼년간 소식하며 애통함이 도를 넘었으니 원근에 흠앙하지 않는 이가 없었다. 한 가문에서 삼대에 네 명의 효자 열부는 고금에도 드문 일이라고 한다.[20]

그 남편은 점차 완쾌되었으나 한씨는 간호로 인해 병을 얻어 한 달 정도가 지나자 구할 수가 없게 되었다. 하루는 집안 사람들에게 말하기를 … '다행인 것은 남편의 병이 이제 나았으니 이는 내가 죽어도 여한이 없다' 하였다. 종용히 세상을 떠난 것이 나이 19세였으니 가히 자신의 몸으로 대신 것이라 할 만하다. … 그 계실 박씨는 타고나게 효순하여 부모 곁을 떠나지 않았다. … 시모에게 병이 있어 앉고 눕기를 사람에게 의지했는데 박씨가 잠시도 곁을 떠나지 않고 몸으로 안았고, 약은 반드시 부축하여 올리며 똥오줌은 반드시 손수 치웠다. … 한씨는 몸으로 남편의 목숨을 대신했고 박씨는 정성으로 시모의 목숨을 이었으니 한 집안에 두 아름다움이라 아아 열렬하고 효성스럽다.[21]

첫 번째 예문은 이완식 가문의 모자가 보여준 열행과 효행을 소개한다. 모친은 부친의 뒤를 따라 죽은 열녀이고, 아들은 대를 이어 효성을 다하는 효자이다. 두 번째 예문을 보면 성하충이라는 인물을 기준으로 그의 삼년상 효행, 모친 유씨의 단지 열행, 부친 성광수의 효성, 조부 성영환의 단지 효행, 증조모 김씨의 단지 및 하종 등 4대에 걸친 효행과 열행을 소개하고 있다. 세 번째 예문은 엄주의라는 인물의 전실, 계실 두 부인의 이야기를 한 집안의 미담(一室二美)으로 소개하고 있다. 전 부인인 한씨에 대해서는 '남편을 대신한 죽음'을, 두 번째 부인인 박씨에 대해서는 거동을 못하는 시모에 대한 헌신적인 간호를 칭송하는 내용이다.

이러한 효열 행적의 가문화 기사들은 뛰어난 윤리적 모범을 보인 개별적인 행적보다 한 가문에서 특출한 행적을 보인 인물이 여럿 나올 때 더 명예로운 것으로 바라본다는 시선을 전제한다. 특정 가문에서 미담이 될 만한 모범적 자질을 가진 인물들이 여럿 배출된다는 것은 그 가문의 가풍과 교육 등의 면모가 남다르다거나, 보통 사람들보다 특별하고 우월한 도덕적 자질이 그 가문에 내재되어 있다는 식의 객락적 의미를 전해주게 되기 때문이다. 이렇게 가문화한 효열 행적의 제시는 개인의 미담이 따라갈 수 없는 '특별한 가문의 명예'를 더해주는 것이었다. 마지막 예문에서 한 남성의 전 부인과 둘째 부인의 효열을 무리하게 '한 가문의 미덕'으로 내세운 사례는 결국 『경학원잡지』의 열녀 기사의 특징적 국면 중 하나가 열행을 개인의 윤리가 아닌, '가문의 윤리'로 만들고자 하는 것임을 잘 보여준다.

3) 새로운 열행의 준거 : 가부장적 혈통의 상징성에 대한 헌신

『경학원잡지』의 열녀 기사에서 흥미로운 것은 '열행'으로 인정되는 새로운 행동 유형으로 '가부장적 혈통의 상징성에 대한 헌신'이라는 유형이 발견된다는 것이다. 그것은 구체적으로 '조상이나 남편의 묘를 복원'하거나, '시부의 재혼을 주선'하는 행동을 여성의 '열행'으로 지칭하는 내용으로 나타난다. 다음을 보기로 하자.

> 때마다 선영의 제사 모시고 묘 지키는 도를 각각 그 정성을 다하였다. 그 남편의 분묘가 풍수가 좋지 않다고 하여 몇 년 고심하여 길한 땅을 구하여 예를 따라 이장하였다.[22]

> 가세가 조금씩 넉넉해져 수백금으로 산을 사서 남편 무덤에 석물을 두고 그 왼편에 같이 묻힐 계획으로 묏자리를 비워두었다.[23]

> 집안일을 하는 사이에 삯바느질과 품삯 일을 하여 한 되씩의 쌀을 모으고

한 마디씩 베를 저축해 시부모와 남편의 묘토를 구해 얻었다.[24]

조상을 추모하는 데 정성을 쏟아 남편의 육대조 이하의 묘를 일제히 새로 했으며, 칠대조와 남편의 후손 없는 삼촌의 거친 무덤가 곁에 제전(祭田)을 두어 제사하고 지키도록 하고, 친정 모친의 묘에도 제전을 두어 제사를 도왔다.[25]

위 예문들은 모두 남편과 조상의 묘를 잘 돌보기 위해 노력하는 열녀의 행적들을 담고 있다. 이들은 남편 묏자리의 풍수가 좋지 않다는 말을 듣고 몇 년이나 길한 자리를 찾아다니는 정성을 보이기도 하고, 가산을 기울여 남편 묘에 기념이 될 만한 비석물을 세우기도 한다. 삯바느질과 품삯일로 어렵게 번 돈을 묘토를 구하는 데 쓰는가 하면, 대대적으로 조상의 추원 사업을 하여 육대조까지의 묘를 새로 하고 제사를 지낼 수 있는 상시적인 자원으로 제전을 마련하기도 한다. 이외에도 늑장당한 묘를 혈서로 호소하여 되찾았다거나(33호 ③), 타향에서 죽은 남편의 유해를 갖고 와 고향에 묘를 마련했다(33호 ⑥, 48호 ②)는 기사들도 같은 맥락에서 발견되는 내용들이다.

이렇게 남편과 조상의 묘에 대한 추원 사업을 벌이는 것을 '열행'으로 바라보는 시선은 곧 '열'이라는 윤리의 속성 중에, '묘토'로 상징되는 '시집 가문의 계보와 역사에 대한 복원'이라는 미덕이 추가되었다는 뜻이다. 봉분과 묘지의 관리 상태라고 하는 것은 한 가문의 성쇠를 보여주는 것이며, 이를 정비하는 것은 '가문의 명예나 영광'을 복원하는 의미있는 행위이기 때문이다. 이러한 조상의 묘를 돌보는 행위 유형이 열행으로 칭송되는 것 자체가 이 시기에 처음 나타난 것은 아니지만, 단지 봉분을 관리하는 정성을 보이는 수준이 아니라 '묘토, 석물, 제전' 등을 마련하는 여성의 구체적인 경제적 기여에 초점을 맞추는 점, 단일한 매체의 특정 시기에 집중적으로 이러한 기사가 등장한다는 점 등은 식민지 시대 열녀 담론에서 새롭게 부각된 측면이라고 볼 수 있다.

다음의 예문은 '시부 새장가를 권유'하는 열녀의 형상을 보여주는 사례들이다. '새장가 권유'는 『경학원잡지』 열녀 기사에서만 볼 수 있는 독특한 열행의 정의인데, 이는 시부가 후사를 볼 수 있도록 권유하여 가문의 대를 잇게 하는 중요한 기여를 했기 때문이다. 이는 원래 열행이 '남편에 대한 의리'를 실천하는 것이었음에 비해, 『경학원잡지』 열녀 기사에서는 '확대된 가문 윤리'의 차원으로 해석되고 있음을 보여주는 사례이다.

> 안으로 슬픔을 참고 밖으로 온화하게 하였으며 항상 시댁에 후사가 없음을 안타깝게 여겨 그 시부가 심히 슬퍼하지 않는 때를 기다려 새장가를 들 것을 말씀드렸다. 인하여 세 아들을 얻으니 마침내 일가에 화기가 넘쳤다.[26]

> 시모는 외아들을 잃고 문득 실성하였고 시부 역시 상심하여 집안 산업을 돌보지 않고 집에서 멀리 떠나고 싶다고 말하곤 했다. 이씨는 온화한 소리로 간절히 간하기를 별실을 두어 후사를 구하도록 권하였다. 친족들에게 의논하여 널리 좋은 지어미를 구하게 하여 시부의 건즐을 받들게 하니 마침내 아들을 얻었다. 이씨가 자기 소생처럼 사랑하며 기르니 시부가 심히 마음을 놓았다. 그러나 시모의 병은 고질이 되어 십오륙 년 동안 매일 목욕하고 아들의 묘에 가서 곡을 하며 땅을 파헤쳐 거의 모실 수 없는 지경이었으나 이씨는 능히 뜻과 행동을 부드럽게 하여 받들기를 한결같이 하였다.[27]

위 예문들은 이른 나이에 남편을 잃은 열녀가 젊은 시부에게 '개현(改絃)', 즉 새장가를 들거나 축첩을 하여 다시 후사를 이을 것을 권유하고 그래서 아들을 얻게 했다는 행적을 '열행'으로 소개하고 있다. 특히 두 번째 예문은 과부가 된 며느리가 시부에게 별실을 둘 것을 간청하고 직접 좋은 배필을 널리 구해 아들을 낳게 한다. 특이한 점은 외아들을 잃은 시모가 십수 년째 아들의 묘를 찾아가 통곡할 만큼 괴로워하고 있음을 동시에 기술하고 있다는 점이다. 즉 이 기사는 실성할 지경에 이른 시모의 고통과 남편을 잃은 그 자신의 고통에 대해서는 철저히 외면한 채, 시부에게 첩을 두어서라도 가문의 후사를 얻을 것을 간청하는 이 여성의 행동을 '가문을 위하는 의리 있는 행동', '열행'으로 칭송하고 있는 것이다.

이렇듯 『경학원잡지』 열녀 기사는 '묘토의 복원', '시부의 새장가 주선'이라는 행동을 열행의 판단 준거로 새롭게 주목하고 있음을 보여준다. 이때 '묘토의 복원'과 '시부의 새장가로 후사 얻기'라는 열녀들의 행적은 개인적 차원의 '남편에 대한 의리이자 성적 종속성으로서의 열행'이라기보다는, '가문 부흥의 차원에 기여하는 열행'이라고 보아야 할 것이다. 즉 새롭게 등장한 이들 열행 준거들은 『경학원잡지』의 열녀 기사들의 특징적 차원이 '가문화된 윤리'임을 매우 흥미롭게 보여주는 근거라고 할 수 있다.

5. 결론—식민지 시대 열녀 기사에 투영된 남성 주체의 시선에 대해

『경학원잡지』 열녀 기사가 대부분 '지방보고'란에 실려 있다는 것은 곧 이 잡지에 실려 있는 대부분의 열녀 기사의 작성 주체가 지방 유림이었다는 뜻이다. 그렇다면 이 열녀 기사들에 투영된 욕망의 주체는 일차적으로는 이들 지방의 유생 집단이었으리라 추측해 볼 수 있다.

> 창원군(昌原郡) 문묘직원(文廟直員) 안경석(安庚錫)이 팔월분(八月分)에 향교(鄕校)를 수리(修理)ᄒᆞ고 상황(狀況)을 보고(報告)ᄒᆞ얏ᄂᆞᆫᄃᆡ …
>
> 대전군(大田郡) 원로성(元魯城) 관리사(闕里祠) 유림(儒林) 박두화(朴斗和) 등(等)의 래첩(來牒)을 거(據)ᄒᆞ니 동사(同祠)에 봉안(奉安)ᄒᆞ온 선성급송조오현(先聖及宋朝五賢) …
>
> 김제군(金堤郡) 문묘직원(文廟直員) 조영(趙榮) 급(及) 다사(多士) 유종규(柳種奎) 등(等)의 래첩(來牒)을 거(據)ᄒᆞ니 …[28]

위에서 볼 수 있는 것처럼 '창원군 문교직원, 대전군 원로성 관리사 유림, 김제군 문묘직원 급 다사(多士)' 등으로 등장하는 이들은 전통 사회에서 원래 교육과 제사를 담당했던 '향교·문묘'를 중심으로 형성되어 있던, '많은 선비들(多士)', 즉 지역의 양반 유생들이었다. 이들이 자기 지역에서 열녀를 '발견'하거나 '발명'하기 위해 노력하는 첫 번째 단계를 실행하지 않았다면 식민지 시기 열녀의 존재는 기사화되지 않았을 것이다.

그렇다면 『경학원잡지』 열녀 기사에 투영된 남성 주체의 시선은 단지 이들 지방 유림들의 것이기만 한 것일까. 각 지역 유림들이 작성하여 경학원에 송부한 각 지역 문묘 및 향교의 상황 보고서가 『경학원잡지』에 모두 그대로 게재되었던 것은 아니었다. '지방보고'란의 개별 기사들이 서두에 '~의 래첩(來牒), ~의 보고(報告)를 거(據)ᄒᆞ니', '~의 대요(大要)가 여좌(如左)ᄒᆞ니', '그 대충의 내용이 이러하니(其概意如左)' 등의 표현을 쓰는 것을 보면, 『경학원잡지』의 편찬자들은 지역에서 올린 보고서들의 원문을 그대로 전재했던 것은 아니었다. 이들은 각 지역의 보고서들을 수합한 후 편찬 주체인 자신들의 기준에 부합하는 내용을 일정한 요약·정리 및 편집의 과정을 거쳐 게재했던 것이다. 즉 『경학원잡지』 열녀 기사에는 이 잡지를 편찬하는 데 실질적인 업무를 맡았던 '사성(司成)'을 비롯하여 '대제학, 부제학' 등의 경학원의 고위직의 시선이 개재되어 있는 것이며, 더 궁극적으로는 『경학원잡지』의 모든 내용을 심의, 검열했던 식민지 최고 권력의 시선이 매개되어 있는 것이라고 할 수 있다.

그렇게 볼 때 『경학원잡지』에 실린 열녀 기사들의 특징이 '가문 윤리'로서의 성격이 강화되고 있다는 사실은 무슨 의미일까. 지방 유림이건, 식민지 최고 권력이건 '가문의식'의 강화에 대해서는 용인했다는 사실을 뜻하는 것은 아닐까. 그렇게 지방과 중앙에서 '가문의식'의 강화를 입을 모아 외치고 강조해야 할 만큼, '가문의식'으로 상징되는 유교적 질서라는 것은 이 시대에 이미 무너져있었던 것은 아닐까. 『경학원잡지』 열녀 기사들은 식민지 유교 지식인들의 의식 속에서 '열행'의 가치가 '남편에 대한 정조를 지키는 것'에서 '가문을 지키는 것' 쪽으로 재해석되어 표출되고 있음을 보여주며, 식민지의 지방 유림들이 마주한 전통적인 권위의 해체와 남성성의 위기를 극복할 대상으로 '열녀'라는 여성 형상을 재발견하고 있음을 보여주는 것이다.

이 글에서는 『경학원잡지』에 실린 식민지 시기의 열녀 기사들의 특징을 분석하여 식민지 시대 유림 집단의 여성 인식의 일단을 읽어보고자 했다. 이를 통해 식민지 시대 지방의 유림들에게 '열녀'라는 전통적인 가부장제 여성 형상이 '조선총독부'로 상징되는 식민지 권력의 정점에 접촉할 수 있는 중요한 매개로 작동했음을 살펴보았다. 또한 이들이 생산한 열녀 형상은 식민지 근대의 변화 속에서 추락한 자신들의 권위를 '가문 중심'으로 재건하기 위한 이념적 재설정의 지표였음도 함께 살펴보았다.

부록 『경학원잡지』 소재 열녀 기사 목록 및 주요 내용

호	주요 내용
11호 1916. 2.5	당진군 강진수 자부 최씨의 효열탁행(14호와 다른 인물, 동일 내용)－가난한 시가, 밤낮 일해 먹을 걱정 없게 함. 부모의 재가 권유, 칼로 위협, 재가 안할 뜻, 시부 악취 종기 빨아 낫게 함. 상분보다 어려움, 수절.
14호 1917. 7.25 2건	①여수군 장지선 처 진양정씨 효행열절－20세 남편상, 사구고 극진, 시숙 혼사 후 뒤따르겠다는 말, 부부합장묘 부러워하는 말, 시조부 기일 홀연 광주리 갖고 나가 남편 묘 아래 투신 자결.
	②옹진군 조재언 처 한산이씨의 효열탁행(11호와 다른 인물, 동일 내용)－'시부 종기' 대신 '눈 먼 시모' 20년 봉양,
18호 1918. 9.25 2건	①진도군 삼강비 수립 상황 보고－'박종국 처 조씨 구병탁절지행, 박홍배 처 조씨 흡시즙하종지열' 문구.
	②파주군 사인 장봉환 세습효열지가－장봉환 부친 효, 그 누이 순절, 그 딸 순절, 아들 효(이상 간단서술), 처 영월신씨 사구고 지극, 상분, 상약 남몰래 함, 남편 중풍20년 70세까지 간호, 원이신대 기도 밤새 앉아 엉덩이 종기 나도록, 남편 사후 자결.
19호 1918. 12.25	①통영군 옥씨부 효열탁행－옥선출 아내 김씨, 남편의 하종 말라는 유언대로 사구고, 자식양육 27년 한결같이, 수절.
22호 1922. 3.10	①덕천군 사인 허원 모부인 심씨 효절탁행－단지출혈, 상장례 극진, 곧 이은 시부상, 일가 두 영정 탄식, 시모 봉양 극진, 자녀교육 맹모삼천 언급, 박운암 문하, 농업잠업 열심 생계, 딸네 집에서 숨진 시모 유해 모시고 돌아와 장례, 72세 수절.
23호 1922. 12.25	①무안군 최윤종 자부 서씨의 효열탁행－20세 전 남편 병, 작지출혈, 남편 사망 후 하종 뜻, 시부모가 삼일 절곡, 뜻을 접고 삼년상 극진, 시부 병 삼년 간호 낫게 함, 시모 위독, 한겨울 지렁이 언 땅 파내 봉양, 어린 시숙 양육.
24호 1923. 12.25 2건	①경성부 팔판동 권부인, 사구고 효성 지극, 남편 득병, 단 쌓고 원이신대, 장례 때 시부모 위로, 후사 이을 것 권유, 얼마 후 유서 남기고 홀연 자결. *(문원-도권부인문)*
	②고흥군 이영옥 처 주씨 효열－15세 성혼한지 1년만에 남편 병, 남편의 양친 봉양 유언, 시모 병 정성간호, 시부상 극진 예법, 남편 묘 풍수 좋은 데로 이장.
25호 1924. 12.25 4건	①옥구군 전참사 이완식 가문의 근검효열등 특행－부친 이태하 근검, 적수로 치생, 재산을 능히 흩어 군자 유풍, 모친 조씨 화재 난민 70가에 겨울옷, 남편 사후 애통 하종, 이완식도 부모 이어 효, 근검, 혹한 겨울옷 수백 건 베품.
	②정주군 영산 신씨 효열특행－반친영 풍속, 전안례 후 몇 달 뒤 남편 죽음, 상 마치고 절곡하자 과부 형수도 따라 절곡, 시부모 울며 만류, 청상끼리 의지하며 근검방적, 가사, 시동생이 사형제 낳아 가문 후사, 효열쌍전 자선겸비.
	③고흥군 사인 선준훈 처 고령신씨 효열특행－남편 학질 4년, 할고자육, 효험, 살려냄.
	④동래군 양우찬 처 김씨 열행－육십노모, 4명 시동생, 가계군졸, 남편 등에 난

	부스럼 빨아 낫게 함, 중병 걸리자 단지 두 번 피 마시게, 손가락 마디가 끊어짐, 남편 완쾌됨.
	①부여군 서응하 처 서씨효열－축천원대, 열지관혈, 하종 뜻 절곡, 남편 꿈에 나와 사구고 부탁, 시모 병 할비공죽, 시부 병 고양이, 친척고아 구휼.
	②옥구군 문한규 처 고씨 효열특행－전염병 남편, 시부 죽음, 하루에 단지재절, 문씨 제사 생각해 뜻 돌림, 근검저축, 살림 점차 여유, 호남 여러 군 구휼.
	③괴산군 사인 김시응 가문 사효일열－효자 김상혁 모친 병 쌍비둘기 끓여 차도, 눈속에서 산삼 발견, 삼년상 극진, 처 전주이씨, 할절고육 차도 보여 살림, 아들 시응 조모와 부친 병 위해 새와 토끼, 부친 위해 설지관후, 동생 선응과 대응 려막곡읍.
	④나주군 김권길 처 조씨 열행－남편 15년 중풍, 의원 천개의 성 두발 모아 태우라, 7개월 모았으나 효험 없음, 축천원대, 할고관혈자육, 두세번 올려 완쾌.
	⑤나주군 김승원 처 이씨특행－단지관혈, 연달아 세 손가락, 초종장례 극진, 두 자녀 양육.
	⑥연백군 강태인 처 열녀 신씨 효열포장문－자고출혈 화락한 얼굴로 마시게 함, 남편사후 읍혈성묘, 소나무 말라버림, 친족 개가권유하자 굶어죽음은 작지만 절개는 큰 일, 시묘 삼년, 곡이 끊이지 않음.
	⑦나주군 사인 조석문 처 문씨 효열－친정부모 병, 꿈속 노인 산삼 득효, 남편 병 자라 효험, 눈 속에서 자라 구해 진복, 남편 사후 하종 뜻, 꿈에 남편 4대 향화 부탁, 근검, 종족 가난한 자 구휼.
26호 1925. 12.25 18건	⑧괴산군 사인 한석진가 효열특행－광주반씨, 칠순 시모 눈병 8,9년, 좌와기거 곁에 있음, 전실자식 기출보다 무육, 남편상 읍혈, 시모봉양, 강보아 뜻 돌림, 분재할 때 전실자식에게 좋은 땅, 기출에게 거친 땅.
	⑨부여군 사인 류인구 처 조씨 열렬탁행－16세 성혼 2년 뒤 남편 병, 한여름 미음 탕약 남기고 토한 것 먹음, 군자 섬기는 도리, 염습지구, 상장례 직접 마련, 반혼하는 날 밤 염한 천으로 목매 자결, 흰 무지개, 슬픈 비가 내림.
	⑩절부김씨상장－장성군 향교 명륜당 군수가 석전제 때 선행자 포상, 효자, 효부, 절부 각 1명, 남편 사후 묘령 나이, 욕망 단절하고 인통치산, 80수절, 돈 10원 표창.
	⑪임실군 사인 조휘경 처 이씨의 효열특행과 자선사업－열지출혈, 10년 살림, 후에 또 열지, 할고로 몇 달 연장, 상장례 애훼극통, 임술년 80호에 화재, 수천금을 아들들에게 주어 마을을 구하게 함.
	⑫대전군 사인 오근원 처 박씨 열행－시집 가난, 방적직임으로 살림, 남편 사후 하종 뜻, 시부, 유복자 때문에 뜻 올림, 동네여자에게 아이 강보 면하면 남편 따르겠다, 23세 아이 크고 남편 삼년상 후 유서 남기고 음독, 효열쌍전.
	⑬해주군 김종문 처 이씨 열행－남편 사후 하종 뜻, 유복자 양육 결심, 상장례 극진 예법, 장가보내고 훈계 당부, 남편 기일에 하종.
	⑭진안군 사인 허영 처 밀양박씨 효열지행－집안 가난, 남편 약, 열지주혈, 남편 사후 하종하려 5일 절곡, 시모와 어린 시동생 이유로 이웃 말림, 시모봉양, 치가 검약하게, 혹한 솜옷 거부, 시모상 극진.

	⑮영광군 사인 성하충가 삼세효열－증조모 김해김씨 작지관구, 아들 영환 모친 위해 열지유혈, 영환 성장 후 김씨 자결, 모친 삼년 시묘 극진, 영환 넷째아들 영수 시묘 삼년, 영수 처 원이신대, 단지주혈.
	⑯정읍군 김기현 모 고흥유씨 열행－원이신대 기도, 17세에 남편 죽자 절곡, 하종 뜻, 강보아 뜻 돌림, 극치산업 방적 열심, 38세 아들 성장 봉제사 맡기고 하종.
	⑰정읍군 김환주 효행, 처 경주정씨 열행－원이신대, 하종하려 목맸으나 남편이 유언으로 집안 향화 부탁, 근력치산, 교양유치, 무너진 가문을 다시 세움.
	⑱전남도지, 효자 차씨가 효열지행－수덕당 부친 병중 한겨울 얼음속에서 잉어, 완쾌, 삼년 시묘 하루같이, 아내 인동장씨, 남편 병 작지할고로 몇 달 연장, 직임에 힘써 아이 기름, 미망인 자처, 춥고 덥게 지냄.
	①5세 모친상, 부친출타, 혼자 자라도 부도 갖춤, 19세 성혼, 남편 병 원이신대 기도, 작지주혈, 손수 염습, 상장례 준비, 염 끝나자 시집 올 때 옷 모두 태우고 하종, 시신 염할 때 시즙이 남편에게 흐르나 젖지 않음. *(문원-열녀신부장유인비)*
	②박처룡 처 태안최씨, 원이신대, 단지취혈, 남편사후 8일 물도 마시지 않음, 장례 동안 소금, 고기 먹지 않음, 유복자로 박씨 제사 이음, 아들 무육 독서 권하며 어미가 구차히 산 이유, 아들 유자로 칭송얻음. *(문원-열부최씨정려중수비)*
	③옥구군 신태신 처 이씨 효열특행－열지주혈, 하종 뜻, 시모와 두 아이 생각 뜻 돌림, 시모 5년 간병, 효열겸비.
	④나주군 나백형 처 흥덕장씨 효열특행－18세 남편 병 축천, 작지주혈, 하종 뜻, 유복자 뜻 돌림, 장례 예법 지극.
	⑤장성군 사인 김영만처 백씨 열행－27세 남편 병, 축천, 열지주혈, 가족이 지켜 하종 못함, 사구고, 아이 양육.
27호 1926. 12.25 15건	⑥나주군 공산면 김씨가문의 효열탁행－김기선 부친 해소 열지주혈, 삼년시묘, 차손 김영규 부친 병 삼년 간호, 작지 모친 병 열지, 삼손 김영인 처 남평문씨, 남편 병 혈지연수.
	⑦나주군 김천면 김씨가문의 효열특행－김두성 효성지극, 혼정신성, 부친 병간호 직접 시탕, 혈지연수, 막내아들 김용현 모친 병 할고진복, 그 처 전주이씨도 규고, 완쾌시킴.
	⑧함북 명천군 열녀장씨(27호 본문 동일 인물)
	⑨영광군 김씨 가문 효열탁행－김상복 처 남편 위해 작지주혈, 아들 승조 부친 8년 효성 간호, 대소변 치움, 승조 아들 기숙의 처 평강 채씨 시모병 극진 간호, 김열부 유풍으로 칭송.
	⑩영광군 성씨가문 효열특행－성달묵 처 광산김씨 남편 위급 원이신대, 작지주혈, 남편 사후 피 토하며 하종 뜻, 시숙 1세 고아 만류, 여름겨울 힘들게 지냄, 제사 예법 다함, 아들 하정 효성.
	⑪김제군 정도삼 처 박씨 열행－하종 뜻, 식구들 지킴 해이해지자 틈 남편 묘에서 통곡, 하종, 종용취의, 시사여귀.
	⑫울산군 안현중 자부 김해김씨 특행효열(28호 ② 동일인물)－80시부모, 남편 손 못씀, 시부 실화로 큰 화상, 지성간호 회복시킴, 남편 병 축천기도 풍우불피,

	20년간 순종, 양손 못 쓰나 세수 의관 정성 다함.
	⑬해남군 김권배 처 열부최씨 포양－하종 뜻, 시부모, 아이 생각 뜻 돌림, 아들 종진 효성, 이 모친에 이 아들.
	⑭해남군 민창식 처 이씨 특행－단지주혈, 남편 죽자 목매 자결 시도, 주변에서 살려냄, 대상 후 또 음독 시도, 80이 될 때까지 웃지 않음, 방적으로 가업, 친족 후사 세움.
	⑮당진군 윤병표 처 김유인 탁탁열행－귀녕 가있을 때 남편 부음, 기절, 절곡, 면벽 하종 뜻, 시부모 상장례 주관자, 후사 없음 만류, 상장례 물건 정성 예법 다함, 삼우제 때 빨래 핑계 양잿물, 거절하자 대상날 담뱃대 가장해 남편 묘 소나무에 목매 자결.
28호 1927. 12.25 7건	①관북 성진군 이지수 처 김씨, 25세 남편 죽자 염습 직접, 예법 다함, 하종 시도 주변에서 구함, 사구고와 제사 생각해 뜻 돌림, 방적열심, 형신초췌, 시조부 병, 몇 달간 곁에 붙어 지극 간호, 곡읍, 예법, 거친 옷, 음식. *(문원-효열부김씨비)*
	②울산군 안현중 장자부 김씨 효열지행(27호 ⑪ 동일인물)
	③성진군 효열부 이지수 처 김씨(28호 본문 동일인물)
	④논산군 이순우 부인 김씨 열행－남편 흘리거나 남긴 것 먹음, 병인이 먹던 것 개돼지 줄 수 없음, 하종 뜻, 상주없어 뜻 돌림, 땅을 치며 묘 앞 호곡 구덩이 생김, 낮밤으로 삯바느질, 방적, 삼년상 후 문 닫고 깨끗한 옷 갈아입고 음독 자결, 어린 딸, 약그릇.
	⑤창녕군 장기은 처 이씨 열행－26세 남편 죽음, 목 매 자결 시도, 구하기 세 번, 오개월간 열심 방적, 식구들 해이해지자 바다 투신.
	⑥보성군 안우현 처 박씨 열행－20세 남편 위독, 목매 자결 세 번 시도, 선작우지, 우단좌지, 상례 극진, 후사 세우고 남편 제사 맡은 책임 언급, 근면하게 잠업, 가세초요, 백금으로 산을 사고 남편 위해 석물 세움, 옆에 자기 묘 마련, 조카 친족 성혼 돕고 가난한 이 구휼, 64세.
	⑦금산군 이용수 집안 두 열부－이용수 처 해주오씨, 작지출혈 삼주구, 슬픔 감추고 시부 위로, 자녀 무육, 다음날 남모르게 시신 곁에서 자결, 시종질 이필영 처 신씨, 상장례 극진 예법, 1년 조석 의례, 밤늦게 근처 용소에 투신.
29호 1928. 12.25 9건	①윤병표 처, 21세 성혼, 29세 남편 급서, 음식물 거부하고 면벽좌와, 시부모 만류, 후사 없어 장례와 제사, 억지로 일어나 장례준비 일일이 집행, 장례후 양잿물 구함, 식구들 엄금, 삼우제 다음날 목 매 자결. *(문원-김유인열행기적비문)*
	②창녕군 박순홍 처 광주노씨 열행－18세 남편 병, 단지 시도 시모 말림, 염습 후 목 매 자결 시도, 시부 구함, 시모 병 정성 간호, 점차 음식 거부, 의형점췌, 몇 달 뒤 자기 방에서 음독, 종용취의.
	③연기군 유진원의 처 이씨 의행포양－남편 병 5년 정성 간호, 하종 뜻 접음, 독자 사망, 시모 실성, 시부 가사 돌보지 않음, 시부에게 '별실' 두어 후사 구하게, 널리 좋은 지어미 구함, 아들 낳게 하여 소생처럼 기름, 시모 15년간 아들 묘에 가서 통곡, 곁에 가기도 어려우나 온화하게 모심, 진흥회에서 상, 군수 상금 십원, 시모 걱정 거절.

	④진주 사인 조인제 처 진양하씨－시집 간 뒤 곧 남편 죽음, 안연히 사구고, 시모 외출 틈타 자기 방에서 음독.
	⑤장성군 김필구 처 절부 차봉단－단지주혈 2회, 원이신대, 3년 극진 간호, 29세, 하종 뜻 어린 자녀 때문에 접음, 자녀 양육, 가문 보존. 정표 추천 지역인사 연명 서명 여러 번, 한말 정치 해이해 돗 받음, 명치43년 상금받음.
	⑥성진군 이봉오 처 전씨－시모 성격 편벽, 3년째 쫓겨남, 남편 간도 이주, 수절하며 품삯일, 바느질해 제사 모심, 시부 상 치름, 갑자년 간도 흉년 소식, 70원 보내 돌아오게 함, 시모와 남편 깨우침.
	⑦신흥군 사인 김승필 처 이씨 열행－분향시천, 이신원대, 작지력혈주구, 남편 소생시킴, 27년째.
	⑧고창군 현충의 처 이씨의행－남편 사지마비 거동 못함, 먹고 씻고 입히고 일일이 수발 50년, 싫은 티 없이 돌보고 신처럼 공경, 72세까지. 임진년 열 표창상 받음.
	⑨고창군 강필중 처 박씨 효열특행－집안 가난, 방적으로 생계, 의식 줄여 남편 여비 마련, 남편 병나자 원이신대, 남편이 후사 부탁 유언, 하종 뜻 접고 염습의례 정성, 밤낮 방적, 시부모 합장, 후사 세움. 칭송 거부.
	30호(1929.12.25.), 31호(1930.8.25)
32호 1930. 12.27 6건	①장흥군, 이석일 처 김씨, 지혈지주, 신대지원, 남편 죽자 7일 절곡, 삼년상, 상 마치는 날 깨끗한 옷 입고 자결. *(문원-김부인열행비명병서)*
	②단양군 정주석 처 청주이씨, 30세 남편 죽음, 하종 뜻, 칠순 시부, 3명 자녀 뜻 접음, 염습 직접, 시부 91세까지 봉양, 며느리 사위 혼사 때놓치지 않음, 집안 보존, 절효쌍전.
	③단양군 이창하 처 반남박씨. 부자에게 조부 묘 늑장 당함, 지키다가 맞아 죽음, 절곡 하종 뜻, 시부모 만류, 정성 봉양, 개가시키려 하면 칼로 위협, 시부모 삼년상, 딸 시집보낸 후 시종숙에게 의탁, 삯바느질, 품일 쌀 한 되, 한 마디씩 모아 시부모 남편 묘자리 마련.
	④부여군 김용식 처 천씨－작지출혈주구, 남편 장수함. 아들 진권 처 박씨, 졸곡 다음날 상장례 마치고 절곡 자결.
	⑤논산군 정홍기 처 안동김씨－시부모 병에 작지주혈, 정성 봉양, 남편 늙어 병들자 음식 전폐, 팔순 목 매 자결.
	⑥장진군 이금옥－18세 성혼 전 남편 죽음, 양 가족 장례 치르는 동안 자결, 가족 돌아와 사지 문지르며 물으니 함께 죽어 절개 지키려 했다, 음독, 다음날 합장.
33호 1931. 12.25 6건	①박용래 처, 시모 병수발 극진, 상례애훼, 삼년상, 28세 남편 병, 열지주혈, 하종 시도 가족들이 구함, 시부와 어린 자식. 세 시동생, 뜻 돌림, 집안 정비 법도, 양로교자위무, 작설지전 받아야 하나 때가 아니라 못 받음, 많은 선비들이 공의하여 비를 세워 후인에게 알림. *(문원-유인나주임씨효열비)*
	②부녕군 차용갑 계배 진주강씨－18세 시집, 전실 자식 5세를 기출과 같이 무육, 19세 남편 죽음, 친정 가서 음독, 모친 울며 묻자 보는 눈 많고 동서들 한 방에 있어 틈을 탈 수 없음.

	③부여군 소천술 처 효열부 김씨－집안 가난, 시모 병, 소대변, 씻김 직접, 방적 힘써 고기 반찬, 남편 병, 혈지관구, 절곡, 뜻 돌려 강보 아이 양육, 몇 년 뒤 오대조 묘에 늑장당함, 쇄지출혈, 혈진부쇄, 혈서로 호소하여 되찾음.
	④삼척군 홍순태 처 효열부 최씨－남편 집나가 19년 두절, 밤낮 방적, 나물캐기, 시모 병 약 널리, 급수도천 완치, 노환으로 죽음, 직접 상장례 정성, 삼년상, 제사 정성.
	⑤성진군 김필창 처 강씨－가난, 땔나무 팔아 연명, 시장에서 작은 상자, 주인 기다리나 오지 않음, 우육 10근.
	⑥성진군 마응규 처 유씨－가난 때문에 노령으로 이사, 28세 시부모 남편 모두 죽음, 마씨 가문 찾아 천4백리 걸어 귀향, 가문 사람 모두 초면, 울며 사정 설명, 몇 년 뒤 유해 듣고 찾아와 선영에 장례, 이역고혼을 고향땅에.
34호 1932. 3.31 4건	①(29호 ⑥ 동일 인물)이봉오 처 전씨, '부인언행록' 세 번째 간행, 보완하려 할 때 사성 이석정이 행적 알려줌. *(문원-절부전씨비)*
	②김영만 처 백씨, 시부모 어린자녀 후사 없이 죽으면 열이 아님, 27세 남편 병, 축원, 원이신대, 열지주혈, 하종 뜻, 시부모 아이 안고 울며 만류, 뜻 접고 장례염습 직접, 삼년상 애훼 시부모 모르게, 극진 봉양, 아들 엄격 훈육. *(문원-열녀수원백씨비명)*
	③무주군 사인 김홍용 처 김씨－20세 남편 죽음, 원이신대, 사구고 때문 하종 접음, 시부 改紘 권유, 세 아들 낳게.
	④당진군 정창모 처 밀양박씨－20세 남편 죽음, 호곡부절, 40일 뒤 목 매 자결.
35호 1932. 12.25 7건	①삼척군 안덕수 처 김씨－집안 가난, 나무하고 품삯 바느질로 남편 약, 완치시켜 삼형제 낳음, 남편 죽자 화장하는 데 뛰어들려, 시부가 구하여 만류, 시부 정성 모시고 병간호, 상장례 정성.
	②영주군 안윤근 처 안동권씨－남편 유학비 방적으로 마련, 유복자 병으로 죽음, 귀녕하여 친부 무릎종기 핥아 낫게, 흰 베 짜 모친 드림, 남편 묘 돌아가 통곡, 평온 얼굴, 다음날 들에 나간 사이 목욕, 새옷, 목 매 자결, 23세.
	③임실군 사인 최우철 처 여산송씨, 며느리 신씨－25세 남편 죽음, 아들 재구어려 하종 접음, 며느리 신씨 근면치산, 남편 죽자 호천통곡, 시모, 아이 보고 접음, 나무하고 김매고 방적하고 신 삼고, 남자할 일 다 함. 일문쌍절.
	④금화군 사인 이창래 처 강릉황씨－원이신대, 유혈주구, 23세 남편 죽음, 호곡과정, 상 끝나도 소복, 거친 음식.
	⑤의령군 사인 박홍묵 처 진양강씨－부부 동시 병, 깨어나 상장례, 기제사 때 동서에게 은화 후사에게 주도록, 자결.
	⑥안성군 이종은 처 상주황씨－24세 남편 죽음, 발인 시 협실 들어가 염수 마시고 자결.
	⑦보령군 최종환 처 밀양박씨－성혼 며칠 뒤 남편 공주 고등학교 취학, 몇 달 뒤 죽음, 운구 들어온 날 자결.
36호 1933. 12.25	①정창모 처 밀양박씨, 남편 사후 하종 뜻, 돌린 이유 유복자, 사산 후 자결. 22세. *(문원-족질인혁자부밀양박씨효열기적비명)*

	②안동군 박노윤처 의주신씨-귀녕 가 남편 부음, 시부모 앞 슬픔 절제, 시부모 병간호 정성, 남편 기일에 친정오빠 오게 하여 그날 밤 자결. 유서 3통.
	③전주군 참봉 박영래 처 경주김씨-남편 삼년상 후 절곡 자결.
5건	④봉화군 안교익 처 광산김씨-25세 아들, 남편 3년 간호 시약 정성, 원이신대, 남편 죽자 열흘간 피를 토함, 남편 염한지 3일 째 깨끗한 옷 입고 죽음.
	⑤성진군 김홍국 처 밀양박씨-시모 눈 멀고 남편 가난 때문에 집 나가 두절, 품삯일로 시모 봉양 십 년, 상장례 예법 삼년상 폭우대설 피하지 않고 묘에 상식.
	①영흥군 유상협 처 신안주씨-남편 병 정성 간호, 도천원대, 남편 죽자 음독 자결.
	②수원군 홍혜후의 자부 전주이씨-시집 가난, 남편이 고용살이, 객지 나가 있음, 따라 다니며 만단 고생, 남편 병 걸려 고향 돌아옴, 정성 간호, 하종 뜻, 유복자조차 죽자 식구들 감시 소홀 틈 타 자결.
38호 1935. 3.30	③익산군 문홍재 처 문화유씨-수년 백방 약, 남편 죽자 사실에서 음독 자결, 두 관 발인하자 천지참담, 풍우소슬, 남녀노소 눈물.
5건	④예산군 사인 문홍술 처 한양조씨-25세 남편 죽음, 시모, 집안 돌봄, 강보를 면한 어린 시숙, 고용살이, 삯바느질, 시모 병 좌와기거 정성, 삼년 병간호, 시숙 장성하여 조카로 후사 이음, 효열쌍전.
	⑤길주군 안동억 처 유인이씨-성혼 9개월 남편 죽음, 삼년상 곡읍애척, 시모와 단 둘, 모든 거동 시모에게 묻고 행함, 양지양체, 시모 병 단지진혈 완쾌시킴.
	①성진군 이양춘 처 최씨-남편 사지수축 병, 인마 빌려 의원왕복 5년, 가난 못 이겨 벽지 이사, 남편 죽자 장례 정성, 고향 가지 못해 눈 속 무덤에서 호읍, 고향 가서 삼년간 거친 옷과 음식, 씻지 않고 삼년상, 방적 열심, 점차 부요, 조상 추원, 친족 베품, 군수 표창 거절.
39호 1935. 10.5 3건	②서천군 구충환 처 진양강씨-남편 서울 유학 갔다 병, 2년 간호, 축천기도, 할좌고육, 국에 섞어 먹임, 시부모 후에 알고 탄복, 남편 죽자 직접 염습, 홀연 청조, 제비가 장막에 들어와 유인 곁에 머뭄, 열흘 뒤 감기로 죽음, 남편 죽던 날 결심했기 때문에 징조 알았음.
	③강릉군 임성신 처 장소사-50세 무자, 부부 서로 의지, 남편 병 6개월, 의원 왈 인육만이 낫게 함, 규방에서 할우고육, 시숙에게 어제 약이라고 먹이게 함, 남편 먹고 소생, 상처와 기어다님 보고 이유 물음, 시숙이 문 열고 보니 선혈, 남편 죽음 뒤 방에서 목 매려, 상처 덧나 치료받게 하자 따라죽지 못했다 거부,
	①의령군 사인 이영진 처 권씨-시부, 시조모 정성 모심, 근검으로 치산, 사치 않음 뜻, 남편 죽자 봉양, 양육에 힘씀, 표창 거부
44호 1939. 10.5	②당진군 사인 오회근 처 임씨-시모, 시조부 상장례 정성, 33세 남편 죽음, 두 아들, 젖먹이 딸, 뜻 접고 치산 사구고 10년, 집안 여유, 구제빈족, 자식 잘 기름, 장자치산, 차자학문, 위덕미행.
4건	③정평군 김익현 처 원씨-21세 남편 병, 시부모와 어린 시숙 보고 하종 뜻 접음, 셋째시숙 용현 태어남, 시숙 봉현 학교 취학하자 문방구 부족 없게, 봉현 생남 크게 기뻐함, 봉현 부자 죽음, 개가 말 들으면 금수의 행실이라 비난, 시부

	수년 병간호, 상장례 정성, 40년 소복, 시숙 용현의 장남으로 후사 이음.
	④고창군 사인 엄주의의 전실 한씨－남편 병간호, 남편 낫고 자신이 병으로 죽음, 19세, '이신대자', 계실 박씨, 시모 병 대소변, 씻김 직접, 상장례 극진, 일실이미, 효열.
46호 1941. 12.25 2건	①하동 백남봉 처 이씨－집안 가난해 끼니 못 이음, 죽은 남편의 마음으로 노모 봉양, 죽는 것보다 힘들다. 효열 칭송, 지역 인사들이 한목소리로 포장 연명, 시숙 남규 널리 퍼뜨림, 큰 가문에서 비석 세워줌, 향리문사들이 비문 씀.
	②영암 고 통정대부 박필석 처 박씨－남편 병 10년, 원이신대, 작지관구, 27세 남편 죽음, 하종 뜻, 장례와 제사 이유로 시숙 말림, 아들 태주 7세, 방적 열심.
47호 1943. 1.25. 3건	①김천군 문병모 처 연안 전씨－남편 병, 이신원대, 작지주혈, 완쾌시킴, 80 장수.
	②남해군 사인 김상두 처 밀양박씨－27세 남편 병, 할고출혈 약에 섞어 마시게, 작지납혈, 아이 양육 위해 하종 뜻 접음, 집안 가난, 침선방적으로 생계, 향리와 군면에서 포장하려 했으나 거절, 합방 때 포상금 받음, 아들 5남3녀, 선행 결과라 칭송.
	③경흥군 강봉륜 처 절부 김씨－남편 병, 비녀와 머리 팔아 약 구함, 남편 죽자 하종 뜻, 사구고 뜻 접음, 장례 정성, 조카로 후사 삼음. 근면노력, 농상방적, 가정범절이 다남자 집안보다 나음.
48호 1944. 4.10 2건	①완도군 사인 김길순 처 언양김씨－28세 남편 사망, 사구고, 봉제사, 아이양육, 가사 도맡아 점차 살림 나음, 수절.
	②홍원군 전참봉 유인훈 처 손씨－20세 남편 만주로 떠나 7년 소식두절. 천리길 떠나 상봉, 적수공권 남편 귀향 거부, 해삼위로 이사, 남편 병사후 무덤 앞 굴 파서 삼년상, 행상 연명, 칼·도끼로 정절 지킴, 귀향 후 시부와 남편 반장 위해 수년간 천사백리 길 왕복 노력.

▸ 주

* 이 글은 『한국한문학연구』 64집에 게재된 다음 논문을 수정한 것이다. 홍인숙, 「일제 식민지 시대 열녀 담론 - 1910~1940년대 『경학원잡지(經學院雜誌)』 소재 열녀 기사를 중심으로」, 『한국한문학연구』 64집, 한국한문학회, 2016.12.

1 『경학원잡지』는 국립중앙도서관에 33권(1~33호), 국회도서관에 25권(3-7, 17-18, 20-22, 24, 32-36, 38-40, 42, 44-48호), 독립기념관에 8권(3, 8, 13, 17, 19, 22, 34, 48호), 서울대학교 도서관에 43권(1~43호), 영남대학교 도서관에 1권(45호)이 소장되어 있다. 국립중앙도서관은 방문 열람을 통해 마이크로필름본 『경학원잡지』를 볼 수 있으며, 국회도서관은 자체 홈페이지에서, 독립기념관은 역사정보통합시스템에서 각각 소장본의 원문이미지를 제공하고 있다. 서울대학교와 영남대학교 도서관은 방문 열람만 가능하다. 본 발표에서 참고한 자료는 국립중앙도서관, 국회도서관, 독립기념관에 소장된 마이크로필름과 원문이미지 자료이다. 통권 48호 중 발표자가 확인하지 못한 자료는 30, 31, 37, 41, 43호의 다섯 권이다.

2 『경학원잡지』의 전반적인 체제와 주요 내용에 대해서는 이명화, 김미수의 연구에 자세하다. 이명화, 「朝鮮總督府의 儒教政策」, 『한국독립운동사연구』 7, 독립기념관 한국독립운동사연구소, 1993 ; 김미수, 「일제강점기 『經學院雜誌』 연구」, 경북대 석사논문, 2011.

3 『경학원잡지』 통권 48호에서 열녀 기사를 수록하고 있는 호는 모두 24권이다. 10호, 11호, 14호, 18호, 19호, 22~29호, 32~39호, 44호, 46~48호이다.

4 구한말에서 일제시대까지의 열녀전에 대한 연구는 다음을 참고할 수 있다. 김경미, 「개화기 열녀전 연구」, 『국어국문학』 132, 국어국문학회, 2002 ; 김남이, 「의암 유인석의 민족자존론과 여성 인식」, 『대동한문학』 18, 2003 ; 홍인숙, 「근대계몽기 개신 유학자들의 성 담론과 그 의의 - 개가론과 열녀담을 중심으로」, 『동양한문학연구』 27, 2008 ; 문혜윤, 「근대계몽기 여성 교과서의 열녀전, 그리고 애국부인들」, 『반교어문연구』 35, 2012 ; 이상경, 「일제시대 열녀담론의 향방 : 독립운동가 아내의 '殉終'과 그 맥락」, 『여성문학연구』 28호, 2012 ; 소현숙, 「수절과 재가 사이에서 - 식민지 시기 과부담론」, 『한국사연구』 164, 한국사연구회, 2014.

5 경학원에 대한 기존 연구는 1993년 이명화가 조선총독부의 유교 정책을 『경학원잡지』를 통해 분석한 첫 연구 이후 한동안 공백 상태에 있다가 2000년대 중반 이후 정욱재, 정세현, 김미수 등의 학위논문과 류미나의 논문들을 통해 본격적으로 연구가 진척되었다. 이명화, 「朝鮮總督府의 儒教政策」, 『한국독립운동사연구』 7, 독립기념관 한국독립운동사연구소, 1993 ; 류미나, 「식민지 권력에의 협력과 좌절 - 경학원과 향교 및 문묘와의 관계를 중심으로」, 『한국문화』 36집, 서울대학교 규장각 한국학연구원, 2005 ; 정욱재, 「1910~1920년대 經學院의 人的 構成과 役割 - 司成과 講士를 중심으로」, 『정신문화연구』 통권 106호, 2007 ; 류미나, 「식민지기 조선의 명륜학원 - 조선총독부의 유교지식인 정책과 조선인의 대응」, 『교육사학연구』 제17집 제1호, 2007 ; 류미나, 「일본 '국민도덕론'의 유입과 재생산 - 1910~1920년대 경학원 활동을 중심으로」, 『인문연구』 52집, 영남대 인문과학연구소, 2007 ; 정욱재, 「한말 일제하 유림 연구」, 한국학중앙연구원 박사논문, 2009 ; 정세현, 「『經學院雜誌』를 통해 본 呂圭亨의 현실 대응 양상」, 경상대 석사논문, 2009 ; 김미수, 「일제강점기 『經學院雜誌』 연구」, 경북대 석사논문, 2011 ; 류미나, 「19세기말~20세기초 일본제국주의의 유교 이용과 조선 지배」, 『동양사학연구』 111집, 동양사학회,

2010.

6 『經學院雜誌』 1호, 41면.

7 '經學院에셔 春秋二季의 講演은 可成的 釋奠祭 當日에 擧行할 事.', 「經學院講演施行에 關한要項」, 『經學院雜誌』 9호, 49면.

8 '講演은 總히 敎育에 關한 勅語의 御趣旨를 體ᄒᆞ며 經學院設立趣旨에 基ᄒᆞ야 行ᄒᆞᆯ 事. … 講演의 順序大體ᄂᆞᆫ 左의 標準에 依ᄒᆞᆯ 事. 講演順序 一.聽講者, 講演者, 及參列者(一同着席) 一.司會者 開講을 告흠(一同敬禮) 一.敎育에 關한 勅語 奉讀(一同起立最敬禮) 一.經學講明 一. 普通講演 … 經學의 講明은 勅語의 御趣旨를 奉體ᄒᆞ야 皇恩의 優渥ᄒᆞ심을 陳設'하고 '新政의 趣旨를 周知케흠에 務勉ᄒᆞᆯ 事.', 위의 글.

9 '講演終了後ᄂᆞᆫ 講演者, 題目, 要領, 聽講者數 及其狀況을 記載ᄒᆞ야 經學院에 在ᄒᆞ야ᄂᆞᆫ 大提學으로부터 總督에 報告ᄒᆞ고 地方에 在ᄒᆞ야ᄂᆞᆫ 講士로부터 地方長官 及大提學을 經ᄒᆞ야 總督府에 報告ᄒᆞᆯ 事.', 위의 글.

10 일제가 조선에서 유림의 사회적 영향력에 주목해 이들을 중요한 식민지 지배세력으로 만들고자 했던 점에 대해서는 이명화, 류미나의 연구에서 이미 지적한 바 있다. '총독부는 경학원에 참여하지 않은 유림들을 비판했고 경학원에 참여하거나 동조하는 이들을 각성한 유림들로 우대하였다.' 이명화(1993), 앞의 논문, 93면; '일본제국의 중의원 의원인 다케요시 요사부로는 … 양반은 어떤 결점이 있어도 조선을 움직이기 때문에 일본 스스로 통치하는 것은 거의 역사의 교훈을 무시하는 것이라고 지적했다. 총독인 테라우치 역시 유생을 계발하고 선용하면 상당한 인물이 될 것이라고 말했다.', 류미나(2007b), 앞의 논문, 70면.

11 실제 경학원에 참여했던 주요 인사들의 명단을 보면 친일 성향이 뚜렷이 드러난다. 대제학을 역임한 인물은 朴齊純, 金允植, 成岐運, 鄭萬朝, 鄭鳳時, 柳正秀, 尹德營, 朴相駿, 高稿亨, 경학원의 실질적인 업무를 맡았던 사성은 金有濟, 李人稙, 朴稚祥, 鄭崙秀, 金完鎭, 李大榮, 각 도별 강사는 呂圭亨(경성부), 黃敦秀(경기도), 宋秉珣(충북, 거절), 成樂賢(충남), 金東振(전북), 曹協承(전남), 朴昇東(경북), 郭鍾錫(경남, 거절), 吳憲永(황해도), 鄭鳳時(강원), 朴殷植(평남, 거절), 朴龍欽(평북, 거절), 韓晦善(함남), 李義錫(함북)이다. 각 도를 대표하는 강사의 경우 경학원에서 일방적으로 임명하는 형식이었는데 곽종석, 박은식 등 반일적 성향이 뚜렷했던 유학자들은 강사직을 거절하였다. 경학원의 각 직급별 역대 인물들의 인적 구성 및 그 특징에 대해서는 정욱재, 김미수의 앞의 논문에서 자세하게 검토되었다.

12 경학원을 중심으로 형성된 친일 유림은 조선 각지의 향교 및 유림 단체들과 협력 관계를 맺으며 일제시대 내내 총독부의 선전도구로써의 역할을 하였으며, 중일전쟁 이후에는 '皇道儒學'을 표방하는 '朝鮮儒道聯合會'를 결성하여 총동원체제의 도구로 활용되었다. 이들 친일 유림의 식민지 권력과의 대응 관계 및 상호작용에 대해서는 다음 논문을 참고할 수 있다. 류미나(2005), 앞의 논문.

13 김미수 논문의 3장 3절 '『經學院雜誌』의 刊行現況'에서 잡지의 배부 대상을 분석한 바에 따르면 매 호 대략 1천 부를 인쇄했던 『經學院雜誌』는 '총독부, 내지, 본원, 이왕직, 중추원, 경성부'의 '관리, 귀족'에게 약 250부, '경기, 충북, 충남' 등 각 도의 '도청, 군청, 향교'에 약 650부 가량이 배부되었다고 한다. 김미수(2011), 앞의 논문, 38~39면.

14 대표적인 기사들의 예를 들면 다음과 같다. '江原道 淮陽郡 文廟直員 金斗洙가 本年 三月分에 諸郡鄕校 春釋奠擧行훈 狀況을 報告호얏는딕 諸般儀式은 前과 同호얏고 獻官諸執事外에 本郡廳及 憲兵分隊와 公立普通學校 職員生徒與一般參拜人이 合三百十一人에 達호야 比年初有훈 盛況을 呈호얏더라', 『經學院雜誌』 11호, 81면; '大正十二年六月 十四日 講士(忠南) 成樂賢 天安郡 大同斯文會 稷山支會 白日場에 出張호야 講演을 行호고 狀況을 報告호얏는딕 開講은 五月十日이오 「講題」는 郁郁乎文哉며 聽講人員은 郡守代理外 各面長及儒林紳士 共一千二百二十人에 達호얏고 白日試場은 詩賦論律等으로 三等에 分호야 三十九人을 選拔호야 金圓及四書 唐詩 筆帖等으로 各其賞與호얏더라 (講說別項揭載)', 『經學院雜誌』 25호, 71면.

15 경학원에 보고서를 제출한 지방 문묘의 숫자는 1910년대에는 전체 240개 군 중 91개 군(38%), 20년대 152개 군(63%), 30~40년대에는 205개 군(85%)으로 늘어났다고 한다. 류미나(2005), 앞의 논문. 170~171면.

16 강명관, 『열녀의 탄생』, 6장 3절 「여성 윤리에서 열 윤리의 최우위성」, 돌베개, 2010. 502~512면. 이 책에서는 조선후기 열녀 기사의 특징적 국면으로 '남편에 대한 성적 종속성으로서의 열'이 가장 중요하게 부각되었으며, 남편에 대한 열행이 부모에 대한 효의 윤리를 완전히 압도했다고 지적하였다. 이는 『경학원잡지』의 식민지 시대의 열녀 형상이 가문 윤리에 철저히 종속되어 있다는 점에서 전통적인 열녀 형상과 전혀 다른 윤리적 맥락 속에 위치하고 있음을 대비하여 볼 수 있게 해주는 해석이다.

17 조선시대의 열녀전에서부터 이미 여성의 부덕(婦德)을 표창하는 과정에서 그 여성의 미덕을 '열'과 함께 칭송하는 전례는 꾸준히 관찰된다. 이에 대해서는 다음 연구를 참고할 수 있다. 이혜순, 「열녀상의 전통과 변모」, 『진단학보』 85, 1998, 163~183면; 홍인숙, 「조선후기 열녀전 연구」, 이화여대 석사논문, 2000.

18 몇 개의 예를 들어보면 다음과 같다. '本年 三月分에 全羅南道 唐津郡 文廟直員 李敏默 … 該郡 金塘里 姜珍秀의 子婦 崔氏의 孝烈卓行이 足히 爲人模楷호고 使人感服인바 其來牒이 如左호더라', 11호①; '四月分에 襄津郡 文廟直員 尹錫衡 儒林 文夏錫 等의 報告를 接호니 同郡 趙亨楷의 子婦 李氏의 孝烈卓行이 令人感動인바 其 報告가 如左홈', 12호 ②; '同日 靈光郡 文廟直員 姜永邰 等의 通章을 接호니 同郡 金氏家 孝烈卓行이 使人起感인바 其概意如左호더라', 27호 ⑨; '此非孝烈兼備, 今古罕有者乎云云', 27호 ③; '義理可謂節孝雙全', 32호 ②; '以殘弱一身孝烈雙全, 此可謂閨門師表, 昏衢明燭云云.', 38호 ④.

19 昨年春 泰河以天年考終 則趙氏慟切崩城 毁瘠骨立 竟於今春 因以下從. 遺戒丁寧 專事陰德 完植一自承家以來 極盡繼述之, 孝篤於奉先, 『經學院雜誌』 25호 ①.

20 本郡法聖面 士人 成夏忠 曾祖母 金海金氏 素有女史之行. 其君子 偶爾嬰疾 刀圭無效及其病谹 噬指灌口 以延四五日之命. 迨其永訣也 金氏號哭氣絶 其子 成永煥 時年七歲 見母氏之氣塞 以刀裂指 流血注口 有頃向甦. 子永煥年纔及冠 金氏專托家事 當其君子忌日 偶得貞疾 仍爲下從. … 次曰匡修 擩染家範 孝友篤至 嘗抱難醫之疾. 其妻柳氏 築壇禱天 願以身代. 及其危谹 斷指注血 以續七日之命. 及其永訣 柳氏與其子夏忠 三年行素 哀痛逾制 遠近莫不欽仰, 一門之內三世四孝烈 罕古希今之實迹也 云云. 『經學院雜誌』 26호 ⑮.

21 '其夫漸得完甦, 韓氏因以成病, 月餘竟至不求, 一日語其家人曰, … 所幸者, 夫子之昔疾

今療, 是吾死無餘感, 從容而逝, 年纔十九矣, 可謂以身代者也. … 其繼室朴氏, 生而孝順, 不離親側, … 其姑有異疾, 坐臥須人, 朴氏暫不離側, 以身按抑, 藥餌焉必扶進, 屎尿焉必手除, … 韓氏之身, 代夫命, 朴氏之誠, 延姑壽, 一室二美, 嗚呼烈哉孝哉.' 44호 ④.

22 '先塋之奉時祀 修墓道를 各盡其誠ᄒᆞ고 其夫墳墓가 不協風水라 ᄒᆞ야 苦心數年에 求得吉地ᄒᆞ야 如禮移葬ᄒᆞ니', 24호 ②.

23 '家勢稍饒 以數百金買山 爲夫安厝俱石物 虛其左爲同穴之計. 諸姪之嫁娶 必盡助力 族戚之貧乏 莫不周急.', 28호 ⑥.

24 '鼎臼之暇 雇針賃舂 升粒之蓄 尺寸之貯 求得舅姑及君子墓土.', 32호 ③.

25 '注誠於追遠報本 夫之六代祖以下 墓儀一齊賁新 兼置祭田 傍七世祖與夫叔之無后荒冢祭而守護 親母之墓 置田助祭. 當年庚之歲 貧族及丐乞者 皆賙以厚施.', 39호 ①.

26 '內抑哀痛, 外作怡愉, 恒悶夫家之無嗣, 續俟其尊舅不甚慘悼之時, 傍稟改絃, 因擧三男子, 遂成一家和氣.', 34호 ③.

27 '其姑以喪獨子, 忽自失性, 舅亦痛心, 不顧產業, 欲辭家遠出, 李氏怡聲泣諫, 勸蓄別室以求嗣, 謀于族鄰, 廣求良婦, 奉舅巾櫛, 竟得一男, 李氏愛育如所生, 舅甚安之, 而姑疾痼積十六五年, 每日沐浴, 往哭子墓, 毆打破毀, 殆不可近侍, 而李氏能兼養志體, 愉婉如一日.', 29호 ③.

28 『經學院雜誌』 12호, 82~83면.

참고문헌

『經學院雜誌』.

국립중앙도서관(1~33호).

서울대학교도서관(1~43호).

국회도서관(3-7, 17-18, 20-22, 24, 32-36, 38-40, 42, 44-48호).

독립기념관(3, 8, 13, 17, 19, 22, 34, 48호).

영남대학교도서관(45호).

강명관, 『열녀의 탄생』, 돌베개, 2010, 1~855면.

김경미, 「개화기 열녀전 연구」, 『국어국문학』 132, 국어국문학회, 2002, 187~211면.

김남이, 「의암 유인석의 민족자존론과 여성 인식」, 『대동한문학』 18, 2003, 291~318면.

김미수, 「일제강점기 『경학원잡지』 연구」, 경북대 석사논문, 2011, 1~61면.

류미나, 「식민지 권력에의 협력과 좌절 - 경학원과 향교 및 문묘와의 관계를 중심으로」, 『한국문화』 36집, 서울대학교 규장각 한국학연구원, 2005, 157~

191면.
_____, 「식민지기 조선의 명륜학원 - 조선총독부의 유교지식인 정책과 조선인의 대응」, 『교육사학연구』 제17집 제1호, 2007, 53~77면.
_____, 「일본 '국민도덕론'의 유입과 재생산 - 1910~1920년대 경학원 활동을 중심으로」, 『인문연구』 52집, 영남대 인문과학연구소, 2007, 63~85면.
_____, 「19세기말~20세기초 일본제국주의의 유교 이용과 조선 지배」, 『동양사학연구』 111집, 동양사학회, 2010, 127~158면.
문혜윤, 「근대계몽기 여성 교과서의 열녀전, 그리고 애국부인들」, 『반교어문연구』 35, 2012, 97~128면.
소현숙, 「수절과 재가 사이에서 - 식민지 시기 과부담론」, 『한국사연구』 164, 한국사연구회, 2014, 59~89면.
이명화, 「조선총독부의 유교정책」, 『한국독립운동사연구』 7, 독립기념관 한국독립운동사연구소, 1993, 87~122면.
이상경, 「일제시대 열녀담론의 향방: 독립운동가 아내의 '순종(殉終)'과 그 맥락」, 『여성문학연구』 28호, 2012, 413~448면.
이혜순, 「열녀상의 전통과 변모」, 『진단학보』 85, 1998, 163~183면.
정세현, 「『경학원잡지』를 통해 본 여규형의 현실 대응 양상」, 경상대 석사논문, 2009, 1~71면.
정욱재, 「1910~1920년대 경학원의 인적 구성과 역할 - 사성과 강사를 중심으로」, 『정신문화연구』 통권 106호, 2007, 221~248면.
_____, 「한말 일제하 유림 연구」, 한국학중앙연구원 박사논문, 2009, 1~212면.
홍인숙, 「조선후기 열녀전 연구」, 이화여대 석사논문, 2000, 1~98면.
_____, 「근대계몽기 개신 유학자들의 성 담론과 그 의의 - 개가론과 열녀담을 중심으로」, 『동양한문학연구』 27, 2008, 411~436면.

제2부

19세기~20세기 초 유교 지식인의 여성 인식

치산(治產)과 기망(期亡)

-정재 유치명(1777~1861)*

김현미

1. 유치명의 여성 대상 글 규모와 연구 목적

정재(定齋) 유치명(柳致明, 1777~1861)은 조선말의 학자이며 문인으로서 19세기 영남 성리학의 계보를 잇는 선비로서 알려져 있어서, 기존 문학 연구에서는 상대적으로 주목받지 못한 존재다. 이러한 학자로서, 사상가로서 후대 위정척사론의 시초가 되는 역할을 했던 그가 주되게 설파했던 내용은 경학의 '실천'적인 측면이라고 연구되었다.[1]

19세기 성리학과 관련하여 혹은 위정척사론의 시초적 역할과 주로 관련되어 연구되었던 정재의 저작 『정재집』 중 총 22편의 여성 관련 저작도 선행 연구가 없어 이를 어떠한 관점에서 접근해야 하는가가 문제되는데, 유치명 개인의 문학 세계를 살필 수 있는 작업이라기보다는 '여성 형상화 양상'을 살피기에 적합하다. 『정재집』 소재 여성 관련 글은 의문 3편,[2] 묘고문 2편, 제문 2편, 묘지명 4편, 묘갈명 1편, 행록 및 행략 8편, 열효록

후서 2편의 구성을 띤다. 입전 대상 여성은 대부분 자신의 외할머니, 부인, 며느리, 어머니 시조부인 등으로 자신과 직접적인 관련이 있는 사람이며 혹은 친구나 아는 사람에게 청탁을 받아 저술한 사대부의 아내들이 대부분이다. 이 점은 이전 시기인 18세기에 문집을 남긴 사대부 문인들에게서 보이는 여성 관련 저술 경향인 '제문-묘지명 중심의 구성'과 유사하기에, 더더욱 이들을 통해 정재의 여성 형상화 양상을 살펴보는 것이 사대부들의 여성 대상 비지 애제류에 드러난 여성 형상화 양상을 사적(史的)으로 살필 수 있다는 점에서도 의미가 있는 것이다. 특히 '정재'의 여성 관련 글을 분석하는 것은 19세기 영남 사림을 이끄는 학통의 대표자로서, 그 지역 선비들의 전체적인 생각을 대표할 것이기에 의의가 있으며, 이 작업은 19세기 사대부의 여성 형상화 양상과 여성관을 총체적으로 살필 수 있는 기초 작업이 될 것으로 기대한다.

17세기 이후로 조선 선비들에 의해 꾸준히 지어져왔던 여성 대상 비지·전장·애제류의 창작 계기에서 드러나는 바, 유치명은 '개인적 기억'에 따른 실제로의 여성상도 그려냈지만 주로 부탁받아서 지은 비지류에서 드러낸 '이상적인 여성상'을 그려냈었고 이러한 당위적인 여성상에서 정재가 가졌던 바람직한 인간으로서의 여성에 대한 입장을 찾을 수 있다고 본다. 그렇기 때문에 이 글에서는 『정재집』 소재 여성 대상 글을 '가족·친지 대상/그 외의 여성들을 대상으로 한 것' 두 갈래로 나누어 글들을 분석하고, 그 안의 여성 형상화 양상을 살피고자 한다.

2. 가족에 대한 정재의 시선

『정재집』 소재 여성 관련 글들 중 그 입전 대상을 기준으로 나누어 보았을 때 그의 가족을 대상으로 한 편수는 총 13편이다. 어머니 한산 이씨(1760~1789, 이완의 딸, 유회문의 아내), 부인 선산 김씨(?~1798, 김복구의 딸, 유치명의 아내), 평산 신씨(1778～1840, 신로악의 딸, 유치명의 아내), 며느리 문소 김씨(1822～1849 김진화의 딸, 유지호의 아내), 시조인 완산백부군 유습(柳濕)의 처이며 유극수의 어머니인 최씨,[3] 외할머니인 숙인 여강 이씨(?～1822, 이범중의 딸, 이완의 아내), 외사촌 형수인 안동 권씨(1785～1857, 이수응의 아내, 권의도의 딸), 누이동생 전주 유씨(1783～1817, 유회문의 딸, 이휘운의 아내)의 행록, 또한 족숙모 두 명의 행록을 썼다.

1) 애제(哀祭)와 행록(行錄)의 병행 : 가족 대상 제문

비지 · 애제류 중 여타의 비지문에 비해 봤을 때, 비교적 자신의 애틋한 감정을 많이 노출할 수 있는 글은 제문(祭文)이다. 앞서도 살폈듯이, 정재가 지은 여성 관련 글 중에 제문은 총 4편이며, 그나마 자신의 관직 품계상승을 알리는 지극히 짧은 보고형식인 묘고문[4]이나 분황제문 말고 일반 제문은 2편뿐이다. 이러한 사실에서 미루어 알 수 있는 것은 크게 두 가지이다. 우선 제문을 지은 사람에 대해서 정재가 남다른 친연성을 가졌다는 것을 유추할 수 있다. 또한 서술 태도로 보았을 때를 보자면, '애제'라는 감정의 표현보다는 '행록'이나 '행략' 속에서 드러나는 객관화된 방법으로 자신 곁에 있던 사람을 그리고자 하는 의지를 볼 수 있다.

제문의 대상이 된 사람은 정재의 외할머니인 숙인 여강 이씨(〈祭外大母淑人驪江李氏文〉)와 정재의 첫 번째 부인이었던 선산 김씨(〈祭故室金氏文〉)로서, 일단 정재가 이 두 사람에 대하여 남다른 기억과 감정을 가지고 있었다는 것을 알 수 있다. 여강 이씨와 선산 김씨에 대한 각별한 기억은 이 글들뿐 아니라 정재의 다른 글에도 나오는 것으로 보아,[5] 이러한 사실을 재확인할 수 있다.

이 두 사람에 대한 기억이 남다른 것은, 그들이 정재의 남다른 유년－청년시절을 채워주는 역할을 해 주기 때문이다. 일단 외할머니 이씨는 워낙 정재의 친가와 외가가 교분이 있어서 잘 왕래했고 특히 정재가 열 셋, 누이동생 유씨가 일곱 살일 때 어머님이 돌아가시고 아버지 유희문이 재가하지 않자[6] 어머님을 대신하여 그와 그 누이동생을 길러주신, 어머니 역할을 하신 분이다. 또한 첫 번째 부인 선산 김씨는 그 이후 할머니에게 맡겨져 있던 어린 누이동생 전주 유씨를 찾아다가 기르다시피 했다는 각별한 기억이 있는 사람이다. 그렇기 때문에, 유치명이 서술한 외할머니의 제문에서는 그가 태어났고 또한 어렸을 때 와서 자라던 외갓집에 대한 기억이 따뜻하고 부드러운 이미지로 형상화되어 있다. 태어났을 때의 기억도 "마치 따뜻한 봄날의 기운 같았다"[7]라고 서술하고 이어서 외할머니의 성품을 이야기할 때 참조했던 천사 김종덕(川沙 金宗德, 1724~1797)의 행장을 인용하면서 "…항상 화평하고 따뜻하고 평온한 기운이 집안에 가득 넘쳤으니…"라고 다시 한 번 말하여 정재가 느꼈던 외갓집의 분위기와 그러한 기운을 만들었던 외할머니를 생각하는 것이, 다른 사람들이 자신의 어머니에게서 느끼는 심상과 다르지 않은 것을 확인할 수 있다.

또한 김씨에 대한 기억도 각별하다. 전술했듯 아내 한산 이씨를 잃고 재가하지 않은 아버지 때문에 외갓집에 맡겨야만 했던 누이동생 전주 유씨(이휘운 처)를 찾아와 함께 생활했던 기틀을 마련해 준 것이 바로 선산 김씨였고, 또한 젊다 못해 어린 나이에 한점 혈육도 남기지 못하고 갔다는 사실이 정재로 하여금 안타까운 마음을 가지게 하는 것으로 보인다. 그러나, 이러한 제문(祭文)들도 이전 시기인 18세기 문인들과는 감정 토로 면에서 사뭇 다른 모양임을 발견할 수 있다. 〈祭故室金氏文〉에서는 일단 그 기미를 볼 수 있는데, 이러한 특징들이 나오는 구절은 다음과 같다.

"모습과 소리가 날로 멀어지니 슬프고, 아름다운 행실이 날로 어슴푸레 해지니 슬프다."[8]

"(…전략…) 우리 갓난아이는 젖 먹을 곳을 잃고 어린 누이는 의탁할 곳을 잃으니 고민이다."

"내가 그대와 부부 되어 일찍이 함께 손님 접대와 제사를 해본 적이 없으니… (…후략…)"[9]

젊다 못해 어린 아내를 떠나보낸 남편이 슬픔을 느끼는 이유가, 그 모습과 소리가 날로 희미해져가기 때문이라는 것은 다른 제문에서도 흔히 나타나지만, 그 뒤에 "아름다운 행실"이라는 말이 나온 것은 흔치 않다. 기억하고 전할 만한 행동을 남긴 사람에 대한 애도는, 단순히 '나와 친밀했던 사람'의 기억을 넘어서 그 행동을 길이 전해야겠다는 정재만의 특징적 사고로 전이되기에 동일 제문 속에서도 '아이의 양육과 어린 누이동생의 양육'이라는 임무와 '우리 부부가 마땅히 해야 하는 "손님 접대와 제사(賓祭)"'라는 말로 계속 환기되는 것이다.

정재의 이러한 특성은 외할머니 제문인 〈祭外大母淑人驪江李氏文〉에서 더욱 심화되는데, 여기서는 형태부터가 제문이라기보다는 '행록'에 가깝다. 통상 제문(祭文)하면 생각나는 투식인 '아아 슬프다(嗚呼哀哉)'가 글 끝까지 드러나지 않고, 제3자에 의해서 작성된 글[10] 중에서 외할머니 관련 일화를 가져다가 글을 엮어놓는다는 면에서 이 제문이 행록적이라고 말할 수 있는 것이다.

또한 이 글의 끝부분에서 정재가 쓴 '소자는 일찍이 어머님이 돌아가신 슬픔을 안고, 오직 외할머니 숙인이 어머님 노릇 하시는 것을 의지하여 이슬과 비 같은 은혜 입음을 은혜로 삼을 뿐 아니라 아름다운 규범을 이어받는 것[承藉]을 영광으로 삼아 늘 슬하에서 모시면서 때마다 옛날 규방의 자잘한 일을 상세히 여쭤보아[叩問] 남겨서 이어받을 것을 준비해 두었으며, 추억하며 탄식할 곳으로 삼기도 했다. 이 일이 다시 있지 않은 것이 지금으로 삼 년이 되었다. 상설이 곧 거두어지려 하니, 그리움을 붙일 곳 없어지네. 넓고 넓은 천지간에, 여기 누가 있단 말인가! 이미 나의 사사로움으로 슬피 곡을 하였으나, 또 세상도 아파할만 한 것으로 여기니, 세상에 이 일을 보충하고 써내어서 전해야 하지 않겠는가!(…후략…)"[11]라는 구절을 통해서 또한 자신이 보고 들은 것이 아니면 적지 않는 행록 류의 기술 태도와, 개인적인 슬픔을 넘어서 이 분의 죽음이 세상도 또한 아까워하고 애통해할 것임을 확신하면서 그 아름다운 태도를 만방에 알릴 것이라는 행록류의 창작 논리를 다분히 가지고 있다는 것을 재확인 할 수 있다.

2) 행록을 통한 어머니, 아내, 며느리 형상의 부각 : 넓은 그릇과 집안을 운용하는 '근면'

전술하였듯이, 정재가 행록을 쓰게 된 집안의 여성은 어머니 한산 이씨, 자신의 두 번째 부인인 평산 신씨, 여동생 전주 유씨, 며느리 문소 김씨, 족숙모 선산 김씨(유재문의 처), 종조숙모 의성 김씨(유복문의 처)이다. 그 밖에 친척으로서 묘지명을 쓴 경우는 외사촌 형수인 안동 권씨가 있다.

전술했듯, 정재의 어머니인 한산 이씨는 그가 열세 살 때 돌아가셨기 때문에 어머니 사후 바로 짓는 제문 혹은 묘지나 묘갈명 등은 그가 지을 수 있는 상황이 아니었을 것이다. 그리하여 '어머니에 대한 그리움'이라는 감정은 제문화 되지 못한 채 막연한 감정의 형태로 남아 있다가, 동생인 전주 유씨가 돌아간 해인 1817년 이후에 지은 것으로 추정[12]되는 〈선비 유인 한산이씨 행략〉은 역시 여타의 작가들이 짓는 방식을 따랐다. 곧, '제3자의 애제문 참조 혹은 자신이 보고 들은 일을 기반으로 한 삶의 재구성'인 것이다. 그 이후 짓게 된 다른 여인들의 행록에도 이러한 방식은 지속된다. 가족과 친척을 대상으로 쓴 행록과 묘지명을 보면, 그 속에서 드러나는 여성들의 면모는 다양한 듯 하나 공통적으로 입전하고자 했던 몇 가지 모습들이 보인다.

우선, 여인들의 '담대함' 혹은 '남다른 그릇'이다. 어머니 한산 이씨의 경우, 30이라는 짧은 일생을 살면서 아이들 네 명을 낳고 열심히 기른 교육열 높은 어머니로서의 모습이 중점적으로 그려진다. 또한 둘째 아들인 자신이 사경을 넘도록 아파도 심상하고 침착하게 대하는 담대한 마음가짐도 볼 수 있다.[13] 이러한 남다른 담대함은, 한산 이씨 사후에 아버지인 유회문이 다시 장가가지 않으면서 아이들을 잘 키웠다는 일화를 통하여 물리적인 시간으로는 부족한 듯한 한산 이씨의 짧은 삶이나마 지아비를 감동시키는 힘이 있음을 드러낸다. 그리하여 자신 어머님이 남달리 바른 행동으로 살았고 그것을 후대에 귀감 삼을 만하다는 것을 증명하는 것이다. 자신의 두 번째 아내인 평산 신씨 역시 남다른 넓은 마음을 가지고 있음이 드러나는데, 이것은 바로 남편의 원배(元配)에 대한 태도에서 잘 드러난다. 정재가 막 결혼했을 때 전 부인이 기거하던 곳에 들어오자 돌아간 아내 선산 김씨를 그리워하는 모습을 보고도 오히려 마음을 편히 가지라며 너그러운 말로 위로하는가 하면, 자신 소생 세 딸들에게 원배의 제사를 잘 모실 것을 간곡하게 당부하고, 선산 김씨의 친정이 형편이 어렵다는 이야기를 들으면 자신이 열심히 일해서 모아놓은 재산을 아낌없이 주는 일화를 통해 담대하고 넓은 마음가짐을 볼 수 있는 것이다. 원배와의 관계뿐 아니라 신씨의 담대함은 정재의 과거급제를 들은 후의 반응에서도 알 수 있는데, 멀리 있어서 직접 가서 전하진 못했지만 급제 소식을 듣고도 담담하게 치러 내야 할 제사 차림에 열중하고 정재의 품계가 올라감에 따라 자신의 품계도 올라가는 사실에 대해서도 기쁜 기색 하나 없었던 일화에서도 마치 어머니 한산 이씨와 같은 남다른 '평상심'을 볼 수 있다.[14]

자기보다 여섯 살 밑이지만 먼저 세상을 떠난 누이동생 전주 유씨의 행록 속에서도 당차고 매서운 성품에, 오빠와도 학문적인 이야기를 하며 나름 뛰어난 성취를 이루었던 대담한 모습이 드러나 있다. 결정적으로, 누이가 항상 걱정했던 것이 오빠인 자기가 사내로서 너무나 작은 일에 마음을 쓴다는 것이어서,[15] 이러한 구절을 통해 어머니 한산 이씨와 계배인 평산 신씨 행록에서 소개되었던 '남다른 그릇'을 확인할 수 있다. 그러나 이러한 남다른 그릇과 평상심의 발현은 어디까지나 '부인의 영역'인 집안에서만 구현될 수 있는 것이었다. '여중군자' 혹은 '여자선비'로서 남다르다고 칭찬

받을 만한 이러한 특징은 그 능력의 영역이 사대부 남성의 고유한 것인 학문 혹은 학문적 식견으로 넘어가게 되면 철저하게 가려지는 것이 또한 부인으로서의 덕이었기에, 전주 유씨 행록에도 여타 작가들의 부인 행록에서 드러나는 '글을 읽고 쓸 줄 알았으나 시댁에서는 전혀 모르는 것처럼 했다'는 구절이 있을 뿐 아니라 "일의 옳음과 그름을 논할 때는 마치 대를 자르듯 거침없이 마음먹은 것으로써 거리낌 없이 말하면서 서로 즐거워하는 것이, 또한 남자 형제 사이에서만 하는 것 같았다. 그러다가 시집에 들어가면 그리하지 않았다."는 구절이 있는 것이다. 역시, 며느리 문소 김씨의 행록에서도 김씨가 돌아가면서 수입해 온 '양포(洋布)'를 쓰지 말라고 당부했다거나 친정아버지의 높은 직책을 가지고 자랑하지 않고, 남편과 아버지의 직책에 좌지우지되지 않는 면을 제시했을 뿐이다.

그렇다면, '남다른 그릇 혹은 평상심을 잃지 않음' 말고, 정재가 그 주변의 여성들을 그리면서 특기했던 점은 무엇일까. 그는 다름 아닌 '근면'이다. 단순한 근검 절약을 넘어 자신의 집안을 책임지고 건사할 수 있었던 정도의 파급력을 가진 것으로, '집안을 일으키는 힘'으로 묘사되고 있다. 특히 아내인 평산 신씨와 며느리인 문소 김씨의 행록에서 그 서술이 두드러진다. "해마다 벌어들이는 수입은 반년 치밖에 자라지가 않아서 부인이 열심히 애써서[勤苦] 구제하며, 늘 시어른들께 근심을 끼칠까 걱정하였다. 비록 하루 지탱할 처지밖에 안 된다 하더라도 한 번도 모자라다 말한 적이 없었으며 오히려 공양하는 것과 손님 대접하고 제사 치르는 데는 그 격식을 잃지 않았다." "얼마 안 되는 베 포나 비단이라도 모두 그 베틀과 북에서 나왔으며 다른 사람의 급한 사정을 보면 자신의 것을 미루어서라도 그를 주고, 보응할 것을 바라지도 않았다."[16]라든지, "집을 다스리는 일에는 조리가 있었으며 항상 종일토록 명주실과 삼실을 손질하면서 그 자리를 뜨지 않아 해마다 옷감을 수십 베틀어치 냈으며, 어린 계집종 넷을 두었는데 헐벗거나 배고프다 하지 않게 하였다. 자주 몸소 큰 솥을 닦고 절구질하여 그들이 피로하지 않도록 하였다."[17] 같은 구절이 그것이다. 이러한 역할을 하던 사람이 없어졌을 때 이제 어떻게 살 것인가 고민하면서 "공인이 있던 때를 생각해 보면 나는 따스한 날을 살던 것 같았는데 지금 그가 죽고 보니 차가운 바람 속에서 슬퍼하고 있네. 그 장차 이와 같이 끝날 것인가."[18]라고 쓰고 있어서, 전술했던 외할머니 여주 이씨 제문에서 드러났던 '따뜻한 날'이라는 이미지가 재현되고 있어서 집안 살림을 꾸려나가는 측면에 대해서 매우 감동하고 중요하게 생각하고 있다는 것을 알 수 있다.

이러한 '검약'과 '경제능력'에 대한 중시는 자신의 지친인 아내, 여동생, 며느리의 행록뿐 아니라 종조숙모인 의성 김씨의 행략(〈從祖叔母孺人義城金氏行略〉)과 처형이며 족숙모인 선산김씨 행록(〈족숙모 유인 선산 김씨 행록〉)에도 나와 있는 내용이다. 특히 종조숙모인 의성 김씨(김중주의 딸, 유재문의 처)는 혼인이 결정되고 처가에서 남편 유재문이 돌아가자 따라 죽으려다가 남겨진 시부모님께 슬픔을 끼칠 수 없어 바로 죽지 못하고, 억지로 목숨을 이어서 10여 년을 웃지도 않고 엄숙하게 지내는 상황이었으면서도 모든 집안일을 잘 처리하며 살아갔던 인물로 그려져 있다.[19] 처형이고 족숙모인 선산 김씨(김복구의 딸, 유복문의 처)도, 역시 삼 년이 안 되어 남편을 잃었으면서도 "치가(治家)를 검약하게 하고 규모 있게 했다"는 말을 밝히면서 이웃지간에 빌려주고 갚는 것, 없는 중에도 남에게 구제하고 나눌 수 있도록 그 살림을 운용한 측면을 특기하고 있는 것이다.[20] 살림을 운용한 측면 중에서도 이 행록에서는 쌀을 팔고, 양잠을 하는 등 구체적인 경제 행위가 나와 있어서 특기할 만하다. 또한 행록은 아니지만 외사촌 형수를 대상으로 저작한 〈숙부인 안동 권씨 묘지명〉에서도, 안동 권씨에 대해 가장 주목한 것은 '검약하다'이다. 여기서의 검약한 것은 가난한 집안 살림에 잘 적응하였다는 외적인 것 뿐 아니라 화려한 옷을 입을 수 있는 데도 불구하고 그것을 중시하지 않으며, 마음의 덕을 쌓는 것을 다른 것에 우선하는 정신적인 측면에 치중하는 측면을 강조하는 뜻이어서, 앞선 집안 여인들의 첫 번째 특성인 '큰 그릇이 주는 담대함'과 섞여 있는 인상을 준다. 이러한 뜻을 가지고 덕을 숭상한 것 같은 면모를 보여주었던 권씨가 아들에게는 어찌해서 영광되게 봉양할 수 있는 길인 과거를 택하지 않느냐고 묻는 일화가 있는 데서,[21] 읽는 이로 하여금 혼란하게 하나 나중에는 영광보다는 마음 닦는 것을 추구한다는 아들의 반응을 끌어내어 권씨의 교화가 아들에게 온전히 전수되었음을 일화로써 보여준다.

앞서 소개한 두 족숙모, 종조숙모 행록에서 전술한 검약과 경제 능력 외에 공통적으로 주목한 사건이 하나 있는데, 그것은 바로 '일찍 죽은 남편'이다. 이 두 사람은 모두 일찍 죽은 남편을 두고 즉시 따라죽기보다는 오히려 그 시부모를 위로하며, 그들에게 누가 될까봐 그 앞에서는 슬픈 기색도 못하고 죽을 끓여 올리면서 위로하고 살림을 주관하되, 자기 자신은 완전히 버리고 웃음이나 말을 일체 하지 않으면서 그 슬픔을 잊어본 적이 없다는 일화들을 소개하고 있다. 이러한 일화들의 소개와 그 평가는 그가 타인의 묘지명 혹은 묘갈명을 작성하는 데 중심 내용으로 이어지기 때문에 의미가 있으며, 이어서 더욱 구체적으로 알아보겠다.

3. 친척 외 여성에 대한 정재의 시선—열(烈)과 임무(任務)의 문제

정재가 지은 타인에 대한 글은 총 6편으로서, 그 입전 대상은 풍산 김씨(1778~1842, 김상경의 딸, 김재순의 아내),[22] 전의 이씨(1782~1840, 이규오의 딸, 김백찬의 아내), 대흥 백씨(1778~1850, 백원옥의 딸, 남유로의 아내), 안동 권씨(1694~1759, 권극태의 딸, 이재록의 아내)에 대해 쓴 묘갈명이 있다. 이재록의 처인 안동 권씨는 유치명보다는 윗 세대의 사람이지만, 꼭 써야 한다는 말을 하면서 붙이고 있다. 또한 박씨 집안의 열부인 박기옥의 처 권씨의 행적을 적은 뒤에 쓰는 글, 강계에 사는 개성 김씨의 열효록에 덧붙인 글이 나머지 2편이다. 이 글들은 분량 상으로도, 정재가 만나본 집안 여인들에 대해 쓴 글의 절반 분량이다.

1) 일단 살아남되, 죽을 것을 잊지 않는 '절의'의 강조: 타인 대상 묘지명과 묘갈명, 열부 행적 후서

전술하였듯이, 특히 정재는 자신이 긴 시간 직접 본 적이 없는 외부의 여인들에 대해서는 특정한 입전 의식을 느껴야만 지었던 것으로 추정할 수 있다. 특히 〈대흥 백씨 묘지명〉에 보면 돌아간 대흥 백씨의 아들이 정말 집요하게 부탁을 했기 때문에 거기에 감동을 받아, 계속 거절을 하다가 지었다는 구절[23]도 나오는 것으로 보아, 그가 부탁을 받는 대로 묘지명을 저작하지는 않았으며 부탁한 사람과의 친소관계뿐 아니라 대상 여성에 대해서도 주목할 만한 점이 있어야 글을 쓴다는 것을 알 수 있다. 그렇기에, 집 밖의 여인들에 대한 글은 그 형상화 면에서 정재가 생각하는 '의의' '훌륭한 점' 등의 구체적인 면모를 알아볼 수 있을 것이다.

정재가 작성한 다른 여인의 묘지명에서 가장 주목하는 것은 '남편의 죽음'을 겪은 후의 부인의 태도이다. 〈孺人大興白氏[南有魯妻]墓誌銘〉과 〈孺人全義李氏墓誌銘 幷序〉에서 모두 그 문제를 다루고 있는데, 대흥 백씨의 경우는 남편을 먼저 장례 지낼 때 관이 좁아 솜이불을 덮이지 못하고 매장하자 그 이후 평생 동안 자신도 솜이불을 덮지 않았다는 말만 간단하게 나와 있다.[24] 〈전의 이씨 묘지명 병서〉에서는 "그 지아비가 병이 들어서 죽게 되었는데, 유인은 애써서 죽지 않았으니 노인들을 봉양하고 어린아이들을 길러야 했기 때문이다. 아마도 그 뜻을 살펴보면 구차히 살려고 한 것만은 아닌 것 같다. 그리하여 스스로 슬픔을 억누르고 그 몸을 상하지 않은 것이다."[25]라는 구절을 써서 이 문제에 대하여 본격적으로 다루고 있고, 또한 그 사건에 대한 자신의 해석까지 덧붙이고 있는 것이다. 물론 남편이 돌아가자 곧바로 따라서 죽은 경우에 대해서도 침묵하지는 않으니, 이러한 경우가 바로 〈龍庵處士義城金公[在純]孺人豐山金氏合葬墓誌銘〉 이다. 이것은 합장 묘지명이라 부부의 묘가 어느 해에 합장되었는가 간단하게 기술하고 주로 남성 중심으로 전개되기 마련이다. 그러나 여기서는 부인의 일화도 거의 동일한 분량으로 소개하고 있어서 특기할 만하다. 이 글의 처음에서 부인이 김공을 '下從'[따라 죽음]했음을 소개하고 그에 대해서 설명하면서, 자신이 용암공 처소에 놀러갔다가 했던 말을 혹시 부인이 듣고 그 길을 선택한 것이 아닌가 걱정한 후, 그래도 부인의 죽음이 즉흥적인 생각으로 저지른 결과가 아니라 누구나 하기 어려운 귀중한 결정에 따른 것으로 평가를 하고 있다. 또한 장성하기까지 길러낸 아이가 없었던 이 부부의 사정을 말하여 풍산 김씨가 따라서 죽은 것이 남겨진 아이를 버려두고 가는 행위 또한 아님을 간접적으로 보여주고 있다.[26] 따라서 정재가 중시하는 미망인(未亡人)으로서의 '절의' 혹은 '열행'이라는 것은 모셔야 할 시부모와, 길러야 할 아이를 반드시 전제해야 하는 것임을 알 수 있다.

일찍이 죽은 지아비에 대한 부인의 태도와 마음가짐이 가장 극적으로 드러난 경우는 〈贈淑夫人安東權氏[李載祿妻]墓碣銘〉과 〈書朴烈婦行蹟後〉이다. 이재록 처인 안동 권씨는 그와 동시대를 살았던 사람이 아니며, 그 글도 권씨의 5대손이 써달라고 부탁하여 쓰게 된 것이지만 그 어느 묘지명보다도 전하고자 하는 의지가 강해 '듣는 순간 머리가 쭈뼛 섰다'는 표현까지 쓰고 있다.[27] 도둑이 들어 자신의 지아비와 아들을 죽였는데, 사투 끝에 그 도둑을 사로잡아 관가에 끌고 가서 "손수 배를 가르고 간을 깨물며"[28] 복수를 하고 장례를 지낸 후 남은 손자와 며느리를 달래고 집안을 추스르는 일을 해내기 위해 죽지 못하고, 그 일을 빠짐없이 해내는 기간인 19년을 한결같이 마음속으로만 처음의 다짐을 잃지 않으면서 살다가 손자가 20세가 되던 날 스스로 목숨을 끊었고, 그 며느리에게는 죽지 말라고 당부했지만 며칠 뒤 며느리도 뒤이어 자결했다는 내용을 쓰면서, 이러한 행동을 옛날 조나라의 뛰어난 선비 정영[29]에 비유함으로써, 이것이 남자도 하기 힘든 일이라는 것을 간접적으로 드러낸다. 이토록 귀하고 어려운 일을 보상받게 하기 위해 그 지역인 함안의 선비들이 글을 써서 임금에게 올리려고 하였으나 아쉽게도 이루지 못했는데, 후대에 여러 후손들이 관직에도 잘 진출하여 그 집안이 명문이 되었다는 일화를 뒤에 붙여서 어떤 방법으로든지 권씨의 절개가 훌륭하고 뛰어난 것이며, 그만한 보상을 받아 마땅한 것으로 평가하고 있음을 알 수 있다. 박씨 집안의 열부인 박기옥의 처 권씨의 행적 뒤에 쓴 글인 〈書朴烈婦行蹟後〉에서도 역시 남편이 죽자 바로 따라가지 못하고, 배 속의 아이가 8세 될 때까지 마음속의 결심을 늦추지 않은 채 일정 기간을 채우고 열행을 한 권씨의 의지를 칭찬하고 있다. 앞선 글의 안동 권씨와는 달리 박기옥의 처 권씨는 19년의 세월을 기다릴 필요가 없었던 것이, 바로 아이를 길러줄 시부모님이 있었기 때문이었다. 그렇기에 권씨는 아이가 여덟 살이 될 때까지는 되어야 부모님의 마음도 달랠 수 있고, 아이도 어느 정도 자랄 것이라고 하면서 자신의 결심을 사전 예고한 후, 약속에 알맞게 딸이 8세 되던 해 아이가 자라서 입을 옷까지 모두 지어놓고 돌아가는 의지 굳은 모습을 보여준다.[30]

여기서 유치명이 생각하는 '열' 혹은 '절개'를 정리할 수 있다. 남편이 죽었다고 해서 순간의 슬픔을 이기지 못하고 따라죽는 것이 결코 열행이 아니요, 자신이 처한 상황을 본 후 자신이 해야 할 일을 끝까지 마무리를 해놓되 그 세월 내내 마음속으로는 남편이 죽었으니 나도 반드시 남편을 따라가야 한다는 강한 의지를 품는 것을 열로 규정하는 것이다. 환언하면 바로 따라죽는 행위보다도 집안을 유지하고 지키는 의무의 수행을 중히 여기면서, 자신이 말한 바를 실천하는 책임감과 깊은 관계가 있다는 것을 알 수 있다. 즉, 남편이 먼저 죽은 아내를 부르는 관용적 호칭인 '미망(未亡 : 죽지 못한)인'에 깔려 있는 남겨진 여성의 삶의 태도 규정을, 살아남은 동안 늘 죽음을 생각해야하는 '기망(期亡 : 죽음을 기약하는)'의 상태로까지 행해야 한다고 한 등급 더 높은 기준으로 위치 이동한 것이다.

또한 이러한 '열' 관념은 사람이라면 지위 고하를 막론하고 가지는 것이 훌륭한 일임을 말하는 글이 있어서 주목되는데, 이것이 바로 〈書江界開城金氏烈孝錄後〉이다. 표제 그대로 강계지방에 사는 김씨 집안의 열효록 뒤에 쓴 감상문인 이 글은, 그 집안에서 구체적으로 어떤 효행과 열행을 했는지 소개되어 있지 않고 열행이나 효행 같은 교화의 결과가 파급된 사실에 감격하고 있다. 곧, 왕도의 교화와 유교의 가르침이 미치기 힘든 평안도 구석마을 강계에서 열부와 효자가 나왔다는 사실에 감탄을 하고 있는 것이다. 여기서는 정재에게 파악되는 '열'은 그 자체로도 인간의 훌륭한 품성이지만, 이런 것이 존재함으로써 사회가 유지될 수 있다는 사회적인 당위개념으로서의 함의가 짙다는 사실을 알 수 있다. 기존 연구들에서 밝혀진 바 19세기에 계층적 확대와 그 순절 양상이 다양화 된 "열녀"들을[31] 표제에 넣은 전 형태나 정려기 등으로 '노골적으로' 특화시키고 있지는 않지만, 정재도 이러한 맥락으로 절의 혹은 열에 대한 관심을 보이고 있다.

2) 근면을 넘어선 집안 경영 측면의 부각 : 묘지명, 묘갈명

앞서 말한 '쉬 따라죽지 않되 늘 따라 죽을 것을 기약하는' 여인들의 절의(節義) 발현은 늘 '키워야 할 아이, 모셔야 할 시어른들, 잘 다독여 거느릴 홀로 된 며느리'를 전제로 하는 것이었다. 이들을 다른 말로 표현하면, 바로 집안 혹은 가문이다. 그가 묘지명 혹은 묘갈명에서 다룬 거의 모든 여성들은 지아비의 부재를 체험하고 슬픔으로 혼절하면서 장례를 치러낸 후, 시부모를 정성으로 모시며, 아이들을 엄정하게 양육하며 제사를 훌륭히 치러내고 이웃을 구제하는 손길을 편다.

이를 지금의 어휘로 요약하자면 '집안 경영'이라고 말할 수 있을 것이다. 그런데 비슷한 의미의 다른 어휘인 '먹고 살기'보다는 굳이 '집안 경영'이라고 말한 이유는, 이들이 '근검절약'과 같은 수세적인 의미가 아니라 그 집안 살림에 최선을 다하여, 그 집안이 지역사회에서 어느 정도 영향력을 가질 수 있는 정도가 되도록 살림을 일으킨다는 적극성이 다분히 엿보이기 때문이다. 〈孺人大興白氏[南有魯妻]墓誌銘〉에서는 대흥 백씨가 친정에서 혼수를 매우 많이 해왔는데, 이를 시댁의 모든 식구와 잘 나누어서 모두 부족함이 없도록 쓰고, 집안의 어려운 사람들을 구휼하는 데 힘써서 시댁의 많은 사람들이 모두 그 집을 기다려서 밥을 먹을 뿐 아니라 유리걸식하게 된 어려운 사람들까지 그 범위가 넓혀졌음을 특기하여[32] 적극적인 집안 경영의 규모를 보여준다. 그러나 워낙 전체적인 분량이 짧아서, 글 속에서 그 일화가 상당한 비중인데도 단편적으로만 언급되어 있어서 이것만으로는 정재의 관심을 반영한 형상화라고 일반화 하는 것은 무리가 있다.

그러나 정재가 주목한 여성들의 '집안 경영' 일화가 여기서만 그친 것은 아니다. 여성이 집안을 경영하는 사례가 구체적으로 드러난 것이 〈孺人全義李氏墓誌銘 幷序〉이다. 전의 이씨는 남편 김백찬이 돌아간 후 자신은 좋은 것을 안 입고 안 먹었어도 시부모님께는 그 때에 따라 부족함이 없이 해드렸고, 손님들을 정성으로 접대했으며, 집안의 친척들이 살 곳을 구하는 데도 도움을 주었다는 일화가 제시된다. 이를 통해 그의 가정이 영향을 미칠 수 있는 영역이 손님과 그 지역 족당(族黨)에게까지 넓혀지는 것은 물론, 전의 이씨가 경영해 내는 가정의 경제 규모가 단순한 품앗이성 '구제'를 할 수 있는 규모가 아니라 상당한 규모의 재산임을 짐작할 수 있는데, 이것은 이웃집의 사람이 수백 냥을 빌려주기를 청했다는 일화가 나옴으로써 확증된다.[33]

그렇다면 여성이 이러한 규모의 재산을 관리하고 경영하는 것을 정재가 어떤 의미로 받아들였는가가 문제되는데, 〈전의 이씨 묘지명 병서〉에서 이와 관련한 정재의 입장을 볼 수 있어 흥미롭다. 본문에서는 이씨의 친정아버지가 딸인 전의 이씨에게 많은 패물을 주려고 하자 "저는 딸이라 조상을 제사지낼 수도 없는데 또 어찌 집안 재물을 축내겠습니까?"고 말했다는 일화가 나와 있다. 이를 통해, 전의 이씨가 재물이 가정을 경영하는 핵심이라는 것을 알고 있지만, 그 재물이 유통되고 쓰일 것은 자신이 제사를 지낼 '시가'라는 것을 확실히 하고 있다는 것이 보인다. 또한 본문 중에는 전의 이씨가 아들에게 한 말을 인용하여 여성이 가정 경영 일선에 나온 이유를 다음과 같이 말한다. "내가 힘을 다하여 재산을 만드는 것은, 네가 밥먹기나 도모하여 도에서 벗어날까 두렵기 때문이다." 이는 곧, 이전 일화에서 의미했던, 재산이 곧 사람으로서의 도리를 지키는 '제사'를 지낼 수 있는 자신의 가정(곧 시댁)을 움직이는 핵심적 요소이며, 그것을 힘써 운용하는 역할이 그 집의 며느리임은 확실하지만 그 목적과 운용 범위가 역시 '시댁을 중심으로 한 가정'을 벗어날 수는 없다는 것을 시사한다. 여성의 '집안 경영'에 대한 관심을 가지면서도 또 한편으로는 여성의 적극적인 경제활동에 대한 경계를 늦추지 않는 정재의 관점은, 바로 앞에 소개한 전의 이씨의 말에 이어지는 일화로 확실히 알 수 있다. 본문은 다음과 같다.

> 하루는 암탉이 새벽에 울자 문득 두려워하며 말하기를 "이것은 필시 나 때문일 것이다."라고 하고 집안일을 모두 자식에게 주고, 다시 묻지 않았다.[34]

이와 같이, 가족에 대한 시선에서도 정재는 여성의 '근검'을 넘어서는 집안 운용에 주목했듯이 이른바 이상적인 여성상을 형상화할 수 있는 타인의 묘지명과 묘갈명에서도 '집안 경영'이라 할 수 있는 경제 활동을 특기하였다.[35] 그러나 그와 동시에, 여성의 적극적인 집안 운용은 오로지 집안에 있는 남편 혹은 아들의 완전한 수신(修身)을 위한 것이며, 제사를 받들고 빈객을 접대하며 구제를 하는 목적에서만 해야 한다는 의견이 혼재되어 있다.

4. 19세기 초 영남 성리학자의 여성형상: 치산(治産)과 기망(期亡)

이상 19세기 대표적인 성리학자이며 위정척사파의 시초가 되는 정재 유치명의 여성 관련 저술들을 대상으로 정재가 여성 형상화 면에서 구체적으로 어떠한 면에 집중하는지를 살펴보았다. 정재가 여성을 대상으로 저작한 글은 의문, 제문, 묘고문, 행록 및 행략, 열(효)록 후서 등의 형식으로

총 22편이 있었다. 이 중 여성 인물을 대상으로 한 글을 가족 및 친지를 대상으로 한 글과 그렇지 않은 여성을 대상으로 한 글 두 가지 경우로 나누어서 살폈다. 여성 대상 비지, 애재 전장류 창작이 정착되는 17세기 이후로부터의 창작 경향을 보면, 가족 혹은 친지를 대상으로 한 글들에서는 가정 내에서의 지극히 개인적인 경험들이 특화되어 있는 '개성적인 여성상'이 드러나고 그렇지 않은 경우에서는, 훌륭한 여성이라면 마땅히 그래야 한다고 생각한 '이상적인 여성상'이 드러나기 때문이다.

정재가 그 가족 구성원을 그리는 글을 쓸 때, 글의 갈래상 '제문(祭文)'보다는 행록(行錄) 혹은 행략(行略)을 압도적으로 많이 쓰고 있는 것이 특징이다. 고인과의 애틋한 기억을 그리면서 그들의 부재(不在)를 슬퍼하는 감정의 토로인 제문보다는, 너무나 훌륭하고 본받을 점이 많기 때문에 후세에 묻힐 것을 두려워하며 자신이 본 바와 믿을 만한 타인의 증언들을 합쳐서 짓는 행록을 선호하는 것이다. 이러한 행록의 선호는, 자신을 길러주신 외할머니 제문인 〈祭外大母淑人驪江李氏文〉조차 행록의 형태로 지어 놓은 것에서 다시 한 번 확인할 수 있다. 결국 여기서 형상화되는 여성들은 애틋한 그리움의 대상인 동시에, 길이 기억할만한 이상적인 인간상의 모습을 띠고 있다. 그 인간상은 구체적으로 '넓은 마음의 그릇'을 가지고 있는 사람들이며, '근면'을 통해 집안을 잘 운용하는 모습으로 드러난다.

이른바 '이상적인 여성상'을 본격적으로 그렸다고 생각되는 묘지, 묘갈명 중심의 가족·친척 외 여성 대상 글을 살펴보면, 그가 형상화 해낸 양상은 크게 두 가지로 요약할 수 있다. 우선 대상 글들의 여성들이 거의 남편을 일찍 먼저 보내는 상황에 놓여 있었으나 그 대처 방법으로서 단순한 '따라죽음'보다는 '일단 살아남되, 期亡(눈 앞에 있는 할 일을 끝낸 뒤 꼭 죽을 것임)을 잊지 않는 굳은 의지'를 발현한 것을 '절의' 혹은 '열'로서 높이 평가한다. 두 번째는, 근면을 넘어선 '집안 경영'이라는 여성의 경제활동에 주목하는 측면이 있다. 그러나 이것을 적극적으로 권장 혹은 인정하지는 않고, 이것은 오로지 집안에 있는 가장(주로 아버지 없는 아들)의 완전한 수신(修身)을 위한 것이며, 제사를 받들고 빈객을 접대하며 구제를 하는 목적에서만 해야 한다는 의견이 혼재되어 있다. 정재는 19세기 초중반까지 주로 활동하였던 영남 사림이기 때문에, 18세기 지식인들이 내놓았던 여성 대상의 애제·비지·전장류 글 속에 드러나 있는 (사대부) 여성 형상들과 동·이점을 대비하여 보는 것이 더욱 그 특징을 서술하기에 효율적이다. 정재가 그려낸 여성 형상들은 이전 시기 여성들보다 '구체적인 행적'을 통하여 기억될 수 있는 대상이며, 그 행적 중에 특이한 것은 열(烈)을 죽음으로 증명하지 않고 살아남아 집안을 잘 돌아가도록 하고, 살아남았을 때 단순한 근면을 넘어선 구체적인 '집안 경영'의 행보를 보인다는 점이다.

▸ 주

* 이 글은 『한국고전여성문학연구』 제19집(2009)에 게재된 논문을 수정한 것이다.

1 그는 이황 성리학의 적통을 이었다고 평가되는 이상정의 외증손으로서, 특히 영남의 강좌지역에서 호계서원을 중심으로 심성이기, 인의예지, 의리 등에 관한 강론 활동을 하면서 김흥락, 김도화 등의 주 제자를 길러내어 그들이 인의예지에 대한 이해를 바탕으로 경(敬)을 통해 그 인(仁)을 실천하는 것을 사상적 목표로 하는 학풍을 주도하였다. 그리고 이들은 경기지역의 이항로, 호남의 기정진, 영남의 이진상과 유치명으로 파악되는 19세기 이학(理學)의 이론적 재정비와 실천 활동이라는 학풍을 조성한 것으로 소개된다.

2 퇴계학파의 적통을 잇는다는 명성이 있는 선비로서, 정재는 禮에 대한 관심이 깊어서 상복 혹은 변복에 대한 의례의 문제에 대한 저작 중 부인과 관련하여 3개의 명을 지었다.(〈婦人本親宗服疑義〉 등) 그러나 이것은 예기(禮記)의 구절을 어떻게 해석하는가가 주가 되는, 원칙의 해석과 소개이므로 실제 여성들을 대상으로 형상화한 점이 없어 주 분석 텍스트에서는 제외하도록 하겠다.

3 시조비(始祖妣)인 최씨에 대해서는, 〈告始祖妣三韓國大夫人崔氏墓文〉과 〈始祖考妣墓齋重修記〉 두 편을 남기고 있는데, 정재가 전라 우도 장시도사를 지냈던 1831년에, 그 묘소에 가게 되어 고하고 묘재를 거듭 고치는 과정에서 창작되었기 때문에 시조비 최씨에 대한 특별한 언급이나 형상화보다는 '훌륭한 가문을 융성하게 만든 조상'으로서의 의미만 드러내고 있어서 본문에서 특별히 언급하지 않겠다.

4 정재의 저작 중 어머니 기일 묘고문이 있긴 하나, 1편이고 매우 소략하다. 그리고 나머지는 모두 분황제문에 속한다.

5 일단 선산 김씨에 대한 언급은 누이동생의 행록인 〈亡妹李孺人[李彙運妻]行錄〉과, 두 번째 부인의 행록인 〈故室淑夫人申氏[柳致明妻]行錄〉에서 특히 짙게 드러난다. 특히 평산 신씨 행록에서는 전배인 숙인 김씨가 쓰던 방에 들어가서 전부인을 그리워하자 오히려

신씨가 정재를 위로하는 부분이 나와있는 것을 특기할 만하다. 외할머니 여주 이씨도 어머니 한산 이씨의 행록과 누이동생의 행록에서 재차 언급되고 있다.

6 〈先妣孺人韓山李氏行略〉, 『정재집』 권36, 230~231면. 先妣旣喪 先君不更娶 以拊育不肖輩.

7 惟依俙地認得如從春風和氣中過 「祭外大母淑人驪江李氏文」, 『정재집』 권24, 506면.

8 音容之日遠則哀, 懿行之日況則哀, 〈祭故室金氏文〉, 『정재집』 권36.

9 幼孩之失乳 妹之失庇 則憂, 吾與君爲夫婦 未嘗共執賓祭. 앞의 글.

10 〈祭外大母淑人驪江李氏文〉에서 인용한 타인의 글은 정재의 스승이기도 한 손재 남한조(損齋 南漢朝, 1744~1809)와 천사 김종덕(川沙 金宗德, 1724~1797)이 쓴 것이다. 또한 앞으로 나올 제문과 행록에 대한 논의는 제문은 행장에 비하여 '망자를 잃은 산 자의 슬픔을 토로하는 정서적 효과를 우선시한다'는 선행연구와 '서정양식'이라는 선행연구에 입각하여 제문과 행록에 대한 이야기를 했음을 밝힌다. 이경하, 「망실행장류 연구」, 『한국문화』 40호, 2007, 2면; 이은영, 「애제문의 특징과 변천과정」, 『동방한문학』 31집, 2006, 259~261면.

11 유치명, 앞의 글. 小子早抱窮天之哀. 惟恃淑人爲母. 不徒以蒙被雨露之爲恩. 而以承藉懿範之爲榮. 每侍膝下. 輒叩問疇昔閨閤細瑣事. 以備遺承. 以寓感欷. 此事之不復. 于今三年矣. 像設將撤. 寓慕無所. 悠悠天地. 此何人哉! 旣以哭吾私. 且以爲世痛. 世果有鋪述爲傳!

12 〈先妣孺人韓山李氏[柳晦文妻]行略〉에 "아버님께서 어머님을 잃고 다시 장가들지 않으시면서 우리들을 잘 보살펴 길러주셨다. 우리 형제들은 네 명이었다가 그 두 번째가 일찍 죽고 막내는 첫 돌도 안 되어 젖을 못 먹게 되니 마침내 또한 죽고 말았다. 오직 오라비와 여동생 하나가 남아 있었다가, 지금은 내가 홀로 남아 있다."(先妣旣喪. 先君不更娶. 以拊育不肖輩. 不肖昆季四人. 其二先已夭. 季未一晬而失乳. 竟亦死. 惟一娚一妹. 而今不肖孤存矣.)라는 구절에서 그 사실을 확인할 수 있다. 『정재집』 권36, 230~231면, 『한국문집총간』 298.

13 외가로부터 늘 종이와 먹 등을 받으면 가져다가 숙부 댁에 나와 같은 또래의 아이들에게 나눠주셨다. 때로는 수업을 받았는데 구를 떼지 못하면 혼을 내시며 읽은 곳을 제대로 마칠 때까지 손으로 가리키며 가르쳐주셨다. 그러므로 나는 비록 사랑을 믿고 감히 가볍고 방자하게 굴 수가 없었다. 또 할아버지께서 늘 말씀하시던 것을 적자면, 내가 어렸을 적에 아파서 거의 목숨이 위태로운 지경이어서 집안사람들이 모두 왔고 밤 또한 깊었는데, 어머님께서 말씀하시기를 "이불을 덮어 놓고 날이 밝을 때를 기다려 봅시다."라고 하셨다고 한다. 이것은 모두 평소에 뜻을 두던 것으로서 그런 것이니, 여느 부인된 자들과는 다르다는 것을 또한 알 수 있다.(自外氏每有紙墨之遺. 取而分諸叔父之與不肖年相似者. 或課受而不能以句. 則責之而指敎之終所讀. 故不肖雖恃愛. 而不敢狎而肆焉. 又記祖考嘗言不肖幼時病幾殆. 家人咸在. 夜且久. 先妣曰. "覆之衾. 待明看." 此皆尋常率意而然. 亦知與世之婦人者. 異矣.) 〈先妣孺人韓山李氏[柳晦文妻]行略〉, 『정재집』 권36, 230~231면, 『한국문집총간』 298.

14 余嘗入私室. 以前夫人所常處. 而相對非舊顔. 不能忘情. 夫人婉辭慰之曰. "脩短有命. 疚心何益.! 幸加寬解."/三女皆敎以義. 常語之曰. "吾有若曹是血脈. 前夫人未有一息.

爾輩宜盡情供祀事.” 故每遇忌日. 三女皆悲慽如所生./余欲爲前夫人親黨贈遺. 樂爲之齎封./余忝大科. 持榜者夜半及門. 夫人方供墓祀. 坐不離席. 執籩豆如常日. 人問得無喜劇否. 曰. “已捷矣. 何至如恐不及?” 口不道祿廩榮華事. 至宦稍顯. 夫人膺淑夫人之號. 亦不見喜色. 유치명, 〈故室淑夫人申氏[柳致明妻]行錄〉, 『정재집』 권36, 232면, 『한국문집총간』 298권.

15 妹非有得於學問矯揉者. 而有似能變化氣質. 以識解甚晰也. 妹嘗病我以男子而狃於小仁. 亦能知女子不以剛決爲善也. 然常從我喜聽古篤孝義烈事. 令誦之. 聽了又朗吟. 如素熟者以自怡. 論事當否. 如破竹. 恣所志以上歡. 亦以在兄弟也. 若入夫家. 則不爲之矣. 유치명, 〈亡妹李孺人[李彙運妻]行錄〉, 『정재집』 권36, 231～232면, 『한국문집총간』 298.

16 我家門戶闊大. 而多待以擧火者. 歲入不能當半載. 夫人勤苦以濟之. 常恐貽惱尊章. 苟可以支一日. 未嘗告匱. 猶供養賓祭./尺布寸帛. 皆出機杼. 視人之急. 推以與之. 不責報也. 〈故室淑夫人申氏[柳致明妻]行錄〉, 『정재집』 권36, 232면, 『한국문집총간』 298권.

17 理家事有條. 常終日治絲麻. 不離坐度. 歲出布綿數十機. 小婢四. 不令露體呼飢. 往往親鼎臼. 不以爲勞. 〈子婦恭人聞韶金氏[柳止鎬妻]行錄〉, 『정재집』 권36, 233면, 『한국문집총간』 298.

18 念恭人之存也. 余如在暖日中. 今其亡矣. 若喝悽風. 其將若是而盡矣. 앞의 글.

19 …居常衣襪之屬 澣濯裁縫 不去手 以時節進御於重闈 未或後時…,〈從祖叔母孺人義城金氏行略〉, 『정재집』 권36. 이 글뿐만 아니라 『승정원일기』에서도 그 후사 문제가 의론된 바 있어, 참조할 만하다. 『승정원일기』 고종 28년 신묘(1891, 광서 17) 4월 30일 (계해) 유재복의 둘째 아들 유석룡을 유재문의 후사로 세우게 할 것을 청하는 예조의 계: 예조의 말로 아뢰기를, “방금 안의(安義) 유학(幼學) 유재철(柳載喆)의 소지(所志)를 보니, ‘족형(族兄) 유재문(柳載文)이 본처와 첩에게서 모두 아들을 얻지 못한 나머지 그 동성(同姓) 6촌 동생 유재복(柳載馥)의 둘째 아들 유석룡(柳錫龍)으로 대를 잇고자 두 집안 친족들이 상의하여 결정을 지었습니다. 그런데 생부모와 양부모가 모두 작고한 관계로 상규에 구애되어 규례에 따른 예사(禮斜)를 받지 못하고 있으니, 법전에 따라 초기하여 품처해 주소서.’라는 내용으로 정장한 것이었습니다. 무릇 대를 잇기 위해 후사를 세우는 일과 관련하여 양쪽 집안에서 주고받은 분명한 근거가 있는데도 등문(登聞)할 수 없는 경우에는, 해조로 하여금 사리를 논하여 초기하도록 법전에 실려 있습니다. 문장(門長) 유재철의 호소한 내용이 이미 이와 같으니, 유재복의 둘째아들 유석룡을 유재문의 후사로 세우도록 하는 것이 어떻겠습니까?”하니, 윤허한다고 전교하였다.

20 治家勤儉有條 隣比之間 假貸無所吝 亦不以責報.(…후략…) 또한 을해년(1815)에는 집에 거지 여자가 뜰에 누워 있어서 쫓아내려고 하자 죽을 먹여서 기력을 회복시키고 쌀을 주어서 보냈다. 그래서 거지 여자의 아들이 몇 개월 후에 곡식 몇 가지와 면포 다섯 자를 가지고 사례하였는데 곡식은 받고 면포는 받지 않으려고 했으나 그냥 두고 가니까 차마 옷을 못 지었다. 병자년 귀녕가 있다가 아이의 인사를 받자 양잠은 어떻게 되었느냐고 하자 팔아버렸다고 했더니 유인이 정색을 하면서 이미 소용없는 것을 남들이 쓰겠냐고 하며 아이를 혼낸 내용이 있어 주목된다. 유치명, 〈族叔母孺人善山金氏行錄〉, 『정재집』 권36, 『한국문집총간』 권, 227면

21 已巳. 隨舅氏咸寧任所. 舅以布帛頒賜家人. 任其自擇. 夫人取麤完者. 舅問之. 曰. “偶

爾也." 後又如之. 又問之. 曰. "不欲導君子以華侈也." 强使取精. 曰. "務外飾. 不若務實德也." 家素淸貧. 謂兒曰"汝家貧之外無欠. 世間完福爲難. 若苟免貧寒. 安知無乘除乎?" 見有不炊者. 輒救之. 夫黨有寒者. 輒以舅公意衣之. 又嫌其垢弊. 或澣濯裁縫以與之. 兒釋褐久不調. 夫人曰. "何不求爲榮養事乎.?" 兒對"以羞爲乾沒." 夫人曰. "吾豈不知? 直試汝耳." 유치명,〈淑夫人安東權氏[李秀應妻]墓誌銘〉, 『정재집』 권26, 20면, 『한국문집총간』 298.

22 이 글을 살펴보면, 풍산 김씨의 남편 김재순은 자신의 형과 가까운 사이로서 자신도 많이 보았던 경험이 있고 나중에 정재의 딸들이 의성김씨 집안으로 시집을 갔다는 사연이 나와 있기도 하지만, 직접적인 '사부인'이 되지 않고 집안 간의 사돈 관계였던 것으로 파악하여 가족 관계에 넣지 않았음을 밝혀둔다.

23 장례 지낼 때에 묘지를 넣는 것은 효자의 마음이다. 그러나 그렇게 하는 사람은 드문데, 오직 진사인 남고(南皐)는 그 어머님이 묻히지 아니하셨을 때부터 그 벗인 유치명에게 부탁하였었다. 사양하였는데도 한결같이 부탁하여 그치지를 않았다. 지금 2년이 지났는데도 그 효성과 그리움이 더욱 멀고 깊어졌으니 어찌 사람을 감동시키지 않겠는가!(葬之有誌. 孝子之志也. 然爲之者蓋寡. 獨南上舍皋. 自其先妣未葬. 命其友人柳致明. 辞之固而請之愈不已. 今燧再易矣. 孝思之爲久遠慮. 寧不感人乎!) 유치명, 〈孺人大興白氏[南有魯妻]墓誌銘〉, 『정재집』 권26, 13~14면, 『한국문집총간』 298.

24 갑술년(1814)에 남편을 여의었는데 관이 좁아서 솜으로 누빈 이불을 쓰지 못하였으니, 추워도 솜이불을 덮지 않았다.(甲戌. 喪所天. 以棺內窄狹. 不得用複衾. 寒不覆絮.) 〈孺人大興白氏[南有魯妻]墓誌銘〉.

25 夫病且死. 勉以毋死. 養老字幼. 蓋察其志. 不苟寄也. 則自抑哀. 不以毁. 유치명, 〈孺人全義李氏墓誌銘 幷序〉.

26 대개 끊기[折斷]를 잘 해서 자기의 사사로운 이익에 미련을 가지지 않았다. 그러므로, 가히 죽지 않아야 하는데 죽은 것은[無死而死], 그 마음으로 여자가 사람을 따르는 것은 [從人] 죽고 사는 것으로서 해야 한다고 여긴 것이니 빨리 죽던 오래 살던 어찌 다름이 있겠는가? 그 의로 보기에 혹 잘못했다 하더라도 대개 철저히 원망과 후회가 없도록 하였으니, 아아! 그는 하기 어려운 것이 아니겠는가!(蓋善折斷. 不牽戀已私者也. 故可以無死而死. 其心以爲女之從人. 死生以之. 殀壽寧有異乎. 其見義或過. 而大抵徹底無怨悔者也. 嗚呼! 其難矣哉!)유치명, 〈龍庵處士義城金公[在純]孺人豐山金氏合葬墓誌銘〉, 『정재집』.

27 五世孫有綵. 責致明以顯刻之役. 致明爲之髮豎. 謹摭其大者. 而系以銘. 유치명, 〈贈淑夫人安東權氏[李載祿妻]墓碣銘〉, 『정재집』 권27, 34면, 『한국문집총간』 298.

28 手刳腹翻肝, 앞의 글.

29 정영(程嬰) : 춘추 시대 진 경공(晉景公) 3년에 도안가(屠岸賈)가 조돈(趙盾)을 모함하고 그 아들 조삭(趙朔)까지 죽이고 멸족시켰을 때, 조삭의 친구인 정영(程嬰)과 조삭의 객인(客人) 공손저구(公孫杵臼)가 조삭의 유복자를 살릴 모의를 하였다. 그리하여 다른 아이를 조삭의 아이로 속여 공손저구가 함께 죽는 길을 택하고, 정영은 유복자와 산중에 숨어 살았다. 그 뒤 경공 15년에 한궐(韓厥)의 주선으로 그 아이를 조씨(趙氏)의 후계자로 삼아 조씨의 종사를 다시 계승하게 하였는데, 이가 바로 조무이다. 정영은 조무가 관례식을 올리던 날 공손저구의 죽음에 보답하기 위하여 자살하였다. *참고문헌 : 『史記 卷43 趙世

家』

30 淇鈺所後祖曰斌國. 娶於權. 四年而夭. 權不迫捽呌絶. 緩辭慰舅姑. 附身必手裁. 及葬. 語於柩曰. "不幸有娠. 待其生免匍匐水火. 知饑寒. 無貽舅姑勞. 則可八歲. 然後吾無悲矣." 及月生女. 治家執婦道. 無懈. 一日衣幼女新衣. 拊其背一慟. 昏後自裁未殊. 家人灌以藥. 不受. 喉間有語云. "吾矢以是日久矣. 蓋幼女適八歲矣. 旣殞. 發其篋. 襲斂畢具. 女裳衣小大標識. 有次第. 可及長成云. 유치명, 〈書朴烈婦行蹟後〉, 『정재선생문집』 권23, 486면, 『한국문집총간』 298.

31 이혜순, 「조선조 열녀전의 전개와 유형」, 『한국의 열녀전』, 월인, 2002, 27~28면.

32 孺人始歸. 親家資送甚饒. 俱以獻諸舅姑. 其糕奩之具. 與同堂姊妹娣姒共之./急於周恤. 夫黨諸親. 多待以擧火者. 至乞人過客. 必多與之飯曰. "羈旅仳離. 孰有恤其飢餓.!" 유치명, 〈孺人大興白氏[南有魯妻]墓誌銘〉, 『정재집』 권26, 13~14면, 『한국문집총간』 298.

33 "吾竭力營産. 恐子謀食而違道也." 一日聞牝鷄晨鳴. 輒瞿然曰. "此必由我也." 盡付家事於子. 無所復問.)/孺人貞劇有法度. 善量人之急. 施之而不倦. 始歸避痘于夫小功兄弟家. 値其親喪. 家素窶. 又外無護喪者. 孺人辦衣衾幎握. 以至喪服. 皆無誤措畫. 奠接偏於周親. 飢荒疾病. 尤著其惠. 以至流隷. 無不感恩. 始先公厚糕奩以與之. 辭曰. "我女子. 不得祀先. 又可捐其業乎!"/鄰居當人. 請貸數百緡錢. 曰. "彼必有求. 不如其意. 怨之所由起也.", 〈孺人全義李氏[金百燦妻]墓誌銘 幷序〉, 유치명, 『정재집』 권26, 12~13면, 『한국문집총간』 298.

34 一日聞牝鷄晨鳴. 輒瞿然曰. "此必由我也." 盡付家事於子. 無所復問, 유치명, 앞의 글.

35 이러한 집안 경영에 대한 일화는, 정재 개인에게만 드러나는 전무후무한 특징은 아니라고 볼 수 있다. 전술했듯 집안 살림에 도움이 되는 근검 절약은 여성을 기리고 기록하는 글에는 거의 다 나오는 덕목이며, 이것과 대별하기 위해 '근검절약' 이 아닌 '집안경영'이라고 어휘상으로도 차별적으로 표현하였다. 이러한 '지역사회 경영'에 버금가는 규모의 재산을 운용했던 일화는 당대 안동 사림들과 학적 연관이 깊었던 과재 성근묵(1784~1852)의 〈孺人星州李氏行狀〉(『과재집』 권7, 567~568면, 『한국문집총간』 300)에서도 "큰집 · 작은집에서 몇 번이나 파산을 하였으나, 그 때마다 다시 보태며 그 재산을 나누어 주었으니 토지 중에서는 거칠고 변변치 못한 것을 스스로 취하였다. 집의 것이 다하여도 아까워하는 기색이 없었고 마을의 어른들에게는 그를 위하여 찬을 갖추어 드렸으니 예법을 후하게 더하였다. 성격이 베푸는 것을 기뻐하여 빌어먹는 아이 중에 고할 데 없는 불쌍한 자는[無告] 거두어 기르기도 하여서 그로 하여금 잘 살도록(遂生) 하였다." 같은 구절에서도 나와 있어, 같은 시기의 세도가였던 조인영(趙寅永, 1782~1850), 조병현(1791~1849) 등이 그리는 왕비 혹은 세도가의 여성 일화와는 대별되는 것을 볼 수 있어 흥미롭다. 그러나 이러한 '집안경영'이라는 화소가 19세기 성리학자들이 특징적으로 드러낸 여성의 측면이라고 일반화시키기에는 성급한 감이 있다.

참고문헌

유치명, 『정재집』, 『한국문집총간』.

이혜순·김경미,『한국의 열녀전』, 월인, 2002.
권오영,「19세기 영남 이학의 전개와 그 실천적 성향」,『국학연구』 제14집, 2003, 241～267면.
김미영,「조선후기 상례의 미시적 연구」,『실천민속학 연구』 제12호, 2007, 237～275면.
설석규,「정재학파 위정척사론의 대두와 성격」,『국학연구』 제14집, 2003, 83～114면.
이경하,「망실행장류 연구」,『한국문화』 40호, 2007, 1～25면.
이은영,「애제문의 특징과 변천과정」,『동방한문학』 31집, 2006, 259～261면.

금기(禁忌)한 글, 장려(奬勵)한 생산

–화서 이항로(1792~1868)*

김현미

1. 19세기 성리학자 이항로의 위상과 그의 둘째 딸 벽진 이씨

19세기 조선 말기의 성리학자인 화서 이항로(李恒老, 1792~1868)는 그 이름만으로도 조선 말의 유학 향방을 알려주는 존재이다. 그의 문하를 지칭하는 '화서학파'는 조선 말 성리학자들의 대명사가 되었으며, 유중교, 김평묵, 최익현 등 그의 제자들을 거치면서 그가 가졌던 학적인 입장과 신조들은 위정척사(衛正斥邪)라는 실행으로 옮겨져서, 이념적인 원리이면서 실천적 행동 강령으로까지 연결된 시대의 지배 이념으로 정착되었다.

이러한 '화서'라는 이름은 19세기 조선을 통틀어 대표적인 지배의 이념으로서 확정되었고, 화서학 혹은 화서학파들이 가지고 있는 입장은 각종 연구를 통하여 그가 가진 성리학적인 계열, 세상에 대한 입장, 사람에 대한 이해의 계통이 구체적으로 밝혀지고 있는 중이다.[1] 주리적 심성론을 바탕으로 안으로 동요하는 기강과 신념을 바로잡고 밖으로 국가 존립을 위협하는 서양열강의 침략세력에 항거하는 새로운 이념적 각성으로서 위정척사를 표방하는 의리론과 이에 근거한 역사의식을 비롯, 성리학과 수양론 등 한말 도학의 새로운 사상적 영역을 전개하였다는 것이다.

이들 화서학파에게 여성은 이해와 궁구를 위한 주 대상이 되지는 못하였다. 그러나 그들이 남긴 여성에 대한 글, 특히 열녀에 대한 이야기들을 보면 그들이 가까이 있었던 시기인 '근대 계몽기'에 반하는 보수, 반동적인 역할을 고수하며 오히려 18세기보다도 더 고착되어 있는 전형적인 여성상만을 고집하고 있었다는 평가가 있다. 이러한 이들의 입장은 외세를 막고 국가의 독립과 자주를 지킨다는 반 외세론 담론 속에 위치하며 특히 여성들의 열행(烈行)이 도덕의 높은 수준으로서, 조선의 조선됨을 보증하는 존재로서 민족 담론이라는 공적인 영역으로 호명되어 나올 수 있었으나, 그 여성들이 묘사된 모습은 기존 조선 후기 열녀 서사의 전형을 밟으며 심각한 자기 유폐와 방기의 모습을 띠는 동시에 여성의 사회 활동이나 공적인 교육 수혜에는 매우 부정적인 입장을 가지는 배제와 포괄의 이중 논리에 지배된 형태를 지닌다고 구체적으로 설명된다.[2]

물론 화서와 사승관계에 있었던 유인석, 최익현 등의 여성 관련 글들이 주로 열녀전이나 이미 돌아가신 여성에 대한 글인 묘지, 행장, 제문이 주류였다는 사실을 보았을 때 상대적으로 생동감 있는 일화보다는 이상적인 여성상을 전개하기에 용이한 점이 있다. 사실 일반 사대부의 문집에는 양적으로 볼 때도 여성에 대한 글이 많지 않을 뿐만 아니라, 있어도 제문과 비지문이 주류가 되고 살아있는 여성을 대상으로 한 글이 거의 실려 있지 않은 것이 사실이다. 그런데 화서의 문집인 화서집에는 자신의 둘째 딸인 벽진 이씨(생몰년 미상, 한송재 김기도의 며느리, 김재구의 처)에게 보냈던 편지가 총 4편이나 있다.[3] 화서집에는 물론 화서의 편지글에 대한 답장인 딸 벽진 이씨의 글이 들어 있지 않아서 벽진 이씨가 그의 아버지께 한문으로 편지글을 썼는지 혹은 한글로 편지를 썼는지 등의 어문 생활을 구체적으로 알 수는 없지만 현재로서는 그의 아버지가 살아있던 그녀에게 쓴 그 글 네 통만으로도 그녀의 삶과 생활을 알 수 있는 큰 자료가 됨을 알 수 있다. 19세기 사대부의 한문 문집에 소재한, 여성에게 쓴 편지는 화서의 글 말고도 간재 전우(艮齋 田愚, 1841(헌종 7)~1922)의 〈答長仲二子婦宋氏金氏丙申〉, 〈答孫婦鄭氏丁未〉, 〈敎長女乙未〉, 〈戒孫婦鄭氏權氏〉, 〈遭亂示諸婦女〉 글 모두 다섯 편이 남아 있다. 그러나 이것들은 모두 각기 한통씩 며느리나 손자며느리에게 한통씩 보낸 것이고 〈遭亂示諸婦女〉 같은 글의 경우는 집안의 불특정 부녀자들에게 모두 보여준 난리 시 지켜야 할 행동수칙에 해당하므로, 동일한 대상에게 보낸 지속적인 의사 소통의 증거로서는 화서의 딸에게 준 편지 4통이 가장 적절하다고 할 것이다. 이 글들을 통하여 드러나는 벽진 이씨의 모습을 살펴보고자 하는 것이 이 글의 주된 내용이다. 이것은 바로 19세기를 살았던 사대부 여성, 특히 19세기에 시대 정신으로서 간주된 주리적 성리학을 선도했던 대 학자의 딸이면서 청빈한 선비의 아내로서 살았던 한 여성의 모습을 보여주는 사례가 될 것이다.

2. 편지를 통해 본 벽진 이씨의 모습

1) 금기된 글, 금지된 술 빚기

기존 사대부들의 제망실문이나 제녀문 혹은 묘지에서 덕을 칭송하는 일관된 수사로서 나오는 말 중의 대표적인 것 하나가 바로 "아들이 아님을 한스러워 했다."는 것이다.[4] 단적인 예를 들더라도, 아버지인 화서의 문집에 아들들은 생년이 모두 나오지만(1812, 1822, 1825) 화서의 두 딸들 같은 경우 연표에서도, 행장에서도 딸들의 생년은 확인되지 않기 때문에 화서의 외손자들을 검색하는 등의 방법을 써서 그 생년을 유추하는 수밖에 없다는 이 상황만 하더라도, 사대부 '여인'이 그 삶과 생각을 알리는 데는 커다란 제약이 있음을 보여주는 것이다. 그렇기에 만약 다른 사람이 벽진 이씨의 행장이나 묘지를 쓴다면, 반드시 "그가 아들이 아님을 아까워하였다."는 구절이 있을 것이다. 이러한 수사가 나오는 원인은 무엇일까? 당대에 편만했던 이념인 남/녀의 역할 혹은 존재 양상이 다르다는 것이 단순한 차이를 넘어 우월함과 열등함으로 구분할 수 있는 성질의 것이라는 속마음을 엿볼 수가 있다. 이것은 여성들이 해야 하는 일들, 이른바 '여공(女工)'으로 이름 지어진 것들을 비하하는 방향으로 나가기보다는 남성의 것으로 규정된 일들 중에 남성만이 할 수 있는 것들을 굉장히 가치 있는 것으로 여기는 방향으로 발현된다.

화서가 벽진 이씨에게 보낸 첫 편지에서도 비슷한 구절이 발견되는데 그는 다음과 같다.

> (…전략…) 예부터 집안의 온갖 일, 안팎으로 출입하는 것과 크고 작음, 근본과 끝을 막론하고 효(孝)라는 한 글자밖에 있는 것이 없다. <u>편지를 보니 이르기를 네가 길쌈을 하지 않고 글 쓰는 데만 오로지 한다고 하니, 이것은 가히 그 순서를 크게 잃은 것이라고 할 수 있다.</u> 네가 집에 있을 때 나를 보면 한편으로는 생업을 하고 한편으로는 서책을 보면서 바쁘고 분주하게 감히 하루도 한쪽에 치우쳐서 안일하고 게으른 날을 보낸 적이 없으니 이 까닭은 무엇이겠느냐? 독서를 하지 않으면 식견이 어두워지고 의리가 막혀버려서 사람이 장차 금수와 같이 될 것이다. 그렇다고 생활을 열심히 하지 않으면 그 부모님을 춥게 하고 주리게 하실 것이며, 자손들을 궁핍하게 할 것이니 구학에 빠지는 것[5]을 면치 못할 것이다. 이와 같을 뿐만 아니라 천고에 밖으로 나오지 않고 의를 지키며 굶어 죽더라도 마음을 변하지 않은 사람이 몇 명이던가? 그 기세가 반드시 의를 범하고 분수를 범하며 염치를 잊는 것이 가지 못하는 데가 없고, 앎을 다하였지만 능력이 막혀서[6] 형세가 궁해지면 힘을 다하여도 죽고 만다. 아아 슬프다! 내가 이렇게 될까 두려워한다. 한 집안의 내외, 크고 작은, 낮고 높은, 늙고 어린 사람들로 하여금 모두 부지런하고 삼가면서 각기

그 업을 잡고 각기 그 직분을 다스리지 않고서는 한 순간이라도 감히 편안히 쉴 수 없는 것이다. 대개 남자와 여자, 귀함과 천한 사람들 모두 다 각기 하늘이 내려주신 고유한 직분을 갖게 되는 것이고 그 직분을 잃으면 죽고 말 뿐이다. 듣자니 네가 길쌈을 그만 두면 이것보다 더 크게 직분을 잃는 것이 없을 것이다. 너는 장차 문자로 먹고 입을 작정이더냐? 네가 태임과 태사를 아느냐? 「갈담」[7] 편은 실로 주나라 팔백 년의 바탕이 된 것이다.

내 병은 전과 같구나. 그런데 참고 있어보면 이상하게도 점점 이전에 아팠던 것보다는 나아진다. 너희 어머니는 눈이 아파서 거의 사물을 분변하지 못하니, 만약 책을 외운다면 이치대로 살아갈 만할 것이라며 웃는다. 비녀 만든 것은 옛 법과 가까우니, 후에 곧 하나를 만들어 보내주면 그 모양을 보여주면서 일가의 부녀자들로 하여금 본받게 하기에 좋을 듯하다.[8]

이 편지의 주된 내용은 딸에게 '여자로서 해야 할 일을 먼저 하고, 여자에게 허락되지 않은 일에 매진하지 말아라'라는 것으로 집약된다. 그 여자로서 해야 할 일로서 대표되는 것이 바로 '길쌈'이며, 허락되지 않은 것으로 언급되는 것이 '글쓰기(文墨)'이다. 문묵이란 원래 시문을 짓거나 서화를 그리는 일을 의미하는데, 여기서는 서화를 그리기보다는 시문을 짓고 글을 가까이 한다는 뜻으로 파악된다. 앞서 말했듯이 벽진 이씨가 아버지에게 편지를 썼을 때 한글로 썼는지 한문으로 썼는지는 확인된 바 없지만, 화서가 딸에게 언문서찰이 아니라 특히 한문으로 답장을 보낸 사실로 보았을 때, 최소한 벽진 이씨는 한문을 읽을 줄은 알았다는 것을 추정할 수 있고, 그녀가 특히 관심을 가지고 매진하고자 했던 것도 한글을 사용한 어문생활이 아니라 한문을 사용한 창작생활일 가능성이 농후하다. 아버지 이항로는 글을 전문으로 하겠다고 결심한 딸에게 "너는 장차 문자로 먹고 입을 작정이더냐?"라는 말까지 직접적으로 하면서 글을 적극적으로 말리고 있다. 그를 위하여 가장 처음에 동원되는 말은 '본업', '본직'이라는 것이다. 일단 글을 읽는 것보다 집중해야 할 것은 부모님을 모시는 효가 우선이며, 그 효를 실행하기 위해서는 부모님을 편히 모셔야 하기에 봉양을 할 수 있는 방법을 먼저 간구해야 한다는 것이다. 이러한 인간의 본분과 본직은 글이 진행되면서 어느덧 차별적인 직분이 된다. "남녀와 귀천이 모두 그 고유한 직분을 가지고 있으며, 그 직분을 잃으면 곧 죽고 말 뿐"이라는 것이다. 낮에는 생업에 힘쓰면서 밤에는 독서에 힘쓴 자신의 경험으로 일단 딸의 마음을 달랬어도, 결국은 독서를 하지 않으면 금수와 다를 바 없다는 대의명분은 '남성의 직분'인 것으로 귀결되고, '없으면 죽고 말' 직분으로 딸에게 긴급한 것은 길쌈으로 귀결된다. 길쌈은 여성의 본분인 동시에 벽진 이씨의 시댁인 김씨 집안의 생계를 책임지는 중요한 일로서 선택되고 집중된다.

그렇기에 화서는 편지의 말미에서 딸이 지향하는 '글'의 세계의 고전(古典)인 『시경』, 〈갈담〉편까지 동원하여 딸을 설득하는 데 쐐기를 박는다. 갈담편은 주 문왕 후비의 덕을 칭찬하는 노래인데, 그가 칡덩굴을 캐서 실을 잣고 갈포 옷을 만드는 것이 주 내용이다. 벽진 이씨가 꿈꾸던 글에서조차 여성이 길쌈을 하는 것이 얼마나 아름답고 기릴 만한 일인가를 다루고 있으니, 네가 할 일은 글이 아니라 후비가 그 시 속에서 했던 길쌈이라는 것을 말하는 것이다. 길쌈뿐 아니라 편지 말미에서는 딸이 만들어서 보내 준 비녀의 모양이 본받을 만하다고 칭찬하면서, 그것을 나중에 다시 보내 주면 부녀자들이 본받게 해주겠다고 하여 이른바 여공(女工)으로서도 타인의 본보기가 될 수 있다는 것을 암시하고 있다.

이렇게 화서가 딸에게 기해년(1839)에 편지를 보내어 글보다는 여자의 본업인 길쌈에 충실하라고 했던 이유는, 결국 딸의 시댁이 그녀가 열심히 길쌈을 하여 살림의 밑받침을 하지 않으면 생활이 어려웠을 정도로 여유가 없기 때문이었다. 여성으로서 드물긴 하지만 좋아하는 글을 드러내놓고 할 수가 없는데다가, 실질적으로 그녀가 해야 하는 일이 대의를 보아서나 실질을 보아서나 '길쌈'으로 정착이 되자, 벽진 이씨는 살림에 보탬이 될 만한 본격적인 일로 주조(酒造 : 술 빚기)를 생각하기에 이른다. 술 빚기에 대한 기록은 서유구의 백과전서인 『산림경제』 제2권 치선(治膳)편에 장 담그기, 반찬 만들기 등과 함께 배치되어 있고 서유구의 형수가 되는 빙허각 이씨가 저술한, 여성판 백과전서 『규합총서』(1809)에도 역시 제1장에 자리하고 있을 정도로 사대부 여성들의 업무로서 인식되고 있다고 생각된다. 그러나 이것 또한 사대부집안의 여성으로서는 그리 환영받지 못하다고 보이는데 그 증거를 이듬해 경자(1840)년에 화서가 딸에게 보낸 두 번째 답장에서 알 수가 있다.

> 듣자니 가난하여 먹을 것이 없어서 대우[9]임금께서 싫어하시던 바[10]에서 생활을 계획한다지. 그 정은 안타깝다만, 이것은 절대로 생계를 도모하는 방도가 될 수 없다. 무엇으로써 이것을 증명할 것인가? (…중략…) 성인의 밝게 경계해 주심이 이와 같으니, 술이 사람에게 해가 되고 사람에게 화가 되는 물건임은 명백하다. 어찌 사람에게 해를 주고 사람에게 화를 일으키는 물건으로 업을 삼으면서 도리어 자기를 이롭게 하고 자기에게 도움이 되는 법을 둘 수 있단 말이냐?
>
> 네가 비록 가난함이 심해도, 대략 성인의 글을 알고 있고, 또 자녀를 셋 둔 사람이며 네 지아비는 글을 읽는 선비이다. 먹는 것은 적어도 되지만 도는 바르지 않으면 안 된다. 이익은 잃을 수도 있지만 복록은 기르지 않으면 안 되는 것이다. 대개 생계를 꾀하는 것도 도가 있으니 〈갈담〉편을 읽지 않을 수가 없으며, 〈칠월〉편을 익히지 않을 수가 없구나. 공보문백의 어머니[11]는 노나라 경의 집안으로서 오히려 친히 길쌈을 하였는데 하물며 너 같은 한미한 선비의 아내는 어떻겠느냐? 증자의 어머니, 맹자의 어머니도 길쌈으로 생의 밑천을 마련하시며 그 아들을 가르치고 양육하였다. 이 아니 배울만하지 않으랴! 이것이 옛날 일이라고 할 수도 있다만, 우리 집도 가난함이 심하였을 때 내 할머니와 우리 어머님도 길쌈과 농사로 온갖 고생을 다하셨으니 가지 않은 지경이 없었어도 또한 술으로 생계를 도모한다는 말은 들어보지 못하였다. 이것인즉 네 귀와 눈이 미칠 수 있는 바일 것이다.

단, 내가 생활을 도모한 것이 매우 졸박하여서 그 집안을 인으로 교화하기에 부족하며 너에게 털끝 하나만큼의 은택으로 도와주지도 못하면서 큰 소리로 입으로만 인의를 말하고 있으니, 어느 누가 그 못나서 방도도 없는 것을 비웃지 않겠는가 만은, 그러나 그 안 되는 것을 깊이 알고 있으면서 너에게 말하지 않는다는 것은 너를 그냥 길거리에서 볼 수 있는 남으로 간주하는 것이다. 그러므로 너에게 말하는 것이다. 이 편지는 새나가게 하지 말고, 묵묵히 행하기만 하거라.[12]

이 글에서는 아버지 이항로가 딸의 모습을 더욱 구체적으로 그리고 있다. "먹을 것이 없고", "가난함이 심하나", "성인의 말을 대략 알고 있고", "(법도로서 가르쳐야 할) 자녀가 셋이 있는 어머니"이며 "(한미한) 선비의 아내"인 것이다. 아버지의 정이라는 사사로운 감정이 대의를 전하는 엄정한 입장에 벗어날까봐 늘 자신을 경계하나, 그래도 안타까운 마음에 "나는 비록 너에게 털끝 하나만큼도 도와주지 못하면서 입으로만 인의를 말하고 있다."고 뼈아픈 반성도 하고 있지만 곧 그러한 안타까움도 추스르고 "그래도 안 되는 일을 하는 데도 가만히 있으면 너를 남 보듯 하는 것이다."라는 훈계의 입장으로 다시 돌아간다. 늘 도를 추구하는 학자의 딸로서, 그러나 당장 먹을 것이 없고 독서인으로서 허락된 유일한 생활의 출구인 대부(大夫)로서의 삶이 막혀 그냥 '도리를 알되 독서만 할 수밖에 없는' 선비의 아내로서, 배고픔을 해결해 주어야 할 세 아이가 있는 어머니로서 벽진 이씨가 선택해야 할 길은 오로지 길쌈으로 귀결되는 듯하다. 길쌈보다는 조금 더 빨리 살림을 늘릴 수 있을 것 같이 보이는 술 빚기는 성인께서 그렇게 좋게 보지 않으셨기에 금지되었던 것이다. 그러나 이것은 전의 편지에서 보았듯이 벽진 이씨가 집중하고자 했던 '문묵의 일'보다는 집요하고 집중적으로 금지하는 정도가 덜하다.

화서는 이 일을 말리기 위하여 또다시 벽진 이씨가 이상적으로 생각하고 있는 옛글[古典]인 시경의 〈칠월〉편과 〈갈담〉을 언급하고 있다. 〈갈담〉

은 이전의 편지에서도 언급했던 바 집안을 위해서 온 힘을 다해 실을 만들고 옷을 짓는 모습을 그린 것이며, 〈칠월〉편 역시 온갖 농사일에 힘쓰는 시로서, 맨 앞장 구절이 "칠월에 대화심성이 내려오면 구월에는 옷을 지어주네.[七月流火 九月授衣]"일 정도로 농사일과 함께 옷을 지어주는 것을 권장한 시이다. 이 시는 여성에게 근면함을 가르치기 위하여 인용되었을 뿐 아니라 임금과의 경연자리에서도 '권농의 노래'로서 주로 언급된 대표적인 것으로서, 농민의 노고와 쉴 새 없는 일을 상징하기도 하였다.[13] 그러나 〈칠월〉장이 임금의 경연장 등에서 이야기될 때는 주로 서경의 〈무일〉장과 함께 회자되어 한 순간도 게으르게 지내면 안 된다는 것을 알려주는 것으로 교훈을 삼았기에[14] 화서의 '길쌈을 권장하려는' 포석과는 좀 다른 해석과 인용인 듯이 보인다. 같은 '정직한 노동'의 강조이긴 하지만, 다른 어떤 것 중에서도 길쌈이 가장 떳떳한 여자의 일이라는 화서만의 의도가 엿보인다는 것이다.

이어서 화서는 딸에게 이씨의 할머니와 어머니가 오로지 농사와 길쌈으로 허리 한 번 펼 일이 없었던 것을 못 보았느냐고 하면서, 가까운 예를 들어서 벽진 이씨가 '듣고 본 대로' 길쌈을 열심히 하여 집안을 돌볼 것을 권유하고 있다. 힘이 들어도 그 방법을 선택해야 하는 이유는 그것이 술 빚는 것보다 '이익을 잃을 수는 있지만 바른 도를 행하는 방법'이기 때문이다.

이 글을 통해서 볼 수 있는 벽진 이씨는, 아버지가 그러했던 것처럼 성인의 사유와 글, 그리고 문인들이 빚어내는 문묵의 세계를 꿈꾸었으나 '여자의 본업'이라는 대의와 우선 순위에 밀려서 글을 짓고 글에 대하여 생각하는 것이 금기된 채 여공에 힘쓸 것을 강력하게 권유받는 모습을 보인다. 일단 글짓기는 금지된 채 길쌈과 비녀 만들기 등의 여공에 힘쓸 것을 제의받다가, 이듬해의 편지에서는 여공의 범위에서도 해야 할 일을 제한받는다. 실제적으로 시부모님과 글 읽는 지아비, 아이들의 생활을 책임지기 위하여 여공 중에서도 '바른 도를 행하는 것에 가까운' 길쌈이 선택되어 그나마 그녀가 의욕을 가지고 해 보려고 했던 일인 '술 빚기'는 금지 되는 두 번의 좌절을 보여주는 것이다.

2) 의무로서 강조된 것 : 가난의 타파, 지속된 출산

벽진 이씨는 아이가 모두 여덟인 것으로 확인되는데, 아들이 다섯, 딸이 셋이다.[15] 바로 전에 인용한 경자년(1840)의 편지에서는 아직 아이가 셋이라고만 나와 있었는데, 1847년에 보낸 화서의 세 번째 편지에는 앞으로 태어날 손자에 대한 강한 기대와 기쁨이 그 내용인 것으로 보아 벽진 이씨가 그 후에도 아이들을 네 명 이상 더 낳았음을 알 수 있다. 편지의 주된 내용은 다음과 같다.

> 서찰을 보니, 모시고 통솔하는 것이 옛날과 같아 매우 기쁘구나. (…중략…) (아이가) 지난 여름 열나고 기침했었으나 오히려 잘 넘기게[打過] 되었으니 진실로 건강한 아이이니 무엇이 두렵겠느냐? 노둔하여 말재주가 없다가 이미 아버지를 부르고 천, 지자를 이른다 하니 기특하구나!
>
> 내 눈은 점점 흐려지고 수염은 희어지니 가슴에 품은 것과 또 바라는 것은 장주(掌珠)[16]를 하나 더하는 것인데, 산달이 가을과 겨울 사이라고 하니 기이하구나! 인생 천지 가운데 만사는 끝나지 않아 반드시 내일을 기다리니, 또 자녀의 현달을 기다리고 또 자녀의 자녀를 기다리는 것이니 인정은 진실로 끝이 없는 것이다. 대개 선을 쌓는 집안은 반드시 후대까지 물려지는 경사가 있다고 하고, 선하지 않은 것을 쌓은 집은 반드시 내려갈 재앙이 있다고 하니 이것은 네가 읽은 바일 것이다. 공자께서 어찌 너를 속이시겠느냐? 그러니 자녀를 기르고 보호하는 것보다 더 큰 선함과 악을 제거하는 것은 없는 것이다. 그런데 이른바 선과 악이라는 것은 궁리하지 않으면 밝힐 수 없고, 이른바 쌓는다는 것은 날에 날을 더하고 해가 쌓임에 따라서 그 쌓는다고 해서 저절로 쌓인다는 것을 기약하지 못하는 것이니, 만약 말미암은 바가 조금이

라도 선하지 않다면 곧 아주 잠깐 사이에도 언덕과 산같이 높게 쌓여 버리게 되어 비록 그것을 고치려 하지만 어찌 가히 구할 수 있겠는가?

모든 일에 나에게 이롭게 하고자 하면 반드시 남에게는 해가 가게 되어 있고, 남에게 마땅하게 하고자 하면 또한 나에게도 마땅하게 해야 하니, 이것이 이익과 선함의 경계가 되는 첫째 일이다. 너는 비록 가난이 심하지만 조그만 이익을 탐하지 말고 반드시 의를 주로 하고, 힘써 행하기를 게을리 말아라. 그러면 반드시 네 자손에게 복이 있을 것이다. 옥과 비단이 태산처럼 쌓인다 하여도, 그것이 반드시 자손에게 복이라고 할 수 없다. (…후략…)[17]

이 편지에서 화서의 주안은 '손자들'에 집중되어 있다. 편지의 서두서부터 서너 살쯤 된 손자들의 병세가 나아진 것과 아이가 입을 뗀 사건을 두고 기특하다는 평을 남기는 한편, 또다시 잉태하여 가을이나 겨울쯤에 다시 한 손자를 얻는 데 대하여 기이하다고 다시 감탄한다. 이러한 감탄은 곧 아이들이 태어나고, 자손이 늘어나는 것이 자신의 기쁨이며, 내일을 기다리는 힘이며, 더 나아가 '선을 쌓는'[積善] 최선의 방법이 된다는 논리로 진전된다.

화서는 앞서 쓴 편지 두 편에서와 마찬가지로 벽진 이씨에게 말을 할 때 경전의 구절을 인용하는데, 이번에는 『주역』 문언전에 실려 『소학』에 재인용된 "적선지가 필유여경 적불선지가 필유여앙(積善之家, 必有餘慶, 積不善之家, 必有餘殃)"이라는 구절이다. 문언전은 주역의 부분 중 십익(十翼)의 한 부분으로서 공자(孔子)가 지은 것으로 알려져 있다. 그렇기에 "네가 읽은 바일 것이다. 어찌 공자가 거짓말을 하시겠느냐?"라고 하면서 글에 관심이 많았던 딸이 떠올리고 신봉할 만한 공자의 글에서 자손과 관계되는 부분을 밝혀서 벽진 이씨를 설득하고 있음을 특기할 만하다. 화서는 『주역』과 『소학』에 실린 '선을 쌓는다'는 것과 '자녀를 낳고 기르는 것'에 대한 연결점을 주제로 논지를 전개하면서, 선하고 악하다는 것에 대하여 다시 생각하고 있다. 아이를 낳고 기르는 것이 선을 쌓는 최상의 방법이기는 하지만 '선'과 '악'의 잣대에 관하여서도 궁리하지 않을 수 없다며 어느새 선한 것이란 무엇인가의 문제로 넘어가서 나에게 이로운 것이 남에게는 해가 되게 되어 있고 남에게 바라듯이 나도 마땅하게 행동하고 생각해야 한다고 말하고 있다. 이러한 생각들은 결국 벽진 이씨에게 '지금 비록 가난이 심하지만 이익만을 추구하지 말고 바르게 생각하고 행동에 힘쓰라'는 당부로 이어지며 재삼 "욕과 비단이 태산처럼 쌓인다고 하여도 그것이 자손에게 이어지는 복이라고 할 수는 없는 것이다."라고 당부하여 벽진 이씨에게 '아이가 많아 다복이요 재물이 많아 다복이 아닌' 삶, '자녀에게 잘 자라 줄 것을 기대할 수 있어서 청빈을 즐길 수 있는' 삶을 살 것을 요구하고 있는 것이다. 결국 '가난을 즐거워하며 그 중에서도 아이 기르는 법도를 지켜내는 어머니'가 되라는 것이다.

그러나 이렇게 거듭된 당부는, 오히려 화서가 힘주어 강조한 부분보다도 '가난이 심하여'라고 간단히 언급하고 지나간 벽진 이씨의 삶의 현실을 더욱 짙고도 어두운 것으로 채색하는 감이 없지 않다. 앞에서 인용한 화서의 첫 번째, 두 번째 편지에서 드러난 벽진 이씨의 삶, 즉 그녀가 강하게 원했음에도 불구하고 먹고 살기가 힘들어서 문묵은 대의로나 실제적으로나 금기되고, 먹고 살기 도모하고자 택했던 '술빚기'는 선비의 아내이기 때문에 대의상 권장되지 않았던 상황과 연결 지어 보았을 때 지금 편지에 드러나는 '아이의 탄생과 육아'를 여러 번 해야 하는 이씨의 삶은 오히려 현재 이 편지를 미루어 그녀를 보아야 하는 상황에서는 훨씬 빛과 그림자가 극명히 대조된 채 그 모습이 드러나고 있다. 즉, 질기게 따라붙는 가난 속에서도 내일의 희망을 위해서 자녀를 끊임없이 기다리고, 많이 낳아 삶으로 청빈과 궁행실천을 보여주면서도 그들의 배고픔을 메워주기 위하여 끊임없이 움직여야 하는 어머니의 모습을 그릴 수밖에 없는 것이다.

3) 지기(知己)와 같은 시아버지와 며느리 : 투사된 부녀 관계

화서가 벽진 이씨에게 쓴 마지막 편지는 1863년에 쓴 것이다. 화서가 돌아가기 5년 전에 쓴 이 짤막한 글의 주 내용은 이씨의 시아버지이면서 자신의 절친한 친구인 한송재 김기도(金箕燾, 1779~1863)[18]가 별세한 것에 대한 황망함과 그리움이라고 할 수 있다. 한송재 김기도 역시 잘 알려진 인물이 아니어서 지금 찾을 수 있는 자료는 『음안』에 있는 항목과 헌종대의 『일성록』, 현재 고려대학교에 소장되어 서울시 문화재가 되었다는 「괴원성회록(槐園盛會錄)」에 대한 해제 등으로 극히 제한되어 있다. 화서는 한송재에 대한 글로서 자신의 문집인 『화서집』 권4에서 네 통의 편지를 보냈는데,[19] 『화서집』에 나와 있는 다른 사람, 특히 주요 제자로 지목된 김평묵, 유중교 등에게 준 편지에 비하면 내용도 짧고 많은 편은 아니라서 한송재의 집안이나 다른 가족에 대한 구체적인 정보는 알 수가 없다. 편지 외의 글로는 『화서집』 권27에 있는 제문 〈祭金都正箕燾文〉을 남겼다. 그곳에서 친구를 잃고서 어찌할 수 없는 자신의 마음을 그리면서, 이전의 모든 말들과 약속들을 저버리고 먼저 나를 버리고 갔다고 특기하고 있어서, 편지와 제문에서 드러난 바 자세한 족보관계 등은 알 수 없으나 세세한 부분까지 나눌 수 있었던 내용으로 유추해 볼 때 서로의 친분이 매우 두터웠음을 확인할 수 있다. 전술한 바와 같은 친분을 가진 사람이 떠났을 때의 황망함과 슬픔을, 역시 한송재의 며느리이면서 자신의 딸인 이씨에게 고스란히 적고 있는데 그 말은 다음과 같다.

> 네 시아버님은 너에게 지기와 같은 시아버님과 며느리 사이였다. 네 아픔과 슬픔은 마땅히 다른 사람보다 백배는 더할 것이다. 너희 시아버님의 천성적인 효성과 우애는 옥과 같이 깨끗하셨다. 공평 정대한 요체와 측달과 자애의 정성은 내가 어느 곳에서 다시 그런 비슷한 것이나 볼 수 있겠는가?
>
> 너희 시아버님은 일찍이 하루도 나를 잊어보신 적이 없고, 나 역시 하루도

사모하지 않은 날이 없다. 지금 나를 갑자기 버리고서 영영 가버리셨으니 어찜인가? (…중략…) 둘째 아이를 대신 보내어서 몸소 그 정말인가 아닌가를 알아보니, 곧 공이 과연 나를 버리고 멀리 가버렸구려. 통곡하고 통곡하나 또한 다시금 어찌할꼬. 뒤에 죽는 자는 감히 죄악을 범하여 먼저 저승에 계신 먼저 가신 분께 걱정과 고뇌를 끼치지 못하겠으니, 이것이 뒤에 죽는 사람의 할 일이니 나의 소원도 이것과 같을 뿐이다. 병을 무릅쓰고 울며 쓰다가, 오열하고서 그친다.[20]

이 글을 보면 벽진 이씨는 자신의 시아버지인 한송재 김기도와 '지기(知己)'와 같은 사이였다고 한다. 그렇기에 벽진 이씨가 느끼는 애통함이 다른 사람의 백배는 될 것이라고 한다. 보통의 여성 대상 비지문이나 행장에서 드러나는바 '이상적인 여성상'들이 보여주는 시부모에 대한 행동들은 결혼 전에도 부모님에 대한 효가 극진하였으며, 시집을 가면 그 효심을 시부모님[舅姑]에게 옮겨서 최선을 다해 섬기는[事] 것으로 형상화 된다. 그를 구체화하자면 아침저녁으로 인사를 드렸다던가, 자신은 먹을 것이 없어도 시부모님의 상에는 맛있는 것을 빠짐없이 갖추어 드렸다던가, 혹시 병이 나시는 경우는 몇 달 째 옷도 갈아입지 못하고 탕약 달이기에 열과 혼과 성을 다하는 것 등의 모습으로 서술된다. 이것들은 흔히 드러나는 '시부모님 모시기'의 양상들이다. 그러다가 시부모님의 건강 상황이 나빠지면 자신의 손가락을 자르거나[斷指] 넓적다리를 잘라내어[割股] 그 피와 살을 드시도록 하여 다시 시부모님이 기력을 회복했다는, 드라마틱한 이야기로까지 서술이 되면 곧 이상형을 조심스럽게 서술하던 행장으로부터 본격 '효열부전'으로 변하기도 하게 되는 중요 화소가 되는 것이다. 그러나 다수의 행장과 효열부전에 드러나는 이러한 화소들은 전술했듯 '도리로서 모시는' 쪽으로 그 행동이 분류되는 것들이다. 이 편지에서 드러나는 시아버님과 며느리의 사이는 앞에 나온 '도리에 의한 섬김'에서 한 발 더 나아가 '상호 이해에서 오는 친밀감, 곡진함'까지 첨가되었다고 보여 여타의 여성상들과 변별되는 듯하다.

글을 쓴 아버지 화서가 벽진 이씨와 그 시아버지 한송재 김기도와의 관계를 이렇듯 곡진하고 특별한 것으로 생각하는 근거는 바로 글 속의 두 사람을 그 누구보다도 잘 알고 있다는 점이다. 주변 인물에 대한 글, 특히 돌아가신(여자) 분의 일생에 대한 행장 등을 쓸 때는 망자에 대한 과한 칭송을 피하기 위하여 자신이 보고 들은 것만을 쓰거나 혹은 주변에서 그 여성을 본 사람들의 기록들을 기초하여 적는 것을 원칙으로 하기 때문에,[21] 고인과 여성에 관해 말하는 이 글에서 김기도와 벽진 이씨에 대한 화서의 친밀도를 알 수가 있고 그 친밀함으로 자신과 한송재의 입장을 동일시하는 모습이 보인다. '옥과 같이 깨끗한 충효', '다시 볼 수 없는 공평함과 자애심'이라는 훌륭한 인격의 정든 친구 한송재가 '성인의 말을 대략 알고', '시부모님과 동서들을 위 아래로 모시며', '가난 중에서도 집안을 거두려는 노력으로 늘 움직이고', '후세의 영광이 될 자녀들을 많이 낳아 바른 도리로 키우(고자 하)는' 자신의 둘째 딸에게 자신과 같은 마음을 가지고 대했으며, 그녀의 마음을 헤아렸으리라고 한송재와 자신을 동일시한 후, 자신과 딸의 관계를 투사하여 '지기 같은 관계'라고까지 말하게 된 것이다. 어떻게 보면 효성으로서 섬기는 것이 본령인 것 같은 구부(舅婦)의 관계를 특별히 '지기'로 격상한 것은 부녀 관계를 그 안에 투사했기 때문으로 보인다.

화서는 다른 편지에서도 둘째딸에 대한 걱정과 관심을 드러내고 있다. 앞에서 살폈듯이 첫 번째 편지에서는 글을 놓고 길쌈을 부지런히 할 것을 강변한 후에 맨 나중에는 만들어 보낸 비녀가 모양이 잘 되어 집안의 부녀자들이 보고 배울 본이 될 만하다면서 칭찬으로 딸의 마음을 달래고 있고, 두 번째 편지에서는 "내가 생활을 도모한 것이 매우 졸박하여 그 집안을 인으로 교화하기에 부족하며 너에게 털끝 하나만큼의 은택으로 도와주지도 못하면서 큰 소리로 입으로만 인의를 말하고 있으니, 어느 누가 그 못나서 방도도 없는 것을 비웃지 않겠는가 만은"과 같이 말하면서 딸에게 미안해하고 있으며, 세 번째 편지에서는 "우선 또 국화가 필 때로 약속을 잡았지만 또 두렵기는 국화꽃 필 때로 약속을 하고서는 너를 속일까봐 걱정이 되는구나. 올해 안팎으로 나오지 말라기에, 끊임없는 이야기를 안에 쌓아 놓은 것이 하나가 아니다."[22]라며 직접적으로 그리워하고 있다. 화서의 이런 말을 통해서, 애정 어린 걱정의 대상인 딸, 가르침을 줄 대상만이 아니라 아버지의 말동무가 되는 딸, 늘 실제적으로 도와주지 못해 미안한 '인정'을 펼칠 대상인 딸이 되는 그야말로 아버지의 지기(知己)인 벽진 이씨의 모습이 드러난다.

3. 벽진 이씨를 통해 보는 19세기 사대부 여성의 삶

이상 19세기 대표적 유학자였던 화서 이항로의 둘째 딸 벽진 이씨에 대해서 살펴보았다. 자신의 목소리를 내기보다 17세기 이후부터 사대부 남성의 목소리를 통해 주로 그 모습이 드러났던 사대부 여성들 중 19세기의 한 양상을 살펴본다는 점에서, 특히 살아있는 대상에게 쓴 편지글을 통해서 드러나는 모습을 살필 수 있기에 의미가 있다.

편지글에서 드러난 벽진 이씨의 모습은 시대를 대표했던 유학자의 딸로서 글에 관심을 가지고 선인들의 글도 볼 수 있는 능력과 글을 쓰는 데 매진하고 싶은 의지 또한 지녔으나, 시부모님을 잘 모시고 글을 읽고 궁리하는 선비인 남편을 뒷받침하기 위해 글이 금기되고 이전에 어진 여성들이 걸었던 길인 '길쌈'만을 해야 할 일로서 강력하게 권장 받았다. 어떻게 보면 자신이 원하는 것에 대한 좌절을 겪었다고 할 수 있는 그녀의 최종 목표는 '가난을 딛고 내일의 희망인 아이들을 도리에 알맞게 키우는 것'으로 확정되었던 것을 볼 수 있다. 그러나 이러한 삶의 목표에 대한 권고가 다음 세대인 간재 전우의 경우처럼 "시부모를 효로써 섬기며 제사를 엄숙하게 잇고 남편을 공경하게 받들며 시동생 시누이와 화목하게 지내거라. 친척을 바름으로 대하고 예절을 곧게 지키고 방적을 부지런하게 힘쓰고 술과 음식을 정결하게 제공 하거라."[23] 혹 "앞일의 변화를 알지 못하니 너희들은 또한 사공의 처 이씨가 두 남편에게 시집가지 않겠다고 맹서한 것을 따라, 목을 매어 죽더라도 절의를 세울 것을 마음에 새겨야 한다."[24]와 같은 일방적이고도 건조한 공표가 아니라 딸의 고민과 삶의 무게를 헤아릴 줄 아는, '지기(知己)'로서의 아버지를 둔 딸로서의 모습도 드러난다.

그러나 전술했듯이, 이 글들은 사대부 남성의 목소리로 발화되는 여성에 대한 글이기 때문에 딸인 벽진 이씨의 모습만이 드러나는 것이 아니라, 아버지인 화서의 목소리도 함께 드러나고 있다. 글 속에서 화서가 딸에게 겉으로 본받을 것으로 공표하는 모습은 다름 아닌 '어진 여성'의 길이지만, 한편으로는 부모의 입장으로서 자식이 편하게 살아가기를 기원하고, 딸이 바라는 대로의 모습을 인정하려는 속내도 드러나고 있다. 이것은 여성의 형상에 대하여 가지게 되는 19세기 남성 사대부의 욕망과 글의 객체가 되는 여성이 바라고 원하는 양상이 충돌하는 지점을 보여준다고 할 수 있을 것이며 이것이 이 글들이 가진 의의라고 하겠다.

▸ 주

* 이 글은 『한국문화연구』 제20집(2011)에 게재된 논문을 수정한 것이다.

1 금장태, 『화서학파의 철학과 시대의식』, 태학사, 2001 ; 김대식, 「화서 문인의 입문과 그 의의」, 『한국 교육사학』 제28권 2호, 2006 ; 이미림, 「화서 이항로의 민족 의식에 관한 연구」, 『한국 철학 논집』 제11집 ; 강대덕, 「화서 이항로의 생애와 사상기반」, 『관동사학』 제2집 ; 황하준, 「화서 이항로 한시 연구」, 『한문교육연구』 32집 ; 홍우흠, 「화서 이항로의 산수시 시탐」, 『어문교육연구』 32집, 2004 ; 김근호, 「화서학파의 형성 과정과 사상적 특징」, 『국학연구』 제15집.

2 김남이, 「유인석 : 민족의 호명과 여성」, 『한국 한문학사의 여성 인식』, 태학사, 2003 ; 김경미, 「개화기 열녀전 연구」, 『국어국문학』 132, 국어국문학회, 2002 ; 홍인숙, 『근대계몽기 여성담론』, 『이화연구총서』 5, 혜안, 2010.

3 〈答次女金氏婦己亥十二月十二日〉(1839), 〈答次女金氏婦丙子十月十二日〉(1840), 〈答次女金氏婦丁未六月四日〉(1847), 〈與次女金氏婦癸亥八月二十二日〉(1863). 이상 『화서집』, 『한국문집총간』 권304.

4 또한 여자 중의 백이(伯夷)이며 세상의 선비 가운데 드문 바이다. 이는 우리 형님이 그녀가 아들이 아닌 것을 탄식하게 하는 이유였고, 심씨 집안에 이런 며느리가 있음을 축하하지 않을 수 없는 이유이다. 〈祭姪女沈氏婦文〉 申靖夏, 『恕菴集』 권15, 『한국문집총간』

권197, 459~460면.

5 구학(溝壑)에 버려졌다는 것은 공자가 일찍이 곤궁함을 잘 견디는 지사(志士)를 일러 "지사는 자기 시체가 구학에 버려질 것을 잊지 않는다.[志士不忘在溝壑]" 한 데서 온 말이다.

6 知盡能索(지진능색) : (부를 쌓은 일이라면) 있는 지혜와 능력을 다하는 것이 (인간의 상도인지라) *참고문헌 : 『사기』 화식열전.

7 갈담(葛覃) : 『시경』 국풍(國風) 주남(周南) 갈담(葛覃)편명. "칡덩굴이 쭉쭉 뻗어, 골짜기 가운데에 뻗어가서, 잎이 매우 무성하거늘, 꾀꼬리는 날아와, 떨기나무 위에 앉아서, 평화로이 울어대도다. 칡덩굴이 쭉쭉 뻗어, 골짜기 가운데에 뻗어가서, 그 잎새가 빽빽하거늘, 그 덩굴을 베어 삶아서, 굵고 가는 갈포옷 지으니, 입으매 싫지가 않도다. 사씨에게 고하여, 친정에 갈 것을 말하라 했노라. 잠깐 사복도 빨고, 잠깐 예복도 빠노니, 어느 건 빨고 어느 건 안 빨랴, 돌아가 부모님께 문안 드리리라.[葛之覃兮 施于中谷 維葉萋萋 黃鳥于飛 集于灌木 其鳴喈喈 葛之覃兮 施于中谷 維葉莫莫 是刈是濩 爲絺爲綌 服之無격 言告師氏 言告言歸 薄汚我私 薄澣我衣 害澣害否 歸寧父母]" 한 데서 온 말인데, 이는 곧 몸소 부인(婦人)의 일에 부지런하고 검소하며 효심(孝心)도 지극했던 문왕(文王) 후비(后妃)의 훌륭한 덕을 노래한 것이다.

8 〈答次女金氏婦己亥十二月十二日〉, 李恒老, 『화서집』 권13, 『한국문집총간』 권304, 351면. 見汝書, 知汝上奉舅姑, 下侍妯娌, 怡愉歡樂, 此人倫樂事, 女子生而願爲之有家, 父母之心, 人皆有之, 吾安得不喜悅耶? 如此而吾喜, 則不如此時吾心喜耶不喜耶? 故人家萬事, 無論出入內外巨細本末, 不外一孝字也, 見書云不治紡績, 專攻文墨,(밑줄 필자) 此則可謂大失次序, 汝在家時, 見吾一邊耕織, 一邊簡策, 遑遑汲汲, 未嘗敢一日偏廢而恬嬉怠惰也, 其故何也? 不讀書則識見昏昧, 義理榛塞, 人將禽獸矣, 不治生則將凍餒父母, 空乏子孫, 未免塡壑矣, 不惟此也, 千古杜門守義, 餓死不變心者幾人, 其勢必犯義犯分, 忘廉忘耻, 無所不至, 知盡能索, 勢窮力竭而死. 嗚呼哀矣! 吾爲此懼, 使一家內外大小卑尊老幼孜孜勤勤, 各執其業, 各攻其職, 未敢一刻寧息, 葢男女貴賤, 各有天職, 失其職則死故耳, 聞汝廢紡績則失職莫大於此, 汝將以文字喫着乎? 汝知太任太姒乎? 葛覃實周家八百年之基業也. 吾病如前, 而堪耐則漸不如前固也, 奈何, 汝慈患眼, 幾不辨物, 若知誦書, 可以理遣矣, 笑笑, 笄制尙近古, 後便一本製來, 并示樣子, 使一家婦女依倣可也.

9 대우(大禹) : 우(禹) 임금을 높여 부른 것. 중국에서 가장 오래된 왕조인 하(夏) 나라의 시조라고 전해지는 전설상의 인물. 그는 홍수를 다스려 나라를 구하였다고 함. 그 공으로 우는 순(舜) 임금으로 왕위를 물려 받아 국호를 하(夏)라 정하고 중국 전역을 9주(州)로 나누어 공부(貢賦)를 정하였음.

10 술을 말한다.

11 공보문백(公父文伯) : 춘추 시대 노(魯)나라의 실권자였던 계강자(季康子)의 사촌인데, 그의 어머니는 현모(賢母)로 일컬어져서 『열녀전(列女傳)』에까지 올랐다고 한다.

12 聞貧無以爲食, 謀活於大禹之所惡, 其情慽矣, 然此决非謀生之道也, 何以明之? 聖人以此物爲亡國之物也, 孔子不飮其沽, (…중략…) 聖人之明戒如此, 則其爲害人禍人之物明矣, 焉有以害人禍人之物爲業 而反能利己益己之理也哉? 汝雖貧甚, 略知聖人書, 又有三箇子女, 汝之所從之賢, 讀書士也, 食可小也, 道不可不正, 利可失也, 福不可不養也, 葢謀生有道, 葛覃不可不讀也, 七月不可不講也, 公父文伯之母, 以魯卿之家, 猶親績痲, 况汝寒士妻乎, 曾子之母, 孟子之母, 織紝資生, 敎養其子, 此非可師者乎, 此猶古也, 吾

家貧甚, 吾祖母與吾母, 治績饁農, 千辛萬苦, 何所不至, 亦未聞以此物謀生, 此則汝耳目之所逮也. 但吾謀生甚拙, 不足以仁其家, 不能霑汝以絲毫之澤, 而嘐嘐然口談仁義, 人孰不笑其蹇拙無謀也, 然深知其不可, 而不言之於汝, 則是視汝以路人也, 故言之, 此書勿泄, 默而行之. 〈答次女金氏婦丙子十月十二日〉, 李恒老, 『화서집』 권13, 『한국문집총간』 권304, 351면.

13 대표적인 것으로 "『시경』의 칠월편(七月篇)과 『서경』의 무일편(無逸篇)을 보면 백성들의 간난(艱難)을 잘 알 수가 있습니다." 고종 10년 계유년(1873) 1월 20일 승정원 일기 등을 들 수 있다.

14 『영조실록』 41년 을유(1765, 건륭 30) 3월 22일 (정유)조, "진강하는 책자를 이전의 양식대로 하여 사치와 과대함을 일삼지 말도록 하다: 임금이 주강을 행하였다. 무일편(無逸篇)을 강하였는데, 강관(講官) 서명선(徐命善)이 아뢰기를, "한 편의 대의(大義)는 곧 무일(無逸)인데, 무일은 수고(壽考)의 근본이고 수고는 무일의 효과입니다."하니, 임금이 이르기를, "『서경』의 무일편과 『시경』의 빈풍 7월장(豳風七月章)과는 서로 안팎이 된다. 그러나 나에게는 무일의 공적도 없으면서 수고(壽考)의 칭송을 받게 되니, 부끄럽다." 『효종실록』, 4년 계사(1653, 순치 10) 2월 29일 (병인) 조. : "심지한(沈之漢) · 홍처후(洪處厚)에게 마장(馬裝) 각1부(部)씩을 하사하라고 명하였다. 지한 등이 옥당에 있으면서 명을 받들고 무일편(無逸篇)과 칠월편(七月篇)을 병풍에 써서 올렸기 때문에 이 명이 있게 된 것이다." 『연산군일기』 8년 임술(1502, 홍치 15) 10월 28일 (정묘)조, '진사 이난손이 안민도를 올리면서 시폐를 상소하다' 조 등의 기록에서 이를 확인할 수 있고, 『명종실록』, 즉위년 을사(1545, 가정 24) 7월 21일 (신사) 왕대비의 어첩 하사조, "조종조로부터 전해오던 보물은 많이 소실되었으나 전혀 개의하지 않았고, 무일편(無逸篇)과 빈풍칠월편(豳風七月篇)을 어필로 쓰시어 항상 관람하셨다. (…후략…)"처럼 왕비들도 서경 무일과 시경 칠월편을 함께 보았던 기록이 나온다.

15 김평묵, 〈화서선생 행장〉, 『화서선생 문집』 부록 권8 中鉉, 友鉉, 仁鉉. 趙錫奎, 申輔均, 李範九婦. 金婿出也라고 나와 있는데 이것은 화서의 몰년인 1868년까지의 이야기이고, 김중현은 1843년생으로 생원진사시를 통과했다는 기록이 있다. 고종(高宗) 17년(1880) 경진(庚辰) 증광시(增廣試) 생원 2등(二等) 2위 사실(士實) 광산(光山) 홍천(洪川) 전력유학(幼學) 과목 일의(一義) 부모구존 구경하(具慶下) 아버지 김재구(金在龜) 동생 김우현(金友鉉) 김인현(金仁鉉) 김원현(金元鉉) 김지현(金止鉉)이라고 사마방목에 나와 있어서 이를 확인할 수 있다. 외손녀들의 시아버지로 나와 있는 세 사람 중 신보균(1862(철종 13)~1912)은 한말의 의병으로서 1906년 음력 4월 18일 전 참판 민종식(閔宗植)을 대장으로 하는 의병이 4월 26일 홍주로 진격하여 일본군을 격파하고 홍주성을 점령하자 이에 참여하여 유병소서기(儒兵所書記)에 임명되어 항거하다가 일본군에게 격파되어 그를 비롯한 80여 의병이 서울의 일본군사령부에 압송되어 심문을 받고 남규진(南奎振) · 유준근(柳濬根) 등과 함께 9인(洪州九義士)이 대마도 감금으로 이즈하라(嚴原)경비대에서 억류생활을 했다. 7월 9일에는 최익현(崔益鉉)과 임병찬(林炳瓚)이 대마도로 유배되어 왔다. 11월 17일 최익현이 유배지에서 순절하자 의사들 모두가 흰 두건을 쓰고 장례집사가 되어 전제(奠祭)를 지냈다. 신보균은 대마도의 억류생활에도 우국충절에 관한 절구시를 많이 남겼다. 또한 적의 감언이설이나 위협에도 굴하지 않고 4년 만에 감금에서 방면되었다. 이러한 내용이 『梅泉野錄』에 남아 있다. 이범구(1879(고종 16)~미상)는

1895년 고등소학교에서 수학한 뒤 1899년 희릉참봉(禧陵參奉), 1901년 능주군수 등을 거쳐 1905년 1월 중추원의관에 임용되었으며, 가선대부, 농상공부협판, 궁내부협판, 봉상사제조에 임명되었다고 한다. *참고문헌: 독립운동사 자료집, 高宗實錄 國朝榜目 大韓帝國官員履歷書

16 장주(掌珠): 손에 쥔 구슬이라는 뜻으로, 사랑하는 자식을 비유한 말이다.

17 〈答次女金氏婦丁未六月四日〉, 李恒老, 『화서집』 권13, 『한국문집총간』 권304, 352면. 見札備諳侍攀依昔, 喜過常情, 但宋泄可悶, 昨夏熱嗽, 尙得打過, 眞鐵漢也, 何畏之有, 魯無口才, 已呼父祖天地字云, 奇哉! 吾眼添霧鬢添雪, 抱中又望添一箇掌珠, 産期在秋冬之接, 翼德內有身差前後, 奇矣! 人生天地中, 萬事不能了, 必待來日, 又待子女之賢, 又待子女之子女, 人情儘無窮矣, 蓋積善之家, 必有餘慶, 積不善之家, 必有餘殃, 此汝所讀也, 孔子豈欺汝哉? 則保養子女, 莫大於爲善而去惡, 然所謂善與惡, 非窮理則不明, 所謂積者, 日復日年復年, 不期其積而自積, 苟或所由者微有不善, 而仍循姑息之間, 積如丘山之高, 則雖欲改之, 容可追乎? 凡事欲利於己則必害於人, 欲宜於人則亦宜於己, 此利與善之界頭也, 汝雖貧甚, 勿貪小利, 必以義爲主, 力行不怠, 則必于汝子孫有福矣, 積玉積錦如泰山, 未必福子孫也,

18 김기도(金箕燾, 1779~1863), 본관은 광산, 음관으로 도천(道薦), 정미(丁未) 12월(十二月) 장참(莊參), 무신(戊申) 1월(正月) 개(改) 기미(己未) 1월(正月) 80통정첨중(八十通政僉中) 신유(辛酉) 1월(正月) 돈도(敦都) *참고: ≪음안(蔭案)≫ 天·地·人(장서각 [K2-575])

19 『화서집』 권4 〈答金都正〉(경자1840.4.8.): 독서에 대한 내용을 주로 이야기하고 있으며, 〈與金都正〉(무신1848.2.14): 봄이 추우니 건강을 주의할 것을 말하는 것이 주 내용이다. 〈與金都正〉(갑인 1854.2.3.): 자신의 셋째 아들 이소를 잃은 때라 거상(居喪)하는 내용을 주로 담고 있다. 〈與金都正〉(무오 1858.12.5.): 최근에 있었던 환전(還田)의 내용을 미담으로서 전했다. 이 네 편의 편지는 주로 앞에서 이야기한 일상의 내용이 담겨 있는 짤막한 글들로서, 한송재의 며느리인 자신의 딸 이야기는 특별히 나와 있지 않다.

20 〈與次女金氏婦癸亥八月二十二日〉, 李恒老, 『화서집』 권13, 『한국문집총간』 권304, 352면. 汝尊舅, 卽汝知己舅婦也, 汝之哀痛, 當百倍於他人也, 汝尊舅之出天孝友, 如玉廉潔, 公平正大之體, 惻怛慈愛之誠, 吾於何處, 更睹其彷彿也耶? 汝尊舅未嘗一日忘余, 余亦未嘗一日不慕, 今忽棄余而浩然長逝, 何哉? (…중략…) 替送仲兒, 躬候其眞假, 則公果棄我而長逝矣, 痛哭痛哭, 亦復奈何, 後死者不敢犯罪惡, 貽前人憂惱於冥冥之中, 是乃後死之職, 吾之所願, 如此而已, 力疾泣書, 嗚咽而止.

21 홍씨는 남양이 본관인데 부사공 수량(受漮)의 아버지 홍처후(洪處厚)와 할아버지 홍명원(洪命元)은 모두 경기관찰사를 지내셨다. 부인과, 돌아가신 나의 어머니 정부인(鄭夫人)은 모두 화포(花浦) 충정공(忠正公) 홍익한(洪翼漢)의 후손으로 이종 형제간이시다. 내가 그래서 부인의 미덕을 익히 알고 있었는데 이제 홍계흠이 지은 행장을 보니 더욱 마땅하고 모두 갖추어져 있다. 이루 다 기록할 수가 없어 우선 그 말을 간략하게 엮어 기록하고 명을 쓴다. 〈淑夫人青松沈氏墓誌銘 幷序〉, 李宜顯, 『陶谷集』 권16, 『한국문집총간』 181, 173면 등에서 이러한 사실을 단적으로 알 수 있다.

22 吾行遲遲, 非鵲欺汝, 吾實欺汝矣, 姑又以菊爲期, 又怕菊又欺汝也, 要不出此歲內外也, 語長秘之, 不一. 〈答次女金氏婦丁未六月四日〉, 李恒老, 『화서집』 권13, 『한국문집총

간』 권304, 352면.

23 〈教長女乙未〉, 田愚, 『간재집』 卷十五, 333_177.

24 〈答長仲二子婦宋氏金氏丙申〉, 田愚, 『간재집』 卷十一, 332_530.

참고문헌

이항로, 『화서집』, 『한국문집총간』 304, 한국고전번역원.

강대덕, 「화서 이항로의 생애와 사상기반」, 『관동사학』 제2집, 2000, 135~159면.

금장태, 『화서학파의 철학과 시대의식』, 태학사, 2001.

김경미, 「개화기 열녀전 연구」, 『국어국문학』 132, 국어국문학회, 2002.

김근호, 「화서학파의 형성 과정과 사상적 특징」, 『국학연구』 제15집, 2009, 187~208면.

김남이, 「유인석 : 민족의 호명과 여성」, 『한국 한문학사의 여성 인식』, 집문당, 2003.

김대식, 「화서 문인의 입문과 그 의의」, 『한국 교육사학』 제28권 2호, 2006.

이미림, 「화서 이항로의 민족 의식에 관한 연구」, 『한국 철학 논집』 제11집, 2002, 29~50면.

홍우흠, 「화서 이항로의 산수시 시탐」, 『어문교육연구』 32집, 2004.

홍인숙, 『근대계몽기 여성담론』(이화연구총서 5), 혜안, 2010.

황하준, 「화서 이항로 한시 연구」, 『한문교육연구』 32집, 2009.

중화질서의 구축과 여성
–면암 최익현(1833~1906)*

황수연

1. 전통과 근대의 충돌, 유교 지식인의 역할

19세기 말~20세기 초 여성 인식에 관한 연구는 개화파 지식인 중심, 신여성 중심으로 이루어졌다. 그들은 신문이나 잡지 등의 매체를 통해 남녀 동등권, 여성 교육, 과부 개가 등의 여성 담론을 형성하였고 당대 여성들에게 적지 않은 영향을 미쳤다. 물밀듯이 몰려오는 서구의 사상과 문물을 직·간접적으로 경험하였던 한말 조선의 국민은 성별·신분·이념을 막론하고 전통과 근대의 충돌과 균열을 목격하였다. 개화파 계몽지식인의 반대편에 있던 유교적 지식인들과 그여성 또한 이런 혼란 속에서 꾸준히 자신의 목소리를 내며 전통적 유교 담론을 형성하였다. 그리고 그들 나름대로 변화하는 세상에 적응하기 위한 방법을 모색하였다. 하지만 이들의 목소리에 주의를 기울인 경우는 별로 없었고, 그에 대한 연구 또한 거의 이루어지지 않았다. 연구의 부재는 근본적으로 '근대'를 '전통(전근대)'보다 우월하다고 보는 가치론적 인식에 기인하지만 매체 중심의 연구에 주목한 결과, 산발적으로 존재하는 자료의 비접근성도 그 이유의 하나라고 짐작된다.

이 글은 이러한 파행적 연구 풍토에 대한 문제제기에서 시작하였다. 개화파 지식인들이 주장한 새로운 문명 세계로의 전환, 악습과 풍속 개량, 남녀동등권 인정 등은 근대적 사회로 이행하기 위해 반드시 거쳐야 할 관문이다. 하지만 많은 유교 지식인들 역시 개화파 못지않게 당시를 고민하고 행동하며 치열하게 살아갔던 점 또한 무시할 수 없다. 그들은 중화로의 복귀를 주장하고 서구를 무조건 배격해야 할 대상으로 여기며 여성의 열행을 강조하는 등 전근대적인 사상을 노정하고 있다는 점에서 시대착오적인 모습을 보이기도 한다. 그러나 봉건적 유교 문화의 자장 안에 놓여 있던 많은 대중과 구여성들이 가치관과 정체성을 형성하는 데 적지 않은 영향을 끼쳤던 점 또한 간과할 수 없다.

이에 이 글에서는 위정척사학파의 대표적 인물인 면암 최익현를 통해 한말 유교 지식인의 여성 인식의 일면을 살펴보고자 한다. 면암 최익현에 대해서는 사상 · 철학 · 정치 · 역사 분야에서 의병활동 및 상소와 관련하여 이미 많은 연구가 이루어졌다. 이에 비해 문학 쪽에서는 거의 연구가 이루어지지 않았고 그의 여성 인식에 관한 내용도 밝혀진 바 없다. 최익현이 살던 시기는 어느 때보다 여성 개가 · 교육 · 열녀 등에 대한 담론이 풍부했던 시기로 최익현 또한 여성에 관한 적지 않은 글을 남기고 있어 그의 여성에 대한 인식을 살펴볼 수 있다. 이 글에서는 그의 여성 인식을 통해 당대 개화파 지식인을 중심으로 전개되던 여성 인식과 구별되는 점은 무엇인지, 다른 유교 지식인의 여성 인식과 공통점은 없는지, 사회에 어떠한 영향을 미쳤는지에 대해 규명해보고자 한다. 이 연구를 통해 한말 여성 인식의 다양한 면모가 드러나기를 기대한다.

2. 면암 최익현의 시대인식 : 양이척화(攘夷斥和) · 반개화(反開化)

면암 최익현(勉庵 崔益鉉, 1833~1906)은 1833년 경기도 포천군 내북면 가채리에서 출생하여 14세에 이항로 문하에서 수학하면서 성리학에 기본을 둔 스승의 학문을 철저히 계승하였다. 22세에 성균관에 들어가 과거 공부에 전념하여 이듬해 명경과에 급제하였고, 이후 성균관 전적을 거쳐 사헌부 지평, 사간원 정언, 이조 정랑에 올라 정사를 집행하였다. 38세에 승문원 동부승지를 역임하면서 점차 자신의 실천적 위정척사사상을 성숙 발전시켰으나 얼마 지나지 않아 벼슬에서 물러났다. 최익현은 30대 초반까지 대체로 평탄한 관료생활을 하였지만, 30대 후반부터 대원군의 정책에 반대하고 도학적 의리론을 주장하면서 관료 생활에 파란이 일기 시작하였고, 그 뒤 스스로 벼슬길에 뜻을 두지 않고 상소 활동과 그로 인한 유배 생활을 반복하였다. 최익현의 사상적 기반은 화서학이다. 화서학파는 정도(正道)를 옹위하고 사설(이단 · 외세)을 물리친다는 '위정척사(衛正斥邪)'를 도학정신의 시대적 이념으로 표방하였다. 화서학파는 19세기 전반에 성립하여 20세기 초엽까지 이항로(1792~1868)에 의해 가치 개념화된 주리론과 화이론을 이론적 기반으로 세도반대, 개화반대, 반개화 항일의병운동을 주도하면서 한국근대사의 전개에 커다란 영향을 미쳤다.[1]

최익현은 언관의 직책에 있으면서 수시로 상소를 올렸는데 첫 번째 상소는 〈병인의소〉(1866)이다. 〈계유상소〉(1873)와 〈지부복궐척화의소(持斧伏闕斥和議疏)〉(1876)로 인해 큰 파문을 일으켰는데, 〈계유상소〉에서 대원군 10년 집정의 폐해를 신랄하게 비판하여 제주도로 유배되었다. 그러나 결국 이 상소는 대원군 하야와 고종 친정의 결정적 계기를 마련하였다. 〈지부복궐척화의소〉에서는 화약(和約)의 부당성을 조목별로 비판하여 흑산도로 유배되었다가 3년 후 해배되었다. 최익현은 이후 1896년까지 약 16년 동안 초야에 묻혀 지내며 침묵을 지켰다. 이 시기 임오군란 · 갑신정변 · 동학운동 · 청일전쟁 등 일련의 사건이 복잡하게 전개되었으나 그는 아무런 정치적 입장을 드러내지 않았다.

하지만 일본에 의해 국모가 시해되는 을미사변(1895)과 김홍집 친일내각에 의해 단행된 단발령(1895)을 계기로 그는 다시 침묵을 깼다. 1895년 〈청토역복의제소(請討逆復依制疏)〉에서 그는 배후 조종국인 일본을 성토하면서 갑신정변의 주모자를 처벌하고 의복복고를 주장하였다. 이후 을사늑약(1905)이 체결되면서 한국의 자주권이 완전히 상실되자 〈청토오적소(請討五賊疏)〉를 올려 을사조약을 조인한 오적의 죄를 통탄하고 이 사건을 계기로 최익현의 위정척사는 집단적 무력적 항일의병운동으로 전환하였다. 그는 1906년 〈창의토적소(倡義討賊疏)〉를 올려 창의의 목적을 밝히고 이어 〈포고팔도사민(布告八道士民)〉을 발송해 거사를 모의하고 실행하다가 일본 대마도에서 순절하였다. 면암 최익현은 화서 문인 가운데서 가장 높은 벼슬에 올랐던 인물이고 그만큼 정치적 역할과 영향력도 컸다.

후대 연구자들에 의해 최익현을 비롯한 화서학파는 시대를 따라가지 못했다거나 보수적인 체제 수호론자 혹은 급변하는 국제정세에 무지했다는 평가를 받기도 한다. 한편 이와 반대로 자주적 입장에서 국권을 수호하려는 한국민족주의의 원형, 만국공법적 원리들을 수용하면서 만국공법적 질서에 당당히 편입하여 조선의 자주와 자립을 실현하고자 인식의 전환을 이룬 공로 인정[2] 등 서로 상반되는 평가가 존재한다. 그런데 이러한 평가는 근대 국가개념을 동원한 시선과 잣대로 평가한 데서 연유한 것이기에[3] 최익현에 대한 최초의 평가라고 할 수 있는, 그가 살았던 시대의 기록을 통해 최익현에 대한 시대 인식과 평가 등에 대해 살펴보고자 한다.

1. 然則 崔氏ᄂᆞᆫ 果何如人고 是 츙직ᄒᆞᆫ 신민으忠臣歟아 是迂儒歟아 是義士歟아 是頑生歟아 一片丹青에 何以畵崔氏之靈臺오 曰 我未登崔氏之堂ᄒᆞ야 一接其咳唾ᄒᆞ고 我未承崔氏之顔ᄒᆞ야 一問其懷抱이나 今按崔氏一生之歷史ᄒᆞ야 斷然下一評ᄒᆞ노니 蓋崔氏ᄂᆞᆫ 不顧毁譽ᄒᆞ며 不計成敗ᄒᆞ고 毅然行其主義而不變者也니라

乃老於攘夷斥和之世ᄒᆞ야 所師者ㅣ 誰也오 華西 李恒魯氏也오 所友者ㅣ 誰也오 金平默 柳重喬 等 氏也라 朝夕談論者ᄂᆞᆫ 不外乎理氣湖洛之說也오 造次戒飭者ᄂᆞᆫ 不出乎周旋揖讓之儀也오 師門所講에 最嚴者ᄂᆞᆫ 華夷之辨也오 山林所守에 最愼者ᄂᆞᆫ 出處之義也라[4]

2. 최씨로 말ᄒᆞᆯ진ᄃᆡ 당초에 ᄀᆡ명샹 학식이잇셔 ᄂᆡ치 의교와 셰계형편이 엇지되ᄂᆞᆫ것을 확실이아ᄂᆞᆫ 졍치가라고ᄂᆞᆫ ᄒᆞᆯ 슈업스나 대ᄀᆡ 시비곡직간에 ᄌᆞ긔의향 가ᄂᆞᆫᄃᆡ로 권리를 두려ᄒᆞ지 아니ᄒᆞ고 여러번 ᄒᆡ를당ᄒᆞ며 져마다 함구물셜이 샹칙으로 아ᄂᆞᆫ셰샹에 ᄒᆞᆯ노 쥬견을 텬폐에 샹달케ᄒᆞ려홈을 진실로 감복ᄒᆞᆯ일이라 고인의 일은바 님군이 어지시면 신하가 곳다홈이 최씨에 당ᄒᆞᆫ 말이로다 긔왕도 대강ᄒᆞᆫ 말이어니와 지금 셰상에 소위 ᄀᆡ화당이라 외국 형편도 알고 외국언어 문ᄌᆞ도 짐작ᄒᆞᆫ다 혹 무슴학식과 경졔상 학슐을 포부ᄒᆞ엿다ᄒᆞᄂᆞᆫ 쟈들을 사ᄅᆞᆷ들이 흔히 완고ᄒᆞ다ᄂᆞᆫ이들보다ᄂᆞᆫ 낫다고들ᄒᆞ여 그러ᄒᆞ되 우리ᄂᆞᆫ ᄒᆞᆯ로 ᄀᆡ화당 지목을 들으며 협잡롱권이나 함구물셜ᄒᆞᄂᆞᆫ 쟈들을 졀증ᄒᆞ나니 완고 ᄀᆡ화를 물론ᄒᆞ고 사ᄅᆞᆷ마다 ᄌᆞ긔의 쥬견ᄃᆡ로 ᄉᆞᆼ을 불고ᄒᆞ고 바른ᄃᆡ로 나가려ᄂᆞᆫ쟈이 참로 아노라[5]

두 기록 모두 최익현의 사후 신문에 실린 것으로 1은『황성신문』에 실린 논설 〈조고참정최익현씨(吊故贊政崔益鉉氏)〉의 일부분이며, 2는『제국신문』에 실린 기사의 일부분이다.『황성신문』의 논설자는 최익현을 충신(忠臣)과 우유(迂儒)와 의사(義士)와 완생(頑生) 중에서 어떻게 규정해야 할지 의심하는 어조를 보이고 있다. 이는『황성신문』 논설자 개인의 생각일 뿐만 아니라 최익현의 다양한 면모를 드러내는 당대의 평가를 대변하는 것이기도 하다. 최익현은 1876년 병자수호조약이 체결되자 일본 사신의 목을 베라며 도끼를 들고 상소를 했던 '충신(忠臣)'이자, 70세가 넘은 노구를 끌고 의병장을 맡아 독립운동을 했던 '의사(義士)'였으며, 중화주의로의 복귀를 주장하며 단발령에 대해 목을 벨지언정 머리를 벨 수는 없다며 끝까지 저항했던 '우유(迂儒)'였고 의병 활동 중 일본에 끌려가 일본의 식량을 먹을 수 없다며 단식을 고집하다 순절한 '완생(頑生)'이었다. 『제국신문』의 기사 작성자 또한 '개명한 학식과 내치와 외교를 확실히 아는 정치가'라고 할 수 없다고 하며 그가 시대 인식에 동떨어졌음을 지적하고 있다.

하지만 『황성신문』의 논설자는 궁극적으로 최익현을 '양이척화지세(攘夷斥和之世)'에서 늙어갔고 '화이(華夷)'의 구별에 가장 힘쓴 사람이며 출처의 의리를 삼간 사람으로 평가하고 있다. 『제국신문』에서는 최익현이 비록 개명한 학식과 내치와 외교를 확실히 아는 정치가라고 할 수는 없지만 본인의 주견대로 사생을 돌아보지 않고 바른 데로 나가려 했던 충직한 신민이라고 평가하고 있다. 그리고 그러한 점은 외국의 형편도 알고 경제적 소견도 있으나 함구하며 자신의 일신만 돌보는, 절증하는 개화당보다 낫다고 인정하고 있다. 보수적 행보를 보였던 『황성신문』이나 여성 중심의 계몽적 사상을 드러냈던 『제국신문』 모두 우호적인 입장에서 최익현을 평가하고 있음을 볼 수 있다.

최익현이 살던 19세기 말 20세기 초기에는 신문 등의 근대 매체가 제 기능을 수행하던 시기로 정치적 행보가 뚜렷했던 최익현의 일거수일투족이 신문을 통해 대중에게 전해지고 있었다. 비록 간혹 사실과 다른 기사와 소식이 전해지기도 하였지만 그가 올렸던 여러 상소의 전문 혹은 일부가 신문지상에 실리며 그에 대한 여론이 형성되기도 하였다. 『황성신문』의 논설자는 최익현의 상소 내용과 그의 정치적 행위를 종합하여 그의 사상을 '양이척화'와 '화이의 구별'로 요약하여 평가하고 있다. 『제국신문』에서는 최익현을 개화파와 비교하여 서술하고 있는데, 그가 주로 활동했던 시기의 큰 사건들은 개화파가 일으킨 정치사건과 일정 부분 관계가 있다. 곧 개화파의 정치활동이 적극적일수록 그들의 반대편에 선 최익현의 정치 주장도 치열해졌다.[6] 최익현은 철저하게 반개화 사상을 유지하며 개화파와 반대되는 행보를 보여주었다는 점에서 『제국신문』의 시각 또한 그러한 점을 정확하게 파악했다고 볼 수 있다.

(중화의 인의도덕)은 성인들이 만세의 큰 법으로 세워 만세의 표준을 만든 것입니다. 그러므로 화하라고 한 것이니, 화하란 것은 문명이란 뜻으로 곧 그 전장과 법도가 찬란하게 문명하였음을 말하는 것입니다.[7]

오랑캐 풍속으로 중화를 변화시키고 사람을 금수로 타락시키는 것으로 능사를 삼으면서 이름하기를 '개화'라고 하니, 이 개화란 두 글자는 용이하게 남의 나라를 망치고 남의 집안을 넘어뜨리는 것입니다. 혹 '자주(自主)'한다는 이름 아래 나라를 가져다가 왜놈에게 주고서 한 가지 정사, 한 가지 법령을 논할 것 없이 반드시 자품(自稟)하고, 혹 군부 대우하기를 열국들의 우공과 같이 하면서도 거짓 큰 호칭만 높이며, 혹 의관을 무너뜨리고 오랑캐로 타락하면서 억지로 문명이라 칭하고, 혹 부하고 강하게 한다 자칭하면서 군제(軍制)를 없애고 방수(防戍)를 폐지하여 나라 형세를 날로 약화시킵니다.[8]

개화파들은 온 나라의 풍속을 바꾸려고 하는 무리입니다. 개화 이후부터 선왕의 법제를 모두 고치고 한결같이 왜놈의 지휘대로 하여, 중화를 오랑캐가 되게 하고 인류를 금수가 되게 하였으니, 이는 개벽 이래 있지 않던 변란입니다.[9]

최익현은 조선이 중화의 맥을 이어오는 유일한 나라라는 조선중화주의에 입각하였다. 그리고 이적과 금수인 서양을 받아들이는 것은 중화의 맥을 끊는 것으로 이해하였다. 그는 서양을 이적이라기보다 금수로 규정하였고, 일본도 "저들이 비록 왜인의 이름을 칭탁하였으나 실은 양적이다."라고 하며 서양과 같은 금수로 여겼다.

최익현에게 개화는 중화를 변화시키고 사람을 금수로 타락시키는 것이기에 철저하게 개화를 반대하였으며 그러기 위해서 소중화를 더욱 유지하고 보존해야 한다고 보았다. 최익현은 자신의 문인이었던 양재해가 "개화를 깨뜨리지 못하면 어떻게 살아야합니까? 라고 묻자 "산에 들어가 문을 닫고 주경야독하며 다만 하늘이 정하는 날을 기다릴 뿐이다."라고 대답하였는데 개화에 대해 어떤 구체적인 대안을 제시하지는 못한 것으로 보인다.[10]

중화와 자신들을 일체화시킨 경지에 이른 유학자였던 최익현에게 개화는 중화를 버리는 짓인 동시에 그런 자신들의 의식과 실체 자체를 송두리째 부정하는 일로 받아들여질 수밖에 없었다. 따라서 다른 위정척사학파와 마찬가지로 그의 반개화 정치활동은 자신들의 내면화된 중화의식을 지키려는 데서 출발한 것으로 보인다.[11]

3. 최익현의 여성 인식

최익현의 여성에 관련한 글은 총 35편으로 스승인 이항로를 비롯하여 화서학파의 김평묵, 유중교, 유인석에 비해 가장 많다. 형식상으로는 친구나 자신의 문하에 있던 제자 혹은 함께 거의했던 의병의 청탁을 받아 그들의 어머니와 친지들을 대상으로 작성한 묘지명과 묘표 등의 비지류(18편)가 양적으로 많은 비중을 차지한다. 내용상으로는 열녀전과 정려기를 비롯하여 발문, 전 등에서 열행을 다룬 것이 많은 양을 차지하며(10편), 그 다음으로는 효열을 다룬 기록(효2편, 효와 결부된 열 6편)을 들 수 있다. 그는 시, 소(疏), 서(書), 기(記) 등의 글을 고루 남겼는데 여성을 대상으로 하거나 주제로 한 별도의 글은 보이지 않는다. 유배 생활을 오래 했던 만큼 아버지나 사촌형, 아들에게 보낸 편지글이 많은데 편지 내용에 여성과 관련한 언급 역시 거의 보이지 않는다.

1) 아들을 통해 드러나는 어머니

최익현은 문하생이나 친구, 의병의 어머니나 그들의 지인을 대상으로 다수의 묘표와 묘지명, 행장을 지었다. 〈유인 광산 이씨 행장〉은 양재해(1854~1924)의 어머니를 위해 지은 행장이다. 그는 양재해의 글을 바탕으로 행장을 작성하였다고 밝히고 있는데 어머니 광산 이씨의 행적보다는 최익현의 의론이 많은 비중을 차지한다. 그리고 그러한 의론은 어머니의 삶에 초점을 두기보다는 아들 양재해에게 더 맞추어져 서술되고 있다.

> 내가 생각해보니 후부인의 덕과 행실이 극히 아름답지만, 두 정부자를 아들로 두지 않았다면 또한 어찌 아름다운 명성이 백 년을 하루같이 오래도록 전해질 수 있었겠는가? 이러한즉 효자가 부모를 드러내는 것이며, 따로 일이 있어도 단지 다른 사람이 기술하지 않아도, 헤아려 살필 수 있는 것이다. 재해는 학문에 뜻을 두고 효성과 우애를 마음에 보존하였다. (…중략…) 선조의 도를 드러내어 장차 높게 밝히고 크게 넓혀 나갈 것이므로 구구하게 작은 절차를 기다리지 않아도 스스로 선조를 드러낼 여지가 있을 것이다.[12]

양재해가 작성한 〈선비 유인 이씨 행록〉[13]은 가족 친지 간의 화목 도모, 가정 경제 기여, 근면 성실함, 자녀 교육 등에 대한 풍부한 내용을 담고 있다. 그러나 최익현은 "본 행장에 대략 기술하여 열에 두 셋은 빠뜨렸으나 이로써 권면하는 뜻을 드러낸다."고 하며 양재해의 행록을 간략하게 요약하였는데 실제로 열에 두셋을 빠뜨린 것이 아니라 열에서 두셋만 채택하였다고 보는 것이 실정에 맞는다. 양재해 어머니에 대한 기록을 생략하고 그 자리에 최익현은 양재해를 권면하는 내용을 담았다. 실제로 행장의 마지막 부분은 양재해의 스승과 교우 관계 등 그의 학맥과 학문적 태도 등으로 채워져 있다.

양재해는 선배 정의림(1845~1910)에게 어머니 묘지명을 부탁하여 정의림이 〈유인 이씨 묘지명〉[14]을 작성하였는데 이 묘지명에는 양재해의 행록에 서술된 유인의 행적이 최익현이 작성한 행장에 비해 훨씬 자세하게 소개되어 있다. 특히 정의림은 이유인이 자녀 교육에 힘썼던 점을 부각하고 있다.

정의림은 기정진의 제자이자 의병으로서 면암 최익현과도 교류가 있던 인물이다. 최익현이 작성한 〈유인 진원 박씨 묘지명〉은 정의림의 어머니 묘지명이다. 최익현은 묘지명의 서두에 "영지는 뿌리가 있고 예천은 근원이 있으니 사물이 또한 이와 같은데 하물며 사람이랴! 그러므로 사람이 어진가 그렇지 않은가를 보면 그 부모를 알 수 있다."라고 하며 어진 이의 부모 역시 어질다는 것을 전제로 하여 묘지명을 시작하고 있다. 그리고 양재해의 어머니 행장과 비슷한 어조로 훌륭한 자식을 키운 어머니의 역할을 부각하고 있다.

> 생각해 보면, 옛날 후부인의 행적은 하남 정씨의 가전에 드러나는데, 주 선생이 한천의 문집에 채록하여 넣었으니, 그 어질고 신중하며 사려 깊고 성실함이 밝게 빛나서 맹자의 어머니와 그 전하는 것이 같다. 그러나 그 슬하에 두 정부자를 두지 않았다면, 어찌 이에 이르렀겠는가? 몸을 세우고 도를 행하는 것은 어버이를 드러내 효도하는 것이다. 처사가 세상이 바름을 잃은 것이 극에 달한 때를 당하여, 스승의 문하에 있는 여러 사람들과 함께, 공자의 학문과 정주학을 읽으며 죽음에 이르기까지 변하지 않는 뜻을 가지고, 그 학업을 더욱 정진하고 덕을 더욱 닦으며, 세상의 가르침을 만에 하나라도 붙들어 일으켰으니 그 드러내 알리는 것을 어찌 오늘만 하고 그만두겠는가? 명에 이른다. 맹자의 어머니로부터 송나라에 정자의 어머니가 계시니, 유인은 그 아름다움에 짝할 만하여 이런 어진 이를 키우셨네. (…후략…)"[15]

대상만 바뀌었을 뿐 양재해의 어머니 행장과 크게 다르지 않은 의론이 글의 많은 부분을 차지하며 정작 당사자인 유인 박씨에 대한 기록은 소략하다. 묘지명은 정의림의 〈선비유인박씨행장〉[16]을 저본으로 작성되었는데 행장에는 어머니의 행적—가정 살림 경영, 전실 부인 제사, 전실 자식 양육, 가난한 친척 돕기, 이웃 구휼—이 상세히 서술되어 있다. 특히 자식뿐 아니라 손자에 이르기까지 독서와 학업에 힘쓸 것을 권면하던 일이 행장의 절반을 차지한다. 하지만 최익현은 많은 부분을 생략하고 정의림의 학업과 인격을 드러내는 데 지면을 할애하고 있다. 요약과 집중을 위주로 하는 묘지명의 형식을 감안하더라도 지나치게 유인 박씨의 행적이 간소화된 경향이 있고 상당 부문 그 아들에 대한 칭송이 이어지고 있음을 확인할 수 있다. 명(銘)의 내용도 훌륭한 아들을 둔 어머니의 모습을 부각시키는 것으로 일관하고 있다.

기정진의 제자였던 정면규 어머니를 대상으로 쓴 〈유인 밀양 박씨 묘표〉[17] 또한 정면규의 〈선비 유인 밀양 박씨 유사〉[18]에 비해 간략하게 생략된 부분이 많지만 양재해나 정의림의 경우와 달리 아들의 훌륭한 면모를 따로 칭찬하지는 않고 명(銘)에서만 "어미의 어짊이 족히 그 아들을 성취시키고, 아들의 어짊이 족히 그 부모를 드러나게 했네."라고 간단하게 언급하고 있다. 정면규는 자신의 어머니가 흉년에 여러 이웃을 도운 일과 남편이 죽자 시아버지와 시숙에게 누가 되지 않게 하기 위해 아들의 학업을 권장하며 기대했던 일화를 자세히 기록하였다. 정면규는 그의 종형 노백헌 정재규를 따라 학문에 정진하면서 기정진의 학문을 전수 받았는데 정면규의 어머니가 종형의 학문을 따라 할 것을 권장하는 내용 등도 서술하였다. 하지만 최익현은 정면규 어머니의 교육 내용에 대해서는 자세히 밝히고 있지 않고 다만 아들을 잘 가르쳐 훌륭한 인물로 키워 시아버지에게 인정받은 점에 대해 "유인의 행적은 다른 이들도 간혹 능히 할 수 있는 것이지만, 시아버지와 며느리가 서로 인정하여 알아주는 것은 또한 흔히 볼 수 없는 것이다."라며 강조하고 있다.

이처럼 지인의 부탁으로 비지문이나 전장체의 글을 작성한 경우, 훌륭한 아들을 키운 어머니의 역할을 드러내고는 있으나 당사자인 여성의 교육 내용이나 태도를 드러내기보다는 아들의 훌륭한 점을 칭찬하는 데 더 무게를 두는 경향을 보이고 있다.

여성의 교육을 강조했던 한말 개화파 지식인들이 여성(어머니)의 역할을 국가에 보탬이 되는 훌륭한 자녀를 양육하는 역할에 국한하였다면, 최익현은 여성의 존재가 훌륭한 아들을 통해 드러날 수 있다는 점을 보임으로써 여성의 역할을 제한하고 있다는 점에서 비슷한 태도를 보이고 있다.

2) 열행 담론 : 부쇠세지풍(扶衰世之風)

내용상으로는 열행을 다룬 글이 가장 많은데 이러한 글은 1890년 후반과 1900년 이후에 주로 씌어졌다. 표제어에 '열'을 붙인 것도 있고 효와 함께 제시한 것도 있는데 열행과 효열행을 따로 나누어 살펴보기로 한다. 죽음 수반 여부를 살펴보면 자결한 여성에게 모두 열부 혹은 열녀라 지칭하였으나, 그렇지 않은 경우도 있으며 절부로 칭한 여성은 개가를 하지 않은 여성에게 붙인 것으로 보아 '절(節)'과 '열(烈)'을 구분하여 붙이고 있는 것으로 보인다.

〈열부 하씨 정려기〉의 하씨는 17세에 조용화의 후실이 되었다. 결혼한 지 얼마 지나지 않아 남편이 죽자 초상을 치른 후 18세(1896)에 독약을 마시고 자결하였고 1905년에 정려를 받았다. 〈열부 파산 이씨전〉의 이씨는 15세에 조문현의 계실이 되었는데 남편이 죽자 장사 지낸 후 20세(1905)에 4개월 된 딸 남겨두고 조용히 따라 죽었다.

> 아! 부인이란 한 지아비를 섬기다가 죽는 자이므로 부위부강은 군위신강, 부위자강과 함께 삼강이 되어, 이로써 우주를 떠받치는 기둥으로 삼고 고금의 표준으로 삼는 것이다. 이 의리가 하루라도 그치게 되면 인간은 금수를 벗어나지 못하여, 마침내 엎어진 시체가 백만을 이루고 흐르는 피가 천 리를 가는 화가 있게 될 것임은 분명한 일이다. 하씨는 나이가 20세가 채 안 되는

시골의 아낙으로 한 지아비를 섬기는 의리를 지켜서 삼강의 도를 밝혀 쇠퇴한 세상의 풍속을 도왔으니(扶衰世之風) 비록 옛날 충신과 효자로 그 임금과 아비를 위해 순절한 자라 할지라도 이보다 낫지는 못할 것이다. 아아, 얼마나 장한가! 아들이 되어 아버지를 섬기는 근본을 실천하지 않고 신하가 되어 임금을 섬기는 근본을 실천하지 않으며 즐거이 오랑캐와 금수가 된 자들도 이 하씨의 정려를 지나게 되면 그나마 부끄러움을 알게 되지 않을까?[19]

하씨는 18세에, 파산 이씨는 20세에 자결하여 열부가 되었다. 최익현은 어린 여성의 열행을 통해 '임금을 섬기는 근본을 실천하지 않으며 즐거이 오랑캐와 금수가 된 자들'로 하여금 부끄러움을 알게 하기를 바라고 있다. '부인은 한 지아비를 섬기다가 죽는 자'(婦人從一而終者也)이고 삼강은 우주를 떠받치는 기둥이며 고금의 표준이기 때문에 하씨의 열행은 쇠퇴한 세상의 풍속을 도운 장한 일이라고 한다. 이씨 역시 젊은 나이에 아들이 없음은 슬프지만, 취하고 버릴 것을 구분하여 의로움을 택하는 법을 배운 적이 없으나 편안하고 정돈된 때에 자신의 한 몸을 기러기 털보다 가벼이 하여 사람으로서 늘 지켜야 할 떳떳한 도리를 무궁한 가운데 세웠기[20] 때문에 뜻있는 행실이 사라져 없어질 것을 슬퍼하여 입전한다고 하였다.

1890년에 정려를 받은 〈열부 이씨 정려기〉의 이씨는 15세에 김세윤에게 시집갔는데 남편이 아프자 단지(斷指)하여 남편의 수명을 며칠 연장시켰다. 그러나 남편이 죽자 장례 치른 후 약을 마시고 자결하였다. 이 여성에 대해서도 최익현은 "신하가 임금을 위하고 자식이 아비를 위하며 아내가 남편을 위하여 목숨을 바치는 것은 이른바 천지간에 영원히 변치 않는 도리로 사람이 지켜야 할 떳떳한 법도이니, 마땅히 사람이 모두 할 수 있는 것이지만, 지키며 잃지 않는 자는 드물다. 간혹 한 번 어떤 일을 당하면 강개하여 죽는 것은 쉽지만 조용히 의로운 데에 나아가기는 어려우니, 이는 장부에게서도 또한 많이 볼 수 없는 것인데 하물며 부녀자에게서랴? 이제 짐승의 자취가 어지러이 침범하고 사람의 도리가 사라진 때를 당하여 임금께 아뢰어 감동하시도록 하고자 고을에서 상달하였으니, 백대에 걸쳐 모범이 되는 것이 어찌 다만 우연이라 하겠는가?"라고 하며 '아내가 남편을 위하여 목숨을 바치는 것은 천지간에 영원히 변치 않는 도리'이며 '사람이 지켜야 할 떳떳한 법도'라고 하였다. 한편 최익현은 당시를 '짐승의 자취가 어지러이 침범하고 사람의 도리가 사라진 때'로 인식하였는데 짐승의 자취는 곧 서양=일본의 침략을 말한다. 때문에 여성의 열행을 통해 외세의 침략으로 전통적인 윤리가 사라져가는 때에 기강을 세울 수 있다고 보았다.

최익현의 열녀 기록은 남편을 따라 죽는 순절을 동반한 열행의 서사를 주로 보여주고 그러한 열행을 실행한 여성을 가장 높이 평가하고 있다. 〈유인 경주 김씨 묘표〉의 김씨는 남편이 죽자 조카를 후사로 삼고 키웠다. 조카가 약관의 나이에 진사에 올랐으나 다음해 죽자 시신에 기대어 통곡하고 약을 먹고 자진하였다. 이에 대해 최익현은 김씨가 슬픔을 머금고 애통함을 참으려 구차하게 한 목숨을 이어 나간 것은 남편의 후사가 끊어지지 않도록 하기 위한 것이었는데 아이가 요절하여 삼종(三從)이 끝났으니 세상에 머물러 사는 것이 아들을 따라 죽는 것만 못하게 되었다고 하였다. 그리고 "죽는 것도 그 당장에 이루었으니, 어질구나, 김씨여!"라고 하며 김씨가 친정아버지(친정아버지 상을 당하여 5년 동안 푸성귀만 먹으려 예를 다함), 남편, 아들을 따르는 삼종이 끝나자 당장에 따라 죽은 것을 높이 평가하고 있다.

〈절부 유인 삭녕 최씨 사장〉의 최씨는 고극태의 계실이 되어 전실 자식을 은혜로 잘 키웠다. 남편이 10년 동안 앓다가 죽자 따라 죽고자 하였는데 아들들의 권유로 마음을 바꾸고 집안을 잘 보전하였다. 그런데 집안에 성정이 탐욕스럽고 재산을 탐내는 자가 "청상과부의 개가를 허용하는 조정의 명령이 바야흐로 생길 것인데 이렇게 고집만 부리고 있다가 만일 강포한 일을 당하게 되면 그때 후회해도 어쩔 수 없지 않겠는가?"라고 하며 개가를 권유하였다. 이에 최씨는 "사람이 짐승과 다른 것은 부부가 유별하기 때문이다. 이것을 삼가지 않으면 삼강이 사라지고 구법이 변하게 된다. 저 윤리에 우매한 무리는 개도 먹지 않을 것이다."라고 하자 그 사람은 뜻을 접고 다시는 감히 방자하게 굴지 않았다.

최익현은 과부 재가에 대해 직접적으로 발언하지는 않았지만 최씨 여성의 입을 통해 개가 허용은 부부의 윤리를 모르는 '매륜(昧倫)'이며 개도 물어가지 않을 행위임을 천명하고 있다. 그리고 이러한 생각을 갖고 있는 여성에 대해 "아! 한때 열렬한 부인이라 칭송 받기는 쉽지만, 시종일관 절개를 지키는 것을 본분으로 삼는 사람이 되기는 어려운데, 유인은 어질도다!"라고 하여 여성의 생각에 동의하고 그런 행위를 훌륭히 여기는 태도를 보이고 있다. 최익현은 '개화'와 '경장'을 허구적 · 침략적 · 친일매국적 · 비자주적 · 급진적인 것으로 파악하여[21] 반대하였기 때문에 개화파에 의해 제기된 개가 허용 역시 '매륜'이며 개도 물어가지 않을 행위라고 일축해버리고 있다.

주지하다시피 동학농민항쟁에서 제기된 과부 개가 허용에 관한 논의는 풍속 개량의 측면에서 여러 개화파 지식인들에 의해 매체에서 줄곧 다루어졌다. 이에 반해 면암은 과부 수절과 열행이 쇠퇴해가는 풍속을 진작하는 것으로 인식하며, 개화파 지식인과 정반대의 입장을 보이고 있다. 하지만 조선 중후기 여성에게 유교 이념을 주입하고 교화하기 위해 열녀전을 통해 열행을 권장했던 것과 달리, 최익현은 열녀를 남성인 충신, 효자와 동등하게 평가하며 나아가 그러한 여성은 남성 위정자를 부끄럽게 만드는 존재가 될 수 있다며 칭송한다.

3) 효열 담론 : 천지의 대방(大防)

최익현은 열행에 이어 효행을 실천한 여성에 대한 기록도 적지 않게 남기고 있다. 효열담론은 효행을 실천한 여성, 효와 열을 함께 실천한 여성 혹은 한 집안의 효행을 실천한 남성과 열행 혹은 효행을 실천한 여성이 결합되는 양상으로 이루어진다.

천지 사이에 큰 둑, 즉 예법이 있으니 효와 열을 이른다. 물은 남상(濫觴)에서 시작되지만 흙으로 막지 않으면 반드시 하늘까지 가득 차게 되고, 불은 반딧불에서 시작되지만 진실로 물로 그것을 제어하지 않으면 반드시 들불이 무서운 기세로 일어나는 데에 이르게 된다. 사람의 마음은 사물에 감응하면 움직이게 되니 하고자 하는 마음이 없을 수가 없고 그 끝은 또한 크게 드러나게 될 것이다. 그러니 효열을 실천하는 자가 나와서 사표가 되지 않는다면, 풍교를 이루지 못하게 되고 인륜도 무너지게 될 것이다. 그러므로 우리 선왕께서 이에 보이심이 있었으니 비록 외진 곳, 먼 지역의 보잘것없고 초라한 집에서 이룬 것일지라도 진실로 이에 능한 자라고 한다면 정표와 같은 것을 내려주셨고 빠뜨린 것이 없었다. 그래서 왕의 정치를 돕고 인가의 풍교를 드러내어 끝없이 사람이 지켜야 할 도리를 세우셨다.

아아! 부부가 반목하고 며느리와 시어머니가 다투니 진나라 때부터 풍속이 이미 그러했는데, 하물며 과거로부터 더욱 멀어져 말세[商商]를 만남에랴! 하늘의 질서와 백성의 강목이 무너져서 남음이 없으니, 정씨 집안의 아름다운 행적을 마땅히 정성껏 기리고 기록해서 먼 지방이나 가까운 지역, 윗사람이나 아랫사람으로 하여금 느껴 사모하고 흥기하게 하여 그 효열의 어진 마음을 격발시킨다면 풍속의 교화에 일조할 수 있을 것이다. 평은옹을 살펴보건대, 마음을 신실하게 하고 덕을 세워 부친과 조상의 남은 미덕을 잘 계승하였으므로 마땅히 후세에 영원히 음덕을 입으리니 또한 정씨 일문의 사사로운 것만은 아닐 뿐더러 백대에 걸쳐 모범이 될 것이다.[22]

위의 글은 〈발정씨일문육효열부사적(跋鄭氏一門六孝烈婦事蹟)〉으로 이 글을 통해 구체적으로 정씨 집안의 효행과 열행에 대해서는 알 수 없지만 최익현의 효열에 관한 인식이 잘 드러나고 있다. 최익현은 효열은 천지의 큰 둑이며 효열을 이룬 사람이 사표가 되어 사람을 감응시켜야 한다고 보았다. 그리고 그것이 바로 정표하는 이유이자 목적이라고 하였다. 효열 행위는 왕의 정치를 도울 수도 있고 인가의 풍교를 드러내며 사람이 지켜야 할 도리를 세우기도 한다. 이처럼 효열은 풍속의 교화에 일조할 수 있기 때문에 한 가정의 미덕에 그치는 사사로운 것이 아니라 여러 사람에게 오랜 시간 모범이 되며 사회적 의미를 획득한다고 보았다. 동아시아 전통사회에서 효는 가족 윤리를 넘어 국가를 통치하는 근본이념이었다. 유교는 특히 어떤 사상보다도 효를 강조했다. 최익현은 공자의 가르침에 따라 "자식이 부모를 위해 3년복을 입는 것은 천리이다."라고 생각했기 때문에 갑오경장 후 상복을 벗고 벼슬하는 것을 천리와 인정을 무시한 패륜적 행위라고 보았다. 따라서 그는 관원 중에서 기복하여 출사한 자들을 모두 물리치고, 또 수 천 년 동안 내려온 3년상의 미풍양속을 흐리는 기복제를 영구히 혁파하라고 요구하기도 하였다.[23]

다음은 〈효열부 전씨 정려기〉를 살펴보기로 한다. 1882년 김석우가 친척인 김종기에게 죄도 없이 원한을 맺은 일이 있어서 관리에게 포박되고 또 장차 관에 고발당하기에 이르렀다. 그 어머니가 아들이 형벌을 받고 죽임을 당하는 것을 차마 볼 수 없다고 하고 깊은 연못에 몸을 던져 죽으려고 하다 바로 구조를 받아서 살아났다. 이에 아내 전씨는 "남편이 죽고 사는 것에 곧 어머니의 목숨이 달려 있으니, 내 한 목숨을 버려 남편의 명을 대신하면 두 가지를 모두 온전하게 하는 방도가 될 것이다."라고 생각하고 방앗간에 가서 목을 매고 죽었다. 최익현은 "이제 만약 그 남편에게 죄를 물어 관에서 형벌을 시행한다면 저 지하에 있는 전씨의 혼백을 슬프게 하리니 어찌 그 남편을 대신하여 그 목숨을 치렀다고 말할 수 있겠는가?"라고 하며 전씨의 죽음으로 인해 형벌의 시행이 중단되어야 한다고 하였다. 전씨의 죽음과 형벌 시행 여부 사이에 인과 관계가 성립되지 않지만 면암의 주장대로 남편은 곧 풀려났고 전씨 부인에 대해 1902년 정려가 내려졌다.

전씨에 대해 면암은 "아! 다른 사람의 열은 열만 있을 뿐이고 열과 효를 아우르는 것은 전씨가 유일하다. 이 천지가 막히고 짐승들의 자취가 어지러운 날을 당하여 '윤(倫)'과 '강(綱)'이라는 두 글자가 쓸모없는 것에 속한 지 오래인데, 정려가 내려지는 은전이 종종 구석지고 변두리에 위치하며 매우 먼 곳에서 들려온다. 이로써 사람의 마음이 죽지 않았으며 천리가 상존함을 더욱 볼 수 있다."고 하여 전씨의 효열행이 '짐승들의 자취가 어지러운 날에 '윤'과 '강'을 회복하는 것으로 보았다. 전씨 부인이 자결할 당시 세 살 된 어린아이가 있었고 배 속에 8개월 된 태아가 있었다. 이에 대해 면암은 "그 정상을 생각하면 사람이 눈물을 흘릴 만하고 그 열행을 말하면 하늘이 반드시 살피심이 있을 것이다."라고 하며 전씨의 죽음과 남편의 형벌 집행 정지를 인정과 천리(天理)에 연결하고 있다. 전씨 부인이 남편과 시어머니를 위해 한 효열행은 어린 자식을 방기하고 배 속의 태아를 살해하는 희생을 대가로 이루어진 것이다. 전씨 부인은 자신의 죽음으로 두 사람을 살릴 수 있다고 하였지만 자신의 의지와는 상관없이 배 속의 아이 또한 세상에 태어나지도 못하고 죽음을 맞았다. 최익현은 효를 절대적 가치로 인식하여 태아 살해까지 묵인하는 경직된 모습을 보이고 있다.

〈이씨 삼대 효부전〉은 전의 이씨 집안의 3대에 걸친 효부가 등장한다. 1대 유인 정씨는 남편이 죽은 후 시어머니를 봉양하다가 시어머니가 학질에 걸리자 손가락에 피를 내어 죽에 섞어 드려 소생하고 완쾌하게 하였다. 2대 서천 이씨는 시어머니 정씨를 위해 혹독하게 바람 부는 날 자라를 구해 술을 담가 주어 낫게 하였다. 전염병에 걸린 남편을 위해 기도하고 간호하다 발병하여 남편은 병에서 나았지만 자신은 29세에 죽었다. 3대인 풍산 홍씨는 3년 동안 남편 병구완을 하였고 전염병이 돌았을 때는 시아버지와 남편을 간호하다 자신이 감염되었다. 와병 중에도 시아버지 양식을 걱정하는 남편을 위해 양식을 마련해 주었고 자신은 끝내 34세에 죽었다.

3대에 걸쳐 효행을 실천한 세 여성 유인 정씨, 서천 이씨, 풍산 홍씨는 모두 전의 이씨 집안의 삼대 효부라는 범주에 귀속된다. 유인 정씨를 제외하고 서천 이씨와 풍산 홍씨는 시부모와 남편을 간호하다 자신이 병이 들어 각각 29세와 34세라는 젊은 나이에 죽었다. 엄밀하게 말하자면 이 두 여성은 효열부라고 할 수 있다. 이 집안의 여성에 대해 최익현은 다음과 같은 의론을 피력하였다.

> 복이 흥성함은 집안에 근본을 두지 않음이 없고, 도가 쇠퇴함도 규방에서 시작되지 않음이 없다. 집안에서 도를 연마하면 천하가 도리를 얻게 되므로, 『시경』은 〈국풍〉에서 비롯되고, 『역경』은 가인에 근본을 두니, 성정에 근본을 두고 인륜을 밝히는 방도인 것이다. 왕도가 사라지고 합병되는 데에 이르러, 자식이 장성하여 분수를 넘어서고 며느리와 시어머니가 반목하여 서로 따지니, 풍속이 이미 그러하다. 하물며 이제 서양과 교류하면서 사람의 마음이 빠져, 낳아 주신 분에게 자식노릇을 잘하는 것도 열에 하나도 어려운 일인데, 더군다나 섬겨야 하는 처지에 있어서랴! 그러나 2대, 3대에 걸쳐 행실의 아름다움이 변하지 않은 것은 거의 이씨 집안이 독보적이다. 만일 자양 선생과 같은 분이 있어서 『소학』의 속편을 짓는다면, 어찌 진효부와 당부인과 더불어 그 드러남을 함께 하여 오래도록 전하지 않겠는가?[24]

최익현은 복의 흥망과 도의 쇠퇴가 규방에서 시작된다고 보았고, 집안에서 도를 닦으면 천하의 이치(天理)를 얻게 된다고 하였다. 최익현은 유교적 의리사상을 지녔는데 의리사상은 천리에 기반을 둔 인간의 본질에 대한 올바른 인식과 가치판단을 갖고 구체적인 현실에서 주어진 상황에 가장 알맞게 인간의 도를 실천하고자 하는 형이상학적 사상을 말한다.[25]

최익현은 집안의 여러 인물을 함께 기록하거나 누대에 걸친 기록을 병행하는 형태의 효열을 다수 남기고 있다. 효열전은 여러 대가 지나도록 세태가 변함에도 변치 않는 그 도덕성의 현현은 가문의 명예를 높일 뿐 아니라 세태를 교정할 수 있는 기제로 작동할 수 있기에 19세기에 널리 기록되기에 이른다. 그런데 기록자가 강조하는 이들의 효행은 신체를 훼손하거나 목숨을 내놓는 극단적 실천으로 이루어지고 있다.[26] 최익현의 경우도 이에 해당하는데 이씨 집안의 두 며느리, 전씨의 효행 또한 죽음을 수반하고 있다. 최익현은 여성을 대상으로 한 효열 담론 외에 남성의 효행에 대해 별도로 30여 편을 남기고 있는데 남성의 효행은 음식 제공, 시묘살이 등이 중심으로 서술되고 상분, 할고, 단지 등의 신체 훼손이 거론되는 정도이며 목숨을 바친 효행은 보이지 않는다는 점에서 여성과 남성에 대한 효행의 기준이 달랐음을 알 수 있다.

최익현은 당대를 서양의 물결이 범람하여 중화가 가라앉고 강상이 잠기고 법이 뒤섞였으며 사람이 금수로 바뀐 시기로 보았다. 그리고 세태는 장성한 자식이 분수를 넘어서고 며느리와 시어머니가 반목하는 때임을 지적하였다. 최익현은 이러한 때 여성이 행한 효/열행은 소중화를 자부하는 조선에 삼강이 보존되었음을 증명하는 것이기에 중요한 행위로 인식하였다. 이러한 최익현의 여성 효/열 담론은 외세를 막고 조선의 문화와 자존심을 지킨다는 반개화와 중화주의 담론 속에 위치하고 있다. 최익현은 짐승으로 상징되는 외세에 의해 훼손되고 짓밟힌 문화와 문명을 복구하는 일이 가장 시급하다고 보았는데 이것은 바로 중화질서를 회복하는 일이다. 다시 말해, 중화의 회복이 문명이라고 생각하는 그에게 여성의 효열행은 문명이 되는 것이다. 최익현에게 여성의 효열행과 열행에 대한 뚜렷한 구분과 효용성에 대한 차이가 있었던 것으로 보이지는 않는다. 다만 효열행은 풍속의 교화뿐 아니라 천리를 구현하는, 절대 변할 수 없는 가치임을 드러내고 있다.

4. 면암 최익현 여성 인식의 의미와 영향: 구여성의 정체성 찾기

최익현이 기록한 열부와 효부는 대부분 죽음을 수반한 여성들인데 이는 죽음을 미루고 가부장의 역할을 대신한 여성을 '순열(純烈)'이라며 높이 평가했던 기정진과 기우만과 다르며, 같은 화서학파로서 비슷한 행보를 보였던 유인석과도 구별된다. 전우가 열행을 통해 당대 무능한 위정자를 부끄럽게 하는 수단으로 삼는 경향이 강했다면, 최익현은 여성의 도덕적 우월함을 들어 우리나라의 자존의식을 높이려 하였는데 이 점은 유인석과 비슷하다. 이 시기 열녀전에 자주 등장하는 신이적 요소의 삽입이나 과거 열녀를 소환하는 특징도 최익현의 경우에는 해당하지 않는다는 점에서 개성적 면모를 드러낸다고 할 수 있다.

최익현은 당시 많은 지식인들이 관심을 두었던 여성 교육에 관해서는 별다른 관심을 보이지 않고 있다. 저명한 학자나 의병을 키운 어머니의 교육과 자질보다 훌륭한 아들을 둔 어머니로서의 면모에 더 관심을 기울이는 모습을 보이고 있다. 오랜 기간 유배 생활을 하면서 가족이나 친지와 편지 왕래를 자주 했으나 그 안에 집안 여성을 섹슈얼리티를 단속하거나 교육에 대해 언급하는 내용도 보이지 않는다. 하지만 부인은 남편을 위해 죽는 사람이고 삼종지도가 끊어지면 살아야 할 이유가 없으며, 위기에 처한 남편과 시어머니를 위해 배 속의 태아도 죽일 수 있다는 경색된 여성관을 보이고 있음은 부인할 수 없다. 그런데 이런 최익현의 여성 인식을 그의 보수적이고 완고한 성향으로만 보아 넘겨도 되는 것일까? 그가 존경했던 동시대의 유교 지식인 송병선도 "부인이 남편을 따라 죽는 것은 도의 일반적인 것이다."[27]라고 하였고, 『황성신문』의 논설자도 "婦人에 守一而終은 是乃禮法之當然이라"고 하며 최익현과 같은 생각을 드러내고 있다. 특히, 청상과부의 개가를 허용하자는 독자의 투고에 대해 강력하게 개가 반대 입장을 밝힌 『황성신문』 논설자의 어조와 인식은 최익현의 그것과 상당히 닮아 있다. 이에 당대 유교적 지식인의 여성 인식에 대한 공통점과 차이점 등을 세밀하게 밝혀 이 시기 유교 지식인의 여성 담론을 살핀다면 이 시기 여성 담론의 실상이 드러날 수 있을 것으로 보인다.

발인할 때까지 원근의 사민들이 전물과 제문을 가지고 와 통곡하는 사람이 주야로 끊이지 않았고, 학교의 생도와 여학교 8~9세 어린이에 이르기까지

와서 곡하지 않는 이가 없었다. 본부의 기생 비봉, 옥도, 월매도 언문으로 제문을 지어 치전하고 매우 슬프게 곡하였다. 초량의 세 과부는 부두에서부터 대여를 모시고 따라오다가, 구포에 이르자 머리에 전물을 이고 도보로 40리나 걸어와서, "대감의 제수는 왜놈 차에 실어서는 안 되고, 제기도 왜놈 물건을 쓰지 못합니다."라고 하였다. 지나가는 곳마다 부녀들이 모두 곡하면서 맞이하였다.[28]

위의 글은 항일 의병활동을 하다가 대마도에 잡혀간 최익현이 일본의 음식을 먹을 수 없다며 굶어 죽자 사민을 비롯해 어린 학생, 기생, 과부들이 그의 제문을 지어 바치고 치전하는 모습에 대한 것이다. 최익현은 시대인식과 정치적 행보에선 스승 이항로를 추종하면서도 학문과 삶을 동일시한 치열한 행동에선 스승보다 훨씬 적극적이었다[29]고 평가받는데 이러한 실천적 행동이 당대 사민과 여성들에게 인정받았던 일면을 엿볼 수 있다. 하지만 위의 글에 등장한 여학생, 기녀, 과부, 부녀자들이 최익현의 여성 인식에 공감하였다고 볼 근거는 없다. 최익현의 여성 인식의 효용성에 대한 것은 한말 여성들이 자신의 고민과 갈등을 드러낸 계몽가사를 통해 간단히 살펴보기로 한다.

개화파 지식인으로 추정되는 〈경세가〉의 작자는 삼종지도는 여성을 압제하는 것이고[30] 수구는 망국의 원인[31]이라고 이야기한다. 그리고 여성도 학교에 가서 신학문을 배워 '병신'[32]이 아닌 인간이 될 것을 촉구한다. 〈경세가〉의 작가는 여성을 계몽의 대상으로 설정하고 일방적으로 방안과 대책을 제시하고 있는데 그에게는 여성의 처지와 입장에 대한 고려는 보이지 않는다. 봉건적 가치관을 유지하는 집안의 분위기 때문이든 혹은 개인의 성향 때문이든 학교에 가지 못하는 혹은 가지 않는 많은 구여성들의 입장은 생각하지 않고 작가는 모두 그들을 '병신'으로 만들고 시대의 낙오자로 몰아가고 있다. 이에 대해 구여성은 신학문을 배우지 못하는 자신의 처지를 비관하거나 포기하는 대신 '우리도 사람이라 사람일역 ᄒᆞ여보식 부모님게 바든몸을 아모쪼록 즐길와셔 어진부녀 되여보ᄂᆡ. 어진힝동 ᄒᆞᄌᆞ셔라.'[33]며 자신들이 나아가야 할 방향을 고색하는 성숙된 모습을 보이고 있다. 그리고 '어진 부녀'와 '어진 행동'을 하는 방법을 '동뉴셔로 경계ᄒᆞ야 녈녀전 ᄂᆡ측편을 알들살들 ᄇᆡ와셔라 아황녀황 ᄐᆡ임ᄐᆡᄉᆞ 언어행동 구비구비 법을밧고'라고 하여 신학문이 아닌 전통 학문에서 찾고 있다. 학교에 가서 교육의 수혜자가 되지는 못하지만 구여성들은 자신을 '병신'으로 비하하거나 한탄하지 않았다. 대신 그들은 자신이 놓인 처지 안에서 자신의 정체성을 찾고자 하였다. '어진 행동'을 하는 '어진 부녀'가 되는 길은 학문의 내용에 따라 좌우되는 것만은 아니라고 인식하였기에 구학문을 통해서도 가능하다는 점을 시사함으로써 자신이 놓여 있는 입장과 처지에서 신구의 조화와 모색을 기획한 성장된 의식의 일면을 드러내고 있다.[34] 이는 신학문을 배우지 않으면 '병신'이 된다는 개화파 지식인들의 입장을 받아들이지 않는 것이며 조선 안의 모든 것을 개화와 수구라는 이분법적인 논리로 분할하면서 결과적으로 개화와 수구를 양극단의 대결 양상으로 심화시킨 계몽담론의 모습과는 사뭇 다른 것이다.

한편, 개화파 지식인과 신여성[35]들에게 의해 삼종지도와 개가 금지는 이미 구윤리이며 악습으로 치부되었다. 하지만 개화의 피해자가 되어 자신의 가정 내 위치가 불안해진 여성들, 현실적으로 유교적인 자장 안에서 살아가고 있었던 구여성들은 개화보다 '도리'의 지킴을 더 중시하며 자신들의 입장을 고수하고자 하는 모습을 보이기도 하였다.[36]

> 오백년 나린법을 인면슈심 아니거든 불셩이부 먹은마음 송백갓치 구더스니 남의 전정 아니해고 개명문명 자랑말고 시세를 보드라도 신구식을 조종하여 제인격 유려하면 부인애유무신 계관일가 (…중략…) 시세가 변천해도 구식너모 반대말고 신규식을 보아가며 행신해라 가장신식 구고완고 그일이 맹낭하다[37]

'불경이부'는 오백 년 동안 내려온 법이기 때문에 이를 바꾸는 것은 '인면수심'이라는 논조는 수절을 통해 금수의 세계를 바로잡을 수 있다는 최익현의 논조와 흡사하다. 구여성들이 이처럼 도리의 지킴을 중시하는 태도는 그들의 생존 경험에서 나온 것이기에 더욱 간절하였을 것이다. 물론 그들이 말한 도리가 최익현이 말한 정도의 도리와 일치하지 않지만 전통과의 단절이 아닌 조화를 모색하며 정체성을 찾고자 하는 구여성들에게 최익현의 영향력은 적지 않았던 것으로 보인다. 강고한 유교 이념을 고수하던 최익현에게 개화/신문물/서구/일본은 '사(邪)'이고 수구/전통/중화는 '정(正)'으로 인식되었다. 이러한 이분법적 사고는 내용은 정반대이지만 신/구를 대결 국면으로 파악했던 개화파 지식인과 입장은 다르지 않다. 하지만 구여성은 남성 지식인들과 달리 '시세를 보드라도', '신구식을 조종'하라며 유연한 자세를 보이면서 어느 한편으로 기울지 않는 균형된 시각을 유지하고 있다. 다시 말해, 전통과 근대가 혼거하며 인식 체계를 교란하는 시기에 살던 한말 구여성은 당대 지식인들의 담론에 영향을 받기는 하였지만 개화파 지식인의 일방적인 계몽 세례와 유교 지식인의 강고한 수구주의에 흔들리지 않고 자신의 정체성을 모색하기 위해 노력하였음을 확인할 수 있다.

이 글은 한말 유교 지식인, 구여성의 여성 인식과 담론을 통해 개화파 지식인, 신여성 중심의 연구를 보완하고 근대 전환기의 다층적인 모습을 들여다보고자 하였다. 하지만 구여성의 시대 인식과 담론에 대한 탐색은 또 다른 연구 주제이기 때문에 유교 지식인의 구여성에 대한 영향력을 단선적으로 살펴보는 데 그쳤다. 구여성의 목소리를 들을 수 있는 더 많은 자료의 확보와 연구를 통해 영향 관계를 밝히는 후속 작업을 기약한다.

▸ **주**

* 이 글은 『한국고전여성문학』 32(2016.12)에 게재된 논문을 일부 수정한 것이다.

1 조현걸, 「위정척사사상의 변용에 관한 연구」, 『대한정치학회보』 20집 2호, 2012, 90면.

2 조현걸, 「만국공법과 위정척사론」, 『대한정치학보』 제24집, 대한정치학회, 2016.

3 장현근, 「중화질서 재구축과 문명국가 건설: 최익현・유인석의 위정척사사상」, 『정치사상연구』 9권, 한국정치사상학회, 2003, 37면.

4 『황성신문』, 1907. 4. 27.

5 『제국신문』, 1907. 4. 21.

6 오영섭, 『화서학파의 사상과 민족운동』, 국학자료원, 1999, 316면.

7 최익현 저, 민족문화추진위원회 편, 『국역 면암집』 1, 178면.

8 최익현 저, 〈역적을 치고 의복 제도의 복구를 청하는 소〉(1895), 민족문화추진위원회 편, 『국역 면암집』 1, 140면.

9 최익현 저, 민족문화추진위원회 편, 『국역 면암집』 1, 148면.

10 양재해, "在海問開化不破 人何以生 先生曰 入山掩扉晝耕夜讀 只待天定之日而已." 〈勉菴先生語錄〉, 『華隱文集』 권6. 국립중앙도서관.

11 오영섭, 앞의 책(1999), 316면.

12 최익현, 〈孺人光山李氏行狀〉, 『勉菴集』 권38, 『한국문집총간』 권326, 333면.

13 양재해, 〈先妣孺人李氏行錄〉, 『華隱文集』 권7, 국립중앙도서관.

14 정의림, 〈孺人李氏墓誌銘〉, 『日新齋集』 권26, 국립중앙도서관.

15 최익현, 〈孺人珍原朴氏墓誌銘 幷序〉, 『勉菴集』 권35, 『한국문집총간』 권326, 263~264면.

16 정의림, 〈先妣孺人朴氏行狀〉, 『日新齋集』 권18, 국립중앙도서관.

17 최익현, 〈孺人密陽朴氏墓表〉, 『勉菴集』 권34, 『한국문집총간』 권326, 246~267면.

18 정면규, 〈先妣孺人密陽朴氏遺事〉, 『農山文集』 권15, 국립중앙도서관.

19 최익현, 〈烈婦河氏旌閭記〉, 『勉菴集』 권22, 『한국문집총간』 권325, 527면.
서경희, 『19세기・20세기 초 여성생활사 자료집』 6, 441면.

20 최익현, 〈烈婦巴山李氏傳〉, 『勉菴集』 권40, 『한국문집총간』 권326, 394면.

21 오영섭, 앞의 책(1999), 314면.

22 최익현, 〈跋鄭氏一門六孝烈婦事蹟〉, 『勉菴集』 권24, 『한국문집총간』 325, 557면.

23 최익현, 「再疏」(1898.11.22.) 『국역 면암집』 권4.

24 최익현, 〈李氏三世孝婦傳〉, 『勉菴集』 권40, 『한국문집총간』 권326, 389~390면.

25 오석원, 「면암 최익현의 의리사상」, 『동양철학연구』 31권, 동양철학연구회, 2002, 61면.

26 강성숙, 「19세기 여성 효열 담론 일고찰」, 『한국고전여성문학』, 한국고전여성문학회, 2014, 66면.

27 송병선, 〈烈婦徐氏行狀〉, 『淵齋集』 2, 권45

28 최익현 저, 민족문화추진위원회 편, 『국역 면암집』 3, 201면.

29 장현근, 앞의 논문(2003), 39면.

30 계중에 우심한 것 부인압제 무삼일고 삼종지위 있다한들 압제하란 말일런가. 〈경세가〉, 한국정신문화연구원 고전자료편찬실, 『규방가사 Ⅰ』, 한국정신문화연구원, 1979, 624면.

31 진화주의 마다하고 수구를 직히든이 오날날 이지경은 수구당이 죄책이라. 한국정신문화연구원 고전자료편찬실, 앞의 책(1979), 624면.

32 귀가 있어 못들은이 귀머거리 분명하며 문명한 신풍긔를 입이 있어 말못한이 벙어리가 분명하다 이목구비 성큰만은 무단이 병신이라 이천만 우리동포 부인이 일천만에 일천만 병신된이 망국지초 이안인가 개명못해 망한나라. 〈경세가〉, 한국정신문화연구원 고전자료편찬실, 앞의 책(1979), 626면.

33 〈동뉴 상봉가〉, 한국정신문화연구원 고전자료편찬실, 앞의 책(1979), 635~636면.

34 전미경, 「개화기 규방가사에 나타난 여성의 시대인식에 관한 연구」, 『한국가족관계학회지』 제6권 1호, 한국가족관계학회, 104면.

35 신여성들 중에서도 전통과 전근대의 의식을 지닌 여성도 있었을 것으로 보이지만 미처 다루지 못하였다.

36 최정아, 「개화기 여성 가사에 나타난 여성 의식 고찰」, 『여성문학연구』 제29호, 253면.

37 〈싱조감구가〉, 임기중, 『한국역대가사문학집성』, 아세아출판사, 2005.

참고문헌

서경희, 『19세기·20세기 초 여성생활사 자료집』 6, 2014.
송병선, 『淵齋集』, 『한국문집총간』.
양재해, 『華隱文集』, 국립중앙도서관.
임기중, 『한국역대가사문학집성』, 아세아출판사, 2005.
정만호 편역, 『면암 최익현가 간찰자료』 I·II, 충남대학교 충청문화연구소, 2010.
정면규, 『農山文集』, 국립중앙도서관.
정의림, 『日新齋集』, 국립중앙도서관.
최익현, 『국역 면암집』 1~3, 민족문화추진회 편, 1997.
최익현, 『勉庵集』, 『한국문집총간』.
『황성신문』.
『제국신문』.

금장태, 『화서학파의 철학과 시대의식』, 태학사, 2001.
오영섭, 『화서학파의 사상과 민족운동』, 국학자료원, 1999, 1~407면.
장삼현, 『화서학파의 척사사상 연구』, 화서학회, 2004, 17~458면.
한국정신문화연구원 고전자료편찬실, 『규방가사 Ⅰ』, 한국정신문화연구원, 1979.
홍인숙, 『근대계몽기 여성담론』, 혜안, 2009.

강성숙, 「19세기 여성 효열 담론 일고찰」, 『한국고전여성문학』, 한국고전여성문학회, 2014.
김경미, 「개화기 열녀전 연구」, 『국어국문학』 제132권, 국어국문학회, 2002.
김기림, 「개화기 호남 유림의 여성인식」, 『한국고전문학』, 한국고전문학회, 2014.
김남이, 「유인석: 민족의 호명과 여성」, 『우리 한문학사의 여성 인식』, 집문당, 2003.
김영민, 「한국 근대 초기 여성담론의 생성과 변모」, 『대동문화연구』 제95집, 대동문화연구회, 2016.
김영수, 「효행록에 나타난 효의 윤리관과 보응론」, 『정치사상연구』 21집, 2015.
노인숙, 「면암 최익현 사상 연구」, 『청람어문교육』 제26집, 청람어문학회, 2003.
오석원, 「면암 최익현의 의리사상」, 『동양철학연구』 31권, 동양철학연구회, 2002.
장현근, 「중화질서 재구축과 문명국가 건설: 최익현·유인석의 위정척사사상」, 『정치사상연구』 9권, 한국정치사상학회, 2003.
전미경, 「개화기 규방가사에 나타난 여성의 시대인식에 관한 연구」, 『한국가족관계학회지』 제6권 1호, 한국가족관계학회, 2001.
전은정, 「근대 경험과 여성주체 형성과정」, 『여성과 사회』 9권, 한국여성연구소, 2000.
조현걸, 「위정척사상의 변용에 관한 연그」, 『대한정치학보』 제20집, 대한정치학회, 2012.
______, 「만국공법과 위정척사론」, 『대한정치학보』 제24집, 대한정치학회, 2016.
최정아, 「개화기 여성 가사에 나타난 여성 의식 고찰」, 『여성문학연구』 제29호.
황수연, 「한말 도학파의 여성담론 - 간재 전우를 중심으로」, 『한국고전여성문학』, 한국고전여성문학회, 2014.

강상(綱常)의 회복과 여성

-간재 전우(1841~1922)*

황수연

1. 전통 규범의 수호

간재 전우(艮齋 田愚, 1841~1922)는 한말(韓末) 도학파의 마지막 인물로 거론된다. 한말 급변하는 시국의 정세를 변화와 발전을 통한 근대화의 기회로 본 개화파와 달리 한말 도학파는 역사적 위기의식을 강하게 내포하였다. 이에 상응하여 한말 도학파는 유학의 근본이념을 더욱 깊이 재인식하고 도학 정신을 재천명함으로써 위기를 극복하고 유교질서를 재정립하려는 학문적 추구와 실천적 의지를 지녔다.[1] 전우는 전통규범의 수호를 시대적 사명으로 인식하는 의리론을 전개하며 대내외적 혼란이 극심했던 시기에 직면했던 문제를 도학으로 극복하고 강상을 회복하고자 하였다. 그의 의리론적 신념은 항의와 항쟁이 아닌 자정(自靖)의 의리였다.[2]

전우는 전 생애에 걸쳐 양요(洋擾), 개항(開港), 경장(更張), 늑약(勒約)을 거쳐 70세 때 국치(國恥)을 당하면서 국권상실의 울분과 좌절을 겪었다. 이러한 시기에 의병활동을 하면서 적극적인 항일활동을 했던 유인석이나 최익현, 기우만에 비해 구국(救國)을 위한 구체적 방법이나 실행에 등한하였고, 새로운 세계로의 변화를 받아들이지 못했다는 비판을 받기도 하지만 간재학파를 형성할 정도로 그의 유교적 논쟁은 호남 지역에서 활발하게 이루어졌고 막대한 양의 저작과 후배 양성을 통해 미친 영향력은 무시할 수 없다.

전우에 대한 연구는 주로 사상과 철학을 중심으로 이루어졌고,[3] 문학 작품은 전(傳)과 서간문(書簡文), 시(詩) 등을 중심으로 연구가 진행되고 있다.[4] 그의 여성 인식에 대한 연구는 개화기의 열녀전과 근대계몽기 여성 담론을 다루는 연구자에 의해 부분적으로 이루어졌다. 하지만 전우의 여성 인식과 여성 담론에 대한 연구는 개화기와 근대계몽기라는 시기적 특성에 가려져 명확히 드러나지 않았고 전체 작품에 비해 일부분만 다루어졌다. 이에 도학파라고 하더라도 개인의 현실 인식과 사상에 따라 여성에 대한 입장과 인식이 달랐던 만큼 전우의 여성에 대한 모든 글을 대상으로 당대의 여성을 어떻게 규정했으며 기대했던 바가 무엇이었는지 살피는 작업이 필요하다. 전우는 여성에 대한 인식을 드러내는 글을 다수 지었다. 전통적인 한문 산문인 행장, 묘지명, 제문, 편지 등을 비롯하여 정려기, 열녀전, 찬 등 60여 편의 글이 남아 있다. 전우의 여성 담론에 대한 연구는 이 시기 개화파 지식인을 중심으로 편향되게 진행된 연구에 균형을 잡도록 하는 계기가 될 수 있을 것이라 기대한다.

2. 전우의 여성 인식: '세도(世道)', '천지지치(天地之治)'와 관련된 여성

부인은 규방 안에서 거하니 마치 세도와 무관한 것 같다. 그러나 세도가 추잡하고 융성한 것이 부인에게 달려 있는 것은 무슨 까닭인가? 대개 부의가 맑고 착하면 자식이 그것을 따르기 때문일 것이다. 자식은 집 밖에 나가서는 제왕을 도와 백성을 다스리고 집에 거처할 때는 예의를 지킴으로써 마을을 가르친다. 그러므로 말하길, "부녀의 어질고 어질지 않음은 실로 천하가 다스려지고 어지러운 근본이다."라고 한다.[5]

천지의 변화는 음과 양이 모두 각각 효용이 있다. 누가 규방의 규범이 천하의 다스림과 관련이 없다고 하겠는가? 남편을 바른 덕으로 섬기니 신하된 사람이 그 임금을 뒤로 하는 것을 경계할 수 있었다. 자식을 의로운 방법으로 가르쳤으니 유학자를 스승으로 섬기면서 남을 해치는 사람을 부끄럽게 할 수 있었다. 족당이 화목하였으니 선비 가운데 분열하는 자가 눈으로 보고 두려워할 것이다. 재산을 늘리는데 청렴하고 깨끗했으니 부유하고 권세 있는 집안에서 욕심을 내는 사람의 기가 막힐 것이다. 이러한 것은 왕조에서 존숭하고 장려하는 것이고 어진 선비가 흠모하여 뜻을 같이 하는 것이다. 만일 여성이기 때문에 그 공이 적다고 하면 이 어찌 하늘과 땅이 생성하는 도리라고 할 수 있겠는가?[6]

18세기의 대표적 규훈서인 『한씨부훈』의 저자 한원진은 "한 집안이 흥하고 쇠함은 부녀자의 행실에 달려 있다."고 하였고, 박윤원은 〈딸을 경계하다〉라는 글에서 "여자의 선악에 시댁의 흥망이 매여 있고, 친정의 영욕이 달려 있다. 한 몸에 두 집안이 관계되는 바이니 어찌 삼가지 않겠는가?"라고 하였다. 여성을 교화하고 단속하려는 태도는 유교를 국가 통치 이념으로 받아들인 조선사회에서 지속적으로 있어 왔다.[7] 하지만 이전 시대에는 여성이 한 집안과 가문의 흥망을 책임지고 있다고 본 반면에 전우는 여성이 '세도(世道)'와 관련이 있고 '천하의 다스림(天地之治)'과 관련이 있다고 하며 그 사회적 의미의 장을 넓히고 있다.

전우는 아녀자의 행동이 맑고 착하면 자식이 그것을 따라 가정과 사회, 나아가 국가에서 제 역할을 할 수 있다고 보았다. 또한 여성이 올바른 규범을 행하면 신하와 유학자, 선비, 권세가를 경계할 수 있다고 하였다. '부의(婦儀)', '제왕', '왕조', '규범' 등의 중세적 단어를 사용하고 있지만 여성의 역할이 국가와 사회에 관련이 있음을 시사하는 언표이다. 한편, 전우는 여성이기 때문에 그 공이 적다고 하는 것은 하늘과 땅이 생성하는 도리라고 할 수 없음을 반어적 수법으로 드러내고 있다. 음양론에 의거하여 얼핏 여성과 남성을 동등한 관계로 인식하고 있는 것처럼 보이지만 인륜을 지키고 천지를 다스리는 주체로서 남녀에 차이가 없다는 것이지 남녀동등을 주장하는 것은 아니다.[8] 남녀의 입장을 다르게 인식하고 있음은 다음의 편지글을 통해 구체적으로 살펴볼 수 있다.

지난 번 너희 편지를 보니 모두 내가 밖에 있어 아침저녁으로 모시며 받들지 못하는 것을 한으로 여기고 있는데, 이러한 걱정은 당연하다. 그러나 나라의 임금님이 궁 밖에 나가 계시니 신하의 의리상 집에 있는 것이 마땅하지 않다. 비록 아녀자들이지만 또한 응당 이러한 의리를 알아야 한다. 옛날 송나라 충신 사방득에게 어진 어머니 계씨가 있었다. 나라에 전쟁이 나자 그의 아들이 새 왕조를 따르지 않고 도망가고 며느리와 두 손자가 원나라의 옥에 갇혔다. 때에 계씨의 나이 90이었는데 태연하게 처하며 한 마디 원망하는 말이 없어 사람들이 묻자,

"의리상 당연한 것이다."

라고 하였다.

어머니가 자식에게 할 수 있는 일을 며느리가 다만 시아버지에게 차마 하지 못할 것이 있겠느냐? 앞일의 변화를 알지 못하니 너희들은 또한 사공의 처 이씨가 두 남편에게 시집가지 않겠다고 맹서한 것을 따라, 목을 매어 죽더라도 절의를 세울 것을 마음에 새겨야 한다.[9]

전우는 아관파천의 소식을 듣고 집을 떠나 화양동에 들어가 머물렀는데 집 밖에서도 집안 여성들에게 편지를 써서 단속하고 당부하는 뜻을 전했

다. 고종의 아관파천은 명성황후 시해 사건을 계기로 이루어졌다. 일국의 국모가 일본의 자객에 의해 살해되고 러시아군에 의해 국왕이 궁궐을 떠나는 시기를 당해 전우 자신은 임금이 궁밖에 나가 있으니 신하가 집에 있을 수 없다는 의리를 내세워 거처를 옮겼다. 그리고 자신의 며느리들도 그러한 의리를 알기를 바란다고 하였다. 전우가 행한 의리란 임금과 신하의 의리이지만 그가 여성들에게 직접적으로 요구한 의리는 중국의 충신 사득신의 아내가 남편을 위해 절의를 지킨 의리로 축소된다. 부부의 관계를 군신의 관계와 동일시한 전통적인 입장을 준수하고 있는 모습을 볼 수 있다.

"지금 너희들은 이와 같은 난세를 만나 앞날이 어떻게 변할지 알지 못한다. 그러니 모름지기 항상 의로움으로써 욕을 당하지 않을 것을 스스로 맹세해야 한다. 만약 너희가 몸을 깨끗이 보전할 수 없다면 나는 죽어서나 살아서나 얼굴을 들 수 없게 될 것이다. 너희는 마땅히 깊이 명심해야 한다."[10]고 하면서 위급할 때 빨리 도도하기 위해서 칼보다 날카로운 가위가 쓸 만하다며 경직된 모습을 보이고 있는 언급에서도 '난세(亂世)'에 지켜야 할 여성의 의로움은 몸을 깨끗이 하는 것(守節)으로 한정된다. 전우는 여성을 세도와 천하의 다스림과 관련이 있다고 하며 여성의 위치를 재배치하고 있지만 외세의 침입이나 국가존망의 절체절명의 시기에는 언제든 절의를 위해 목숨을 바칠 준비를 해야 하는 입장에서 벗어나지 못하는 여성의 의무 또한 남겨두고 있다.

> 나는 이유홍과 공부한 지 오래되어 그의 돌아가신 어머니 유인의 어짊에 대해 들어 알고 있었다. 그런데 시어머니를 효성으로 섬기고 남편을 공경하며 동서들과 화목하고 자손들을 가르치며 빈객에게 정성을 다하고 간사하고 꺼리는 것에 엄정한 것은 진실로 하기 어려운 것들이다. 약 40년간 고생하며 가난한 가운데 곧음을 지키고 가문을 세웠고 창씨와 변발하는 화를 당하자 자식들에게 말하길,

"오랑캐를 따라 구차하게 살지 말거라."
라고 하였으니 경학을 배우는 학자와 선비들이 쉽게 미칠 수 있는 것이 아니다.

아아! 이 분은 강상과 대절을 이은 것이다. 대절이 이미 바르면 다른 것은 물을 만한 것이 없다. 대절이 한번 밑바닥에 떨어지면 또한 다른 것을 물을 만한 것이 없다.[11]

동비의 난에 이르러 기미에 따라 변화에 대처하며 문호를 보전하며 매번 그의 아들에게 말하길,
"고인이 몸을 죽여 어짊을 밟았던 것은 진정 이러한 때이다."
라고 하고 마침내 독서하여 어진 아버지의 뜻을 잇게 하니 높은 식견이 있는 선비가 아니라면 쉽게 이를 수 없는 일이다.[12]

1895년 단발령이 내려지자 전우는 나라를 파는 욕을 당해 마치 금수가 사람을 잡아먹게 내버려두는 재앙이 일어나는 상황이라고 하며 어머니 묘소를 찾아가 자신은 머리카락을 훼손시키지 않겠다고 맹세했다.[13] 그리고 자손과 문인에게 심의(深衣)와 폭건(幅巾)을 착용하고 의리를 지킬 것을 명하였고 물론 창씨 개명도 하지 않았다. 첫 번째 예문에서 전우는 지인의 어머니가 창씨개명과 단발령을 당했을 때 자식들에게 "오랑캐를 따라 구차하게 살지 말라."고 한 말을 들어 경학을 배운 학자와 선비들이 미칠 수 있는 것이 아니며 강상과 대절을 이은 사람이라며 극찬하고 있다. 두 번째 예문에서는 동학혁명 때 기미의 변화를 잘 살피고 대처하여 문호를 보전한 여성을 들어 역시 높은 식견이 있는 선비가 아니면 할 수 없는 일을 했음을 칭찬하고 있다.

찬한다. 죽고 사는 것과 화와 복은 모두 그 마음에 들이지 않았다. 오직 의리만 보고 분명히 밝혀 꺾이지 않아 비로소 능히 큰일을 분명하게 행할

수 있었다. 대저 절개를 지키며 개가하지 않는 것은 예나 지금의 부인 가운데 종종 있는 일이다. 죽기를 맹세하고 일을 도모하며 끝내 조야의 의론을 돌려 놓고 어진 조상의 후사를 정하고 여러 족당들의 처리에 대해서는 또한 조금도 개의치 않았으니 어찌 충심과 후한 덕을 허락한 사람을 쉽게 얻을 수 있겠는가? 나는 수염 기르고 면류관을 쓰고 옷을 입고 조정에 있는 사람으로서 유생들이 성명과 예의에 대해서 강하는 것을 듣고 선생의 문하에서 학문을 배우는 사람이다. 황씨가 한 일을 보면 소연하여 이는 국가의 강상을 잇는 것이니 돌아보면 위대하지 않은가? 위대하지 않은가?[14]

위의 예문의 주인공인 황씨 부인은 남편이 죽자 "목을 찔러 남편을 따라 죽으려고 했는데 다른 사람에게 칼을 빼앗겼으나 마침내 쓰러져 정신을 차리지 못했다. 오빠 균이 꾸짖으며 말하길, '부인이 남편을 따라 죽으면 다른 사람에게는 열이 된다. 그렇지만 지금 어진 동생은 죽은 사람의 부탁을 생각하지 않는 것이냐?'"라고 하자 비로소 남편이 부탁한 후사를 정하는 일을 성취하기 위해 문중 사람들과 싸웠다. 황씨 부인은 집안사람들이 종손 부자가 입후하지 못하도록 모의를 꾸미고 방해하자 궁궐에 가서 원정을 올렸다. 이에 예조판서와 국구의 도움으로 후사를 정하게 되었고 마침내 남편의 약속을 지키게 되었다. 전우는 황씨 부인이 죽기를 맹세하고 일을 도모하며 끝내 조정의 의론을 고쳐 조상의 후사를 정하게 했고 여러 족당과 대처하면서 또한 개의치 않았던 점을 칭찬하며 이처럼 의지에 찬 행동은 유생들이 본받아야 할, 매우 위대한 일이라며 높이 평가하고 있다. 이 글에서는 남편을 따라 죽는 것만이 능사가 아니라 가부장이 부재한 상황에서 때로는 가부장의 역할을 맡는 역할이 중요함을 보여주고 있다. 후사를 정하는 일의 중요함보다는 그 과정에서 보여준 의지에 찬 행동에 더 높은 가치를 두며 전우는 황씨 부안을 '위대한 일을 행한 어진 여인'으로 서술하고 있다. 이처럼 전우는 여성이 시대의 변화에 따라 대처하는 능력과 의지에 찬 행동이 필요함을 보이고 있는데, 이는 어려운 시기에는 강의

(剛毅)한 자만이 의리를 실현할 수 있다는 그의 현실 인식에 기반한 것으로 보인다.

> 집안의 재산을 귀신을 모시는 데 쓰지 않으셨고 또한 바깥사람이 집에 들어오는 것을 금하지 않으셨다. 여러 손자들이 홍역을 앓았으나 귀신에게 바치는 음식을 두지 않으셨고 또한 귀신을 쫓는 제사를 하지 않으셨다. 이사를 하자 집에 옛날 음사가 있었는데 매달 반드시 정성을 다해 기도하며 하지 않으면 재앙이 있다고 하였으나 새 집에 이르자 바로 음사를 없애버렸다. 이 세 가지는 모두 나의 말을 따르신 것이지만 그러나 어찌 세속의 부녀가 능히 미칠 수 있겠는가?[15]

> 서양의 옷감이 크게 해치는 일을 가져오고 반지가 양귀비에서 처음 나왔다는 소리를 듣고 다시는 몸에 가까이 하지 않았다. 평소 의롭지 못한 것과 좌도를 품고 와서 범하는 자가 없었다. 모두 바른 것을 지킴으로 좌도를 멀리하고 일찍이 남에게 구하여 염치를 상하게 하지 않았다.[16]

한말에는 신문 등의 매체를 통해 과부 개가 허용, 조혼 금지, 미신 타파 등의 개화 담론을 꾸준히 전파하고 있었다. 특히 개화파 지식인들에 의해 강조되었던 미신 타파는 풍속 개량 담론의 핵심이었다. 전우는 어머니와 아내에 대한 글에서 귀신과 좌도를 멀리하는 태도와 서양 옷감을 가까이 하지 않는 것을 새로운 윤리 규범으로 기록하고 있다. 전우가 언급한 미신 타파는 개화파 지식인이 풍속 개량을 위해 주장한 것을 따른 것이 아니라 "불어괴력난신(不語怪力亂神)"의 유교 이념에서 나온 것으로 볼 수 있다. 서양 옷감을 몸에 가까이 하지 않는 것은 위정척사파가 양물(洋物)을 배격했던 정신과 일치한다.[17]

이처럼 전우는 여성이 세도와 천지의 다스림과 관련이 있다는 인식하에 제한적 남녀동등을 부여하였고 세상의 변화에 의롭게 대처하는 여성의 행동에 주목하였다. 미신타파와 서양 물자 사용의 배격은 사회의 변화에 따라 새롭게 여성에게 요구되었던 윤리로 제시되었다.

3. 전우의 여성 담론

1) 열녀 담론 : 남성을 경계하는 열녀

열녀를 대상으로 작성한 글은 정려기를 비롯하여 열부전(열녀전)과 절부전, 정부전 등이 있다. 이 외에 또한 찬의 형식으로 쓰인 글과 행록에 제한 글이 있고, 인물전에 열행이 드러난 경우도 있다. 여성에 대해 기록한 글 60편 중에서 총 15편이 열녀에 관한 기록이다.

정려기는 총 3편인데 〈열녀 김씨 정려 중건기〉는 정유재란 때 열행을 한 김흔의 아내 김씨에 관한 정려가 다시 세워지자 기문을 쓴 것이고, 나머지 두 편의 정려기는 1891년과 1904년에 쓰인 글로 당대에 내려진 정려에 대한 기문이다.

남편을 따라 죽는 것이 예의에 떳떳한 일임을 들어 죽음을 전제로 한 여성을 '열부(烈婦)' 혹은 '열녀(烈女)'로 규정하였다. 그런데 죽음을 전제로 하더라도 강포함, 즉 성폭행을 당하게 되어 목숨을 끊은 경우는 '절부(節婦)'라고 하였다. 하지만 수절을 한 여성을 절부라고 한 경우도 있다. '정부(貞婦)'라는 명칭으로 지어진 글은 2편인데 한 편은 개가를 시키려는 친지의 뜻을 받아들이지 않고 죽은 여성을 대상으로 지어졌고 다른 한 편은 수절한 여성에 대한 기록이다.

〈열부 하씨 행록에 쓰다〉의 하씨는 남편이 죽자 장례를 치른 후 독약을 먹고 자결하였고, 〈최유인 행록에 쓰다〉의 최씨는 시어머니를 봉양하고 입후한 아들을 키우며 살다가 시어머니와 입후한 아들이 죽은 후 남편의 제삿날 물에 빠져 죽은 여성의 행록에 쓴 글이다. 〈남절부찬〉은 16세에 과부가 된 부인이 성폭행을 당하게 되자 저항하다가 목을 매어 죽은 사실을 찬한 내용이다. 〈전불관전〉은 기녀 전불관이 수청을 거부하고 강물에 빠져 목숨을 버린 열행을 다룬 전이다. 〈동몽교관을 추증받은 봉진국의 처 의인 심씨가 일찍 과부가 되었는데 뛰어난 행실이 있었고 오랑캐의 돈을 물리치고 받지 않아 핍박당하자 스스로 목매어 죽은 일에 대해 쓰다〉는 사실에 대해 간략하게 쓴 글인데 의인 심씨의 열행을 다루고 있다.

> 부인이 남편을 따라 죽는 것은 예의에 떳떳한 일이다. 비록 '예의에 떳떳한 일'이라고는 해도 몸과 목숨에 구애되면 그 바름을 잃게 되는 법이다. 그러나 김씨는 어린 여자로서 조용히 의로 나아가 그 뜻을 이루었다. 아아! 얼마나 하기 어려운 일인가? 진실로 남편만 알고 다른 사람이 있는 것은 알지 못하는 곧은 마음과 특별한 지조가 아니라면, 그 누가 그처럼 할 수 있겠는가? 저 의관을 갖추고 지위가 삼공과 재상에 오른 자라도 남다른 뜻이 있는 자라야 이에 부끄러워 죽지 않을 수 있을 것이다.[18]

> 지금 도덕과 학술이 밝지 않고 강상이 떨쳐지지 않아 신하와 자식이 임금과 아버지를 버리며 적과 원수를 섬기고 선비가 성현을 배반하며 이교를 받드는 자가 도처에 있으니 그들이 하씨의 교육을 듣는다면 부끄러워 죽지 않을 수 있을까? 생각하니 하늘이 하씨를 낳은 것은 세상이 뒤집어져 이익을 좋아하고 의를 행하는 무리가 없는 것을 책망하려는 것이 아니었을까? 아![19]

열녀에 관한 거의 모든 글의 후반부에서 전우는 자신의 입장을 밝히고 있는데 작가가 열녀를 통해 말하고자 하는 목적은 위정자를 부끄럽게 만들기 위한 것이다. "아아! 최씨는 어쩌면 그리도 열렬하여 수염 난 사람으로 하여금 움츠리며 오랫동안 부끄럽게 하는가?"와 "나는 찬을 지어 저 벼슬아치들을 부끄럽게 한다"라는 표현 역시 같은 내용인데 전우는 여성의 열행을 보고 남성 특히 적과 원수를 섬기고 성현을 배반하며 이교를 받드는 선비들이 부끄러운 마음을 일으켜 도덕성을 회복하기를 바라고 있다. 그래서 도덕과 학술이 밝히 드러나지 않고 강상이 떨쳐지지 않은 세상을 구제하기를 원하고 있다.

전우는 지배층이 자신의 이익을 위해 힘쓰는 것을 가장 큰 병폐라고 보았다. 남편이 죽자 독약을 먹고 따라 죽은 18세의 어린 하씨를 하늘이 세상에 낳은 이유가 이익을 좋아하고 의를 행하는 무리가 없는 것을 책망하기 위해서라고 생각한 전우는 여성의 열행을 통해 남성의 충성을 확립하고자하는 의지를 드러내고 있다. 전우는 과부 재가가 허용된 당시에 여성의 열행을 촉발하기 위해 열녀 담론을 생산하지는 않았다.[20] 그는 위정자를 비판하고 충성을 자극하기 위해 열행을 이용하고 있다.

개화기 열녀전이 과거의 열녀를 소환하거나 신이적인 요소를 삽입하는 경우가 많은 특징이 있지만 이 둘의 특징이 전우의 열녀 담론에서는 보이지 않는다. 과거의 열녀를 다룬 경우는 한 편 뿐이고 신이적 요소가 삽입된 작품은 한 편도 없다.

전우의 열녀 담론의 또 다른 특징은 하층민 신분의 열녀가 많다는 것이다. 이러한 경향은 남성들과 비교를 할 때 차이를 심화시켜 효과를 극대화하는 결과를 가져온다.

> 진천에 옹기장이 오우삼의 아들 으장준이 정신이 미쳐서 스스로 목을 찔러 죽었다. 그의 아내 이씨의 나이 24세였는데 집안에서는 그를 다른 집으로 시집보내려고 하였다. 이씨의 친정아버지가 시아버지에게 말하길,
>
> "미천한 자식이 일찍 남편을 잃었는데 저의 집안은 다만 보통 백성이니 어찌 의를 지키는 것을 바라겠습니까? 장차 강포함을 당할까 걱정도 되고 해서 할 수 없이 재혼시킬 것을 생각하고 있습니다."
>
> 라고 하였다.
>
> 그러자 딸이 울면서 말하길,
>
> "비록 백 명의 남자가 핍박하여도 절개를 지키고 지키지 않는 것은 저에게

달려 있을 따름입니다. 또 시아버지와 시어머니를 생각하니 이러한 흉악한 재앙을 만났는데 며느리마저 떠나면 어떻게 마음을 잡고 살아가실 수 있겠습니까? 원컨대 다시는 이러한 말씀을 하지 마십시오."

라고 하였다.

친정아버지가 가고 난 다음에 딸은 독약을 마시고 죽었는데 동네 사람들이 칭찬하지 않는 사람이 없었다. 임승지 아무개가 탄식하며 말하길,

"사대부 집안에서도 이러한 행실이 있기 드문데 저 궁벽한 마을의 비천한 아낙네가 어찌 능히 이러한 일을 했는가? 기이하도다! 기이하도다!"

라고 하고 쌀 열 말과 제전에 쓰일 물자를 지급하도록 명령하였다.[21]

24세에 과부가 된 딸이 강포함을 당할까 걱정이 되고 의를 지켜야 할 명분이 있는 신분도 아니기 때문에 친정아버지는 딸을 재혼시킬 것을 시아버지에게 청하였다. 하지만 딸은 아버지의 뜻을 받아들이지 않고 독약을 마시고 죽었다. '궁벽한 마을의 미천한 아낙네'의 열행을 기이하게 여기는 승지의 말을 빌려 하층민 여성의 열행에 의미를 둔 전우는 "하늘이 사람을 사랑하는 것은 귀천과 남녀에 차이가 없으니 어째서인가? 면류관 쓰고 수염 난 무리들 가운데 왕왕 임금을 배신하고 원수를 섬기기도 하는데 얼음과 서리 같은 특별한 정조가 초야에서 홀로 나오니 이것은 하늘에게 그렇게 되는 이유를 물어봐야 할 것이다."라며 자신이 열녀를 입전하는 의식을 밝히고 있다.

"백 명의 남자가 핍박을 하여도 절개를 지키는 것은 자신의 의지에 달려 있다"는 딸과 신분과 현실적 상황을 들어 개가를 시키려는 친정아버지가 갈등을 일으키다 마침내 딸은 목숨을 끊었다. 이 여성은 정려를 받지는 못했던 것 같고 다만 쌀과 제전에 쓸 물자만 지급 받았다. 그러나 전우는 하늘이 귀천과 남녀를 사랑하는데 차이를 두지 않고 있으며 벼슬하는 남성들이 임금을 배반하고 원수를 섬기는데 얼음과 서리 같은 정조가 초야에서 나왔음을 특별하게 여기며 이열녀의 행위가 "한국으로 하여금 중흥

하게 하려는 것이 아닌가!"기대하는 마음을 드러내고 있다.

황홍인의 처 오씨는 20세에 과부가 되었고, 혼자 아들을 낳아 길렀다. 그런데 갑자기 문둥병에 걸려 손발이 마비되어 일상생활에 남의 도움을 받을 정도였다. 침과 약, 쑥뜸 등 온갖 치료 방법을 동원해봤지만 소용없었고 오씨는 혼자 깊은 방에 살면서 쑥대머리하고 귀신처럼 지냈다. 이렇게 20여 년을 살다가 마침내 아들이 장가를 들어 며느리를 들이자 "내가 이제 설 수 있을 것 같다."며 걷기 연습을 하다가 드디어 보통사람처럼 생활하였다. 이 여성은 강포함을 걱정하여 일부러 아픈 척을 하며 살았던 것인데 20년이 지난 후 동네 사람들이 비로소 알게 되었고 정려를 받게 되었다.[22]

20세에 과부가 된 여성이 홀로 아들을 키우면서 살 수밖에 없었던 상황에서 선택한 삶의 방법은 바로 거짓 병자 행세를 하며 사람들의 접근을 막는 것이었다. 이 글은 1904년에 지어졌는데 전우는 1899년 천안에 살았을 때 이 여성에 대해 들은 적이 있다고 하며 실화를 바탕으로 작성된 것임을 밝히고 있다. 또한 이 여성에 대해 사람들에게 "오열부의 철석같은 심장은 진실로 나의 스승이다."라고 말하며 이는 책을 읽는 군자가 하기 어려운 것이니 어찌 반드시 한 번 죽는 것만이 특별한 것이겠는가? 다만 지금은 어버이를 잊고 원수를 섬기며 임금을 버리고 적에게 아부하는 사람이 많으니 그들이 만약 열녀의 풍교를 들으면 부끄러워 죽지 않겠는가?"라고 하며 오씨의 열행을 높이 평가하고 있다. 남편을 따라 죽는 것보다 더 어렵고 힘든 삶을 산 여성의 굳은 심지에 대해 인정하였다.

최취달의 아내 김절부 또한 신체를 훼손하고 곱사병을 앓는 것처럼 늘 구부정하게 다니며 "밤에 개 짖는 소리가 들리면 뒷마당의 땔감 쌓아둔 데로 들어가서 인적이 없어지기를 기다렸다가 비로소 자신이 자는 방으로 돌아갔는데 이런 일을 아들이 장성한 뒤에야 그만두었다."[23]

전우는 이 여성에 대해서도 "의로운 기운이 격해져서 한 순간에 스스로 목숨을 끊는 것은 오히려 할 수 있으나, 저처럼 온갖 어려움을 다 겪고 두려워 전전긍긍하면서 수십 년을 하루 같이 정절을 온전히 한다는 것은 철석같은 심장이 아니면 할 수 없다. 아아! 김씨의 정절은 남들이 보기에는 매우 고생스러운 것이나 절부는 일찍이 큰 의리를 알았으니 무릇 그가 행한 것은 모두 기꺼이 즐겨 한 것이지 억지로 한 것이 아니었다."라고 하며 의로운 기운으로 목숨을 끊는 것보다 정절을 온전히 지키기 위해 전전긍긍하며 사는 것이 더 어려운 일임에 공감하고 있다. 그러나 의리를 알았기 때문에 기꺼이 한 것이지 억지로 한 것이 아니라며 김씨의 신체 훼손과 수절 행위를 자발적인 행위로 규정하여 김씨의 고충을 외면하는 태도를 보이고 있다.

> 만약 불관이 예부터 지금까지의 사대부 가운데 신하 노릇하는 자들이 임금의 강약과 성쇠에 따라 따르거나 배반하는 것을 보게 된다면 개나 돼지만도 못하게 여길 것이다. 이제 천하의 군자는 불관을 목표로 삼아 그가 섬기는 바를 위해 모두 목숨을 버릴 수 있어야 하며 마음을 변치 말아야 한다. 그렇게 된다면 오랑캐가 어찌 중화를 어지럽힐 수 있으며 간사한 말이 나온다 해도 어찌 도를 해치겠는가? 천하에 도를 해치고 중화를 어지럽힐 걱정이 없으면 천지가 합하고 성왕이 나와 백성이 편안하며 만물이 자랄 것이다. 아아! 저 불관 한 사람이 천하에 권하는 바가 또한 크지 않은가? 그런 까닭에 내가 이 일을 특별히 기록한다.

기녀의 열행을 입전한 〈전불관전〉에서는 불관이 임금을 배반하는 신하를 보면 개나 돼지만도 못하게 여길 것이라며 다소 과격한 표현을 보이고 있는데 이는 기녀 불관과 신하의 극명한 신분적 차이와 행위를 대비해 경계의 효과를 극대화하는 수사법으로 읽힌다. 그리고 서양과 일본을 '오랑캐'로 규정하고 자국을 '중화'라고 하며 '존화양이(尊華攘夷)'의 의리를 주장하기 위해 기녀 전불관의 열행을 수단으로 삼고 있음을 볼 수 있다.

2) 여성 교육 담론 : 교육의 주체/대상으로서의 여성

전우는 여성을 대상으로 교육시키는 것과 여성 자신이 교육의 주체자가 되어 자식을 가르치는 일에 두루 관심을 보이고 있다. 먼저 여성을 교육 대상으로 삼아 교육하는 내용에 대해 살펴보기로 한다.

> 때는 계묘년(1873) 늦여름이었다. 나는 어린 딸에게 유씨의 『여범첩록』을 주었는데 갑나라와 노나라의 두 어진 부인에 관한 일에 이르러 나도 모르게 탄식하였다. 또한 우리나라의 여러 벼슬아치들이 이 어짊과 의로움을 갖춘 자가 없어 임금으로 하여금 위태롭게 하고 민생을 도탄에 빠지게 하며 기강이 날로 문란해지고 오랑캐가 날로 더욱 방자해 다시는 위태로움을 돌리고 안정되기를 바랄 수 없음을 한하였다. 이에 마침내 두 편의 찬을 지어서 어린 딸에게 주어 읽게 하고 아울러 동방의 장부에게 풍자하여 말한다.[24]

전우는 혼란과 무질서가 드러난 사회를 제도적 개선보다는 도덕적 재무장에 무게를 두어 고치고자 하였는데 그것은 교육을 통해 가능하다고 보았다.[25] 그는 서양 근대 학문인 '신학(新學)'이 날로 증대하고, 전통이 날로 쇠락하는 현실에 대해 안타까워하며 전통 교육의 중요성과 필요성을 강조하였다.

전우는 처자식을 살리기 위해 임금을 배신한 남편을 나무라며 목을 매 죽은 갑나라 여성과 난리를 당하자 자신의 아들을 버리고 죽은 오빠의 아들을 데리고 도망간 노나라 여성의 일에 대해 찬을 하고 그것을 딸에게 주어 읽게 하였다. 전우는 갑나라 부인은 "젊고 약한 여성인데 이미 어짊과 의에 대해서 알고 있고 다시 삶과 의로움에 대해 판별하여 큰 절의가 우뚝하"고 노나라 부인은 명철하여 모두 융나라와 제나라의 침입을 막은 공로가 있었음을 높이 평가하고 있다. 그리고 이어 원수를 잊고 편하게 있는 우리나라의 이름난 벼슬아치와 비교하며 비난하는 근거로 삼고 있다.

전우는 『여사서』를 편찬하면서 "그 말이 모두 본받을만하였고 진실로 규방의 귀감이다. 그러니 나라를 다스리는 사람이 마땅히 세상에 밝히 드러내야 한다."며 오랑캐의 화가 하늘에 가득하고 예의와 가르침이 땅을 쓸어 사람의 도리가 없어진 당시에 『여사서』를 통해 사람의 마음과 눈을 깨게 하면 어진 부인이 되고 궁극적으로 이남의 교화를 회복할 수 있다고 보았다.[26] 전우는 딸에게 『여사서』를 주어 읽게 하였고, 제자에게 수업을 받게 했다.[27] 당시에 이미 여학교가 세워지고 공교육을 받는 여성들도 많았지만 전우는 이처럼 딸과 며느리에게 여전히 전통 교육을 가르치며 "다른 어린 아이들과 비교하지 말고 반드시 옛날 여사의 행실을 두루 살펴서 몸을 세우고 주장하는 법칙으로 삼도록"[28] 경계했고, 남편과 시부모를 잘 모시고, 동서들과 화목하게 지내며 예의와 근검절약을 지키고 부지런히 일하는 것과 자식을 가르치는 일 등이 모두 제왕의 다스림을 돕는 것으로 가볍게 지나칠 일이 아니라며 강조하기도 하였다.[29] 서양 근대 학문(新學)이 '이익'만을 추구한다는 이유로 비판하고 전통 윤리와 도학만이 강상을 세우고 의리를 실천할 수 있다고 생각한 전우는 여성과 남성 모두에게 전통 교육을 강조했지만 여성에겐 섹슈얼리티의 단속이라는 성차별적 교육을 특별히 중시하였다.

전우는 제자들을 대상으로 여성들이 아래가 막힌 바지 즉 색저과를 입어야 한다는 내용으로 강회를 열기도 하였다.[30] 이러한 내용은 〈가규(家規)〉에도 기록되어 있다.[31] 색저과 착용을 권하는 맥락은 성폭행을 당해 자결한 여성이 만약 색저과를 입었다면 성폭행을 당하지 않았을지도 모른다는 가정에서 나왔다. 성폭행을 당하고 자결을 앞둔 여성은 남편과 아들에게, "나는 비록 다른 마음이 없었으나 몸이 이미 더럽혀졌습니다. 죽은 다음에 남편과 널을 함께 쓰지 말고 제사도 같이 지내지 마십시오. 이와 같으면 의리가 맑고 예의도 엄격할 것입니다."라고 하니 듣는 사람이 모두 그렇게 여겼다고 한다. 이에 대해 전우는 "내가 생각하기에 비록 이러한 말을 하지 않았다고 해도 그 시아버지와 남편이 마땅히 별실에 제사를 지냈을 것이다. 그 집안의 종손 또한 조상의 사당에 신주를 모시는 예식을 쓰는 것을 마땅하게 여기지 않았을 것이다. 예의를 갖춘 집안에서 논하는 것 또한 마땅히 이와 같을 따름이다."라고 하여 강압에 의해 실절한 여성도 남편과 함께 제사지낼 수 없고 사당에 들어가지 못하는 것이 당연하다는 경색된 태도를 보이고 있다. 몸이 더럽혀진 여성은 사후에도 완전한 아내가 될 수 없다는 논리에서 여성의 섹슈얼리티를 단속하려는 의지가 얼마나 강고했는지 알 수 있다.

> 학교에서 여러 생도들이 남녀가 친히 주고 받을 수 없다는 것에 대해 논하였는데 시아버지와 며느리 그리고 시할아버지와 손자며느리에 관하여는 의심스러워 결정을 내리지 못하였다. 내가 들어가서 물으니 어떤 이가 말하길,
>
> "이는 부모와 같으니 의심할 것이 없습니다."
>
> 라고 하였다.
>
> 딸은 말하길, "이 또한 친히 주고 받을 수 없으니 더욱 선량한 것과 같습니다."
>
> 라고 하였는데 여러 생도들이 마침내 이것으로 바로 잡았다.[32]

외세의 위협에 노출되어 있다는 불안과 위기의식은 남녀의 개인적, 사회적 접촉 범주를 구체적으로 제한하는 방향으로 나갔다.[33] 강학에서 생도들과 가족과 친족 간 남녀의 접촉 허용 정도에 대해 토론을 벌이던 전우는 시아버지와 며느리, 시할아버지와 손자며느리의 관계에 대해 결정을 내리지 못하고 있다가 부모 사이에 해당하니 특별히 조심할 것이 없다는 결론을 내렸다. 그러나 딸이 이 또한 친히 주고 받을 수 없는 관계라고 하니 딸의 말에 근거해 이전의 결정을 바로 잡았다. 딸의 정숙한 행동을 드러내기 위한 에피소드로 거론된 이 글에서 윤리적 기강을 회복하기 위해 전통적 내외법의 윤리를 더욱 강화하는 모습을 볼 수 있다. 실제로 이 딸은 어린 나이에도 남녀의 유별을 철저하게 지킨 것으로 묘사된다.

다음은 자식의 교육을 위해 열성을 보이는 어머니 모습을 그림으로써 여성의 교육자적 특질을 부각시키는 측면에 대해 살펴보기로 한다.

훗날 힘써 시와 서를 익히도록 하시고 조금 자라자 친히 『소학』을 가르치셨는데 한번은 손으로 순자의 세 가지 상서롭지 못한 일에 대해 쓰시고 벽에 붙여 경계하게 하셨습니다. 군현에 임직하러 갈 때는 짐이 간략하였는데 다만 『소학』의 일부를 주어 푸른 옷에 간직하여 가져가도록 명하셨습니다. 길에서 번번이 책을 쌓은 보자기가 탈이 없는지 물으시고 『오륜행실』과 『열녀전』 같은 종류를 전해 받아 베끼시고 아침저녁으로 살펴보셨습니다.[34]

몇 년 후 김씨가 병중에 있으면서 베를 짜서 둘째 아들 질유를 보내 나에게 폐백을 드리며 공부를 가르쳐 줄 것을 원했다. 이에 기뻐하며 돌아가서 말하길,

"나는 죽어도 유감이 없다."

라고 하고 또 말하길,

"이미 스승을 정했으니 아침저녁으로 공부를 배워 그릇을 이루어야 할 것이다."

라고 하고 마침내 있는 힘을 다해 병든 몸을 지탱하며 남쪽으로 옮겨가니 여러 아들이 조금 천천히 갈 것을 청했다. 그러자 말하길,

"할 일을 하고 죽는다면 죽는 것 또한 사는 것이다. 내가 죽으면 길 가에 묻어라."

라고 하다 행차가 중도에 이르렀을 때 여러 친척들이 뒤따라 이르러 병이 위급하니 억지로 하기 힘들다고 말려 할 수 없이 율리에 돌아갔다. 숨이 끊기려고 하자 충유를 앞으로 불러 말하길,

"내가 지금 죽으면 비록 상중이라도 너는 어린 아이들을 데리고 스승을 따라 학업을 힘써 성취해야 한다. 그래야 내가 장차 눈을 감을 수 있을 것이다."

라고 하고 말을 마치고나서 바로 죽었다. (중략)

논하여 말한다. 제왕이 흥하고 망하는 것은 인재를 기르고 기르지 못하는 것에 말미암는다. 사대부 집안이 융성하고 그렇지 못함은 반드시 자손을 가르치고 가르치지 않는 것에 달려 있다.[35]

첫 번째 예문은 『소학』을 비롯해 『오륜행실』과 『열녀전』을 전해 받아 손수 베끼고 아침저녁으로 살펴보던 여성이 임직에 나선 아들에게 『소학』을 가져가도록 권하는 모습을 중점적으로 부각하고 있다. 전통 교육을 받은 여성이 자식에게 전통 교육을 강조하는 행위를 통해 교육적 효과가 실천되고 있음을 보여주고 있다.

두 번째 예문에서는 자식 교육을 위해 스승을 찾는 일은 물론 배움을 위해 거처를 옮기는 수고를 마다하지 않는 어머니의 정성과 높은 교육열을 보여주고 있다. 자식의 교육을 위해 아픈 몸을 이끌고 거처를 옮기다 결국 죽음을 맞게 되는 여성은 상중이라도 스승을 따라 학업을 마칠 것을 유언으로 남겼다.

제왕의 흥망이 인재를 기르고 기르지 못함에 달려 있고 사대부 집안의 융성함과 그렇지 못함은 자식 교육 여부에 달려 있다는 말은 가정과 국가의 흥망이 모두 자녀 교육에 달려 있음을 시사한다. 그리고 자녀를 교육하는 주체자로서 어머니의 역할을 강조하고 있다.

전우는 자신의 어머니 행장에서 "매번 아이를 임신하시면 음식에 대해서 말씀하시고 사랑하고 미워하는 것, 취하고 버리는 것에 더욱 법도가 있으셨다. 만년에 삼가지 않는 임신한 부녀자를 보시면 반드시 이러한 도로써 경계하셨다."[36]라고 하며 태교를 중시하고 있다. 그와 적대적인 관계에 있었던 김평묵도 "자식을 가르치는 데에는 태교보다 나은 것이 없다."[37]라고 하여 태교를 중시하고 있는데 더욱 완벽한 교육을 실행하기 위한 준비 과정으로서 태교의 중요성이 거론되었던 모습을 볼 수 있다.

한말에 국민을 교육하고 양성하는 주체로서 어머니의 역할 강조는 개화파 지식인에 의해서도 무수하게 거론되던 담론이다. 그러나 개화파 지식인이 요구했던 교육자로서의 어머니의 자질과 전우가 중시했던 어머니의 자질은 약간의 차이를 보이고 있다.

4. 간재 전우의 여성 담론과 그 의미

한말 격변의 시대 상황은 전통적인 유교적 여성관을 뒤흔들었고 이러한 윤리적 터전 위에서 삶을 영위했던 대다수 여성의 윤리의식에 변화를 가져왔다. 문명한 개화국인 서구의 가족제도가 조선에 소개되면서 남존여비의 남녀관과 이를 바탕으로 한 내외법, 축첩제, 과부의 개가금지, 조혼 등의 가족제도는 비난을 면할 수가 없었다. 다시 말해 유교적 질서에 입각한 기존의 가족윤리의식이 서구의 새로운 윤리의식으로부터 거센 도전을 받기 시작한 것이다.[38] 하지만 도학파는 개화파와는 다른 입장에서 당대를 인식하였고 이에 따라 여성의 인식과 담론에 있어 차이를 보이고 있다. 전우는 여성의 열행과 전통 교육을 통해 유교 규범을 수호하고 무너진 강상을 회복할 수 있다는 생각에 변함이 없었고 어떤 면에서는 조선시대의 유학자보다 더욱 경직된 모습을 보이기도 하였다.

전우는 여성이 '세도(世道)'와 '천지의 다스림(天地之治)'과 관련이 있다고 보아 가정과 가문의 영욕에 관계한다는 기존의 인식에 사회적 의미를 더하였다. 그리고 세상의 변화에 따라 대처하며 의지가 강한 행동을 하는 여성을 높이 평가하였다. 하지만 여성이 직접적으로 세도를 이끌고 천지를 다스리는 것이 아니라 자식 특히 아들을 통해 간접적으로 실행된다는 점 또한 분명히 제시하고 있다. 전우는 열녀와 여성의 교육에 대한 견해를 피력하였다. 1894년 갑오경장 때 '과부 개가 허용' 조항이 통과하면서 성종 이후 지속되었던 과부 개가에 대한 금지가 사실상 해제되었기 때문에 전우는 더 이상 열녀를 재생산하기 위한 목적에서 열녀에 대한 기록을 남기지는 않았다. 대신 더 이상 수절을 요구하지 않는 세상에서 굳건히 자신의 뜻을 지키는 태도를 높이 사고 그것을 나라를 팔아먹는 남성들을 비판하기 위한 수단으로 사용하고 있다. 나라를 책임질 자식을 잘 기르기 위한 존재로서 어머니의 역할을 중시하고 교육 주체와 대상으로서 여성에 대한 교육의 중요성에 대한 언급은 개화파 지식인들의 입장과 크게 다르지는 않다. 하지만 여성의 교육을 전통 교육으로 제한하고 자식에게도 전통 교육을 강조하고 있다는 점에서 개화파와 차이를 보이고 있다. 특히 내외법을 강조하거나 수절을 지킬 것을 강조하는 등의 여성의 섹슈얼리티를 강하게 단속하는 모습은 도학파의 담론이 개화 담론과 대치됨을 여실히 드러낸다.

전통과 서구, 보수와 개혁이 혼재하는 시기에 당대를 인식하는 입장은 개화파와 도학파로 구분되며 이들이 상반된 견해를 갖고 있었던 것으로 파악된다. 하지만 이들의 담론들이 내부적으로 일관성을 유지한 것도 아니었으며, 각 담론 간의 관계가 상호비타적이기만 한 것은 아니었다.[39] 개화파와 도학파 모두 자식을 교육하는 어머니로서의 존재를 중시했고 양쪽 모두 미신타파에 대한 입장을 함께 했다는 점에서 부분적인 차이는 있지만 공통점이 발견된다. 그렇다면 한말 여성의 삶과 인식에 커다란 변화를 가져온 과부 개가에 대한 양쪽의 입장은 어떠한가?

전우는 과부의 개가 불가를 주장하지는 않았지만 절의를 위해 목숨을 바친 여성에 대해 이루기 힘든 일을 했음을 인정하였다. 과부의 개가를 허용하는 것은 근대화로 나아가기 위한 뚜렷한 지표임을 의심할 여지없고 과부 개가 허용을 주장한 개화파의 주장이 설득력 있다. 하지만 과부의 개가가 허용되면서 역효과가 발생하기도 하였다. 자발적인 의지로 개가를 원하지 않는 여성들에게 예기치 못한 상황이 벌어졌는데 과부를 '아주 주인 없는 물건'으로 알아서 이웃집 무뢰배들이 '공갈하여 빼앗아 오는' 공공연한 과부보쌈 풍속이 간과할 수 없는 사회문제로 떠올랐던 것이다.[40] 이는 과부가 성폭력의 대상으로 무방비 상태에 놓이게 되었음을 뜻하며 개가 혹은 수절에 대한 선택을 여성 스스로 결정하고 실행하기 어려운 상황에 처했음을 의미한다. 이 시기 작성된 열녀전에서 남편을 잃은 여성이 '강포함'을 걱정하여 미리 자결을 하는 내용이 빈번하게 등장하는 것은 바로 이러한 현실을 반증한다. 그런데 과부 개가 허용에 찬성한 개화파나 반대의 입장에 있던 도학파 모두 표면적으로는 다른 입장에 처한 것으로 보이지만 여성을 여전히 타자로 인식했고 그들의 입장을 반영하지 않았으며 현실적 당면 문제에 대해 외면하였다는 점에서는 다르지 않다.

개화파의 여성 인식과 담론에 대해서는 이미 많은 연구가 축적된 반면, 한말 도학파에 대한 연구는 소략하게 이루어졌다. 이 시기를 올바르게 이해하기 위해서는 양쪽의 입장과 인식이 먼저 밝혀져야 할 것이다. 전우와 동시대에 살았던 많은 유학자들의 여성 인식과 비교를 통해 차이가 드러난다면 전우의 입장이 보다 분명하게 밝혀질 수 있을 것이다.

▸ 주

* 이 글은 『한국고전여성문학』 28(2014.6)에 게재된 논문을 부분 수정한 것이다.

1 금장태, 『한국유교사상사』, 한국학술정보(주), 2002, 170면.

2 김승현, 「간재 전우의 의리사상에 대한 일고: 간재의 저술에 나타난 적극론과 소극론을 중심으로」, 『유교사상연구』 제26집, 한국유교학회, 2006, 83~113면.

3 간재학회를 중심으로 오종일, 「간재학의 현대 한국사상사적 위치」(간재학회, 2006)와 같은 연구가 이루어지고 있다.

4 나종선, 「艮齋 田愚의 '傳'에 대한 文藝的 考察」, 『동방한문학』 제36집, 2009.9, 나종선, 「艮齋 田愚의 '書簡文'에 나타난 義理精神과 抗日意識 考察」, 『동방한문학』 제43집, 2010.6

5 田愚, 〈題𡊮孺人行狀〉, 『艮齋集』 前編續 권5, 『한국문집총간』 권333, 503면. 황수연, 『19세기 · 20세기 초 여성생활사 자료집』 7, 보고사, 2013, 98면.

6 田愚, 〈李孺人傳〉, 『艮齋集』 前編續 권6, 『한국문집총간』 권333, 563면. 황수연, 『19세기 · 20세기 초 여성생활사 자료집』 7, 보고사, 2013, 138면.

7 황수연, 「조선시대 규훈서에 나타난 여성에 대한 기대와 경계」, 『열상고전연구』 32, 열상고전연구회, 2010.

8 양계초의 남녀 평등론에 대한 다음의 언급에서도 남녀평등을 우호적으로 보고 있지 않음을 알 수 있다. "평등이라고 하는 것은 높이고 낮추는 것이 없는 것을 말한다. 지금 양씨가 여성을 높이고 남성을 낮춤으로써 지위를 거꾸로 하고 그것을 평등이라고 했으니 그가 임금과 백성이 평등하고 아버지와 자식이 평등하다고 하는 것을 알 만하다." 田愚, 〈女尊南卑〉, 『艮齋集』 私箚, 『한국문집총간』 권336, 444면. 황수연, 『19세기 · 20세기 초 여성

생활사 자료집』 7, 보고사, 2013, 193면.

9 田愚, 〈答長仲二子婦宋氏金氏丙申〉, 『艮齋集』 권11, 『한국문집총간』 권332, 530면. 황수연, 『19세기·20세기 초 여성생활사 자료집』 7, 보고사, 2013, 51면.

10 田愚, 〈遭亂示諸婦女〉, 『艮齋集』 권15, 『한국문집총간』 권333, 178면. 황수연, 『19세기·20세기 초 여성생활사 자료집』 7, 보고사, 2013, 56면.

11 田愚, 〈題金孺人行錄 癸丑〉, 『艮齋集』 권6 『한국문집총간』 권336, 298면. 황수연, 『19세기·20세기 초 여성생활사 자료집』 7, 브고사, 2013, 178면.

12 田愚, 〈昌原黃孺人家狀跋〉, 『艮齋集』 권6, 『한국문집총간』 권336, 296면. 황수연, 『19세기·20세기 초 여성생활사 자료집』 7, 보고사, 2013, 169면.

13 田愚, 〈擬告考妣文乙未〉, 『艮齋集』 권16, 『한국문집총간』 권333, 243면. 황수연, 『19세기·20세기 초 여성생활사 자료집』 7, 61면, 보고사, 2013.

14 田愚, 〈賢媛黃氏傳〉, 『艮齋集』 前編續 권6, 『한국문집총간』 권333, 565면. 황수연, 『19세기·20세기 초 여성생활사 자료집』 7, 보고사, 2013, 146면.

15 田愚, 〈先妣家狀〉, 『艮齋集』 권17, 『한국문집총간』 권333, 282면. 황수연, 『19세기·20세기 초 여성생활사 자료집』 7, 보고사, 2013, 68면.

16 田愚, 〈亡室朴氏家狀〉, 『艮齋集』 권17, 『한국문집총간』 권333, 284면. 황수연, 『19세기·20세기 초 여성생활사 자료집』 7, 보고사, 2013, 77면,

17 임헌회, "勿服西洋布.", 〈誡女孟順〉, 『鼓山集』 續集 권1上, 『한국문집총간』 권314, 487면. 서경희, 『19세기·20세기 초 여성생활사 자료집』 6, 보고사, 2013, 23면. 김평묵, "西洋布帛, 禁不入門, 雖家故澒洞, 巫卜不近."〈孺人金氏墓誌銘〉, 『重菴集』 권47, 『한국문집총간』 권320, 278~279면. 서경희, 『19세기·20세기 초 여성생활사 자료집』 6, 보고사, 2013, 253면.

18 田愚, 〈金烈婦傳乙巳〉, 『艮齋集』 前編續 권6, 『한국문집총간』 권333, 562면. 황수연, 『19세기·20세기 초 여성생활사 자료집』 7, 보고사, 2013, 136면.

19 田愚, 〈題烈婦河氏行錄丁未〉, 『艮齋集』 前編續 권5, 『한국문집총간』 권333, 503면. 황수연, 『19세기·20세기 초 여성생활사 자료집』 7, 보고사, 2013,99면.

20 전미경은 "근대계몽기에 이르러서는 정절윤리를 모든 여성에게 강요할 수 없는 상황에 직면했고, 정절은 일부 고매한 품격을 지닌 소수 여성의 윤리로 강조되면서 '의무초과'적 규범으로 정립되었다."고 하였다. 『근대계몽기 가족론과 국민 생산 프로젝트』, 소명출판, 2005, 134면.

21 田愚, 〈李烈女傳丙午〉, 『艮齋集』 前編續 권6, 『한국문집총간』 권333, 564면. 황수연, 『19세기·20세기 초 여성생활사 자료집』 7, 보고사, 2013, 141면.

22 田愚, 〈烈女吳氏旌閭記甲辰〉, 『艮齋集』 前編續 권5, 『한국문집총간』 권333, 478면. 황수연, 『19세기·20세기 초 여성생활사 자료집』 7, 보고사, 2013, 91면.

23 田愚, 〈節婦金氏傳〉, 『艮齋集』 前編續 권6, 『한국문집총간』 권333, 562면. 황수연, 『19세기·20세기 초 여성생활사 자료집』 7, 보고사, 2013, 134면.

24 田愚, 〈女範二賢婦贊〉, 『艮齋集』 別編, 『한국문집총간』 권336, 386면. 황수연, 『19세기·20세기 초 여성생활사 자료집』 7, 보고사, 2013, 187면.

25 나종선, 「艮齋 田愚의 '傳'에 대한 文藝的 考察」, 『동방한문학』 제36집

26 田愚, 〈敬題女四書後〉, 『艮齋集』 권16, 『한국문집총간』 권333, 228면. 황수연, 『19세기·20세기 초 여성생활사 자료집』 7, 보고사, 2013, 58면.

27 田愚, 〈殤女娩貞行錄〉, 『艮齋集』 前編續 권6, 『한국문집총간』 권333, 558면. 황수연, 『19세기·20세기 초 여성생활사 자료집』 7, 보고사, 2013, 119면.

28 田愚, 〈答孫婦鄭氏丁未〉, 『艮齋集』 권11, 『한국문집총간』 권332, 531면. 황수연, 『19세기·20세기 초 여성생활사 자료집』 7, 보고사, 2013, 53면.

29 田愚, 〈戒孫婦鄭氏權氏〉, 『艮齋集』 권15, 『한국문집총간』 권333, 177면. 황수연, 『19세기·20세기 초 여성생활사 자료집』 7, 보고사, 2013, 55면.

30 田愚, 〈被劫婦女〉, 『艮齋集』 前編續 권5, 『한국문집총간』 권335, 319면. 황수연, 『19세기·20세기 초 여성생활사 자료집』 7, 보고사, 2013, 163면.

31 田愚, 〈家規〉, 『艮齋集』 전편 속 권4, 『한국문집총간』 권333, 457면.

32 田愚, 〈殤女娩貞行錄〉, 『艮齋集』 前編續 권6, 『한국문집총간』 권333, 558면. 황수연, 『19세기·20세기 초 여성생활사 자료집』 7, 보고사, 2013, 119면.

33 개화파 지식인 신기선도 〈辨男女論〉을 지어 유교 전통의 차별적 성별 논리를 구체적으로 재규정하였다. 홍인숙, 『근대계몽기 여성 담론』, 혜안, 2009, 41면.

34 田愚, 〈賢媛孔氏行錄〉, 『艮齋集』 前編續 권6, 『한국문집총간』 권333, 556면. 황수연, 『19세기·20세기 초 여성생활사 자료집』 7, 보고사, 2013, 123면.

35 田愚, 〈崔孺人傳〉, 『艮齋集』 前編續 권6, 『한국문집총간』 권333, 564면. 황수연, 『19세기·20세기 초 여성생활사 자료집』 7, 보고사, 2013, 143면.

36 田愚, 〈先妣家狀〉, 『艮齋集』 권17, 『한국문집총간』 권333, 282면. 황수연, 『19세기·20세기 초 여성생활사 자료집』 7, 보고사, 2013, 68면.

37 金平默, 〈胎教問答〉, 『重菴集』 別集 권7, 『한국문집총간』 권320, 593~594면. 서경희, 『19세기·20세기 초 여성생활사 자료집』 6, 보고사, 2013, 277면.

38 전미경, 『근대계몽기 가족론과 국민 생산 프로젝트』, 소명출판, 2010, 50면.

39 김혜경, 『식민지하 근대가족의 형성과 젠더』, 창비, 2006, 341면.

40 전미경, 앞의 책(2010), 120면.

참고문헌

田愚, 『艮齋集』, 『한국문집총간』 권333.

任憲晦, 『鼓山集』, 『한국문집총간』 권314.

金平默, 『重菴集』, 『한국문집총간』 권320.

금장태, 『한국유교사상사』, 한국학술정보(주), 2003.

금장태·고광직 공저, 『유학근백년』, 박영사, 1984.

김경미, 「개화기 열녀전 연구」, 『국어국문학』 132집, 2002. 1.
김승현, 「간재 전우의 의리사상에 대한 일고: 간재의 저술에 나타난 적극론과 소극론을 중심으로」, 『유교사상연구』 제26집, 한국유교학회, 2006. 8.
김혜경, 『식민지하 근대가족의 형성과 젠더』, 창비, 2006.
나종선, 「艮齋 田愚의 '傳'에 대한 文藝的 考察」, 『동방한문학』 제36집, 2008.
______, 「艮齋 田愚의 '書簡文'에 나타난 義理精神과 抗日意識 考察」, 『동방한문학』 제43집, 2010.
서경희 역주, 『19세기 · 20세기 初 여성생활사 자료집』 6, 보고사, 2013.
오종일, 「간재학의 현대 한국사상사적 위치」, 『간재학논총』, 간재학회, 2007.
이경하 역주, 『18세기 여성생활사 자료집』 2, 보고사, 2010.
전미경, 『근대계몽기 가족론과 국민 생산 프로젝트』, 소명출판, 2010.
홍인숙, 『근대계몽기 여성 담론』, 혜안, 2009.
황수연, 「조선시대 규훈서에 나타난 여성에 대한 기대와 경계」, 『열상고전연구』 32, 열상고전연구회, 2010.
황수연 역주, 『19세기 · 20세기 初 여성생활사 자료집』 7, 보고사, 2013.

민족의 호명(呼名)과 여성

–의암 유인석(1842~1915)*

김남이

1. 개화와 국권상실시대의 전사(戰士), 유인석

의암(毅菴) 유인석(柳麟錫, 1842~1915)은 개화와 국권 상실이라는 시대에 맞닥뜨려 국내·외의 항일 투쟁을 직·간접으로 이끌며 조선의 독립과 자존을 위해 열렬한 삶을 살았던 인물이다.

그는 강원도 춘천에서 출생하여 화서(華西) 이항로(李恒老)의 문하에서 14세부터 공부를 시작하였다. 유인석은 스스로 "옛 성현 선사(先師) 화·중·성(華重省) 세 분으로부터 의리의 명맥을 전해 이어받았음을"[1]을 자임한 바 있다. 여기에서 '화중성'은 화서(華西) 이항로(李恒老), 성재(省齋) 유중교(柳重敎), 중암(重菴) 김평묵(金平默)을 가리킨다. 이항로는 조선 유학사의 마지막 장을 점한 거유(巨儒)로서 공자-주자에서 조선의 우암 송시열로 이어지는 유학의 도통을 계승했다고 자부한 인물이다. 이항로를 태두로 하는 화서학파는 주자주의(朱子主義)를 고수하면서 "문화자존론과 춘추의리론 위에서 척사위정론을 전개하고, 유림의 의병 운동을 주도하였다."[2] 유인석은 이러한 화서학파의 보수적 학통을 계승하여 강력한 위정척사의식에 기반한 투쟁을 전개했던, 그 시대의 전사라 할 수 있을 것이다.

그러한 삶 속에서 유인석은 54권에 달하는 시문을 남겼다. 문집 간행사에 따르면 유인석의 문집 『의암집』은 1917년 만주에서 선생 문하의 문인들이 선생이 남긴 유고와 말씀을 모아 간행되었다. 그런데 1919년 삼일운동 이후 일본 경찰이 이를 압수하여 41질을 불사르고 겨우 1질만을 조선총독부 도서관에 남겨 놓았다고 한다. 더욱 관심이 가는 점은, 의병대장이자 지극히 보수적인 유학자로서 여성에의 관심이 미약했을 법도 한데, 오히려 동시대 인물보다 더 여성 관련 글을 많이 썼다는 사실이다. 열녀전의 경우, 같은 시기의 전우(田愚, 1841~1922) · 곽종석(郭鍾錫, 1846~1919) · 김택영(金澤榮, 1850~1927)과 비교해 그 양이 많다.[3] 이미 기존 연구에서 개화기 열녀전의 작가들이 주로 서울 출신보다는 지방 출신의 유학자들이며 애국적인 경향이 강한 인물들이 주가 되었음은 지적된 바 있다.[4] 유인석 또한 그에 해당하거니와 한편으로 그의 사상적 계보와 현실 인식에 기반하는 개별적인 특성이 있을 것으로 보인다.

사실, 한말 지식인의 여성 인식 문제는, 대부분 개화파 지식인과 신여성을 주 대상으로 해서 규명되어 왔다. 그러다 최근 한문학 분야에서 이른바 '구지식인'이라 불리는 한말 유학자들의 여성 인식에 대한 관심과 연구가 나타나기 시작했다. 다만, 유교를 사유의 기반으로 삼았던 이들이라 해도 사상의 농도와 운동의 방향성에 차이가 있다. 이제는 학파와 개인 등에 대한 구체적인 접근으로 개성화된 면모가 드러나야 하고, 이를 기반으로 이 시대 여성 인식의 다양성과 변모 양상 또한 규명되어야 한다. 이 글에서는 의암 유인석을 대상으로, 여성 관련 자료들의 존재 양상과 전반적인 성격을 검토하면서, 유인석이 왜 여성에게 관심을 갖게 되었는지, 그 계기, 그리고 여성의 문제를 그의 삶과 투쟁 방식에서 어떻게 인식, 표명하고 있는지 살펴 보려고 한다. 특히 그의 여성 관련 글에서 핵심적인 조합으로 나타나는 '조선 자존' 담론과 여성 서사의 전개를 분석할 것이며, 그 의미는 민족주의 담론과 여성이라는 틀 속에서 새겨질 수 있으리라 전망한다.

2. 여성에 대한 주목: 계기와 양상

개화기의 전통 유학자들은 "여성의 변화가 급속하게 이루어지면서 그러한 변화를 바라보며 여성의 변화를 철저하게 부인하고 전통의 윤리로 여성을 통제하려 했다."[5] 또 "중앙 권력에서 비껴나 있던 지방 유림, 사족들"은 "한미한 지방 여성들의 열행을 통해 상징적인 도덕적 우위를 확보하기 위해 더욱 보수적인 열녀 담론을 생산해 내었다."[6] 이런 지적들은 중앙 대 향촌 권력 구조의 갈등과 사상 내부의 반성이 여성 담론의 보수화와 연결되었던 조선 내적 맥락을 분명하게 드러낸다.

그런데 무엇보다도 일본 및 서구 열강의 침략에 전면적으로 맞서 있던 유인석의 경우, '조선' 대 '조선이 아닌 세계'와의 관계가 그의 현실 인식에서 중요한 지표가 됨을 지적하지 않을 수 없다. 그런 문제에 골몰했던 유인석이 어떻게 여성에게 눈을 돌리고 다수의 여성 관련을 글을 지었던 것일까? 우선 그의 삶의 행적과 여성 관련 글들이 창작되는 시기 사이의 관련성이 작은 실마리를 준다.

초창기 유인석의 활동은 주로 상소를 통해 내수자강(內修自强)을 외치는 방식으로 이루어졌다.[7] 그리고 1895년 단발령이 공포되자 사우(士友)들과 '처변삼사(處變三事)'를 논의하였으니, '처변삼사'란 '거의소청(擧義掃淸), 거지수구(去之守舊), 치명수지(致命遂志)'였다.[8] 이 때 유인석은 "동지와 함께 요순의 옛 땅을 찾아 떠나 한 줄기 화맥(華脈)을 보존한다"는 '거지수구'의 길을 택했다. 곧이어 의병으로 봉기한 문인들의 요청으로 본격적인 무장 의병 활동을 시작했다. 그러나 일본군의 맹공으로 충추성 전투에서 패배한 후, 서북 지역을 거쳐 청나라의 군사 지원을 기대하면서 서간도로 갔지만 오히려 청에 의해 무장해제를 당하는 좌절을 겪었다.

이를 계기로 유인석은 조선의 자존과 독립을 회복할 수 있는 비무장 투쟁의 길 또한 모색하게 되었던 것으로 보인다. 유교 정신과 가치를 지킴으로써 조선의 자존감을 회복하고 독립을 성취한다는 것이다. 한 예로 유인석은 을미의병을 해산당한 뒤 중국 통화현 오도구를 거쳐 팔왕동(八王洞)으로 이주, 향약을 실시하고 공자－주자－송시열－이항로－김평묵－유중교의 영정을 모시는 사당을 세웠다. "국내에서 뜻을 이루지 못하면 이역 땅에서라도 조선의 제도를 사수하겠다"던 그의 결심이 구체적으로 실현된 것이다. 또 1900년에는 잠시 귀국하여 황해도·평안도 등지를 다니며 강습례(講習禮), 향음례(鄕飮禮) 등을 보급하기에 힘썼다. 1913년(72세) 다시 만주로 이주했을 때에도 보약사(保約事)를 조직하여 이주 한인들 간의 결속력을 강화하기 위해 노력했다.[9]

앞서 살폈듯이 유인석의 반제(反帝)·반개(反開) 활동은 무력 투쟁과, 비무력적 방식인, 일종의 유교 문화 운동이 같이 이루어졌다. 유인석이 조선이 '힘'으로는 일본이나 서구에 비해 열세이고, 그가 군사적인 원조를 기대했던 청도 일본에게 제압당해 그 신민이 되어 있는 현실[10]을 직접 경험했던 것과 관련이 있다. 정리하자면, 유인석의 투쟁은 처음에 '거지수구(去之守舊)'라는 비무력적 방식에서 무장 봉기로, 그리고 다시 일본의 신민이 된 조선을 불가피하게 떠나되, '소중화로서의 조선의 정체성'을 보존한다는 '거지수의(去之守義)'로 바뀌었다. 말년에 이르면, 세계가 조선을 존경하게 만들어 줄 걸출한 인물이 출현하기를 기다리면서, 그러한 '인간' 존재를 통해 민족자존과 독립이라는 대의를 구현해 간다는 인식을 갖게 되었다.[11]

그런데 이러한 유인석의 변화가 여성 관련 글의 집필 시기와 겹쳐지고 있어 주목을 요한다. 즉 연대를 확인할 수 있는 다수의 여성 관련 글들이 주로 1890년 후반, 특히 1900년 이후에 작성되었다. 그중에는 일본의 국권 침탈 이후 중국·러시아 등지로 이주한 한인/여성의 행적을 다룬 글들도 제법 된다.[12] 유인석 자신도 수차례 망명과 도피를 하였고, 해외에서 삶을 마쳤거니와 그 글 속의 여성들은 그와 경험을 공유한 존재들이며, 해외에서 '작은 조선' 사회를 이루고 살던 이들이었다.

내용면에서 보면, 유인석이 쓴 대부분의 여성 관련 글들은 조선 자존 담론과 긴밀하게 연계되는 특징을 보인다. 이는 남성을 대상으로 하는 글들과는 다른 점이다. 유인석의 문집에 수록된 14편의 전을 비교해 보자. 여성 전이 9편이고, 남성 전은 5편[13]이다. 그런데 남성 전은 의론 전개에서 여성 대상 전과 차이 나는 점이 있다. 예컨대 「효자이창매전」[14]은 100년 전에 있었던 천인(賤人) 효자의 이야기인데 신명도 감동시킨 지극한 효성 그 자체를 밝혀 보여 주는 것에서 끝나고 다른 담론으로 확대되지 않았다. 「포수김경달전」[15]은 을미의병 때의 포수 이야기인데 그가 당당하게 "의리를 위해 죽었다"면서 "궁항소민으로서 하기 어려운 일을 했다"고 평가했다. 이어 귀현세족(貴顯世族)을 비판하는 부분은 나타나지만 여성 전에서와 같이 '소중화로서의 실상'을 언급하는 데까지 나아가지는 않았다. 이것이 유인석의 모든 저작에 일관된다고 확정하기는 어렵지만, 최소한 전에서는 그러한 경향이 확실하다.

이제 구체적으로 유인석의 여성 관련 시문의 양상을 살펴 보자. 주로 산문에 집중되어 있는데 전(傳)이 9편, 행장/행록/사실록/유사에 부친 글이 4편, 언서(諺書)에 부친 글이 1편, 제문 2편, 비(碑)/묘지명이 3편, 시가 3편, 모두 22편이다. 9편의 전은 표제어에 따르면 효부 1편, 열부(효열부 1편 포함) 6편,[16] 일반 2편으로 나눌 수 있다. 길이는 전반적으로 짧은데 중간에 서사와 의론이 특별히 확대되는 경향[17]이 있다. 이는 '전' 장르에만 국한되지 않아 묘지명을 비롯한 실기류에서도 동일하다. 서사 혹은 의론의 부분적 확대는 글을 청탁한 사람과의 관계 및 바탕 자료의 유무와도 관련이 있다. 바탕 자료는 기록물로는 대상 여성의 행장[18] · 행록[19] · 사실록[20] · 유사[21] · 열행록[22]이 있고, 구술이나 직접적인 요청, 혹은 입수한 경위가 분명하지 않은 경우[23]로 나누어 볼 수 있다. 그리고 가문 내의 여성을

대상으로 한 것은 후배(後配) 경주 정씨[24]와 종조모 이씨의 제문 두 편이 있다.[25]

열녀/열부를 중심으로 죽음의 실천 여부와 명명의 관련성을 보자. 남편이 병사/자연사 하자 '따라 죽은(從死)' 경우와, 자결을 시도했으나 결국은 살아서 집안을 다스리며 자손을 양육한 경우, 혹은 복상(服喪)과 양육을 위해 처음부터 자결을 시도하지 않은 경우로 대별된다. 자세한 내용은 아래에 정리하였다.

> ① '죽음' : 남편을 위해 대명(代命)한 경우(「서열부정씨언서후」), 훼절 위협에 항거하여 자결한 경우(「최열부표적비」), 정혼만 했던 남편의 초상에 분상을 거부하다 성복일에 자결한 경우(「열부유인이씨전」), 그리고 집상을 하다가 기진(氣盡)하여 죽거나(「열부양씨전」), 임신한 채로 자결하려다 아들을 낳기 위해 살기로 했다 딸을 낳고 4개월 만에 굶어 자결한 경우(「열부김씨전」)가 있다.
>
> ② '집상/성가를 하고 죽음' : 자결을 시도했지만 집상(執喪)을 위해 살았다가 집상 후 자결한 경우(「열부유인이씨묘지명병서」), 대상(大祥)을 치루고(「열녀사비연덕전」), 혹은 3년상을 치루고, 성가(成家)까지 한 뒤에 죽은(「열부유씨전」) 경우가 있다. 마지막으로
>
> ③ '삶을 선택' : 자결 시도 없이 복상을 위해 삶을 선택(「서김부인사실록후」)하거나, 자결 시도가 있기는 했지만 그보다는 살아서 집안을 일으키고 자손을 교육한 경우(「유인장씨묘지명병서」, 「장홍임씨전」, 「김부인전」)가 있다. ③의 후자의 경우에는 특히 자세한 서술로 가부장의 자리를 대신하여 내외의 모든 것을 엄격하고 관장하는 여성의 모습을 적극적으로 형상화하고 있다.

대부분 효열행을 수행한 여성들을 대상으로 하되 '효/열부'라는 표제 선정은 선택적으로 이루어졌다.[26] 유인석은 남편에 대한 정절과 의리의 결정

(結晶)으로서 즉각적인 죽음의 가치를 고평한 바 있다.[27] 이러한 유인석의 평가 태도를 근거로 표제어 선택의 원리를 추정해 볼 수 있다. 즉 ①②는 앞에서 거론한바 모두 '죽음'을 결행한 경우인데 대부분 '열부'라는 표제가 붙어 있다. 반면 '죽음'의 개입이 약한 ③의 경우에는 그렇지 않다. 살아서 집안을 일으키고 자손을 교육한 경우에는 특히 자세한 서술로 가부장의 자리를 대신하여 내외의 모든 것을 엄격하게 관장하는 여성의 모습을 적극적으로 형상화하고 있다. 최종적으로 보면 남편에 대한 정절과 순종의 표현으로서 죽음이 조선 후기 이래 여전한, 그리고 중요한 잣대로 작용하고 있다. 산다 해도 죽음에 육박하는 수준의 고행이 높게 평가된다는 점 또한 조선 후기 열녀전의 양상과 비슷하다.

한편, 글의 대상은 지방의 한미한 사족 출신 여성으로서[28] 유인석 당대를 전후로 한 시기의 인물이 가장 많다. 그리고 영조대의 여성을 비롯하여 50년·100년 전 과거 여성의 열행이 재삼 기록의 대상이 되고 있다. 또한 여성들의 신체훼손이나 간절한 기도가 남편과 시부모의 목숨을 연장하고 병을 낫게 했다는 등 神異한 일이 그대로 텍스트에 수용되고 있다. 이는 기존 연구에서도 지적되었듯 개화기 열녀전의 전반적인 특성으로 거론되거니와 유인석 당대에 이르러 여성의 열행 자체가 적어지면서 나타났던 현상이라 생각된다.[29]

아래에서 자세히 살피겠지만, 우선 그 실상을 간단히 살피면, 「효부유인이씨전」[30]에는 며느리 이씨가 시아버지의 병을 위해 8·9개월 동안 낮에는 사당에, 밤에는 하늘에 기도를 하였는데 꿈에 신명으로부터 시아버지의 수명을 일기(一紀) 연장하여 주겠다는 약속을 받았으며, 그 예언대로 되었다는 기이한 일이 수록되어 있다. 「효열부양씨전」에는 꿈을 통해 남편의 묘자리를 점지 받고, 시어머니의 병을 치료할 산삼의 위치를 알게 되며, 시아버지 영정에 불이 나자 그것을 구하기 위해 불 속으로 뛰어 들었다가 불에 타 죽게 되었는데, 갑자기 하늘에서 비가 쏟아져 불이 꺼졌다는 등의 비현실적인 서사들이[31]이 나타나고 있다. 더욱 극적으로 병에 걸린 남편을 위해 아내가 대신 죽기로 결심하고 우물에 빠져 자결을 하자, 남편이 소생했다는 이야기도 있다.[32]

이러한 경향은 유인석과 같은 시기의 인물인 곽종석의 「홍열부전」에서도 나타난다. 이에 따라 신비화 경향은 개화기 여성 서사물의 하나의 특징으로 지적되고 있는데,[33] 보수적인 유학자 유인석이 그러한 서사 단락을 텍스트에 용인한 까닭은 무엇일까? 유인석은 그것이 '여성'이 "이치를 따지거나 명성을 구하고자 해서가 아니라 지극한 정성으로 신명을 감동시켜 나온 결과"이기 때문에 말하지 않을 수 없다고 했다. 더 나아가 "실제 있는 일(實事)"이라고도 하였다.[34]

이런 현상은 "중화의 소우주를 구축하고 확대해 나가야 한다"는 목표 속에서 여성들의 효열행이 이데올로기적 신비화 과정을 거쳐 텍스트로 재생산된 것[35]이라 해석할 수 있다. 실상 유인석에게 여성 관련 글을 부탁했던 김택범 · 김순범 · 이치심 · 신형희 등은 모두 유인석의 동문과 사우로서, 국내외 강회(講會)나 향약 시행에 뜻을 같이 하였던 인물이다.[36] 유인석은 향약의 운영을 매우 중시하였는데 그것은 "사(士)를 중심으로 한 민중 조직으로서 국가의 독립과 주체를 회복하기 위한 최소한의 단위"였다.[37] 그리고 지극한 정성으로 천지신명을 감동시킨 결과 신이한 일을 행한 여성 존재는, 그와 같은 향약 조직을 통해서 회자되고, 기록되면서 이상적 여성상을 선양하는 효과를 가져다 주었다.[38] 더 나아가서는 조선의 조선됨, 곧 '오랑캐'와는 구별되는 조선의 민족적 정체성을 인증하는 기준이 되었다.

조선의 자존과 독립은 유인석의 현실 인식의 핵심이고 삶의 목표였다. 그 목표를 위한 투쟁 방식의 하나가 조선의 조선됨을 보존하고 있어 조선의 자존을 만방에 떨칠 수 있는 뛰어난 인물을 찾아 내는 것이었다.[39] 그 시대 여성들은 그러한 유인석의 모색에서 가장 많이 포착되었던 것이다. 여기에는 민족의 은유로서 여성과 그 정절이 국난기에 가장 첨예한 문제로 대두된다는 근원적 논리가 작동하고 있다. 이제 다음에서 살펴볼 것은 그러한 민족-여성의 담론이 유인석에게서 어떤 방식으로 논리화되는가 하는 점이다.

3. 민족자존 담론과 여성

1) '죽지 않고 살려면'—열녀를 넘어 여종(女宗)으로

유인석이 가장 이상적이라 표상한 여성의 모습은 가부장의 자리를 대신하여 엄격하게 문중과 가족을 단속하고 자손을 교도(教導)하는 것이다. 남편이 죽었을 때, '그녀들'이 죽지 않고 살아남는 이유는 남편의 상례를 치루고, 자손을 길러 교육하며, 그럼으로써 가문을 유지하고 선조를 받드는 의무를 다하기 위해서이다. 이들 여인에 대한 서사는 확대되어 있으며 매우 상세하다. 유인석은 이렇듯 상세하고 장황한 서사를 통해 '죽지 않고 살았다면' 어떻게 행동해야 하는가 그 모범을 보여 주려고 했다. 그리고 그 글 속의 여성들은 효성스런 '며느리', 정절을 지킨 '아내'로 완벽하게 조형되어 가정과 가문의 범주를 넘어 시공간적으로 더 광범위한 영향력을 행사하는 최고의 여성[女宗]으로 형상화되었다. 그리고 이는 '가부장의 죽음'으로 상징되는 국가 위기 속에서의 행동 방식으로 그 외연을 확대해 나갈 수 있는 것이다.

먼저 「서김부인사실록후」의 김 부인은 남편이 국권회복 운동을 하다 이역(異域)에서 죽자 "청상의 처지로 목숨을 보존하기가 어렵지만, 죽으면 복상(服喪)을 할 수 없다"[40]며 살아서 남편을 반장(返葬)하고 시부모를 봉양하였다. 유인석은 김 부인의 열행을 "오랑캐가 횡행하고 인륜이 없어지는 지금과 같은 시대에 더더욱 드러내지 않을 수 없다"고 하였다. 「열부유씨전(烈婦兪氏傳)」의 유씨 또한 "어린 자식을 양육함으로써 봉제사를 수행하기 위해서" 자결하려던 마음을 고쳐 먹었다.[41]

이처럼 위의 두 여성은 모두 죽음 대신 삶을 선택하였는데 그 이유는 자식을 양육하고 봉제사의 임무를 수행함으로써 가부장이 결여된 공백을 빈틈없이 메꾸는 것이었다. 그녀들의 삶은 자신만의 존재 이유나 욕망보다 가장의 공백을 메꾸어 가정 경제를 책임지고 자손을 양육함으로써 가족의 틀을 계속적으로 유지해야 한다는 필요성에 견인된 것이었다. 그녀들이 받는 보상 또한 "후손이 창대하는 것"이다. 여성의 존재 이유를 성가봉선(成家奉先)으로 생각하였기에 성가의 확실한 증표인 자손의 번창함이 가장 의미 있는 보상으로 제시되고 있는 것이다.[42] 가부장의 공백을 메꾸며 생산자로서, 그리고 교육자이자 가문 수호자로서 여성들의 삶을 좌표화하는 방식은 조선 후기 열녀전의 맥락 위에 서 있다.[43] 그러나, '오랑캐가 횡행하는 현실', 즉 국권 침탈기의 맥락 속에서 그 여성들은 유교적 윤리와 도덕의 의미를 고양하는 기치로서 더욱 중요하게 부각되었다.

다음에 살필 작품은 우국지사 남편을 둔 여인의 이야기이다. 「유인장흥임씨전」의 임씨는 일찍부터 성품과 도량을 타고 났고, 언행이 특별했다고 했으니, '원래부터' 뛰어난 성품의 소유자로 그려짐으로써, 초인적인 인내와 희생의 서사만이 전면적으로 부각되어도 별로 어색함이 없다. 실상 유인석은 임씨의 행적을 자세한 서사로 표현하고 있는데 마치 '죽지 않고 살려면 이 정도는 해야 한다'며 그 행위의 모범을 제시하는 듯하다.

> 항상 거처하는 방에 있었고 정원에도 나가지 않았다. 한겨울에 방이 추워 그릇의 물이 얼 지경이 되니 언니가 이웃마을에 살았는데 얼어 죽을까 걱정이 되어 간절하게 함께 겨울이라도 나자고 했지만 울며 거절하고 가지 않았다.…시아버지의 병이 깊어지자 유인은 몇십 일 밤을 재계하고 하늘에 기도하였으며, 시어머니가 연달아 병에 걸리자 똥까지 맛보면서 극진히 하였다. 양 주의 상을 당하여서는 법도를 넘길 정도로 슬퍼 애통해 하였으며 상사를 집행함에는 반드시 정성스럽고 신실하게 하였다. 남편이 우국의 뜻을 품고 나라 밖으로 다니니 집안일을 분담하였는데 너무 가난하여 곡식이 떨어지는

날이 많았지만 굶주림을 배부른 듯이 견뎠고, 변변한 옷을 입지 못하여도 추위를 마치 따뜻한 것처럼 여겼다. …대대로 전해오는 책들을 열심히 보존하고 아이가 읽을 때마다 가르치기를 "선조의 유택이 아직 남아 있으니 너희는 열심히 읽거라. 사람들이 빌려 달라고 하면 빌려 주지 않기는 참으로 어려우니 너희들이 반드시 기한이 되면 찾아서 돌려 받아야 한다. 청전지물은 하나라도 빠뜨려 상하게 할 수 없기 때문이다"라 하였다.(居有常室 不出庭際 當隆冬方冷器水成氷 其姊居隣里慮凍死 苦要同過冬 泣辭不去…舅有疾沉重 孺人旬夜齋潔禱天 姑繼以遘疾 嘗糞試劇 及兩喪哀慟踰節 執事必誠必信 夫有憂國志出彊遊覽 擔分家事 甚貧口多絶粒 耐飢如飽 體無全衣視寒如睓 奉先極其誠 待下極其慈 動靜語黙 無不出正 有一副成規 世傳書帙 勤護兒讀 輒教曰 先世遺澤尙存 汝其謹閱 人要借則曰固難不借 汝等必及期索還 以故青氈之物 一無遺損) –「유인장흥임씨전」, 권50

위의 인용문에서도 확인되듯 임씨는 혼인 전에도 스스로를 유폐시키다시피 하며 자신의 안위를 전혀 돌보지 않는 인물로 그려지고 있다. 혼인을 한 뒤에는 우국지사 남편을 대신하여 시부모를 봉양하며, 물질적 · 정신적 어려움을 '고통 없이' 견뎌 내고 있다. 또 자식에게는 선조에 대한 존숭과 가문 의식을 가르치고 있으니 이것은 가부장의 영역에 속하는 임무를 수행하는 것이다. 유인석은 이러한 임씨의 행위의 원천을 타고난 성품뿐만 아니라 "예의의 나라 조선에서 태어났다"는 점에서 찾으며 다음과 같이 의론을 전개한다.

고흥 유인석은 말한다. 유인의 행실이 갖추어지지 않은 것이 없으니 고 여사에 비교해도 견줄 만하다. 이것이 어찌 타고난 성품 때문이기만 하겠는가. 또한 우리 나라 예의의 풍속이 무젖어서 그리하게 한 것이다. 지금 시대의 운이 쇠해져서 사람은 짐승이 되어 가고 윤리와 예행(禮行)이 모두 상실되었다. 남자는 그만두고라도 일찍이 여자가 한 발짝도 밖으로 나가지 않던 관습이 이른바 여회라는 것을 재상의 아내들이 주창하면서부터는 구름처럼 몰려 들어 곳곳에서 큰 거리를 활보하며 뻔뻔하게 어깨를 맞추고 모르는 사내들과 뒤섞여 있게 되었고, 흉악한 외이(外夷)를 좋다 하고 있으니 이 어찌 천만 번 꿈 속에서라도 생각해 본 일이겠는가! 유인의 모든 행실과, 그리고 어려서 추운 방을 사수하며 정원에도 나가지 않던 법도는 지금 세상과 비교할 때 어떠한가! 내가 전을 쓰는 것은 그저 그 일이 없어질까 염려해서일 뿐이 아니라 장차 저 도도한 이들을 경계하여 반푼이라도 부끄러운 마음이 들게 하고자 해서이다.(高興柳麟錫曰 孺人行無不備 擬之古女士而可侔 是其獨天成性度 亦我邦禮義之俗浹洽使然 噫 今世運衰而 人化爲獸 都喪倫理禮行也 男子已矣 女子以曾 一步不出外之習 爲所謂女會 自宰相妻倡之 而雲集 處處橫行大道 靦然交臂 素味之雜男 凶惡之外夷 以爲勝事 是豈千萬夢料者耶 孺人凡行及幼年死守寒室不出庭除之規 視今世果何如也 余之立傳 非特慮其堙沒 將以警彼滔滔 使之或生一半分愧心也夫) –「유인장흥임씨전」, 권50

이와 같은 여성의 '자기 유폐'는 당시 여성의 삶에서 일어나고 있던 변화, 새로운 인식과는 무척 다른 것이었다. 1890년대부터 여회(女會)를 위시하여 부부동반 모임이 생기는 등 여성 외출의 새로운 방식이 나타나고 있었다. 일례로 1894년 갑오개혁 후 7월 16일 503회 개국기원절을 기념하면서 공적인 행사에 부부동반으로 참석하게 하였다. 또 서울 주재 외국 공사의 부부 동반은 물론이고, 정부의 칙임관(종전의 정2품 이상 관리) 이상 관리들이 부부동반으로 행상에 참석케 되었다. 1895년 개국기원절에는 명성왕후가 외국 부인들에게 별도의 초청장을 보내기도 하였다.[44] 그런데 유인석은 유교적 사고에 근거한 확고한 남녀 유별의 의식에 기대어, 외이의 풍속을 추수하는 시류를 비판하면서, 그와는 다른 완벽한 모범태로 '유폐 생활을 한' 임씨를 지목하고 있다.

「유인장씨묘지명」 또한 매우 길고, 생애 및 행적 서술도 자세하니 유인석 자신이 모범적으로 생각했던 여인의 삶을 샅샅이 보여 주려는 의도가 있었을 것이다.[45] 장씨의 행적은 혼인 이전–혼인 후–남편 사후로 크게 나누어 서술되어 있다. "타고난 자질이 원래부터 남달랐기[天姿自異]"에 혼인 후 그녀의 삶의 자취에는, 마치 신인(神人)인 듯, 모든 개인적인 감정과 인간적인 고통이 소거되어 있다. 혼인 이후에도 시종일관하게 부도를 지키는데, "선천적으로 몸이 약했음"에도 불구하고 시부모를 봉양하기 위해 혹한과 무더위 속에서도 쉬지 않고 몸소 육체 노동을 했다.[46] '타고난 성품'은 그녀의 서사에서 뚜렷하게 잘 활용되었지만, '타고난 약골임'은 배제되었던 것이다. 그 결과 그녀가 겪었을 육체적 고통은 언급되지 않았다.

남편 사후의 행적[47] 또한 실로 자세하게 서술되고 있다. 처음에 장씨는 물이나 곡기를 전혀 입에 대지 않음으로써 남편에 대한 의리를 죽음으로 실현하려고 했다. 그러나 자식들의 노력으로 14일만에 기력을 회복하고, 여섯 살 된 어린 자식을 살아감의 원천으로 삼게 된다. 곧 장씨는 선조에 대한 철저한 제사와 자손 교육으로써 남편 사후 죽지 않고 살아남은 아내가 해야 할 일이 무엇인가를 몸소 보여 주게 되는 것이다. 정성을 다하여 제사를 받들어 가문 내는 물론이고 마을의 아낙네와 아이들까지도 '제선지중(祭先之重)'을 알게 되었다. 또 장씨가 집안 사람들과 연장자를 지극하게 보살피니 그로 인하여 주변의 사람들로서 "완악했던 자들까지 깊이 감동시키는"[48] 교화력을 발휘했다고 서술된 것이다.

이어 유인석이 공을 들여 서술하는 것은 자손의 교육과 관련된 부분이다. 유인석은 장씨가 자식을 '격발(激發)하는' 교육 방침을 갖고 있다고 하였다. 아들의 독서와 학문 방향도 지도했다. 일부러 먼 곳의 스승을 골라 공부하게 하고는 비바람이 불어도 결석하지 못하고 하고, 아이들에게 몰매를 맞거나 천역(賤役)을 하여도 오히려 "좋은 일인냥 즐겨 들었다."고 했다. 그녀가 그렇게 한 것은 확고한 교육 방침, 곧 안일함 속에서 성공할 수 없으니 엄격하게 교육하여 각고의 성공을 이루도록 해야 한다는 방침에 따른 것이었다.[49] 이 방침은 아마도 장씨 그녀 자신의 것이었다기보다 '그랬어야 마땅할' 방침을 유인석이 장씨의 행위를 통해 표출한 것이었으리라.

> 매번 서책을 끼고 저녁에 돌아오면 앞에서 공부한 것을 외고, 그 뜻을 해설하게 하였다. 통감을 읽다가 여태후가 인체(人彘)를 만든 대목에 이르자 눈썹을 찌푸리고 마땅치 않아하며 "어찌 저와 같이 잔인할 수 있는가! 혜제가 모친의 악함을 충간으로 막아 동기를 보존하지 못하고 마음이 황폐해져 목숨을 재촉하였으니 얼마나 잔인함이 극심한가!" 하였다. 또 "네가 읽는 책을 들어 보니 잔인하고 범상(犯上)하여 순리를 거스르는 일들이 많더구나. 어린아이가 본받을 바를 모르고 그저 양심을 해치게 될까 걱정이다. 다른 책 중에 읽을 만한 것은 없느냐" 하였다. 소학을 읽게 되면 마디마디 칭송하며 "좋구나. 종신토록 읽을 만하다. 네 어찌 더 일찍 이를 읽지 않았느냐" 하였다. (정규가) 대답하기를 "지금 세상에서 과거 공부하는 글로서는 소학이 긴요하지 않습니다" 하니 "소학을 읽어 수행하면 비록 말세라도 반드시 버림받지 않을 것이다. 어찌 꼭 과거 글만 귀하다고 하겠느냐!" 하였다. 무릇 가르침이 이와 같았기 때문에 지금 치심이 유지를 받들어 학문을 함에 사우들의 기대를 받고 있는 것이다.(每挾册暮歸 使誦所課於前而說其義 時讀通鑑 至呂后人彘事 嚬眉不悅曰 寧有如彼殘忍乎 惠帝不能諫止母惡以保同氣 而心荒促壽何其殘劣之甚乎 且聽汝所讀 多殘忍薄行犯上逆順之事 恐幼兒不知所懲 徒害良心 無他書可讀乎 及讀小學 言言歎賞曰 善哉終身可讀也 何汝不早讀此乎對曰今世做科文不緊小學 曰讀小學而修行 雖末世必不棄置 何獨科文爲貴乎夫教導如是故 今致心奉遺意 事學問方受士友期待) - 「유인장씨묘지명병서」, 권48

실로 장씨는 자식의 교육 문제에서 엄격한 가부장의 자리를 잘 재현하고 있다. 그녀 한 사람이 가문 안팎의 사람들을 모두 보살피고, 교화시키며, 또 교육하고 있다. 이쯤이면 장씨는 가부장의 부재로 경제적 · 정신적 위기에 봉착한 가문을 구원하는 존재이다. 「김부인전」[50]의 김 부인 또한 을사늑약으로 러시아로 이주하여 살면서, 특히 엄격한 교육 태도와 감화력으로 고평을 받았다. 즉 러시아 이주 후 김씨는 의방(義方)으로 자식을 교육하고, 시부모 봉양에 정성을 다하였다. 그녀의 행동은 인근을 교화시키고, "사기와 거짓을 일삼고 난폭하며 방자한 사람도 경외하지 않을 수 없게 만드는" 것이었다. 그 중에서도 특별히 강조되는 부분은 전술하였듯 일찍 아버지를 여읜 자식에 대한 엄격한 교육이다. 유인석은 이러한 김부인의 행위가 선비 집안 출신이기도 하거니와, '조선에서 태어났기 때문'에 가능한 것이라고 하였다.[51] 조선의 우수성을 증언하는 존재로 표현된 것이다.

그런데 유인석은 당시 조선을 "어둠 천지요 짐승의 세계"로 인식했다. 그래서 자신이 "양맥(陽脈)을 기르고 인도(人道)에 합당한 자를 절절하게 찾고 있다"고 했다.[52] 그가 직면했던 현실에서 희망할 수 있는 것은 "어두운 천지"를 밝혀 줄 수 있는 "양맥(陽脈)"을 찾아내고 보존하는 것이다.[53] 이러한 양맥의 보존은 실상 그의 스승인 화서 이항로의 선언을 계승하는 것이거니와[54] 이제는 조선만이 가지고 있어, 조선과 조선이 아닌 세계를 구획지어 주는 '지표'였다. 김부인, 그리고 그녀를 통해 양육되는 그녀의 아들과 같은 존재를 의미할 것이다.

이상, 남편이 죽은 뒤에도 여전히 살기로 한 여성들은, 가족과 가문의 경제를 책임지며 노동하는 존재이다. 그리고 가부장의 공백을 메꾸며 자식과 가문, 나아가 주변의 모든 사람들을 교육하고 교화하는 임무까지 수행하는 구원의 여신이자 최고의 여성[女宗]으로 형상화되고 있다. 한편, 그녀들은 조선 후기 열녀 서사의 전형을 밟으며 심각한 자기 유폐와 방기의 모습을 하고 있는데, 이에 대해서는 말해지지 않았다. 대신, 여성은 '나라의 빛'이며 '존국부도'하는 이념의 완성태로서 '여종'으로 형상화되고 있었다. 한편, 이와 같은 유인석의 여성상은 일차적으로는 유교적 가치의 보존과 회복을 의식하고 있다는 점에서 유학의 도를 지탱하는(扶道) 사상적 측면과 관련이 있다.[55]

2) '빛나는 죽음'—국가와 사상의 공적 장으로

유일하게 조선만이 보존하고 있는 유교 이념과 제도를 지탱함은 사상과 유교 생활 문화 운동의 차원에서 그치지 않는다. 외이(外夷)와 조선을 구획짓고, 소중화 국가로서의 조선의 위상을 확실히 하는 국가 민족 차원의 문제로 확대되는 것이기 때문이다.[56] "조선이 존중받을 만하며 독립해야 하"는 민족자존과 독립의 타당성이 이로부터 나온다. 아래에서 살필, '죽음'을 결행했던 여인들에 대한 글에서는 이러한 인식이 더욱 강력하게 드러난다. 여성의 행위는 남편에 대한 정절과 그 표현으로서 죽음을 결행하였을 때 더욱 숭고하게 그려지며, 그것은 국가와 민족의 차원에서 논의된다. 유인석 스스로도 여인의 열행이 한 가문의 광영에 그치는 것이 아니라고 하였다.[57]

배우자 대신 아프거나 죽을 수도 있다는 마음은 어느 정도의 개연성을 갖는다. 그러나 그런 소망과는 별개로 '대신 죽겠다(代命)'고 결행한다 해서 그것이 곧 남편의 소생과 연명을 보증하지는 못한다. 그런데 「서열부정씨언서후」에는 병에 걸린 남편을 살리기 위해 스스로 우물에 몸을 던져 자살한 열부 정씨의 서사가 나온다. 유인석은 "정씨가 우물에 몸을 던져 죽었었고, (정씨가) 죽자 그리고 사원(士元 : 남편)이 병이 나았다[投井而死死而士元病得甦]"라는 아주 압축적 문장을 써서 정씨의 죽음이 실제로 남편의 목숨을 대신하는 기적같은 효험이 있었음을 의심 없는 사실로 표현하고 있다. 그리고 유인석은 정씨의 행위를 '동국' 조선의 위상을 제고하는 근거로 삼았다.

> 아내가 남편을 위해 목숨을 대신함은 내가 들은 바로는 정씨 한 사람뿐이다. 우리 동국은 남편이 죽으면 따라 죽는 이가 거의 수천명이나 되니 이것이야말로 소중화로서의 실상이요, 고금천하에 없는 일이니 또한 위대하지 않은가! 대신 죽는 것은 따라 죽는 것에 비하여 더욱 어려우니 이를 보고서 눈물

을 흘리지 않는다면 사람의 마음이 아니라 할 것이다. 내가 동국풍화록을 만들고자 충효열을 찾고 있는데 조만간 이 책이 완성되면 정씨의 행동은 천하 만세에 알려질 것이니 사람이라면 누군들 감동받지 않겠으며, 비록 만국의 오랑캐라도 어찌 이를 경외하며, 동국이 존중할 만하고 업신여길 수 없는 나라임을 알게 되지 않겠는가!(妻爲夫代命 以吾所聞 鄭氏一人而已 我東夫死下從者 殆以千數 此爲小中華之實 而古今天下之所無 不亦偉乎 若代命比下從爲尤難矣 見此而不下淚者 非人心也 余欲作東國風化錄有及忠孝烈 早晩此書成 則鄭氏之行布諸天下萬世 孰以人而不感 雖萬國之夷 豈不敬畏於此 而知東國之爲可尊而不可慢也) – 「열녀유인이씨묘지명병서」, 권48

유인석은 의론에서 "군신과 부부는 의리로 합한 관계"인데 "남편을 위해 대명(代命)한 것으로는 정씨 한 사람만을 보았다"면서 "목숨을 대신함은 따라 죽는 것에 비하면 훨씬 더 어려운 것"이라고 고평하였다. 게다가 남편을 따라 죽은 정렬한 여성들은 수천 명이나 되니 그것이 바로 "소중화로서 조선의 실상"이고, 만국 오랑캐가 다 복종하는 "조선의 위상"이 성립되는 것이라 했다.

「최열부표적비」는 중국 봉천성으로 이주하여 그곳에서 남편의 죽음을 맞고 훼절 위협에 봉착하자 자결로써 항거한 여인의 비문이다. 이러한 열부 최씨의 서사는 여성의 정절이 그대로 민족의 문제로 환치되는 양상을 잘 보여 준다. 유인석은 최씨가 일찍부터 고금의 열녀에 대한 사모의 정을 항상 표현했다고 하여 그녀의 열행이 타고난 성품의 근본이 있는 것임을 보여 주었다. 남편이 죽은 뒤 그녀는 17세의 젊은 나이로 '강폭사지(强暴四至)'의 상황을 맞았는데 이는 성적(性的) 문제를 의미한다. 이에 대응하여 최씨는 "죽음으로 절개를 온전히 할 것을 스스로 맹세하고 항상 칼과 독약을 가지고 다녔다". 그리고 자신을 며느리로 삼으려는 사람들의 흉계에 속아 넘어가게 되었지만 그들을 준엄하게 꾸짖고 자결을 시도함으로써 자신의 맹세를 실천하였다.[58]

그런데 서술을 자세히 보면, 최씨의 위기 상황은 시댁 식구들이 은연중에 공모자가 되어 있으며, 돈의 문제까지 얽혀 있었음이 확인된다. 그런데 이러한 문제들은 말해지지 않았다. 단지, 유인석은 그러한 최씨의 행위를 '소중화'로 상징되는 조선의 정체성을 확인시켜 준다는 점만을 부각하고 있다.

> 조선이 소중화로서 천하에 홀로 예의의 나라임이 극명하다. 강상의 도리가 수백 년 동안 쌓여 여자가 남편이 죽으면 재가하지 않는 것이 정식이 되었고, 따라 죽는 것 또한 일찍부터 적지 않게 있어왔다. 근자에 나라에 변고가 생겨 예의가 없어지니 일찍이 선비라 이름한 자들이 강상이 모두 소멸되지 않을까, 그리고 인간이 모두 짐승이 되지 않을까를 걱정하였는데 소화정방이 이와 같아서 이즈음에는 천하에 모두 도도하도다! 열부가 한미한 가문에서 태어나 이역에서 자랐으면서도 하늘이 내린 떳떳한 본성을 간직하고, 나라의 예의기맥을 보존하였으니 어린 나이에 이와 같은 기이함이 있는가! 장하도다! 이에 나라의 선비로서 출강하여 의리를 지키던 자들이 이미 글을 지어 찬양하고 또 비석을 세워 그 마을을 표창하고 교훈을 세우니 또한 좋은 일이 아니리런가! 지금과 같은 시대에는 더더욱 없을 수 없는 일이며 장차 천하를 경계하고 백세 뒤까지도 명성이 날 것이다. 최응겸은 옛날에 내가 요동에서 머물면서 향약을 시행했을 때 본리의 이약장을 지냈다.(朝鮮小中華 天下所獨禮義之邦極明 綱常道理累百年 女子之夫死不嫁爲定式 死從亦未嘗不比比有之 挽近國有變而禮義亡 曾是以士名者 猶其爲恐綱常之不盡滅 而人類之不盡獸 小華正邦至如是 而天下皆滔滔也于斯際也 烈婦生於寒門 長於異域 而保天降衷彛性 存國禮義氣脈 妙齡有此奇乎 壯哉 於是國之士類出彊守義者旣文以揚之 乃又立石以表其宅里 樹之風聲 不亦善事乎 在今時代尤其不可無者也 其將警天下而聞後百世也 崔應謙昔吾客遼設鄕約爲本里里約長) –「최열부표적비」, 권47

유인석은 “여자가 개가하지 않는 것을 정식으로 삼고 있는” “조선이 소중화이며, 천하에 하나뿐인 예의의 나라임이 극명하다”고 확언했다. 최씨가 한미한 가문 출신이고, 이역(異域)에서 살았지만 그러한 열행을 할 수 있었던 원인은 ‘천충(天衷)을 보존하였고’ “성품이 나라의 예의기맥을 보존하고 있기 때문”이라고도 했다. 이 글은 최소한 1908년 이후에 쓰여진 것으로 보이는데, 유인석은 1907년 정미조약과 고종의 퇴위를 계기로 국내활동을 완전히 정리하고 연해주로 망명했다. 그래서 “나라에 변고가 있어 예와 의가 없어졌다”고 말하는 절망의 깊이가 느껴지는데, 유인석은 이역만 리 먼 곳에서 17세의 여성을 통해 조선 국가 예의의 기맥을 보존하고 있는 존재를 확인하며, 소중화로서의 조선의 위상을 다시금 확인하고 천명했던 것이다.

유인석은 「최열부표적비」의 의론에서 ‘조선만이 홀로 삼강의 의리를 간직한 소중화임에 틀림이 없다’고 하였다. 즉 조선은 예의의 기맥을 보존하고 있다는 데서 소중화로서의 위상을 획득했다. 그 증거는 열부 최씨이다. 최씨는 ‘삼강의 인륜을 홀로 당당하게 지키고 있는’ 존재로 형상화되었다. 성적인 문제를 포함하여 갖가지 형태의 위협에 맞서 죽음으로 절개를 지킨 최 열부는, 외이(外夷)의 무력적 침탈에 맞서 소중화로서의 명맥을 지키고 있는 조선의 표상인 것이다.[59]

「열부유인이씨전」[60]의 경우는 서사와 의론이 상당한 균열을 보이고 있다. 이씨는 17세에 정혼만 한 상태에서 가난 때문에 남편과 합가(合家)하지 못하였다. 그러면서도 7년이라는 긴 시간 동안 시댁과 남편을 위한 경제적 책임을 떠맡고, 자신을 위해서는 어떤 것도 하지 않는 자기 소외를 자처하였다. 그런데 남편이 죽자 주변에서는 분상(奔喪)을 권유하는데, 이씨의 반응은 이전까지의 ‘가문 수호자’로서의 태도와는 다르게 나타났다. “남편이 병들었을 때 직접 약 수발 한 번을 하지 못했는데 죽은 다음에 시신 옆에서 곡을 한들 어찌 알겠는가”하며 분상을 거부했던 것이다. 그리고 성복일을 맞아 약을 먹고 자결을 시도하였으며 남편과의 합장을 유언하고 8일만에 죽음을 맞았다. 이씨가 남편이 죽기 전까지 며느리로서, 아내로서의 역할을 빈틈없이 수행하고서도 정작 남편의 상례 치루기를 거부했던 이유가 무엇일까?. 이씨가 혼례도 치루지 않은 채 권리 없는 의무만을 수행하면서 명목상의 아내, 며느리의 자리에 느꼈을 회의의 무게가 이 질문에 대한 답이 아닐까. 즉, 이씨가 자결을 감행했던 것은, 일부종사의 정절 의지를 표명하는 열 이념의 결행과는 다른 측면이 있었을 것임을 암시한다.

그런데 유인석은 '남편을 따라 죽었다'는 점만을 가지고, "오랑캐들이 보면 혀를 내두를" 것이요, "나라의 빛[國之光]"이라며 민족 담론 속으로 그녀를 끌어 들였다. 그는 이씨의 열행이 외이(外夷)를 깜짝 놀라게 만들며 조선을 존경하게 만들 만한 파급력을 가졌으며 게다가 그런 여인이 조선에는 수천, 수백 명이 된다고 과시하고 있다.[61] 다음에서 살필 「열부김씨전」도 비슷하다.

「열부김씨전」[62]의 김씨는 결혼한 지 5년만에 남편이 19세의 나이로 죽자, 임신한 몸으로 따라 죽으려고 하였지만 "아들을 낳으면 남편이 죽어도 산 것과 마찬가지"라는 시부모의 설득을 듣고 삶을 결심하였다. 그러나 4개월 뒤에 딸을 낳자 결국 음식을 끊고 수십일 만에 굶어 죽었다. 서사의 전반부에서 자살의 낌새를 알고 며느리의 죽음을 미리 막던 가족들이, 딸을 낳은 뒤 수십 일에 걸쳐 서서히 굶어 죽어가는, 끔찍한 죽음의 과정에서는 전혀 개입한 흔적이 없다. 방조된 죽음이라는 혐의가 짙은 이 열행에 대하여 유인석은 이미 사는 것이 지극히 어려웠던, 바꿀 수 없는 형세였다고 해명 아닌 해명을 했다. 게다가 천리민이(天理民彝)가 작동하여 그만둘 수 없었던 것[63]이며, 방조된 김씨의 죽음을 '천리'의 작용으로 포장했다.

그리고 유인석은 김씨와 같은 존재가 조선이 "홀로 소중화 예의의 나라가 될 수 있는 까닭"이라고 말한다. 그녀와 같은 존재는 심지어 몇백 명이다. 이런 여성 존재들이 있다면 "오랑캐가 떼로 몰려 온다고 해도 두려울 것이 없다"[64]니 참으로 '조선을 지키는 자는 여성인 것 같다.'라고 했다. 이러한 여성들의 존재는 '나라를 존중받게 하고 도리를 지탱[尊國扶道]하는' 존재이다.

다음에서 살필 「열부유인이씨묘지명」은 유인석의 동문 신혁희의 5대 조모의 열행록을 자료로 했는데[65] 남편 사후의 처절한 열행을 서술하며 그 의미를 '존국부도'에서 찾고 있다.

> 신공에게 시집가서 부도를 극진히 다하였으며 공이 병에 걸리게 되자 밤낮으로 정성을 다하였고, 백방으로 약을 썼으나 명이 다 되어 돌아갔다. (유인은) 울며 가슴을 치다 몇 번이나 기절을 하니 이웃 사람들이 가슴 아프게 여겼다. 공은 백우의 선영 해혈(亥穴)에 묻으니 살던 집 동산 뒤뜰이었다. 매일 묘 있는 곳에 올라 극진히 슬퍼하다 돌아왔고, 조석과 삭망에 궤전을 받드는데 집이 가난한 것도 아랑곳않고 힘을 다하여 마련하여 드렸다. 육식을 끊고 빗질도 않으니 가려움이 심해지면 손으로 머리를 두드리고 하면서도 무릇 거상(居喪)하는 예의에 대해서는 그녀가 들어 아는 것이라면 집행하지 않는 것이 없었다. 삼년상을 마치고 영좌를 거두는 날이 되자 따라 죽으려고 하였으나 온 집안에서 철저하게 막았다. 이튿날 새벽, 지키던 자가 얼핏 잠이 들자 틈을 타서 약을 먹었다. 식구들이 구하려 했으나 미치지 못하였으니 영묘 갑자년(영조 20, 1744년) 9월 18일이었다. …오직 우리 나라만이 윤리를 모두 갖추었고, 여자들이 정렬을 행하니 또 고금 천하게 비교할 바가 없다. 만약에 이를 천하 후세와 외이(外夷)에 널리 보여준다면 감동하고 경복(敬服)할 것이니 그것으로써 존국부도(尊國扶道)함이 있을 것임이 틀림없다. 이것이 내가 풍화록에 뜻을 두는 이유이다. 이 일이 이루어지면 유인의 행동이 어찌 신씨 일문의 광영일 뿐이겠는가?(歸申公極執婦道 及公有疾 晝宵殫誠 用藥百方 命限而逝 則哭擗數至頓絶 鄰里爲之感傷 葬公于白隅先塋下亥穴 所居園後也 逐日上墓 盡哀而還 朝夕朔望 饋奠之奉 不以家貧極力營辦 斷肉不梳 癢甚則以手叩頭 凡居喪之禮 其所聞知者 無不執而行之 終三年 撤靈座之日 卽欲從死 擧家嚴防不遂 翌晨防者少眠 乘間飮藥 家人救之不及 英廟甲子九月

十八日也…第惟我國倫理盡備 而女行貞烈 又古今天下之所不比 是若布示天下後世及外夷 則致其感悅敬服 有以尊國扶道也必矣 此余之所以有意於風化錄也 此事而有成 則若孺人之行 豈獨爲申氏一門光也) – 「열녀유인이씨묘지명병서」, 권48

위의 인용문에서도 확인되듯 이씨는 슬픔을 다하여 상례를 치루고, 시부모를 봉양하면서도 자신은 빗질도 않고 씻지도 않는 등 전형적인 자기 방기의 열녀 서사를 보여준다. 그리고 이렇게 3년 상을 치룬 뒤에 이씨는 자결하였다. 유인석은 "(조선이) 여자가 정렬(貞烈)을 행함이 고금천하에 비할 것이 없다"하면서 특히 여성이 열행을 함으로써 조선의 도덕적 우위를 드러내어 국가의 위상을 높이는 역할을 하고 있음을 반복적으로 말하였다.

유인석은 여성들의 열행을 '중국도 지키지 못한'[66] 문물과 정신을 조선이 보존하고 있다는 증거로 삼고, 그것이 바로 조선이 그의 타자들, 곧 일본과 서구 세력-외이(外夷)와 구획지어질 수 있는 지점임을 강조하고자 하였다. 이러한 구획은 곧 일본과 서구의 침탈로 훼손된 '조선의 조선됨'을 회복하여 조선의 민족적 자존감과 독립을 쟁취하는 현실의 문제와 직결된다.

4. 배제와 포괄의 이중 논리

유인석은 "시대의 변화에 따라 변통하는 것이 필요하지만, '조선이 조선일 수 있는 까닭'만은 결코 버려서는 안 됨"을 강조하였다.[67] 그에게 '나라=조선'은 "삼사천 년의 단군 · 기자의 강토이며, 오백여 년의 성신문치(聖神文治)의 나라이며, 희 · 농 · 당 · 우(羲農唐虞) 이래 화맥(華脈)이 기거하던 곳, 이름 하여 소중화 예의의 나라"였다.[68] 또 유인석에게 있어 '애도'와 '애국'의 질적 내용은 같다[69] 했으니 그가 말한 '조선이 조선일 수 있는 까닭'은 참으로 명확했다.

이처럼 한말 민족적 주체를 정립하는 문제는 민족/국가의 자주 독립이라는 현실적 과제와 맞물려서 민족주의적 성격을 갖는다. '오랑캐'로 상징되는 외부에 의해 훼손된 민족적 주체를 확립하는 일은 처절한 고민과 운동으로 이어졌다. 유인석이 적극적으로 벌였던 의병 항전이나 민족 교육 운동 또한 민족 주체 회복의 담론 속에서 결실된 것이라고 할 수 있다.[70] 그런 상황에서 유인석에게 여성은 조선의 민족자존과 주권 회복에 있어 중요한 좌표로 인식되고 있었다. 그리하여 유인석은 완벽하게 모범적인 여성[女宗], 그로 인하여 존국부도(尊國扶道)하는 이상적인 존재로서 여성을 인식하고 또 조형하였다. 한말 외세를 막고 국가의 독립과 자주를 지킨다는 반외세론과 젠더의 긴밀한 연관이 구사된 것이다.

그런데 민족의 정체성과 주체성에 대한 인식은 그 내재적 본질보다 '그것이 아닌 것의 기능'으로서 결정된다. 이처럼 민족의 정체성이 '차이'에 의존한다는 것은 민족의 정의에는 항상 그것의 타자들이 존재함을 뜻한다.[71] 유인석에게 조선의 타자는 '서양(洋夷) · 일본(倭夷)'였고, 그들은 '오랑캐 짐승'이자 '배척해야 할 사(邪)'로 표현되는 적대적이고 부정적인 타자였다. 이 때 타자와 다른 것으로서 조선만이 가진, 그리하여 조선의 조선됨을 보증하는 존재로서 '여성'은 민족 담론이라는 공적인 영역으로 호명되어 나왔던 것이다.

그러나 유인석의 여성 인식은 포괄과 배제라는 이중적인 논리[72]로 구성되어 있었다. 조선의 독립과 자존의 타당한 근거로서 여성은 '집'을 나와 '국가와 민족'이라는 공적인 영역으로 포괄되었다. 앞의 고찰에서 확인되었듯 조선의 우수한 민족적 자질을 대외적으로 증거하는 존재로서 민족 담론의 공적 영역에서 전면적으로 호명되었던 것이다. 그러나 대내적인 측면에서 여성들은 가족과 가문의 테두리 안에서 가문과 자손의 번성함[73]으로 그 가치를 인정받았다. 또 심각한 자기 방기(放棄)와 유폐(幽閉)의 모습을 한 채 교육이나 대회 활동은 부정되고,[74] 가부장제 내에서의 역할만이 긍정되는 등 공적 영역과 사회로부터 배제되고 있는 것이다.

그러한 이중 논리 속에서 민족 담론과 여성이 만날 때 여성 존재가 민족 정체성의 구성에서 어떤 방식으로 전유되는지도 확인할 수 있다. 훼절 위협에 항거한 「열부최씨표적비」의 경우처럼, 여성의 성-섹슈얼리티-는 단속되고 있었다.[75] 최씨는 성적인 문제를 포함하여 여러 형태의 위협에 맞서 죽음으로 절개를 지켰다. 그런 그녀는 외이의 무력 침입에 맞서 소중화로서의 명맥을 지키고 있는 조선의 표상으로 읊어졌다.[76] 이는 여성의 섹슈얼리티를 단속함으로써 민족성을 세워가는 전형적인 방식이라 할 수 있을 것이다. 그리고 대부분은—「유인장씨묘지명」처럼—가족과 가문, 사회를 보살피고 교육하는 존재로서 모성성만이 극대화되어 나타나고 있었다.[77]

유인석은 여성의 사회 활동이나 공적인 교육 수혜에 매우 부정적이었다. 유교 전형의 남녀 유별 의식을 가졌으며, 남성과의 동등한 재능, 역할을 부정하였다. 또 앞에서 살폈듯이 한 인간으로서 가진 감정과 특히 고통과 이면에 대해서는 함구하고 있다. 상징적인 예는 '여학교'에 대한 극도의 비판이다. 1898년 조선 최초의 조직적인 여성 운동이라 할 수 있는 찬양회가 서울 북촌(北村) 양반 부인들을 중심으로 조직되고, 300명의 찬동자를 규합하여 「여권통문(女權通文)」[78]을 발표하고 여학교의 실시를 공표하였다. 「여권통문」이 발표된 이후 회원수는 500명으로 증가하였다고 하니 여성의 교육에 대한 갈망이 컸음을 확인해 볼 수 있다. 그런데 유인석은 여학교를 "세상에 없는 일로" 치부하면서 '내훈'과 '열녀전'과 같은 아름다운 규범(懿範), 여성 교육서가 엄연히 존재한다면서 "남자와 평등하게 교육을 받으려는" 여학교의 설립 시도를 "천번 만번 경악할 일"이라고 비판하였다.[79] 이러한 유인석의 생각은, 같은 시대에 이미 근대적인 교육 제도가 시행되면서 여성 또한 공교육의 장으로 나오고 있었고, 그에 대한 여성들의 열망 또한 적지 않았다는 점을 고려해 볼 때 이중적이며, 시대의 변화—새로운 흐름과는 길이 달랐다.[80]

▸ 주

* 이 논문은 『大東漢文學』(2003, 대동한문학회)에 실린 「의암 유인석의 민족자존론과 여성 인식」을 본서의 출판 방향에 맞추어 약간 수정한 것이다.

1 「告孺人鄭氏祭文」, 『의암집』 권45(경인문화사, 1973), 379~380면. 이하 유인석의 여성 관련 시문은 모두 『의암집』에서 인용하였으므로 해당 권과 면수만을 밝히기로 한다.

2 유봉학, 『조선후기 학계와 지식인』, 신구문화사, 1998, 68면.

3 개화기 열녀전의 작자와 자료 상황은 김경미, 「개화기 열녀전 연구」, 『국어국문학』 132, 국어국문학회, 2002 참조.

4 김경미(2002), 190~192면에서도 지적되었다.

5 김경미(2002), 205~206면.

6 홍인숙, 「열녀 담론의 새로운 독해」, 『한국고전여성문학연구』 5, 2002, 94면.

7 1866년(고종 3; 25세)에 병인양요가 발생하자 이항로를 따라 상경하여 내수자강을 강력하게 외쳤으며 그는 1876년 35세 때, 불평등 조약인 소위 조일수호조규약(朝日修好條規約)이 체결되자 유생들을 이끌고 상경하여 반대 상소 「척화왜항소」를 올렸다.

8 「연보」, 권55 부록, 을미년 11월 15일, 657면.

9 이상 유인석의 생애는 최근덕·김형찬의 글 및 여러 사전을 참고하여 구성한 것이다.

10 「書告同伴士友」, 권36, 158면. "初擬淸地 淸弱而制於倭 爲客做謀俱不可"

11 김형찬, 「한국 사상가 평전: 유인석」, 『시대와 철학』 4, 한국철학사상사연구회, 1993, 267면. 김형찬은 "그가 말년에 모색한 것은…나를 알면 진리를 알 수 있다고 말하고 진리의 실현을 위해서는 인간의 역할이 필수적이라고 하여 우주에서 인간의 위상을 상승시켰다.…제왕·성현의 이상국가를 실현함으로써 서양이 흠모하고 복종하도록 하려 하였고, 그 방법으로 도의 실현을 도울 제왕과 성현이라는 특출한 인물의 출현을 기대하였다."라고 유인석의 변화를 지적하였다.

12 「열녀유인이씨묘지명」(1900년 이후), 「서열부정언서후」(1902년), 「발평산신유인유사」·「열부유인이씨전」(1903년), 「김부인전」(1905년 이후), 「최열부표적비」(1908년 이후), 「서열부유인이씨행장후」(1912년), 「서김부인사실록후」(1913년), 「조유인정씨제문」(1914년), 「서효열부유인이씨행장후」(온 가족이 출강(出疆). * '-이후'라고 한 것은 작품 내 등장하는 사건 등의 시기를 근거로 최소한의 창작 시기를 추정한 것이다.

13 「金處士傳」, 「紹崇子傳」, 「砲手金敬達傳」, 「孝子李昌梅傳」, 「申在意傳」.

14 권50, 494~495면.

15 권50, 493~494면.

16 이 중 「열녀사비연덕전」, 「열부유씨전」, 「열부양씨전」, 「열녀유인이씨전」, 「효열부양씨전」은 이혜순·김경미, 『한국의 열녀전』(월인, 2002)에 번역 수록되어 있다.

17 「고유인경주정씨제문」, 「최열부표적비」 「열녀유인이씨묘지명」, 「유인장씨묘지명병서」, 「효부유인이씨전」, 「효열부양씨전」, 「열녀사비연덕전」, 「열부김씨전」, 「열부양씨전」.

18 「서효열부유인이씨행장후」(친구 김현일이 작성)

19 「서효부연일정씨언행록후」, 「유인장씨묘지명병서」(이치심. 이치심 부친의 묘지도 써주었음), 「유인장홍임씨전」(아들 관형이 가지옴)

20 「서김부인사실록후」(김부인의 족질 김영희가 작성, 일족 부로들의 요청)

21 「발평산신유인유사」(손자 최고암이 작성), 「효부유인이씨전」(종손 김형전이 작성)

22 「열부유인이씨묘지명병서」(동문 신혁희 · 형희)

23 「서열부정씨언서후」, 「최열부표적비」(출강수의한 선비들), 「열부유인이씨전」(유인의 친족 士元), 「열부유씨전」(친구 이병교), 「열부김씨전」(고을 선비 서재형 · 서홍기), 「열부양씨전(친구 김순범), 「효열부양씨전」(아들 근완), 「열녀사비연덕전」(회자되는 이야기)

24 초배 여흥 민씨에게서는 후사가 없었고, 경주 정씨와의 사이에서 1녀를, 그리고 만년에 부실 이씨를 들여 일남 일녀를 낳았다. 「행장」 및 「묘표」, 권56 참조.

25 「고유인정씨제문」, 「제종조모유인이씨문」.

26 여기에는 물론 다른 요소들도 개입되어 있을 것이다. 이를테면 처음부터 '열행록'이라는 기초 자료를 보고 작성하였다면 열부라는 표제는 필자가 자발적으로 부여한 것이라고 보기만은 어려울 것이다.

27 「효열부양씨전」, 권50, 498면.

28 이 점은 조선 후기 열녀전에서부터 나타나는 특성이다. 홍인숙(2002), 89~96면 참조.

29 김경미(2002) 참조.

30 권50, 495면. "…及入金門 事舅姑衣服甘旨定省服事誠 無不用極 舅有患委席三年 孺人每日齋戒 晝則告廟 野則禱天 凡八九月病得差 夢有神明增壽一紀之異 後果驗焉"

31 「효열부양씨전」, 권51, 498면. "孺人濟州梁氏 學生□□之女也 幼孝父母 年十八爲丹陽李基英婦 成婚十三日夫得病至危 欲血指灌口延命 三日旣死 斷意下從遂絶食 舅姑言無受養 孺人爲其養不死 葬夫方求山 夢得一處 訪至則大虎在其地 臥起三次而去 果吉穴也 執喪三年哀敬備至 養舅姑竭誠 舅喪中失火犯靈筵 冒火入救勢將無及 天忽注雨火卽滅 姑病三年達夜百日禱天 夢有神人指示山蔘在處 果得以進病卽差…"

32 「서열부정씨언서후」, 권43, 332면. "…投井而死 死而士元(남편 이름-필자 주)病得甦…"

33 김경미(2002), 197면 이하 참조.

34 이상의 내용은 「효열부양씨전」, 권51, 498면. "高興子柳麟錫曰 血指事 君子有不許 是其於男子 責不中理 如或要名 女子而早年新婚 理非所講 名非可要 出於至誠焉 感天感神 神異之事 君子所不欲言 是 不論男女 類多追飾虛誦 若孺人事 不久而一鄕目見稱論則 有實事而出至誠矣 於夫於舅姑事事出至誠 至誠孝烈 君子如之何其不許不言也"

35 Slavoj Zizek, *The Sublime Object of Ideology*, London & New York : Verso, 1989, chp.1-6, 이성민 옮김.

36 이에 대해서는 「연보」의 기록을 참조.

37 강재언, 「한국독립운동의 근거지 문제 - 1910년 전후의 두 가지 사상적 대응」, 『근대한국사상사연구』, 편집부 옮김, 한울, 1983, 206~209면.

38 또한 유인석이 보수적 유학자이자 향촌 사족이며, 향약과 같은 지역 단위를 중시하였던 점을 볼 때 그 전사(前史)로서 조선 후기 향촌 사족들의 의식 또한 고려되어야 할 것이다. 그러나 연구자의 역량 상 이 글에서는 논의하지 못하였다.

39 그가 시문 곳곳에서 "만방에 포시(布示)하여 그들이 조선을 경복(敬服)하게 할 조선의 충효열의 실상을 찾아" 『동국풍화록』을 만든다고 했던 것이 바로 그 의미일 것이다.

40 「서김부인사실록후」, 권44, 346면. "此地青孀若難保 然死 靡有他服喪"

41 「열부유씨전」, 권50, 488면. "家甚貧 移寓伊川山中 夫卽病死 兪氏欲下從而爲養幼兒以奉先祀 返夫柩以葬先塋 强保殘命 乃頭戴夫尸 背負幼兒 半千里 轉轉乞食 經數月而得返葬 爲人縫刺三年 侍尊盡誠於禮物 一鄕指其家曰烈女之家 行路指其門曰 烈女之門"

42 앞의 글, 488면. "野史氏曰 行人所不能行爲難行也 行千萬人所不能爲至難行也 若兪氏戴夫尸返葬事 求之古今女子 有見其能行乎 今夷獸橫而三綱滅 宜有旌褒而警世也 行所至難如此 吾知兪氏之後必昌大也 人言兪氏子尙淳爲人淳實而尙貧窮 無賴彼滔滔趨附夷獸者 皆美衣食而氣豪 若無理然 噫盍亦觀夫樹乎 根植孤弱苟著生氣枝葉終茂 枝葉蒼翠苟根斷而生氣絶 從此而枯 終不見其蒼翠"

43 홍인숙, 「조선후기 열녀전 연구」, 이화여대 석사논문, 2001, 24면 이하 참조.

44 최숙경, 「개화기 여성 생활 문화의 변동과 전개」, 『여성학논집』 16, 이화여대 한국여성연구원, 1999, 9~29면 참조.

45 「유인장씨묘지명병서」, 권48, 449면. "夫是序次 若甚煩者 孺人言行之美 若滿盤珍珠 均圓可好 皆欲探取而不忍棄也 强而有取舍 還不能不多也"

46 앞의 글, 448면. "及歸李氏門 供廚下奉中蕭 動合古法家賢婦人遺規 見者莫不稱歎曰不謂末俗 閨範有如此者 姑崔氏常言 新婦初入門 皆能小心 年深歲去 乃能如一日也 無嬉笑 侍婢未嘗一見足跡 不出中門 隔隣婦女 累年未知 而質甚脆弱 而其養姑衣服飮食 與居寢處 必親周旋 不須婢妾之助 祁寒盛暑 終日繼夜 少無勞苦意 及姑喪 哀禮極至 承當家事 一無變於其遺法 事君子極執婦道"

47 앞의 글, 448면. "事君子極執婦道 而當喪則不接水穀 期欲下從 至神氣迷沒 諸子以米飮潛流入口則復甦 如是者十四日方甦 而開眼微視曰 人命之絶如是難乎 正奎六歲尙乳號泣在傍 指之曰 鬼神不奪命 此兒故也 遂命進食 乃謂諸子曰 汝父親存心行事 汝等宜深體之 無至滅裂也 奉先以禮 新物不薦不以入口 當祭潔衣致齊 鼎俎籩豆躬視必致精 徹宵竦坐無敢寧息 於是一家上下 至於里閈愚婦痴兒 皆知祭先之重"

48 앞의 글, 448면. "見新味則相問大宅薦廟與否 若否則曰 老夫人不入口 吾敢先食乎 蓋一里男女 皆被恩愛煦濡 仰若父母故也 待族戚務盡誠意 有行高年尊者 忘己老而貌恭如新婦樣 每當水陸腆味 雖少必分饋諸親之老 諸婦欲爲復進 有難色則曰 不與諸老共則心不安 何必食多後可肥乎 寡不得分則對案咨嗟不忍下咽 故饌膳小者 諸婦不敢進於前 吉凶患難極加周恤 眞心孚外恩義浹洽 族黨之雖稍頑愚者深致感服"

49 앞의 글, 449면. "有文人端士來訪諸子 則必躬備酒食 曰吾爲汝輩如此勉之 無爲此等人所棄 嘗曰吾家迎師數十年 兒輩一無有成 今乃知其故也 凡事無激則不成 渠輩常在父母側溫飽任使 寧有刻心成功之理 使閱困苦可也 遂以正奎托洪公份周家稍遠日督遣 雨雪風霜 不令休家 或被羣兒毆擊困迫 歸訴其情 則笑曰送汝人家者欲如此也 或執賤役負薪擔俗 諸兄見不悅而來告 則欣然聽之若得喜報 嘗去其周衣所著綿曰 汝先生家苦寒 溫汝身安於心乎"

50 「김부인전」, 권50, 498~499면. "婦人金氏吉州金鼎相之女 十八歸于同鄕申鉉九 二十一夫病 金氏浴身上山祝天禱神數旬返而斫指進血及失死 決意死從 方投水忽有呱呱聲聞空中 幡然抑情而止 泣撫乳孤曰 汝父有汝 若顚木之微蘖 孔昭神明 豈憐汝父 欲有後爲保汝而止我所爲也…"

51 앞의 글, 499면. "野史氏曰 女士也 生禮義之邦故也 聞其親家 家世多遊儒門有文行 良亦有以也 敎孤奪愛而養正 希殊事也"

52 앞의 글, 499면. "今窮陰天地 禽獸世界 吾方切切然求凡造陽脈宜人道者也"

53 「再入遼東約定議諦 戊戌(1898)四月」, 권35.

54 이항로는 '천지간에 존재하는 일맥(一脈)의 양기(陽氣)를 조선이 보존하고 있다'고 하면서 그 양맥을 보존해야 할 필요성을 역설한 바 있다. 이항로, 「華西雅言」, 권12, 洋禍. "西洋亂道最可憂 天地間一脈陽氣在吾東 若竝此被壞 天心豈忍如此 吾人正當爲天地立心 以明此道 汲汲如救焚"

55 이 때 유인석이 회복하고자 했던 유교 이념이 당대에 현실적 효용성을 얼마나 갖고 있었는가, 그것을 평가하는 문제는 또다른 층위에서 논의되어야 할 것으로 보여 여기에서는 운위하지 않는다.

56 유인석에게 있어 "애국(愛國)과 애도(愛道)가 질적으로는 내용이 같다". 강재언(1983), 208면 참조.

57 「열녀유인이씨묘지명병서」, 권48, 443면. "是若布示天下後世及外夷 則致其感悅敬服 有以尊國扶道也必矣 此余之所以有意於風化錄也 此事而有成 則若孺人之行 豈獨爲申氏一門光也"

58 「최열부표적비」, 권47, 399면. "朝鮮國烈婦有之海州崔應謙女 而公州金敬燾妻也 性端潔仁善 幼能善事父母 年十四歸金氏 孝舅姑敬夫子 崔金兩家 原係關西郭山士族 俱貧不聊生 越泊于中國奉天之懷仁縣某里 有年所不幸戊申(1908 *필자 주)金君夭逝 烈婦年方十七 才報葬訖 强暴四至 乃以致命全節自誓 常懷利刀毒藥以自隨 兩家親屬並以勢難保節諷之 烈婦貞志益堅如石 其在平日 見凡失節女 則鄙之曰禽獸也 有金正玉者 欲用譎計八門貨誘烈婦私屬人使詒之曰 汝父要率汝躬來 足硏不能進止 某處令我招之 舅亦勸起 烈婦信之隨行 不見父 但其家擧動殊常 正玉妻且謂曰 汝今爲吾子婦 烈婦怒叱曰 爾是何物 敢恣發醜說 始覺墮譎計 憤氣撑中 衆女人百方勸飯而不食 夜卽仰(?)藥死 有一短刀在懷 擧家股戰"

59 「최열부표적비」, 권47, 400면. "金敬燾嘗受讀於少友張基正云 嗟哉烈婦 何處得來 本根箕鄕 生長遼隈 *崩城奄忽 笄齡十七 彼何强暴 我有刀藥 夏候微諷 禮宗辨節 根天彝性 正邦氣脈 曰生是獸 謂死則人 萬古三綱 獨今一身金敬燾嘗受讀於少友張基正云 嗟哉烈婦 何處得來 本根箕鄕 生長遼隈 *崩城奄忽 笄齡十七 彼何强暴 我有刀藥 夏候微諷 禮宗辨節 根天彝性 正邦氣脈 曰生是獸 謂死則人 萬古三綱 獨今一身"

60 「열부유인이씨전」, 권50, 487면. "原州稼亭里 有烈婦曰慶州李氏 元君夏常之妻也 李氏靜淑端潔 在家孝事父母 處兄弟目不忤視 有聞古今烈女賢媛之說 則愀然改容 感慕形於外 人皆異而敬之 早喪父 年十七定昏於元君 因母有疾 不卜日成同牢禮 母且卽歿 敬供三年饋奠 兩家甚貧而未歸者四年 李氏早夜紡織 不自用而爲異日夫家用藏之 兄弟或製衣以給 未嘗以華麗者著身 雖盛寒衣不綿曰 聞尊舅與夫子 衣甚儉薄 吾忍華麗而自溫 人苦勸則曰 往夫家服之未晩也 辛丑十月 元君遘疾夭逝 聞訃殞絶 有頃方蘇哭之哀 見者墮淚 家人擬令奔喪 不肯曰 方病也 旣未一親其藥食扶將 今雖哭尸傍 寧有知耶 及成服日 盡出其所藏華麗衣 散諸貧足隣人 曰此於吾無用 遂潛入密室飮藥委頓 家人久迺覺之 急救無效 惟作喉間語曰 須告夫家姑 緩其葬以爲同日祔也 遂噤不受解毒之劑 口鼻

出血 八日而歿 夫家上京訴求旌閭 禮部曰納錢 族士元容正曰止 今日何日 可求旌閭 況納錢乎 貞烈之靈 其肯屑諸…"

61 앞 글, 488면. "高興子曰 聞李氏之行而不下淚者有之乎 烈婦自古有之 中國亦未聞有從夫死者 我國從夫死者 千百又有李氏焉 余嘗欲作東國風化錄 著道學事業節義忠孝烈 以示天下後世幷及萬國之夷 使敬服我國 若李氏之烈行 以外夷獸行之俗 視之豈不愕然吐舌乎 其於有千百也 將驚動之無已 嗟哉有人爲國之光"

62 「열부김씨전」, 권50, 492면. "金氏二十四 哀痛哽塞絶而復甦者數矣 必欲下從 或飮藥或投井 家人卽救 護扶持得不殞命 舅姑論曰 汝幸有身 如其生子 爾夫死猶生也 汝何固執乃爾自此 飮泣節哀 奉饋奠 自盡其誠 八月生女 金氏請於舅姑促安葬夫屍 虞卒旣畢 節食飮積十數日而死" *

63 앞 글, 492면. "…柳麟錫曰 二姓之遠合而爲夫婦 不久輒死 從死 生則至難 其勢傾 可易耶 是卽其三綱五倫天理民彝 自然不容已(己)之故也"

64 앞 글, 492면. "嗚呼至矣 我國有如金氏者 又幾百 所以天下夷獸 獨爲小中華禮義之邦者也 苟上之人扶植三綱五倫 培養天理民彝則 婦死於夫 子死於父 臣死於君 雖有彼羣夷至者 將無畏矣"

65 「열녀유인이씨묘지명병서」, 권48, 442면. "吾同門友平山申君赫熙 昔余在遼時 與其三從弟亨熙先後訪焉 亨熙相守數年 君病不久留歸 且有書以其五代祖諱宗岳配孺人李氏烈行錄送之曰 聞子方營東國風化錄 忠孝烈與焉 吾先祖妣烈行 子必欲聞之矣 然此事不知早晩得子誌墓則幸矣"

66 유인석에게서는 간간이 중국이 더 이상 화하의 명맥을 잇지 못한다는 인식이 표면화된다. 그가 무장투쟁기지 건설을 위해 처음에는 청나라를 고려했다가 곧 청 또한 일본에게 제압당했기 때문에 결국 청에 의지하는 것이 곧 일본의 신민이 되는 것이라고 생각한 점, 또 조선이 유일하게 화하의 일맥양기를 보존하고 있다고 언급하는 점 등이다.

67 권51, 514면. "當今時勢不得不尙武崇兵 取西之兵技兵器及他所長 又或推此類爲取 固有不得已者 是所謂冬裘夏葛也 如曰從時而棄我所以爲國 棄倫常大道 棄聖賢正敎 棄衣髮重制凡禮義所在 是所謂脫衣服裸身也…脫衣服而裸其身 署雨冷雪之侵著身得病矣 棄爲國之實而虛其國 前窺後伺之圍之 國不得保也 計無他宜 宜我益敦所因 斟酌有取於彼爲微末之損益 此時宜之所在也 若全棄我爲國之所好 而悉從西法之異者 其雖曰從時宜而實失時宜之甚矣 非所謂冬裘而夏葛 卽其如冬葛而夏裘也"

68 「貫一約序」, 권42, 295면. "夫國如何 四三千年檀箕故疆之國 五百餘年聖神文治之國 羲農唐虞以來華脈之所寄寓 以號稱小中華禮義之國 國如是其可使見亡而不之愛也"

69 강재언(1983), 208면.

70 권영민, 『서사양식과 담론의 근대성』, 서울대학교 출판부, 2000, 11~14면.

71 주창규, 「탈-식민국가의 민족과 젠더 (다시) 만들기 - 신상옥의 〈쌀〉을 중심으로」, 『영화연구』 15, 한국영화학회, 2000, 185~186면.

72 배제와 포괄의 이중 논리는 여성의 위치를 설명함에 있어 핵심적인 테제인 것 같다. 가부장제는 남성과 여성의 역할을 공적/사적 영역으로 분리시켜 놓았다. 그런데 어떤 논리에 따라—이를테면 자본주의의 경우, 생산력 제고의 논리에 따라—여성을 공적 영역으로 끌어 내기도 한다. 즉 여성이 도구화되어 목적에 따라 남성의 세계에 편입되기도 하고

혹은 배제되기도 하는 것이다. 홍혜원, 『이광수 소설의 이야기와 담론』, 이화여대 출판부, 2002, 220~221면 참조.

73 「서열부정씨언서후」, 권43, 332면. "聞鄭氏之曾孫婦洪氏 十三而歸 十六而寡 一至本家 父母憐之 微示奪情意 辭歸絶往來 幷不出門外 雖比隣至親家不往 家甚貧勤績 奉姑極其滋味今四十五 喪姑執哀踰禮 獨無嗣可悶 噫 二婦人之行 宜有朝家之大加褒賞 而尙闕焉可憾也 若族黨鄕里宜其盡心扶恤也 吾聞孝烈 必有後 今雖窮苦 終得嗣續 昌大其門也必矣"

74 「효열부양씨전」, 권51, 498면. "噫 今日人化獸也 子不孝父 況婦孝舅姑 女作大會 以婦蔑夫 矧有烈行矣乎 吾之言孺人也 其將警世也夫"

75 섹슈얼리티의 단속 문제는 김경미(2002)에서 개화기 열녀전 전반의 성격으로 지적되었다.

76 「최열부표적비」, 권47, 400면. "金敬熹嘗受讀於少友張基正云 嗟哉烈婦 何處得來 本根箕鄕 生長邃隈 *崩城奄忽 笄齡十七 彼何强暴 我有刀藥 夏候微諷 禮宗辦節 根天彝性 正邦氣脈 曰生是獸 謂死則人 萬古三綱 獨今一身金敬熹嘗受讀於少友張基正云 嗟哉烈婦 何處得來 本根箕鄕 生長邃隈 *崩城奄忽 笄齡十七 彼何强暴 我有刀藥 夏候微諷 禮宗辦節 根天彝性 正邦氣脈 曰生是獸 謂死則人 萬古三綱 獨今一身"

77 김양선은 "민족이 여성을 상상함으로써 공동체를 세우는 전형적인 방식은 여성의 섹슈얼리티를 관리하거나, 모성성의 영역에 가두고 거기에 의미를 부여하는 것이다"라 했는데 유인석의 여성 인식은 그러한 지점을 잘 보여주는 것 같다. 김양선, 「식민 시대 민족의 자기 구성방식과 여성」, 한국근대문학회 제8회 학술대회 - 민족 담론과 한국근대문학, 2003년, 요지집, 50~51면 참조.

78 "…사나이의 위력으로 여편네를 누르랴고 구설을 빙자하여 여자는 거내이불언의하며 유주식시의라 하니 어찌하여 신체 · 수족 · 이목이 남자와 다름없는 한가지 사람으로 심규에 처하여 다만 밥과 술이나 지으리오. 도금에 구규를 진폐하고 신식을 시행함에 우리도 혁구종신하여 타국과 같이 여학교를 실시하고 각각 여아들을 보내어 강항 제조와 규칙과 행세하는 도리를 배와 일후에 남녀가 일반사람이 되게 하올차 방장 여학교를 실시하오니 유지한 우리 동포 형제 여러 부녀중 영웅호걸님네들은 각각 분발한 마음을 내어 우리 학교 회원에 드시려 하시거던 곧 착명하시기를 바라옵나이다…" 최숙경 · 정세화, 「개화기 한국여성의 근대 의식의 형성」, 『논총』 28(이화여대 한국문화연구원, 1976), 304~345면 참조. 이배용(1994), 140면에서 재인용.

79 「女學校」, 권3, 69면. "最莫成言女學校 中東天地忽斯爲 於男平等爭鳴動 萬物之中復有玆/內則之文列女傳 古時懿範正如何 變遷孰謂至斯境 百愕千驚哭可多"

80 한 가지 고려할 점은 유인석이 여학교뿐만 아니라 '신학교'라는 제도 자체에 대하여 '매국의 골수'라며 신랄하게 비판했다는 점이다. 신학교가 '일본의 제도와 정신을 교육하여 조선 사람을 일본인으로 바꾸어 버린다'는 유인석의 판단에서 기인한 것인데 "일본화 교육=개화 교육"으로 생각했던 것이다.(강재언(1983), 210면) 이런 논리에 따르면 개화=반민족 행위가 된다.

참고문헌

柳麟錫,『毅菴集』 上·下, 1973, 景仁文化社.

강재언,『근대한국사상사연구』, 편집부 옮김, 한울, 1983.
권영민,『서사양식과 담론의 근대성』, 서울대학교출판부, 1999.
김용직,「개화기 문인의 의식유형」,『한국문학연구입문』, 1992(7쇄), 지식산업사.
김경미,「개화기 열녀전 연구」,『국어국문학』 132, 국어국문학회, 2002.
김문기,「毅菴 柳麟錫 一家의 義兵活動과 義兵歌辭」,『유교사상연구』 8, 1997.
김형찬,「한국 사상가 평전: 유인석」,『시대와 철학』 4, 한국철학사상사연구회, 1993.
노인숙,「毅菴 柳麟錫 忠節詩의 悲劇美 硏究」,『청람어문교육』 25, 청람어문교육회, 2002.
오석원,「十九世紀 韓國 道學派의 義理思想게 關한 硏究 - 華西 李恒老 및 華西學派를 中心으로」, 성균관대 박사논문, 1992.
이상익,「衛正斥邪派 民族意識의 特性 - 日本政府에 보낸 편지들을 중심으로」,『한국철학논집』 11권, 한국철학사연구회, 2002.
이혜순,「조선조 열녀전 연구」,『성곡논총』 30, 성곡학술재단, 1999.
______,「조선후기 열녀전의 입전의식」,『韓國 古典小說과 敍事文學』 下, 1998.
이혜순·김경미,『한국의 열녀전』, 월인, 2002.
유봉학,『조선후기 학계와 지식인』, 신구문화사, 1998.
최근덕,「毅菴 柳麟錫先生의 生涯와 學統」,『율곡학보』 2, 율곡학회, 1996.
최부순,「毅菴 柳麟錫의 獨立運動에 관한 硏究 - 滿洲·露領地域 活動을 中心으로」,『율곡사상연구』 2, 율곡학회, 1995.
최숙경,「개화기 여성 생활 문화의 변동과 전개」,『여성학논집』 16, 이화여대 한국여성연구원, 1999.
한국고전여성문학회 편,『조선시대의 열녀 담론』, 월인, 2002.
황의동,「李恒老와 田愚의 역사의식에 관한 철학적 비교 연구」,『동서철학연구』 21, 2001
홍인숙,「朝鮮後期 烈女傳 硏究」, 이화여대 석사논문, 2001
______,「열녀 담론의 새로운 독해」,『한국고전여성문학연구』 5, 한국고전여성문학회, 2002.
홍혜원,『이광수 소설의 이야기와 담론』, 이화여대 출판부, 2002.

생열과 충의 여성

–송사 기우만(1846-1916)*

김기림

1. 호남 유림의 여성 인식을 찾아서

이 글은 개화기에 생존했던 기우만의 여성 인식을 살피는 데에 목적이 있다.

기우만(1846~1916)은 한말 및 개화기 호남을 대표하는 유림이었다. 노사 기정진(蘆沙 奇正鎭, 1798~1879)의 손자로 기정진이 죽은 후 호남 유림들의 종장(宗長)으로 추대되었다. 할아버지 기정진의 위정척사 정신을 계승하여 서양 문물을 거부했고 일본의 침탈 행위를 격렬하게 비판하며 의병을 일으키기도 하였다. 거사에는 호남인들이 적극적으로 호응하였고 이후 호남 의병활동에 중추적 역할을 하였다. 유림과 의병활동 양면에서 호남을 대표하는 학자라는 위상을 지녔다.

하지만 그에 대한 연구는 거의 이루어지지 않았다. 조부 기정진은 학문적, 사상적 저술과 강학활동으로 호남의 성리학을 실질적으로 이끌어간 반면 기우만은 조부의 학설을 그대로 수용했다. 이 때문에 학문적 분야에서 기우만에 대한 연구는 이루어지기 어려운 형편이다. 그러나 한편으로 호남 의병운동에 영향이 컸던 인물임에도 불구하고 의병활동사에서 부분적으로만 다루어졌을 뿐이다.[1]

기우만에 대한 연구는 그 집안에 소장되어 있던 간찰이나 누정을 통한 강학 또는 교유활동을 고찰한 연구만이 있을 뿐이다. 권수용은 노사 기정진 종가에 남아 있던 고문서 가운데 기우만이 받았던 간찰 내용을 살폈고, 호남 누정과 관련한 기우만의 시문 창작 활동에 주목했다.[2] 그리하여 기우만이 기정진 사후 호남 유림계를 실질적으로 이끌어 갔던 인물이며 문학 창작에 있어서도 호남 지역에 대한 영향력이 대단한 작가였다고 강조하였다.

이 글에서는 기우만의 작품에 나타나는 여성에 대한 인식 내용을 살피고자 한다. 기우만은 개화기 직전에 태어나 조선의 개국, 외세에 의한 침탈 과정, 조선 멸망을 경험했다. 이 과정은 이른바 전근대 성향과 근대적 성향이 교차하는 지점이었다. 학문뿐 아니라 정치, 제도, 사회, 사상 등도 전통적인 것과 외래적인 것이 공존하며 사람들의 인식을 변화시켜 가던 때에 살았던 것이다. 여성에 대한 인식도 변화를 겪고 있었다. 여성 인식은 당대인들의 사상적 경향을 보여주는 하나의 지표이다.[3] 호남 유림을 대표하는 기우만의 여성 인식을 살피는 일은 개화기 호남 지역 인사들의 사상, 그 가운데 여성 인식의 한 단면을 보여줄 수 있으며 이를 통해 호남 유림의 사상 경향을 드러내는 실마리가 되기도 할 것이다. 이에 기우만의 여성 인식 내용과 그 의미를 밝혀보고자 한다.

2. 부정척사(扶正斥邪) 실천으로서의 항일(抗日)

송사 기우만은 1846년 장성 탁곡(卓谷)에서 태어났다. 할아버지는 노사 기정진, 아버지는 기만연(奇晩衍), 어머니는 이시성(李蓍成)의 딸이다. 기씨가 장성에 들어와 산 것은 중종 연간 기묘사화 때이다. 기묘 사림의 한 사람이었던 기준(奇遵)의 둘째 형인 기원(奇遠)이 기묘사화를 피해 장성으로 옮겨 온 이후에 대대로 살았다.

기우만은 8세 때 기정진과 함께 하사(下沙)로 이사한 이후 기정진이 죽을 때까지 줄곧 옆에서 모셨다. 기정진을 스승으로 삼았고 그의 강학활동을 보좌하면서 집안일까지 챙겼다. 그래서 본격적 학문에 집중하지는 못했다. 항상 책을 옆에 두고 일하는 도중 틈틈이 책을 들여다보며 외우고 사색했다고 한다. 1879년 기우만이 34세 때 기정진이 죽자 호남의 유림들은 기우만을 종장으로 추대하면서 그는 기정진의 학문을 계승하였다. 조부의 글을 정리하여 문집을 내는 데에 집중했고 한편으로는 유림의 종장으로서 시대 상황에 대응하는 데에 앞장섰다.

1866년 병인양요가 일어났고 1876년에는 일본이 운양호 사건을 빌미로 강화도 조약을 강제로 체결함으로써 국가가 개방되었다. 1882년에는 임오군란 때 청의 원세개가 본격적으로 정국에 개입했다. 1884년에 개화파들은 전통 복식 개혁을 시도했고, 1894년에는 갑오개혁이 단행되었다. 정부의 조직 형태가 10아문으로 바뀌고 모든 정령을 신식으로 고쳤으며 복식에 대해 다시 변혁을 시도하여 단발령이 포고되었다.

정치적 격변 과정에서 일본, 청나라, 러시아는 조선의 국권을 장악하고자 했다. 그 와중에 대원군이 납치되고 1894년에 명성황후가 일본군에 의해 시해되었으며 1896년에는 고종이 러시아 공관으로 피신하는 사태까지 벌어졌다. 1897년 고종이 황제로 등극하면서 대한제국이 탄생하기는 했지만 국권은 일본 수중에 있었다. 1905년에 일본은 을사늑약을 체결하여 국권을 빼앗아갔고, 결국 1910년에 일본은 강제로 한일합병을 해버렸다.

기우만은 이러한 격변기를 겪으며 기정진의 위정척사 사상을 현실 대응의 토대로 삼았다. 1895년 명성황후가 시해되었다는 소식을 듣고 각 읍에 통고하여 규탄하기를 격려했고 1896년에는 51세의 나이로 장성에서 의병을 일으켰다. 특히 고종이 러시아 공관으로 옮겨가자 "호랑이를 풀어서 보호하고자 하는 꼴"이라면서 외세에 의탁하는 일이 위험하다고 경고했고, "종묘 사직에 제사도 지내지 못하게 되었다."고 하면서 조선의 멸망 가능성에 대해 우려하기도 하였다. 의병과 함께 나주와 광주로 갔으나 신기선이 선유사로 내려왔기에 고종의 명을 받들어 의병활동을 적극적으로 펼치지 못하고 해산했다. 1904년에는 조정 관리들이 전국 국토의 권리를 일본에 양도할 것이라는 소식을 듣고[4] 유림들이 모여 상소하는 자리에 기재(寄宰)를 대신 보내 항거하는 의사를 보였다. 1905년 을사늑약 체결 소식을 듣고 "임금은 빈 자리에 앉게 되었고 우리의 삶은 허공에서 이루어질 수 없고 오직 땅 위에서만 이루어지는데 그 땅이 견양(犬羊)의 차지가 되었다."[5]고 분노했고, 5적에 대해 "이 무리들은 선왕으로부터 받은 강토를 사사롭게 적에게 넘긴 자들"이라고 규정하고 처단하기를 요구하는 상소를 올렸다. 1906년에는 호남 지방 백성들에게 곡성에 모이도록 하여 을사 5적 처단을 요구하는 연명 상소를 추진하기도 하였다. 이후 을사 5적을 암살하려 했다는 의심을 받아 일본 경찰에게 잡혀가 광주, 영광, 서울 등의 감옥에 갇혀 심문을 받았다. 1907년 4월 20일 서울의 감옥에서 출소하여 고향으로 돌아왔다. 1910년에 한일합병 소식을 듣고서는 나라가 망한 신하는 편안하게 있을 수 없다면서 식음을 전폐하고 해진 옷으로 바꿔 입고 죽림 속에 칩거하였다. 1911년 일본인들이 각 지역의 명망 있는 유림들에게 은사금을 주었는데 단호하게 거절하여 일본의 침략 야욕에 항거하는 뜻을 보였다. 기우만은 이씨 조선의 신하로서 살기를 맹세했고 그것을 지키고자 했던 것이다. 그 후 방장산에 들어가 은거하다가 1916년 남원의 사촌에서 별세하였다.

이처럼 기우만은 인생 후반기를 외세를 배격하고 특히 일본에 대해서는 적극적으로 항거하는 활동으로 보냈다. 개화기 기간 동안 호남의 의병활동은 두 차례에 걸쳐 크게 일어났다. 을미의병은 친일개화당 정권에 대한 비판이었고 병신년 의병은 을사늑약 체결 이후 친일 매국세력에 대한 비판이었다. 이는 곧 조선 왕권과 조선의 국권을 수호하고자하는 의병활동이었다. 이런 점에서 기우만이 의병을 일으킨 것은 개화에 반대하면서 왕을 지키는 이른바 반개화, 반침략적 투쟁이라고 할 수 있다. 기우만은 이 두 차례에 걸쳐 근왕서 호남 의병활동에 구심점 역할을 하였다.[6]

특히 문화, 제도적 측면에 있어서는 조선이 중화의 맥을 이었다고 자부하면서[7] 서양의 사상, 문물에 대해서는 삿된 것, 오랑캐의 것으로 규정하였다. 당시 사람들이 서양의 책을 사서 읽고 천주교가 성행한다는 말을 듣고는 "신주(神州)가 무너져 없어진 이후로 한 줄기 화맥(華脈)이 우리나라로 들어와 완연하여 동쪽의 중화가 된 지 3백 년인데 지금 모두 없어졌다."고 한탄했다. 이런 소중화 자부심을 바탕으로 갑오개혁 당시의 개화에 대해 비판하였다.

> 개화라는 두 글자에 이르러서는 천하 각국이 패망한 자취가 이미 환하게 드러나 속일 수 없게 되었다. 대개 이른바 개물(開物)하여 일을 이루는 것과 백성을 교화하여 좋은 풍속을 만드는 일은 처음부터 나쁜 말은 아니었다. 그렇지만 저들은 그 이름만 훔쳐 그 욕심을 채우려고 하였다. 물(物)로 일을 이룸에 아직 다 알지 못하는 것이 있고 백성의 풍속을 아직 다 교화하지 못한 것이 있다면 화하(華夏)를 써서 오랑캐를 변화시켜야 하니 오랑캐는 이로써 중국으로 나아가는 것이 진실로 좋다. (…중략…) 개화(開化)하고자 하는 생각이 있다면 마땅히 우리의 예의 문물을 스승으로 삼아 천하의 복식을 법으로 삼고 천하의 머리카락을 길게 해야 한다. 그런데 지금은 그렇지 않다. 도리어 우리의 법복을 훼손하고 우리의 피부와 머리카락을 손상시키며 우리의 전장(典章)을 고치려고 한다. 오랑캐의 문물을 열어놓아 오랑캐의 일을 이루려고 한다. 오랑캐 백성으로 변화시켜 오랑캐 풍속으로 만들려고 한다.[8]

기우만은 개화를 '만물을 잘 살펴 그 도리를 알고 그에 따라 일을 처리하여 일을 이루어내는 일이며 백성을 잘 교화하여 좋은 풍속을 만드는 일'

이라고 하였다. 그 기준을 중화로 삼았고 조선이 중화를 간직하고 있다고 했다. 그러므로 진실한 개화란 우리의 복식이라고 주장했다. 기우만이 말하는 개화는 문화적 중화로 동화되는 것이다. 이는 당시 개화파의 인식과는 전혀 다르다. 개화파들은 조선의 전통을 구시대적인 폐습으로 간주하여 개혁 대상으로 여겼고 서양의 사상, 문화, 문물을 지향했다. 기우만은 서양과 일본의 문화를 오랑캐 것으로 간주하였다. 개화파들의 개혁이란 도리어 중화를 변질시켜 오랑캐로 만드는 일이라고 격렬하게 비판한 것이었다. 그리하여 '정(正) - 바름'이 아니라 '사(邪) - 거짓'된 개화라고 여겼고 개화의 이름만 훔친 것이며 자신들의 욕심만 채우는 일이라고 비판했다.

그리하여 조부였던 기정진의 사상을 전폭적으로 수용하여 '부정척사(扶正斥邪)'를 외쳤다. 바른 학문을 잡게 되면 거짓된 것들은 저절로 없어지게 되는데 거짓이 세상에 번성한 것은 정학의 도가 밝지 못하기 때문이라고 하였다. 그러므로 바른 학문을 단단히 붙들고 지켜내는 일이야말로 유자들이 맨 먼저 해야 할 일이며 급선무로 삼아야 할 일이라고 강조했다. 이에 기우만은 도를 밝게 만들기 위한 가장 현실적이고 실질적인 실천 방법으로 향음주례를 통해 윤리 도덕적 기강 확립에 나섰다. 이는 곧 중화를 간직하고 있는 우리 문화야말로 올바르고 개화된 것이며 서양이나 일본으로부터 들어온 문화는 거짓되고 야만의 상태라는 것을 드러내며 향음주례를 실시함으로써 정학이 아직 건재함을 대외적으로 보여주고자 했다.

이와 같이 기우만은 소중화 의식을 바탕으로 외세와 일본의 침탈에 대해 적극적으로 배격하였고 그것은 전통적인 유교 윤리를 고수하고 더 강화하는 의미를 지닌다.

한편 학문적인 측면에 있어서 기우만은 호남 유림의 종장이라는 위치에 있었으나 따로 학설을 세우지 않았다. 그가 스승으로 모셨던 이가 조부인 기정진이어서 집안 어른의 학설에 대해 부가적으로 자신의 견해를 덧보태는 일이 부담스러웠던 데 이유가 있는 것으로 보인다. 또한 기정진의 강학 활동과 관련한 일을 처리하느라 정식으로 강학 공간에 들어가 배우지 못했다. 이에 다른 학파와의 학문적 토론은 기정진 제자들에게 일임하였다.[9] 또 기정진의 제자나 친우들이 질문한 내용에 대해서만 간략하게 답변할 뿐이었다. 그리하여 성리학과 관련한 전문 저술이 없으며 이는 기우만 연구가 소홀하게 된 이유인 듯하다.

평소 유교 윤리를 강조했던 만큼 삼강에 가까운 행실이 있으면 적극적으로 드러내었는데『호남의사열전(湖南義士列傳)』도 그런 의도에서 저술하였다. 그의 문집으로『송사집』과『송사선생문집습유』가 있다.

3. 가문 홍성과 향촌 돌보는 책무 지우기

1) 종심(心從)하는 열행 강조

조선 초기에는 개가(改嫁)하지 않는 일도 열행으로 간주되었지만 조선 후기로 갈수록 '죽어야' 열행으로 인정받았다. 이런 추세는 남편이 죽었다는 이유만으로 하종하는 열행이 증가하는 폐단을 낳았다. '열녀'는 '죽음'을 동시에 떠올리게 했다.

'죽음' 수반의 열녀 개념은 18세기 후반부터 비판되기 시작했다. 정약용은 남편이 죽었기 때문에 하종하는 일은 무익하다고 했고, 성해응은 열녀를 가려내기 위해 특이한 행적을 고르려다 보니 '죽음'이 있는 경우를 택하게 되었고 이로써 열녀와 죽음이 동시에 환기되는 상황이 초래되었다고 하였다. 허전도 원래 열행이란 수절하면서 개가하지 않는 뜻이었는데 조선 후기에 와서 하종(下從)하는 경우에 한정하여 열녀라고 칭송하는 일이 습속이 되었다고 하였다.[10]

기우만의 열행, 열녀 개념은 이와 일맥상통한다. 그는 죽는 열행에 대해 어느 정도 비판적인 태도를 취했고 남편이 죽었을 때 따라 죽는 일과 그렇지 않을 때의 열을 비교하였다.

열렬하다, 열렬하다고 하면서 근래에는 남편이 죽으면 하종하는 일을 그 기준으로 삼는다. 그러나 죽은 남편의 마음을 마음으로 헤아리지 않았으니 순수한 열(烈)이라고 말할 수 없다. 진실로 순열(純烈)한 것을 나는 양부인(梁夫人)에게서 보았다.[11]

기우만은 '열이라고 하기에는 미흡한 열행'과 '순수한 열행'으로 구분한다. 남편을 따라 즉시 죽는 일은 당연히 열행이며 그런 여성은 열부가 될 수 있다. 이런 여성은 남편의 신체적 죽음 상황에 대해 자신의 신체도 '죽음'으로써 버린다. 이는 신종(身從)이라고 할 수 있다. 남편이 세상에 부재하게 되자 자신도 세상에서 부재하는 방식으로 열행을 이룬다. 여성은 자신의 '몸'을 오로지 남편만을 향해 관계 짓는 방식이다. 그러나 기우만은 이런 신종하는 열행은 순수하거나 진짜 열행이라고 생각하지 않는다. 그가 진짜 또는 순수한 열행이라고 여긴 것은 남편의 마음을 헤아리는 행동이었다. 곧 남편의 마음을 미루어 짐작하여 그 마음을 여성 자신의 마음으로 삼는 이른 바 심종(心從)하는 열행이다. 이를 순열(純烈), 진열(眞烈)이라고 하였다.

삼산자는 말한다. 후세에 와서는 남편이 죽으면 하종하는 일을 열행이라고 여겼다. 그리하여 어떤 경우에는 아이가 울어대는 것도 그냥 내버려둔 채 자기 뜻만을 이루어내는 이들이 있었다. 이는 남편이 죽어 급박한 한때의 마음에 지나지 않는다. 옛날에 말하던 열(烈)은 이와 같지 않다. 비록 하루 아침에 죽지는 않았지만 죽은 남편의 마음을 백년간 자기 마음으로 삼았으니 이야말로 진실로 열부인 것이다. 이와 같은 것을 나는 이유인에게서 보았다. 부모에게 중첩되는 슬픔을 끼치지 않고자 함이 죽은 남편의 마음이었다. 아버지의 상례까지 다 치러 효도를 끝마치고자 함이 죽은 남편의 마음이었다. 후사를 세워 제사를 부탁하고자 함이 남편의 마음이었다. 이 세 가지 일에 대해서 죽지 않고 죽은 남편의 마음으로써 하였다. 그리하여 하종하고자 하는 처음의 마음을 스스로 그만두었으니 더욱 더 빛난다. 그 고난과 어려움은 어찌 하루 아침에 목숨을 버리는 데에 비할 것인가[12]

이유인(李敦秀 딸, 鄭禧源 처)은 남편이 병났을 때 정성껏 간호하며 기도했지만 남편은 죽고 말았다. 자식도 없어 즉시 죽으려고 했다. 하지만 시아버지가 자기를 자식처럼 여겼는데 자기도 죽으면 시아버지 입장에서 자식 둘을 한꺼번에 잃는다고 생각하여 죽기를 그만두었다. 미망인으로 자처하며 시아버지를 10년 넘게 봉양했다. 시아버지가 죽자 남편의 형 정성원(鄭誠源)을 도와 상례와 장례에 필요한 일들을 직접 챙겼다. 또 정성원이 동생의 후사가 생겨 제사를 부탁할 수 있을 때까지 있어야 한다고 말하자 후사를 들여 집안 제사를 이어가게 하였다. 이씨는 하종하지 않아 시부모에게 슬픔을 끼치지 않았고 시아버지 봉양, 상례 주관, 남편의 후사까지 다 챙겼다. 이씨가 하종했다면 세 가지 일은 불가능했다. 기우만은 이씨가 남편의 마음으로 자신의 마음으로 삼았기 때문이라고 하였다.

또한 기우만은 이씨가 남편 마음을 받들어 살아가기 위해 겪었던 고난과 역경을 부각하면서 이런 열행이야말로 진짜 열행이라고 하였다. 그러면서 한 순간에 죽는 열행과 비교할 바가 아니라고 단언하였다.

문씨(文昌命 딸, 姜奎煥 처)는 남편이 전처 아들 둘만 남겨놓고 죽자 방적으로 생계를 꾸려 시부모를 봉양하고 전처 아들을 길렀다. 개가하라는 권유도 있었지만 금수같은 짓이라면서 단호하게 거절했다. 기우만은 문씨가 남편의 마음으로 살아 시부모에게 효도하고 남편과의 약속을 다 이루어냈다고 칭송했다.[13] 문씨는 가난, 전처 자식의 양육, 개가의 압력 등 삶에 버거운 상황 속에서 꿋꿋하게 남편의 마음만을 되새기며 효와 열을 실천했다. 기우만은 이처럼 효열을 겸비한 삶을 살아낸 여성을 이상으로 여겼다.

이러한 인식의 근거는 삼종지도였다. "남편이 죽으면 아들을 따르는 것은 예경에서 허용한 것이며 따라야 할 사람이 있는데 목숨을 버리는 일은 예의 바름이 아니다."[14]라고 했고, "전(傳)에 이르기를 남편이 죽었을 때 따라야 할 아들이 있는데도 목숨을 버리는 일은 가히 순수한 열(烈)이라고 할 수 없다."[15]고 하였다. 이에 아들이 있어 평생 미망인을 자처하면서 살았던 박씨(鄭在堯 처)가 '소종유자(所從有子)' 하여 삼종의 도리를 다했다고 평했고,[16] 젖먹이가 있는데도 불구하고 5개월이 지난 후 유서를 써 놓고 죽었던 김씨(金鎭允 딸)에 대해서 "따라야 할 아들이 있는데 죽고자 한 자신의 뜻만 이루었으니 도에 딱 들어맞는 행동은 아닌 듯하다."고 하였다.[17]

기우만은 삼종지도 원리에 근거하여 열행을 평가했고, 하종하여 '종신 - 몸으로 따르는 열행'보다는 '종심 - 마음으로 따르는 열행'을 더 가치 있다고 보았던 것이다.

2) 아들 교육에 헌신하는 여성 부각

기우만은 삼종지도를 적극 부각했다. 즉 남편 잃은 여성에게 아들을 삶의 근거로 삼기를 강조했다.

아들은 한 집안의 가장이면서 제사와 가계를 잇는 귀한 존재였다. 기우만의 아들 중시 태도는 특별하게 보인다. 〈유인최씨묘표〉에서 남편이 죽자 하종하려던 최씨는 유복자가 있어 마음을 바꿨고 아들을 낳았다. 기우만은 "과연 남자 아이를 낳았다."라고 표현했다.[18] 남편은 죽었지만 아들이 있으므로 살아야 한다고 강조함은 그 만큼 아들이 중요하다는 의미이다. 그리하여 기우만은 아들 교육에 헌신하는 여성을 칭송하였다.

김씨(金俊洪 딸, 金用鉉 처)는 자신들이 살고 있는 곳이 아들 김한각(金漢珏) 교육에 적합하지 않다고 하면서 2번이나 이사를 단행했다. 김씨가 이사한 이유는 살림이 어려워 누군가의 도움을 받기 위해서가 아니고 오로지 아들 교육 때문이었다. 아들 교육과 성공은 곧 집안의 명성 및 흥성과 직결되는 만큼 아들의 교육환경을 고려하고 이사도 즉행하는 과단성을 보인다. 이러한 일은 맹자 어머니의 행적과 비견할 만한 것이며 기우만은 현모의 일이라고 한다.[19] 기우만은 김씨의 묘표를 쓰면서 단 두 가지 일만 부각했는데 남편이 아팠을 때 지극 정성으로 간호한 일과 아들 교육을 위해 두 번 이사한 일이 그것이다.

이러한 행적들은 아들의 교육을 위해서는 육체 노동을 기꺼이 하며 가족들의 거처까지 옮기는 적극성과 과단성을 보여준다. 그만큼 아들의 교육을 위한 헌신적 노력이며 이에 대해 기우만은 여자 선비, 현명한 어머니라고 칭송하였다.

더 나아가 아들의 교육을 위해 공부 공간을 따로 마련하고 선생님을 초빙하고 친구들과 교유할 수 있도록 주선하는 여성도 있다.

장씨(張赫奎 딸, 朱廷夏 처)는 남편이 죽은 후 아들이 아비없이 자라 가르침을 받지 않았다는 말을 들을까 걱정하였다. 그리하여 글 읽는 장소를 따로 마련하고 선생님을 모셔와 가트치게 하며 선생님을 극진히 모셨다. 자식들에게는 다른 일로 마음 쓰지 말고 오직 공부에만 집중하라고 타일렀다.[20]

권씨(權必大 딸, 柳星極 처)는 방적으로 재물을 불렸는데 치부보다 아들 교육 때문이었다. 아들을 교육시키지 않음은 부모의 잘못이라고 하면서 그 책임감을 강조했다. 권씨는 자신이 불려 놓은 재산으로 아들이 공부와 숙식이 가능한 공간을 마련하고 선생님이나 친구들을 맞이하여 아들이 배우도록 하였다.[21]

이 외에도 조의곤(曺毅坤)의 어머니인 안씨(安光瑛 딸, 曺炫瑋 처)는 방적으로 살림을 꾸려가면서 아들의 공부를 독려했다. 아들이 사는 집에 손님들이 많으면 더욱 마음을 기울여 음식 대접도 하였다. 다른 지방으로 공부하러 가게 되면 옷가지, 먹을거리 등을 넉넉하게 보내주었다. 그리고 집안의 자잘한 일 따위로 공부를 방해하지 말라고 경계했다.[22] 그 아들은 노사 기정진 문하에서 공부하였다. 평소 조부 곁에서 그 문하생들을 친숙하게 봐 왔던 기우만은 안씨가 아들 교육을 위해 얼마나 헌신하는지를 소상히 알 수 있었다. 안씨의 헌신은 기우만이 보기에도 충분히 칭송할 만한 일이었다. 이에 기우만은 안씨의 묘표 서두에서 "옛날 어진 이들은 반드시 어진 어머니가 양육하여 이루어 낸 것이다."라고 단언하였다.[23]

이처럼 기우만은 교육 비용, 교육환경 마련을 위한 여성들의 노력, 행위를 구체적으로 서술한다. 이는 격언, 선행 등을 통한 구술적 훈계를 넘어서 아들 교육 과정에서 현실에서 발생하는 물질적 지원 문제나 환경 조성 문제 등을 여성이 직접 나서서 해결하는 과단성과 열성을 중시하는 기우만의 여성 인식을 볼 수 있는 부분이기도 하다.

3) 여성의 구활(救活) 행위 중시

묘지명, 행장 등은 한 사람의 삶 전체를 서술하는 장르이다. 남성 묘지명과 행장은 대체로 연대기식으로 구성되는 경우가 많다. 여성의 경우에는 시댁에서 시부모, 남편, 시가쪽 친족의 관계 속에서 있었던 여성의 행적이 서술된다. 기우만이 쓴 여성 기록들도 마찬가지인데 그 가운데 여성의 구활 행위를 서술하는 경우가 종종 나타난다.

> (임씨는) 10여 세 안팎의 나이인데도 이미 다른 사람에게 그 덕과 은혜가 미칠 정도였다. 기근이 드는 해에 이웃 부녀들 중 굶주린 기색이 있으면 먹을 것을 주어 먹게 하니 칭송이 자자했다. (…중략…) 병자년 때에는 큰 흉년이 들어 많은 사람들을 구제하기가 매우 어려웠다. 숙인은 친히 음식 주관하는 일을 맡아 하면서 고르게 나누어 주었다. 그리하여 집안 사람들이나 이웃 사람들에게 이르기까지 누구하나 빠뜨린 사람이 없었다.[24]

> (안씨는) 일찍이 재해가 기승을 부렸을 때 의지할 데 없고 병든 노파를 받아들여 잘 조리하게 하여 살려내기도 하였다. 한 어린 아이가 다니다가 병을 얻었는데 의지할 곳도 없었다. 그리하여 바깥채에 살도록 허락하고 처음부터 끝까지 구해주어 병을 치료하게 했다. 그 사람은 늙을 때까지 은혜에

대해 감격하였다. 이웃에 늙은 아녀자가 곤궁한 데다 굶주리게 되자 매번 밥 먹을 때마다 밥을 덜어 나누어 보내고서야 '내 마음이 편하다.'고 했다.[25]

임씨(林永燦 딸, 崔有煥 처)는 어려서부터 은혜를 베푸는 행동을 하였다. 겨우 10세 안팎의 나이인데도 굶주린 이가 있으면 자신이 먹을 것을 나누어 먹일 줄 아는 여성이었다. 특히 병자년 일에 주목했다. 1876년은 흉년이 심해 왕이 내탕고에서 1만 냥이나 되는 구제금을 내고 각종 세금을 감하거나 유예해주라고 명을 내렸을 정도였다. 이 때 임씨는 50세로 집안의 주부로서 실질적인 책임을 지고 살림을 꾸려가고 있었다. 집안사람들을 먹여 살리기에도 바빴지만 이웃이나 친족들까지 고르게 챙겨 구제해주는 데에 힘을 기울였다. 기우만은 임씨의 10여 세 일을 서술하여 임씨가 어려서부터 남에게 은혜을 베푸는 성정을 지녔음을 드러냈다. 남편이 베푸는 일을 좋아해도 여성이 부응하지 않을 경우에 여성의 삶을 기록할 때 시혜한 행적을 서술하는 경우는 거의 없기 때문이다.

안씨(安光映 딸)는 방적으로 생계를 꾸리면서 검소한 생활을 하였지만 다른 사람을 돕는 데에는 후하였다. 병들어 의지할 데 없는 노파나 아이 병을 치료하게 하고, 굶주리는 이웃이 있으면 먹을 것을 나누어주었다. 기우만은 안씨의 소박함과 남에게 후하게 베푸는 일을 대조함으로써 안씨의 구활 행위를 부각하였다.

안씨(安七宗 딸, 洪在洙 처)도 어렵게 사는 이들을 도와주었는데 밥 먹을 때면 대문에 사람들이 모여들어 먹을 것을 고르게 나누어 주었다. 임씨(임영찬 딸)와 마찬가지로 병자년 흉년 때에는 굶주림으로 죽을 지경에 처한 많은 이들을 구제했고 도적들이 물건을 훔쳐가도 못 본 척하기도 하였다.[26]

기우만이 서술한 여성들의 행의는 한결같이 거의 살아가기 어려운 처지에 있는 사람들을 도와줌으로써 그들을 구하여 살리는 것이었다. 여성의 구활행위는 친족뿐 아니라 집 밖의 이웃, 동네 사람들에게까지 미친다. 기우만은 단순한 돕기가 아니고 생명을 구하여 삶을 되찾아주는 여성의 행적에 초점을 두고 서술하였다. 구활 활동이 남성들만의 일이 아니라 여성도 참여할 수 있고 여성들도 해야만 한다는 생각을 갖고 있었다는 의미이다. 그런 이들의 행적을 칭송하면서 "옛날 女士와 같은 풍도가 있어 각 집안에서 여자들의 본보기로 삼을 만하다."[27]라고 하였다. 구활 정신과 실행을 여성의 덕으로 부각함으로써 여성의 역할을 향당으로 확대하고자 하는 기우만의 의식을 보여준 것이다.

4. 가부장제 및 국가 부지자(扶持者)인 여성

1) 가부장제 가족 체제 존속을 위한 여성 역할 증대

개화기 때에는 전통적인 사상이나 제도 등은 개혁의 대상이 되었다. 가족제도, 혼인, 여성에 대한 의식 등도 예외는 아니었다. 개화파를 중심으로 조혼을 비판하거나 여성의 개가를 허용해야 한다는 주장들이 공적으로 발언되었다. 갑오개혁으로 인해 조혼이 금지되고 여성 개가가 허용되자 기존의 가부장적 제도나 관습은 그 영향력에 타격을 받았다. 그러나 유림을 중심으로 전통적인 유교적 질서를 지키고자 하는 논의도 일어나면서 여성의 수절이나 열행을 강조했고 가부장적 가족제도를 옹호하였다. 그리하여 개화기는 여성이나 가족제도에 대해 이와 같이 상반되는 의식들이 병존하던 때였다.

기우만은 부정척사(扶正斥邪)를 내세우며 유교적 질서를 옹호하는 쪽에 섰다. 여성에 관한 인식도 당연히 전통 유교적 범주 안에 머물렀다. 개화가 중화적인 사고 및 문화에 동화하는 것이라고 여긴 기우만에게 있어서 전래의 남성 중심 가부장적 가족체제를 지켜가는 일은 매우 중요했다. 그러면서 기우만은 여성이 이룩한 삶의 결과 중에서 가계 계승, 제사 계승 등 남성 집안 흥성, 존속과 관련된 것들을 부각한다.

> 세상에는 죽은 남편 마음을 잊고 급박한 때에 목숨을 끊어 남편 집안의 제사를 끊어버리는 이들이 있다. 지금 자네 집안에 이처럼 아들과 손자들로 하여금 오늘날과 같이 잘 보전하게 되었는데 유인이 미망인으로서 세상에 살았던 그 힘 덕분이 아닌 것이 없다.[23]

이는 유봉술(劉鳳述) 처인 차씨에 관한 글이다. 차씨는 남편 죽은 후 하종하려고 단식하다가 3살 아들이 있어 마음을 바꾸었고 이후 아들을 잘 길러 여러 손자를 두었다. 차씨가 죽었다면 3살 아들은 의지할 데 없어졌을 터이고 유씨 집안은 지금처럼 자손이 번창하고 집안이 흥성하지는 않았을 것이다. 차씨의 하종은 유씨 집안 자손을 방기하는 일이며 그렇게 되면 유씨 집안의 존속, 흥성, 제사 계승 등은 위험에 처하게 되었을 터이기 때문이다. 기우만은 차씨 개인의 생명을 보전한다는 측면보다는 차씨가 남편인 유씨 집안을 위해 살아남았고 그 결과 집안이 흥성했다는 측면에서 차씨를 칭송한다.

이처럼 기우만은 여성 삶의 궁극적인 목적을 남편 집안 존속, 흥성, 가계 계승, 제사 계승 등에 두었다. 그리하여 기우만은 여성이 아들을 잘 길러낸 일뿐 아니라 후사를 들이기 위한 노력 등에도 주목한다.

> 대개 아들을 잃은 부모를 봉양하여 천수를 누리게 하는 일이 죽은 남편의 마음이다. 뒤를 이어갈 아들을 세워서 선조의 제사를 봉양하게 하는 일이 죽은 남편의 마음이다. (…중략…) (송씨는) 방적을 부지런히 하여 집안을 위한 계책으로 삼으면서 '가난하여 기대고 의지할 바가 없는 집에 누가 자기의 자식을 주려고 하겠는가.'라고 생각했다. 결국 조카인 여현(勵鉉)을 후사로 삼았다.[29]

송씨(宋鎭淇 딸, 丁珉祚 처)는 혼례를 올리고 시댁에 들어가기 전에 남편이 죽었다. 자식은 없었지만 시부모를 봉양하면서 평생을 살았다. 방적을 부지런히 하여 재산을 모았는데 후사를 들이는 데에 더 좋은 조건으로 만들고자 했기 때문이다. 즉 송씨의 노동은 생계의 의미도 있었지만 궁극적인 것은 후사를 들여 집안을 보전, 창성하고자 하는 데에 있었다. 기우만은 송씨가 며느리 예도 다 마치지 못한 상태로 수절하면서 남편 집안 보전을 위해 노력을 기울인 점을 주목했던 것이다.

가계 계승, 제사 계승을 위해 집안에 후사를 들이는 일은 대체로 남성들의 몫이어서 여성으로서는 주관하기가 쉽지 않았다. 더구나 후사가 되는 사람 입장에서는 이왕이면 더 많은 혜택을 받기 위해 경제적으로나 사회적 지위가 좀더 나은 집안으로 가고자 하였다.[30] 그리하여 후사를 두고자 하는 집은 남보다 나은 조건을 마련해야 했고 그것이 여성의 책무가 될 경우에 여성의 노력은 배가될 수밖에 없었다.

가족(또는 가문)은 남성의 사회 진출의 발판이므로 매우 중요하다.[31] 기우만은 자신의 시대가 전통적 가부장제 가족체제가 흔들리는 시기로 파악했고 그것을 지키고 강화하는 데에 여성의 역할을 강조했다. 이것은 여성을 가문적 맥락 속에 편입하여 순종하는 며느리 역할에서 더 나아가 가문 존속을 위해 적극적으로 대처하는 역할을 여성에게 부가한다. 가문 안에서의 여성의 위상은 좀더 나아졌을지도 모르나 여성의 역할은 더 증가하여 책무의 부담은 더 커진 것이다.

2) 충으로 확장되는 여성의 덕성

기우만은 여성 행적을 기록하면서 열행과 구활 행적을 부각하였다. 기우만의 여성 기록에 나타난 여성의 효행, 열행 등을 보면 '자기가 대신 하기를 기도-代身', 남편 마음을 자기 마음으로 삼기 과정이 거의 빠짐없이 나타난다. 대신(代身)과 남편 마음 헤아리기는 '자신이 존재한다'는 생각을 하지 않고 타인을 위하는 이타적 마음이 밑받침이 된다. 이런 마음이 남편과의 관계에서 열행으로, 친족 및 이웃과의 관계에서 구활 행위로 나타난다. 이 둘의 공통점은 '자신의 것은 잊고 다른 사람을 생각하기'이다. 곧 망신(忘身)과 이타심의 표현이다.

기우만은 여성의 이러한 덕성과 행적을 부각하며 이를 충과 연계한다.

> 諡法에 '나라를 생각하면서 자기 집안을 잊으면 충이라고 한다.'고 했는데 이것으로써 생각한다면 지아비를 생각하면서 자기 자신을 잊으니 누가 열렬하지 않다고 하겠는가? 烈은 진실로 다른 하나의 실마리가 아니다.[32]

> 충효열은 한가지이다. 열부는 효자가 되고 효자는 왕의 신하가 된다. 그러므로 열은 가히 효가 되고 효열은 가히 충이 된다. 이른 바 子職, 婦職이라는 것이 어찌 臣職에 관계되지 않는다고 할 수 있겠는가.[33]

그 대상이 임금이면 충이 되고 남편이면 열이 되고 부모이면 효가 된다. 충과 열은 서로 다르지 않고 그 이치가 한가지이다. 자식이 부모만 생각하고, 부인이 남편만 생각하여 실천하는 일은 곧 효 - 자직(子職), 열 - 부직(婦職)을 다하는 것이다. 각각의 위치에서 해야 할 도리를 다하며 자신을 잊고 상대만을 위한다는 점에서 효와 열은 일치한다. 그리고 이타적 마음을 실행하는 주체가 바뀔 때에는 열행이 충이 된다. "열부가 남자가 된다면 효자이고 효자가 왕의 신하가 되면 충신이다."고 말한 것은 열부가 만약 남자라면 충신이 될 가능성이 높다고 본 것이다. 여성 열행의 기저를 이루는 이타적 마음이 남성들에게 적용될 때에는 효와 충이 된다는 점에서 기우만은 "삼강은 한가지 이치이다."라고 한다.

기우만은 남성의 신직(臣職)은 국가와 임금을 위해 자신을 잊고 충정을 바치는 일이라고 생각했다. 하지간 당시 위정자들은 개화한다는 명목으로 외세에 아부하거나 임금을 위협하고 심지어 나라의 주권까지 일본에게 넘겨주는 사태까지 이르렀다. 기우만은 일본에 의해 국권이 침탈 당하고 나라가 망한 일을 임진왜란과 비교하여 그 환난은 임진난 때보다 더 심하다고 한탄하였다.

이러한 상황을 초래한 이들은 남성-위정자들이었고 그들의 윤리의식 부재 때문이었다. 기우만은 "윤리가 쓸어버린 듯 모두 없어졌고 백성들의 떳떳한 도리가 아예 끊어져 버렸다. 나라를 배반하고 임금을 잊어버린 무리들이 잇달았다."라고 했고 나라를 사사롭게 남에게 거저 준 적도들, 나라를 팔아먹은 매국자들이라고 격렬하게 비판했다. 기우만 입장에서 볼 때 이들은 나라를 위해 자신을 잊은 것이 아니라 오히려 위급한 상황에 이르러서는 배반하고 나라와 임금을 팔아버린 사람들이었다. 남편에 대해 한결같은 마음으로 열을 행하는 여성에 미치지 못하는 사람이라고 여겼다.[34]

이런 상황 속에서 기우만은 기존의 성리학적 질서, 제도, 윤리의식 확립 등의 방법으로 현실 문제를 해결하고자 했다. 이에 여성의 열행 또는 이타심을 바탕으로 한 대신적(代身的) 마음, 고치지 않는 한결같은 마음은 윤리를 회복하고 남성들에게 충 의식을 격발하기에 충분하다고 여겼다. 그리하여 기우만은 여성으로부터 그 정신을 배우기를 촉구하였다.[35]

이와 같이 기우만은 여성의 덕성을 국가를 위한 충심과 연계했고 그럼으로써 남편과의 관계나 가족간의 관계에서만이 아니라 국가적 맥락 속에서 그 의의를 부각시켰다.

5. 열을 충으로: 변절자에 대한 질책

기우만은 개화기와 조선 멸망을 체험한 유림이었다. 조부의 위정척사 정신을 계승하여 외세에 대해 적극적으로 저항하였다. 이는 유교적 윤리를 기반으로 국난을 극복하고자 했기 때문이다. 여성 인식 또한 그 범주 안에 있었다. 그리하여 여성의 수절과 열행을 강조했고 특히 하종하지 않고 아들 교육에 적극적으로 뒷바라지 하여 가문을 위해 고난을 겪어내는 열행을 부각했다. 이는 가부장적 가족체제를 유지하고자 하는 의도였다.

한편으로는 여성의 열행을 충 윤리로 확장하는 발판으로 삼기도 했다. 그리하여 여성 열행의 기저에 있는 '한결같은 마음', '남을 이롭게 하는 이타심' 등을 충 윤리와 연계함으로써 당시 개화파나 변절자들에 대한 강력한 비판 기제로 활용하기도 하였다. 또한 여성의 구활 활동에 주목하여 부각함으로써 여성의 역할을 가족적 범주에 두지 않고 향당 차원으로 확대하고 있다.

기우만의 여성 인식이 전통적 유교 윤리 범주에 있다는 점에서 당시 근대화로 가는 변화에 부응하지 못했다는 한계는 분명히 있다. 그러나 다른 한편에서 본다면 그가 생존했던 당시는 조선이 개방함으로써 사회적, 정치적으로 혼란스러웠을 뿐 아니라 열강 국가들의 틈새 속에서 국가적 위기가 최고조로 달했고 결국 국가 멸망에 이르렀던 때이다. 이러한 와중에서 그가 여성의 열행을 충과 연계하여 매국행위를 비판하고 임금과 국가에 대한 충정심을 고취하고자 한 시도는 그 나름대로 시대적 의의가 있다고 할 수 있다.

▸ 주

* 이 글은 『한국고전연구』 30집(2014)에 게재된 논문을 수정한 것이다.

1 홍영기는 대한제국 시기 장성, 나주 의병활동을 다루면서 기우만의 의병활동을 중심으로 고찰하였다. 홍영기, 『대한제국기 호남의병 연구』, 일조각, 2004.

2 권수용, 「호남의 근대 누정 작가·작품 연구 - 기우만, 오준선, 고광선을 중심으로」, 『동방학』 제19집. 2010.
권수용, 「기우만의 수신간찰과 교우의 성격」, 『영남학』 24호, 2013.

3 홍인숙, 『근대계몽기 여성 담론』, 혜안, 2009.

4 1904년 6월 나가모리(長森藤吉郎)가 황무지 개척권을 요구하자 허락하였다가 전국의 유생들이 상소하여 그만두게 한 일이 있었다.

5 嗚呼曷歸. 惟我三千里疆土. 爲五六賊臣所賣. 使吾君上坐擁虛位. 蓋有土而後有國. 如是而猶國謂之不亡乎. 我生非懸空. 必附著於土. 所附之土. 爲犬羊所據. 凡我生爲李氏臣. 死爲李氏鬼者. 附著於于誰之土. (…중략…) 大而恢復疆土. 奠安宗社. 小而全軀保

家. 歌樂泰平. 罔不在此. 惟僉君子是究是圖. 〈告列邑諸章甫〉 乙巳十二月, 『송사집』 권10.

6 의병장으로 활동했던 고광순은 '송사는 사림의 영수이고 존경받는 사람이다. 상소한 글도 있고 이어서 창의하기도 했으니 혈기 있는 자라면 누가 지도받기를 원치 않겠는가?(松沙士林領袖 山斗雅望 旣有封章 繼又倡義 有血氣者 孰不願執鞭, 〈通告列邑文〉, 고광순, 『鹿川遺稿』 권상.)라고 하였고 의병장 양회일도 의병봉기에 앞서 기우만을 찾아와 상의하기도 하였다.

7 第念蠻夷猾夏. 神州陸沈. 禮樂文物. 獨在吾邦. 蕞有小華之稱. 見今蹄跡日交. 世級日淪. 觸目無非赤黑. 入耳半是侏. 一線華脈. 無地可保. 〈華隱記〉, 『송사집』 권21.

8 至若開化二字. 是天下各國敗亡之已迹昭著而不可誣者. 蓋其所謂開物成務. 化民成俗. 未始非好語. 而彼乃竊其名而濟其欲. 若物務有未開. 民俗有未化. 則用夏變夷. 夷以進於中國固可也. 我國雖委靡不振. 其爲一變至道之魯則足矣. 有意開化者. 祇當師範我禮義文物. 法天下之服. 長天下之髮. 而今則不然. 反毁我法服. 傷我膚髮. 變改我典章. 開夷狄之物而成夷狄之務. 化夷狄之民而成夷狄之俗. 噫何其舛也. 且夫夷狄之難化也久矣. 雖以古聖王之博施. 置之度外. 以嚴其界限. 不與同中國而已. 而彼所謂開黨者. 生長四千年禮義之邦. 霑被五百年休養之恩. 而引仇賊爲腹心. 迫脅君父. 禍及母后. 革我舊典. 髡我臣庶. 擧一國而奴隸於倭洋. 抑獨何心哉. 嗚呼痛矣. 松沙先生文集卷之十 〈乙未疏〉, 기우만, 『송사집』 권2(1894년 12월에 올린 상소).

9 연보, 123면.
기정진의 저술인 〈납량사의〉, 〈외필〉에 대해 물의가 일어나고 간재 전우가 〈외필변(猥筆辨)〉, 〈납량사의의목(納涼私議疑目)〉을 지어 기정진 학설을 비판하자 정재규는 〈納涼私議記疑辨〉,〈猥筆辨辨〉을 지어 적극적으로 대응하였다. 강정화, 「노백헌 정재규의 삶과 학문 - 강우지역에서의 노사학 계승 및 확산을 중심으로」, 『남명학연구』 제29집, 남명학연구소, 2010, 155~184면.

10 〈烈婦論〉, 정약용, 『여유당전서』 제1집 시문집 권11.
近世以來 裁擇不能公 (…중략…) 是故有司難於裁擇取於孝者 必斫指嘗糞 取於烈者 必捐生下從 不如是 輒去之. 〈靑城孝烈傳〉, 成海應, 『研經齋集』 권52.
古所謂 烈女者 惟曰 不更二夫 亦惟曰夫死不嫁已已 (…중략…) 我東以禮義立國化民成俗 雖匹庶之賤 早寡無依者 莫不固守貞節 故獨以殉身下從者 名爲烈女. 〈崔孺人孝烈錄後序〉, 許傳, 『性齋集』 권13.

11 烈云烈云. 近世以夫死下從爲準. 而厥或不心亡夫心. 未可謂純矣. 純於烈. 吾見梁夫人, 〈贈淑夫人梁氏墓表〉, 기우만, 『송사집』 권41.

12 三山子曰. 後世以夫死下從爲烈. 或至於置子呱呱而直遂其志者有焉. 此不過一時崩迫之情. 古所謂烈不如是. 雖不死於一日. 而心亡夫心於百年. 乃眞烈婦也. 若是者. 吾於李孺人見之矣. 不貽父母重慽. 亡夫心也. 父喪終孝. 亡夫心也. 立後託祀. 亡夫心也. 于此三事不死. 以亡夫之心. 而自己下從之初心. 尤炳炳矣. 若其辛苦艱難. 豈一朝辦命之比耶. 〈孺人李氏傳〉, 기우만, 『송사집』 권50. 〈孺人李氏傳〉, 기우만, 『송사집』 권50.

13 外史氏曰. 不爲未亡人在世. 孺人心也. 養喪子之姑. 育失父之孤. 亡夫心也. 使孺人心孺人心. 而不以亡夫心爲心. 則老姑誰養. 稚輩誰育. 不忘夫臨終之託. 養姑終天年. 育兒立夫家. 孝烈之稱宜哉. 〈孝烈婦文氏傳〉, 기우만, 『송사집』 권50.

14 夫死從子. 禮經所許. 所從有地而必於致命. 非禮之正. 〈書金孝婦實行後〉, 기우만, 『송사집』 권22.

15 傳曰夫死從子. 所從有子. 而遽以致命. 未可謂純烈. 若李公秉燁夫人金海金氏則異於是. 〈烈婦金氏遺蹟碑〉, 기우만, 『송사집』 권25.

16 世或有有子猶飮乳. 而不顧其無恃. 自遂己心. 以絶夫嗣者. 此禮經所不許. 吾故以朴孺人爲中行也. 〈鄭氏孝烈旌閭記〉, 기우만, 『송사집』 권19.

17 嗚呼. 所從有子. 而遽遂己心. 或遜於中行, 〈裵氏兩世孝烈旌閭記〉, 기우만, 『송사집』 권19.

18 果生男子子. 〈孺人崔氏墓表〉, 기우만, 『송사집』 권43.

19 事父母稱孝女. 事舅姑稱孝婦. 接君子稱賢媛. 訓子稱賢母. (…중략…) 嘗語夫子曰. 此非教子之地. 請擇仁里. 徙宅凡二度. 又營於夫山舊趾. 〈孺人金氏墓表〉, 기우만, 『송사집』 권43.

20 教子有節度. 不以無父而加恩愛. 義方甚嚴. 置書社迎賢師. 供饋必躬檢加意. 使諸子動念勤課. 常曰汝輩未有見焉. 家無賓客. 尋常爲恨. 吾見汝祖汝父在世行義. 座上多客. 見今寂寞如此. 〈孺人張氏傳〉, 기우만, 『송사집』 권50.

21 天佑孝婦. 家道稍饒. 喫著無窘乃曰有子而無教. 父母之過. 結齋庤粮. 延師邀友. 又使之就正於有道. 二子弘烈, 基烈. 皆見稱法拂. 實孺人之教使之然也. 〈孺人權氏墓表〉, 기우만, 『송사집』 권43.

22 求古賢人之爲賢人. 必有賢慈氏以養成之. 蓋自乳哺至免懷. 薰陶漸漬. 母之力爲多. 以吾耳目所及 每子舍客多. 喜形于色. 酒饌必加意. 或讀書他所. 衣糧必先期送之. 且戒之曰. 世間出世間事未聞兩就. 勿以家累妨工也. 每師門行. 告歸期. 則曰遊先生門下. 何歸期之必告. 雖曠日月. 所幸困歸耳 〈孺人安氏墓表〉, 기우만, 『송사집』 권42.

23 求古賢人之爲賢人. 必有賢慈氏以養成之. 蓋自乳哺至免懷. 薰陶漸漬. 母之力爲多, 〈孺人安氏墓表〉, 기우만, 『송사집』 권42.

24 十歲內外. 已有德惠及人. 饑歲. 隣里婦女見有飢色. 推食而食之. 藉藉有稱. (…중략…) 値丙子無穀. 口衆艱濟. 淑人親任饋食. 均分有無. 至宗黨至隣比. 無向隅一人. 〈淑人林氏墓碣銘〉, 기우만, 『송사집』 권37.

25 嘗診熾. 無告病婆. 受委調活. 又有一童行得疾無歸. 許致外舍. 始終救療. 其人至老感恩. 隣有老婦窮餓. 每飯必分送之曰以安吾心. 蓋其天稟仁厚. 不待勉強. 而德惠已周洽矣. 〈孺人安氏墓表〉, 기우만, 『송사집』 권42.

26 里婆老少. 食時塡門. 推食必均. 丙子無穀. 斗粟椀粥. 多所濟活. 或有盜竊什物. 若無見也. 其德厚如此 〈孺人安氏墓誌銘〉, 기우만, 『송사집』 권40.

27 其處事從容. 有古女士風. 吾欲寫實一通. 以與各家婦女爲良箴. 〈淑人林氏墓碣銘〉, 기우만, 『송사집』 권37.

28 世間有罔念亡夫之心. 崩迫致命 遂使夫家絶祀者有之. 今君家有子有孫. 保有今日. 罔非先孺人爲未亡人在世之力. 其孰烈而孰不烈. 自有能辨之者矣. 〈孺人車氏墓表〉, 기우만, 『송사집』 권42.

29 不心己心. 心亡夫心. 始可謂烈矣. 蓋養喪子之舅姑. 使終天年. 亡夫心也. 立嗣子以奉

宗祀. 亡夫心也. (…중략…) 勤於紡績. 以爲家計. 曰貧無藉. 誰肯分子與之. 卒取從子勵鉉爲後. 嗚呼. 其與罔念夫家. 致命於一日者. 孰優而孰劣也. 〈孺人宋氏墓表〉, 기우만, 『송사집』 권42.

30 최재석, 『한국가족제도사연구』, 일지사, 1983, 694~698면.

31 김미영, 「유교가족 윤리와 여성 정체성 - 삼종지도를 중심으로」, 『철학연구』 제33집, 47~71면.

32 謚法. 慮國忘家曰忠. 以此槩之. 則慮夫忘身. 夫孰曰不烈. 烈固非一端. 〈書孝烈婦全氏實蹟後〉, 기우만, 『송사집』 권22.

33 竊謂忠孝烈一致. 烈婦而爲孝子. 孝子而爲王臣. 則烈可以爲孝. 孝烈可以爲忠. 所謂子職婦職. 豈遽謂不關於臣職者此也. 咸陽朴氏五孝烈傳序〉, 『송사집』 권13.

34 妻之於夫. 猶臣之於君. 忠與烈非殊塗. 見今親臣世臣. 自謂讀書知義理者. 劫於一死. 至於販君賣國. 不少顧忌. 〈孝烈婦金氏傳〉, 기우만, 『송사집』 권50.

35 外史氏曰. 婦之烈於夫. 猶臣之忠於君. 故并列爲三綱. 雖然男剛女柔. 男子之爲忠臣. 當易於女子之爲烈婦. 而唉今則不然. 主辱於上而未聞臣死於下. 反使烈婦如李氏者. 夫病體無完膚. 夫死從容從逝. 嗚呼烈哉. 烈行已上聞. 成命遄降. 可謂國人知之. 在朝之臣讀其行. 得無羞愧汗背者乎. 吾欲表而出之. 以告爲男子事君而不忠者. 〈烈婦李氏傳〉, 기우만, 『송사집』 권50.

참고문헌

기우만, 『송사집』, 고전번역원 DB.

최익현, 『면암집』, 고전번역원 DB.

강명관, 『열녀의 탄생』, 돌베개, 2009, 855면.

한국고전여성문학회, 『조선시대의 열녀담론』, 월인, 2002, 402면.

홍인숙, 『근대계몽기 여성 담론』, 혜안, 2009, 300면.

홍순권, 『한말 호남지역 의병운동사 연구』, 서울대출판부, 1994, 449면.

홍영기, 『대한제국기 호남의병 연구』, 일조각, 2004, 606면.

강정화, 「노백헌 정재규의 삶과 학문 - 강우지역에서의 노사학 계승 및 확산을 중심으로」, 『남명학연구』 제29집, 남명학연구소, 2010, 155~184면.

권수용, 「호남의 근대 누정 작가 · 작품 연구 - 기우만, 오준선, 고광선을 중심으로」, 『동방학』 제19집, 동양고전연구소, 2010, 148~180면.

______, 『기우만의 수신간찰과 교유의 성격」, 『영남학』 24호, 영남학연구원, 2013, 319~355면.

김미영, 유교가족 윤리와 여성 정체성 - 삼종지도를 중심으로」, 『철학연구』 제33집, 철학연구소, 2007, 47~71면.
이혜순, 열녀전의 입전의식과 그 사상적 의의, 한국고전여성문학회, 『조선시대의 열녀 담론』, 월인, 2002.

여성노동의 과중함에 대한 이해, 여전한 정절관

-창강 김택영(1850~1927)

김경미

1. 창강 김택영과 여성 관련 글들

19세기 말, 20세기 초 한국 역사는 극적인 변화를 겪은 시기이다. 조선사회 내부의 모순이 분출한 동학혁명과 뒤이은 갑오경장, 일본의 제국주의적 침략과 일본을 경유하여 유입되기 시작한 서구 근대문명의 영향은 이전의 조선사회와는 질적으로 다른 변화를 추동했던 것이다. 이 시기 가장 큰 변화의 대상이자 주체 중 하나는 여성으로, 당시의 남성 지식인들은 이러한 변화를 목도하면서 신문이나 잡지를 통해 여성 교육, 과부 재가, 조혼, 미신 파타, 정절 등 여성과 관련된 담론을 활발하게 전개했다. 근대전환기 혹은 근대계몽기로 명명되는 이 시기에 이루어진 여성의 변화와 여성담론의 변화는 많은 주목을 받아왔다. 그러나 부정적이건 긍정적이건, 이 시기에도 여전히 강한 영향력을 가지고 있었던 유학자들의 여성담론은 논설, 전, 행장, 묘지, 제문과 같은 산문을 통해 풍부하게 남아있는 데 비해 그다지 주목받지 못했다. 최근 이 시기 유교 여성담론 연구의 필요성을 제기하면서 조선후기 여성담론이 어떻게 지속, 변모되었는가를 살피면서 그 전반적인 면모를 드러내려는 연구가 시작되고 있다.[1]

이 글에서는 그 예의 하나로 한말을 대표하는 문인인 창강(滄江) 김택영(金澤榮, 1850~1927)이 여성 인물이나 여성 문제에 대해 남긴 글들을 살피고자 한다. 창강은 개성 출신으로 17세에 성균 초시에 합격했고, 1894년 영의정이던 김홍집이 창강이 찬한 『숭양기구전』을 보고 사재(史才)가 있다고 추천하여 편사국(編史局) 주사가 되었다. 1903년 홍문관 찬집소 문헌비고 속찬위원으로 통정대부에 올랐으며, 56세가 되던 1905년에는 편집위원에 임명되었다. 그러나 그는 을사늑약이 체결되기 전 중국으로 이주하여 청나라의 관리이자 실업가인 장건이 운영하던 남통(南通) 한묵임인서국(翰墨林印書局)에서 편집인으로 일했다. 이곳에서 문학창작활동과 조선의 한문학 정리와 평가, 역사 저술에 몰두한 그는 중국 지식인들의 도움을 받아 『신자하시집』, 『매천집』, 『중편연암집(重編燕巖集)』, 『여한십가문초(麗韓九家文抄)』, 『명미당집(明美堂集)』, 『한사경』, 『한국역대소사』, 『중편한대숭양기구전』 등을 출간했다. 창강의 생애에서 주목되는 점은 조선사회에서 소외된 개성 출신이라는 점, 중국 이주의 경험이 있다는 점이다. 이로 인해 창강의 삶과 문학은 당시의 다른 유학자들과는 구별되는 특성을 갖는 것으로 보이며, 여성인식에도 영향을 미친 것으로 보인다. 그럼에도 창강의 일부 글을 중심으로 연구가 이루어지기는 했으나 그의 여성담론에 대해 본격적인 연구는 아직 이루어지지 않았다.

이 글에서는 창강의 여성담론을 살핀다. 창강은 〈절부에 관한 설〉, 〈귀유광의 정녀론을 반박하는 논의〉 등 유교 여성 담론에서 가장 중요한 부분인 열절에 대해 논한 글이나 열녀전을 남기고 있으며, 여성교육서인 〈규문궤범서〉를 통해 여성 교육에 대한 자신의 생각을 분명하게 밝히기도 했다. 또한 여성을 대상으로 한 전(傳)이나 행장, 제문이나 묘지명 등도 적지 않게 남기고 있다. 그 글들의 목록을 제시하면 다음과 같다.[2]

종류	연도	제목
행장/묘지명	1880	〈아내 왕씨의 광명(亡妻王氏壙銘)〉
	1905	〈고씨의 어머니 신유인 묘갈명(高母申孺人高光旭妻墓碣銘)〉
	1906	〈통주 이유인 행장(通州李孺人宋龍淵妻行狀)〉
	1910	〈계실 전씨의 묘지(繼室全氏墓誌)〉
	1910	〈왕씨의 어머니 김숙부인 묘지명(王母金淑夫人王庭麟妻墓誌銘)〉
	1912	〈주증금의 처 황안인 묘지명(周曾錦妻黃安人墓誌銘)〉
	1914	〈남명 선생 조식의 처 남편 조씨의묘갈명(曺南冥先生植妻南平曺氏墓碣銘)〉
	1914	〈황원의 처 안유인 묘지명(黃瑗妻安孺人墓誌銘)〉
	1914	〈서씨의 어머니 김부인 뢰문(徐母金夫人誄)〉
	1916	〈문씨의 어머니 곽유인 묘지명(文母郭孺人文成鳳妻墓誌銘)〉
	1917	〈두 아내의 합장 비명(兩妻合葬碑銘)〉
	1917	〈김씨의 어머니 이부인 행장(金母李夫人行狀)〉
	1919	〈할머니 한씨 김정권 처 묘지(祖母韓氏金正權妻墓誌)〉
	1919	〈어머니 묘지(先妣金益福妻墓誌)〉
	1920	〈하민갑의 처 의인 경주 이씨 묘지명(河珉甲妻宜人慶州李氏墓誌銘)〉
	1920	〈장선식의 처 진씨 묘지명(莊先妻識陳氏墓誌銘)〉
제문	1898	〈계비 전씨에게 올리는 제문(祭繼室全氏文)〉
	1905	〈막내 여동생 윤씨 부인에게 올리는 제문(擬祭季妹尹氏婦文)〉
전	1903	〈도명주전(都明珠傳)〉
	1904	〈명원전(名媛傳)〉
		정렬전(貞烈傳) 7편
		효우전(孝友傳) 5편
서	1913	〈규문궤범서(閨門軌範序)〉
논설	1908	〈절부에 관한 설(節婦說)〉
	1920	〈귀유광의 정녀론에 반박하는 논의(駁歸熙甫貞女論論)〉
수서	1920	〈오씨의 어머니 강브인 칠십 수서(吳母江夫人七十壽序)〉
	1920	〈유씨의 어머니 역태부인의 80세 수서(劉母易太夫人八十壽序)〉
	1920	〈서씨의 어머니 이태의인의 80세 수서(徐母李太宜人八十壽序)〉

창강이 쓴 여성 관련 글은 행장, 묘지명 16편, 제문 2편, 전 14편, 서 1편, 논설 2편, 수서 3편으로 그 분량이 적지 않다. 시기별로 보면 중국으로 간 뒤에 쓴 글들이 더 많은데, 이 중에는 중국에서 알게 된 인사들의

부탁을 받고 써 준 것들도 있다. 〈통주 이유인 행장〉, 〈주증금의 처 황안인 묘지명〉, 〈장선식의 처 진씨 묘지명〉, 세 편의 수서가 이에 해당된다. 또 내용상으로 보면 〈절부에 관한 설〉, 귀유광의 정녀론에 대한 반박 글, 열녀전 등은 조선후기 내내 여성의 삶을 구속했던 열녀담론과 직접 연관되는 내용을 다루고 있고, 〈규문궤범서〉에서는 여성교육에 대한 생각을 드러내고 있다. 이 중 열절에 관련된 글은 20세기를 전후한 유학자의 여성담론을 보여주는 중요한 자료로 평가되면서 그 시대적 의미에 대한 심화된 논의가 이루어지고 있다.[3] 창강의 열녀담론은 분명 중요한 의미를 갖지만 여기에 나타난 생각만으로 창강의 여성담론을 규정짓기는 어려운 것으로 보인다. 기녀를 다룬 〈도명주전〉이나 행장에서 보이는 여성의 노동에 대한 인식과 관련시켜 다룰 때 창강의 여성담론이 보다 입체적으로 드러날 것으로 생각되기 때문이다. 이 글에서는 창강의 여성담론이 갖는 다양한 측면을 제시하고 그 의미를 해석하고자 한다. 이를 위해 다음 장에서는 이상의 글들을 대상으로 창강의 여성 기록에 대한 태도, 열절, 여성교육, 여성노동에 대한 논의를 살피고 이를 바탕으로 창강의 여성담론에 대해 평가하고자 한다.

2. 여성 기록에 대한 태도

창강은 여성을 대상으로 한 기록을 여러 편 남겼다. 창강의 여성 기록에 대한 태도는 인물지나 전(傳)을 기록한 태도와 상통하는 면이 있다. 창강이 기록한 인물이 개성 출신이고, 정치적으로 비주류이며, 계층적으로 중인·평민·천민, 여성 등의 비중이 상대적으로 높다[4]는 지적에서 보듯 창강은 주로 주변적이고 드러나지 않은 인물들을 기록의 대상으로 삼았다. 여성을 기록할 때도 창강은 이러한 태도를 견지한 것으로 보인다. 창강은 조선조 이래 개성 출신의 인물과 사적을 기록한 『숭양기구전』에 정렬(貞

烈), 명원(名媛)을 따로 분류해서 수록했다. 정렬전에서는 열녀를, 명원전에서는 황진이를 기록하고 있다. 그러나 『소호당집』에 〈숭양기구전〉을 줄여 넣으면서 정렬전을 삭제했는데 그 이유를 "부녀자들을 입전한 것이 지지와 비슷한 듯하여 '기구(耆舊)'라는 이름에 맞지 않는 혐의도 있었다"[5]고 밝히고 있다. 이로 미루어 보건대 부녀자들이 들어간 것에 대해 꺼리는 시선이 있었던 것으로 보인다. 그런데 창강은 1920년 〈숭양기구전〉을 재간행하면서 정렬전을 부록의 형식으로 재수록한다.[6] 이 과정에서 보듯이 창강은 여성의 행적을 드러낼 필요성을 인식하고 있었던 것으로 보인다. 그중 열녀가 가장 많은 것은 열행이 여성의 행실 중 가장 드러낼 만하다고 생각했기 때문으로 보이며, 이는 창강이 열절을 여전히 중요한 가치로 인식했음을 보여준다. 그가 열절을 중시했다는 것은 『한사경』의 숙종 46년조에 〈숭양기구전〉 정렬전에 실려 있는 차상민(車尙敏)의 아내 김씨의 열행을 요약 수록한 데서도 드러난다. 물론 창강이 김열부에 대해 기록한 것은 김열부가 자신의 7대 고모라는 점도 작용했을 것으로 보인다. 그러나 이러한 혐의를 피하기 위해 그는 김씨의 열행이 『개성지』에 기록된 열녀 90여 명 중 제일이기 때문에 넣은 것이라고 하고, 김씨에 대해 쓰는 것이 공정한지에 대한 간단한 문답을 싣고 있다.

> 이런 까닭에 이것을 쓰려고 하면서 회남(淮南) 우아생(尤亞笙) 선생에게 "내가 이를 쓰는 것이 공정한 것입니까?"라 물으니 선생이 "이는 천하의 기이한 행적인데 친척이라고 해서 전하지 않는 것은 공정한 것이 아닙니다."라고 대답하기에 내가 웃으면서 "이런 가르침은 나 또한 일찍이 옛날의 군자에게서 어렴풋이 들었습니다. 그러나 감히 다시 질정하지 않을 수 없습니다."라고 하였다.[7]

김열부가 들어간 것은 다른 부분의 서술에 비추어볼 때 예외적으로 보이지만 열절에 대한 중시와 주요 인물을 중심으로 역사를 서술하는 것을 비판한 그의 역사관과 상통하는 면이 있다.

그는 열녀전을 남기는 한편 창기(娼妓)인 도명주의 전도 기록했다. 그는 〈도명주전〉에서 도덕적인 면 때문에 기록의 대상에도 끼지 못하는 창기에 대한 새로운 이해를 드러내면서 이를 기록한 이유를 제시한다.

> 우리나라의 부녀에 대한 가르침은 역대에 가장 엄격해서 창기의 무리는 특별한 절개가 아니면 학사대부가 문자로 전하려 하지 않는다. 그러나 만약 한결같이 이렇게만 하고 다른 논의를 허용하지 않는다면 정, 위의 음란한 부녀가 어떻게 경전[시경]에 들어갈 수 있었겠는가. 이제 도명주란 자는 그 행적이 비록 매우 추하지만 그 실정은 너무 애처롭다. 그래서 특별히 기록하여 천하고금의 세상을 다스리고 백성을 가르치는 어려움을 보여주고자 한다.[8]

창강은 창기나 유녀를 기록할 때 한 가지 잣대, 즉 절개로만 평가해서 다른 논의를 허용하지 않고 기록도 하지 않는다면 『시경』에 나오는 정, 위 지방에서 불린 음란한 노래들이 어떻게 실렸겠느냐고 하며 도명주의 전을 쓰는 근거를 정, 위의 노래가 실린 데서 가져오고 있다. 그는 도덕적인 관점에서만 판단하지 않고 도명주의 행적, 즉 창기의 일을 한 것은 추하지만 그 실정이 너무 애처롭다고 하여 도명주라는 여성이 처한 삶의 구체적인 실상에 대한 이해의 측면에서 보려고 했다. 이는 풍속에 문제가 될 법한 내용을 쓸 때 조선의 문인들이 흔히 사용하던 논리의 일부이지만 도덕적인 결론으로 끝맺지 않고 실정을 고려하는 동시에 정치의 문제와 관련시키고 있는 점에서 차이를 보인다.

창강은 규방 안 여성들의 행적이 제대로 드러나지 않는 데 대해서도 안타까움을 표하며 적극적인 기록의 의지를 보인다. 중국에서 가까이 교유하던 비범구의 부탁을 받고 써준 수서(壽序)에서 창강은 남녀의 경우를 대비하면서 여자의 덕행이 드러나지 않는 것에 대해 안타까움을 표한다.

> 남자는 집 밖에 거처하기 때문에 드러나기가 쉽고 여자는 집안에 거처하기 때문에 숨겨지기 쉽다. 대저 순임금의 아버지가 비록 어리석었으나 그 어머니는 반드시 어질었을 것이다. 그렇지만 세상에 순임금의 어머니가 어질다고 하는 말은 숨겨져 있다. 아! 세상에 수염을 꽂고 목소리를 높이며 머리에 관을 쓰고 허리에 띠를 두르며 그 업을 닦는 사람 가운데 혹 한 세상을 속이며 요행히 이름을 이루거나 혹 한 마을에 숨어살며 궤변으로 여러 사람들에게 호응을 받는 자들 가운데 크게는 나라에 빛나고 작게는 읍지에 기록을 남기는 자가 왕왕 있다. 그렇지만 규문 내에서 바르고 얌전하고 곧으나 말없이 몰래 행하는 사람 가운데 세상에 드러난 자는 거의 드물다. 혜고와 옥매가 점점 천지 사이에 가득하여 비록 유향이 일찍이 그들을 위해 전을 지었지만 아직도 그 깊이 가려져 울울한 것을 다 펴기에는 부족하니 어쩌면 그리 애석한가?[9]

창강은 이 글에서 남자는 집 밖에 있어 드러나기 쉽지만 여자는 집안에 있어서 잘 드러나지 않음을 지적하고 있다. 남자는 간혹 요행히 이름난 사람이나 궤변가들은 왕왕 이름이 남지만, 규방에서 몰래 행한 일로 드러난 자가 거의 없다는 것이다. 유향이 그들을 위해 열녀전을 짓기는 했으나 그것으로는 부족하다고 창강은 애석해 한다. 그래서 창강은 어려서 바느질에 뛰어났으며 남편의 사업을 많이 돕고 가난한 사람들을 구제한 이태의인의 미덕을 열거하고 "마침내 슬퍼하며 붓을 적셔 부인을 위해 글을 써 천하의 어진 부인이 세상에 드러나는 것이 마땅함을 알린다"[10]고 하여 그 어짊을 마땅히 드러내야 한다고 강조한다.

'일찍이 강산을 유람하면서 옛날을 우러르고 지금을 굽어보다가 그 사람들의 자취가 사라질까 걱정한 나머지 옛 지지(地志)들에 근본하고 여러 묘지문이나 행장을 살피며, 노인들의 견문을 참고하는 한편, 비사(秘史)나 오래된 기록의 글자 하나, 간찰 한 조각에 이르기까지 그냥 지나치지 않은 것이 없었으며, 궁벽진 산이나 황폐한 언덕, 쓸쓸한 마을이나 외딴 고을이라도 발길 닿지 않은 곳이 없었다'고 밝히고 있듯이 창강은 드러나지 않은 인물들의 자취를 기록하기 위해 지지나 묘지, 행장 같은 기록들을 참고했으며, 간찰이나 견문도 활용했다.[11] 그리고 더 나아가 묘지나 행장을 역사의 한 지류라고 할 정도로 그 중요성을 인정하고 있다.

> 지(誌)와 장(狀) 또한 하나의 역사의 지류이니 어찌 이에 양보하여 천하로 하여금 우리나라에 어진 부인이 있었음을 알지 못하게 할 수 있겠는가.[12]

위 예문은 1916년 어릴 때 친구인 문성봉의 어머니 현풍 곽유인을 위해 쓴 묘지명의 일부이다. 창강은 묘지나 행장 기록의 역사 자료적 가치를 인정하고, 곽유인의 묘지명을 씀으로써 묻혀 있는 여성에 대해 기록하여 여성의 역사를 쓰고 있는 것이다. 창강의 이러한 인식은 관련 자료를 찾기 어려운 여성사 연구에 중요한 시사점을 던진다. 행장이나 묘지명은 주로 가족이나 친지들에 의해 기록된다는 이유로 그 자료를 가치를 크게 인정받지 못하고 있다. 그러나 주로 행장이나 묘지명, 제문에 그 존재를 드러내고 있는 여성들의 경우를 생각해 볼 때 여성들의 존재를 드러내기 위해 묘지나 행장도 역사의 한 지류이니 이를 통해 적극 알려야 한다는 창강의 언급은 주목을 요한다.

3. 열절에 대한 논의

창강은 열녀전도 남겼지만 특히 〈절부에 관한 설〉, 〈귀유광의 정녀론을 반박하는 논의〉를 통해 열절에 대한 자신의 견해를 직접 밝히고 있어 주목된다. 1908년에 쓴 〈절부에 관한 설〉에서 창강은 남편을 따라 순절한 사람만을 절부라고 하는 것에 대해 비판하면서 살아서 고통스럽게 수절하는 과부들의 어려움을 이야기한다.

예나 지금의 책을 살펴보면 과부가 죽지 않고 수절한 사람과 남편을 따라 순절한 사람을 고르게 모두 '절부'라고 하였다. 그런데 우리나라는 그렇지 않으니 오직 남편을 따라 죽은 사람이라야 비로소 절부라고 칭하고 정려로 표상하였다. 저 고달프고 비쩍 마른 가슴으로 밤낮으로 우울함을 안고서 처량하고 냉기 없는 방에서 외롭게 사라지는 사람들은 세지도 않고 민멸시켜버렸으니 어찌해서 그러한가?

대개 따라 죽는 것은 한 순간의 고통이지만 죽지 않는 것은 종신토록의 고통이다. 종신토록의 고통과 한 순간의 고통은 어떠한가? 그리고 만약 부녀자의 도가 반드시 남편을 따라 죽는 것에 귀결되어 다시 논할 것이 없다고 한다면 어찌 세상의 열녀는 젊고 건강한 사람들에게서 나오고 늙고 쇠한 사람에게서는 나오지 않는 것인가? 내가 이 때문에 더욱 죽지 않는 자의 지극한 고통과 어려움을 알게 되었고 감히 죽는 것을 중하게 여기고 죽지 않는 것을 가볍게 여기지 않게 되었다. 하물며 저 죽지 않는 사람들이 간혹 뜻을 반드시 죽는데 두었으나 의리상 죽으면 안 되는 이유가 있는 사람에게 있어서야 오죽하겠는가?[13]

창강은 따라 죽는 것은 순간의 고통이지만 죽지 않고 살아남아 집안 살림을 이끌어가야 하는 절부의 삶은 종신의 고통이라고 하면서 과부로 살아가는 것이 죽는 것보다 더 힘들다고 본다. 창강의 이러한 생각은 연암의 열녀에 대한 생각과 유사하다. 연암은 〈열녀함양박씨전〉에서 홀로 지내는 것만으로는 절의가 될 수 없다고 해서 종종 남편을 따라 죽는데 이는 열은 열이지만 지나치다고 하면서 평생을 수절한 과부를 가리켜 열녀라고 했다. 연암은 죽어야 열녀로 보는 조선사회의 지나친 정절관을 비판한 것이고, 창강도 이와 생각을 같이 한다. 그러나 열의 가치에 대해 회의하지는 않는다.

1920년 창강은 이 문제에 대해 또 한 편의 글을 쓴다. 명의 문인 귀유광(歸有光, 1506~1571)이 쓴 정녀론을 반박하면서 쓴 글이다. 23세에 귀유광의 문장을 읽고 큰 감동과 깨달음을 얻었고 가슴이 열리는 소리가 들리는 것 같았다[14]고 쓸 정도로 귀유광은 창강에게 큰 영향을 미친 인물이다. 그런데 정녀론에서는 의견을 달리한다. 귀유광은 여자가 시집가기 전 남편이 죽었을 경우 개가하지 않는 것은 예가 아니라고 본다. 육례를 갖추지 않고, 사위가 친영을 하지 않았으며, 부모님의 명이 없이 맺어진 것은 예가 아니라는 것이다. 그런데 창강은 이에 대해 옳은 말이지만 변절(變節)도 있다[15]고 하며 민며느리의 경우를 든다. 가난한 집의 딸이 시집에 가서 몇 년을 같이 지내다가 결혼식을 올리는 경우 남편이 독서하고 수행하는 사람이 아니면 결혼식 전에도 간혹 임신한 경우가 있다고 하며 이럴 경우 부부로 보는 것이 옳은지, 아닌지 질문한다. 그리고 "정숙하고 곧은 여자 가운데 간혹 이러한 변절의 경우를 만나 그 남편이 죽으면 수절하고 다시 개가하지 않"[16]으려 하고, 개가하기를 권하면 "박명한 사람이 어디를 간들 명이 박하지 않겠습니까? 시집가지 않는 것이 더 낫습니다"[17]라고 하고 차마 그 사정을 말하지 못해서 다른 말로 꾸며 이야기한다는 것이다. 그리고 창강은 이렇게 결론을 내린다.

> 그러므로 말하길, 여자가 시집가기로 허락하고 자기 부모 곁에 있던 사람은 의당 귀씨의 논의를 따라야 하지만 시집가기로 허락하고 다른 사람의 집에 가서 사는 여자는 귀씨의 논의로 국한할 수 없다. 그런데 만약 "숨은 정이라 했는데 지금 어찌 그 숨은 정이 무엇인지 알 수 있는가?"라 한다면 나는 "내가 우리 집에서 평소 경험한 것이다."라고 말할 것이다.[18]

창강은 변절의 예로 실혼 관계에 있었을 경우를 들고 정식 혼례를 치르지 않았더라도 여자는 수절해야 한다는 논리를 펴고 있다. 그래서 여자가 정혼한 뒤 친정에 있을 때 남편이 죽은 경우는 귀유광의 논의대로 개가해도 되지만, 시집에 있다가 남편이 죽은 경우는 귀유광의 논의를 따를 수 없다고 한다. 그리고 그 예를 자신이 직접 경험했다고 한다. 그 예란 무엇일까? 조긍섭(曺兢燮, 1873~1933)이 창강에게 보낸 다음 편지는 창강이 이 글을 쓰게 된 원인을 짐작하게 한다.

> 노씨 집안의 따님은 올해 몇이며, 어떻게 하시기로 했습니까? 아직 며느리가 되지 않았다면 그 부모에게 돌아가게 하는 것이 의리에 합당하지 않은 것은 아닙니다. 진천의 정녀론을 받아들여도 될 듯합니다. 후사에 대한 다른 계획이 있으신지요? 일이 이미 이렇게 되었으니 귀국하시는 것이 좋을 듯합니다.[19]

이 편지는 조긍섭이 매천에게서 창강의 아들이 죽었다는 이야기를 듣고 보낸 것이다. 조긍섭은 창강에게 아들 잃은 슬픔을 위로한 뒤 며느리를 친정에 돌려보내고 귀국할 것을 권하고 있다. 창강의 정녀론에 대한 반박은 이 편지에 대한 답장으로, 창강은 며느리를 친정에 돌려보내라는 권유를 거부한 것으로 보인다.

창강은 망명생활 중이던 1907년 넷째아들 광속(光續, 뒤에 光祖로 이름을 바꿈)을 얻었으나 1917년에 잃는다.[20] 불과 10여 세에 죽은 것인데, 족보를 보면 노문빈(盧文彬)의 딸이 며느리로 올라 있다.[21] 조긍섭이 언급한 '노씨 집안의 따님'은 바로 이 며느리를 가리키는 것으로 보인다. 아들이 10여 세에 죽었는데 며느리가 있는 것을 보면 10세 무렵에 혼인을 한 것 같다. 10세면 빠른 나이지만 이는 개성의 풍속과 관련이 있는 것 같다. 창강은 첫째부인 왕씨가 죽은 뒤 쓴 글에서 10세에 11세의 신부 왕씨와 혼인하고, 할머니의 병 때문에 서둘러 17세에 혼례를 올린 뒤 19세에 초례를 올리고 함께 살았다고 하면서 개성의 풍속은 일찍 혼인을 한다고 쓰고 있다.[22] 조긍섭의 편지로 미루어보건대 창강의 넷째아들과 노씨도 아마 혼인을 하고 아직 혼례를 치르지는 않은 상태였던 것으로 보인다.

그러니까 창강의 정녀론에 대한 반박은 자신의 며느리의 수절 문제와 직접 관련된 문제인 것이다. 창강은 남편이 독서하고 수행하는 사람이 아니면 결혼식 전에도 간혹 임신한 경우를 변절로 보고 이 경우 부부로 인정해야 하는지 질문한 뒤 "정숙하고 곧은 여자" 가운데 이런 경우를 만나면 수절한다고 해서 수절의 결정권을 여자에게 돌리고 있다. 자율성을 부여하는 것 같지만 '정숙하고 곧은 여자'라면 그런 선택을 한다고 해서 그렇게 하지 않을 경우 정숙하고 곧은 여자가 아니라는 것이다. 물론 남자의 경우도 '독서하고 수행하는 사람'이 아니면 임신하는 경우가 생긴다고 하여 독서 수행하는 사람이라면 이런 경우가 없다는 전제를 둔다. 그러나 독서 수행하지 않는 선비와 정숙하고 곧지 않은 여자에게 가해지는 도덕적 무게는 다르다. 더 이상 구체적인 정황을 알기 어렵지만 자신의 집안의 경우가 변절, 즉 귀유광이 말한 것과는 다른 경우에 해당되며 따라서 귀유광의 논의를 동일하게 적용할 수 없다는 창강의 주장은 여성에 대한 성적 통제를 확실하게 보여준다. 창강은 수절의 고통은 이해하지만 실혼 상태에 있는 여성의 개가를 허용하지 않는 강고한 태도를 보여주기 때문이다. 이는 그가 개성의 인물들을 기록하면서 유독 정렬(貞烈)에 치중하고, 『한사경』에도 그 중 한 명의 기록을 넣었던 것과 같은 맥락에서 이해할 수 있다.

창강은 여성의 정절에 관한 한 유교적 관념을 고수하고 있다. 그러나 도명주라는 창기를 만난 뒤 그 사정을 듣고 나서 쓴 〈도명주전〉에서 보듯이 정절관을 일률적으로 적용하지 않는다.

> 남자는 강하고 여자는 약한 것은 하늘이 내린 본성이다. 성인이 그 본성에 따라 움직임과 고요함의 도리를 만들었다. 남자는 밖에서 바깥 일을 하고, 여자는 안에서 집안일을 해야 하며, 남자는 처첩을 둘 수 있지만 여자는 종신토록 한 지아비만을 섬겨야 한다. 이것이 가르침의 대강이다. 그러나 부녀 가운데 혹 불행하여 행실이 어긋나 거듭 혼인하는 유녀가 있는데 법이 있고 금지함이 있다는 것을 듣지 않는다. 그것은 왜인가? 천하의 가장 어려운 것은 생계다. 저 거듭 혼인하는 유녀의 무리는 그 음란하고 행실이 나빠서 진실로 미워할 만하다. 그러나 마음을 가다듬고 그 실정을 살펴보면 사통하고 싶은 마음을 이기지 못하는 경우가 열에 다섯이고 곤궁해서 살 길을 구한 경우가

열에 열이다. 폭풍과 괴우(怪雨)는 하늘도 오히려 유감이 있는 것이요, 환과 고독은 사람의 운명이 고르지 못한 것이라 성인이라도 일일이 넉넉히 주어 살리지 못한다.[23]

창강은 남녀의 구분에 대한 유교의 가르침을 그대로 전달하고 여기에 대해 어떤 이의를 제기하지 않는다. 그러나 유녀의 경우 생계 때문에 어쩔 수 없이 거듭 혼인할 수밖에 없는 사정을 이해하고 있다. 그래서 창기의 경우 특별한 절개가 아니면 우리나라 사대부들은 전하려 하지 않지만 창강은 기록하고 있다. 그 자취가 깨끗하지는 못하지만 그 실정이 진정 슬퍼할 만하다고 생각하기 때문이다.[24] 이는 창기, 유녀를 바라보는 새로운 시선이라 할 수 있다. 즉 창기를 정절의 문제로만 판단하는 것이 아니라 생계의 문제, 즉 경제의 문제와 연관시켜 생각하고 있기 때문이다. 이는 매춘의 문제를 경제의 문제와 관련시켜 보는 입장을 상기시키는 것으로 중요한 인식의 전환을 보여준다.

4. 여성노동에 대한 논의

부인을 대상으로 쓴 행장이나 묘지명은 여성의 덕목으로 여공과 치산을 빠트리지 않는다. 창강이 쓴 행장이나 묘지명에도 방적이나 바느질, 장사, 밭일을 통해 집안 살림을 유지하면서 남편의 독서를 도왔다는 이야기가 빠지지 않는다. 여공과 치산, 즉 여성노동은 가정경제에 필수적인 것으로 부인에게 요구되는 중요한 덕목으로 간주되었기 때문이다. 그러나 창강은 동시에 조선 여성에게 부과되는 노동이 지나치게 많고, 따라서 교육 받을 겨를이 없기 때문에 여성의 일을 줄여야 한다고 주장함으로써 여성노동에 대한 새로운 이해를 보여준다. 그 구체적인 예는 〈규문궤범서〉(1913)와 황현의 동생인 황원의 처에게 써준 묘지명(1914)으로 중국으로 망명한 뒤에 쓴 것이다.

〈규문궤범서〉는 왕성순(王性淳, 1868~1923)이 찬한 『규문궤범』에 써 준 서문이다. 『규문궤범』은 유교 경전과 여성 교육서 및 역사책에서 여성 교육과 관련된 부분을 발췌 수록하고 이를 국문으로 번역하여 부녀자들이 읽기 쉽도록 한 여성교육서다. 각 장은 혼례, 시부모 모시기, 남편 섬기기, 시집 식구 대하기, 자녀교육, 열행 등에 관한 것들로 이루어져 있으며 경전을 인용하여 원칙을 제시한 뒤 중국과 우리나라 여성 인물들의 행적을 기록하는 방식으로 서술되어 있다. 실제 인물을 예시하여 모범으로 삼게 한 서술방식을 사용한 것이다. 창강은 서문에서 여성교육이 중요하지만 그 실천이 중요하다고 하면서 우리나라에서 여성교육이 제대로 이루어질 수 없는 이유로 조혼 풍습, 여성의 과중한 노동을 들고 여성들이 일을 줄여 교육 받을 수 있게 해야 한다고 주장한다.

삼대에는 여성교육이 남자들을 가르치는 방법에 대해 서술한 부분에서 보이며 내칙의 여러 편에 보이다가 진나라 분서갱유 때 없어졌다. 한나라 유향이 이를 걱정하여 열녀전을 지었고 그 후에 반소가 『여계』로 이었다. 지금 나의 어렸을 때 친구 왕원초가 동쪽의 어진 여성의 이야기를 뽑아 한 책으로 묶으니 그 항목은 15개이다. '여교총론'으로 시작하여 '광언행'으로 끝나며 이름은 『규문궤범』이라고 하였다.

대개 유향과 반소가 빠뜨린 것을 보충하고 삼대의 옛날 모습을 찾고자 하였으니 얼마나 부지런한가? 그런데 말만 하는 것은 실행하는 것만 못하다. 원초는 이미 이 가르침을 분명히 하였으니 이 가르침을 실행해야 할 것을 생각해야 하지 않겠는가? 가르치는 도는 옛날 집안에서 글방을 만든 것을 본떠 따라하는 것이 마땅하다. 25가구가 한 글방을 설치하고 25가구의 재산을 합쳐서 글방과 스승을 봉양하였으니 글방의 모든 물건을 갖추고 또한 장차 스승을 봉양했던 것을 볼 수 있다. 이뿐만 아니라 또한 마땅히 풍속을 개량해서 그 가르침을 도와야 하니 이른바 풍속을 개량한다는 것은 옛날의 혼례를

회복하고 여성의 일을 줄이는 것이다.[25]

위 예문은 창강이 여성교육의 필요성을 인정하고 있음을 보여준다. 그런데 창강이 보기에 한국의 여성들은 교육을 받을 수 있는 조건이 갖추어지지 않았다. 따라서 옛날의 글방을 본떠 만들어야 할 뿐만 아니라 여성이 공부할 수 있도록 풍속을 개량해야 한다고 주장한다.

> 내가 중국에서 보니 옛날의 혼례를 지금까지 지켜 그 여자들이 20세가 되지 않으면 시집을 보내지 않는다. 심지어 혹 거의 서른 살이 되어도 시집을 보내지 않는 경우가 있으나 우리나라에서는 그렇지 않다. 늦으면 15세, 빠르면 11, 12세에도 시집을 보내니 심히 할 말이 없다. 만일 하루아침에 고쳐 중국을 따른다면 여자가 교육을 받을 날이 많을 것이다. 그리고 기운과 혈기가 완전해지고 아이를 갖고 낳는 것 또한 왕성해서 말할 만할 것이 있을 것이다. 내가 중국에서 보니 만주 사람들이 주인이 된 이후부터 모두 중국에서 옛날부터 여자가 맡아 하던 음식, 바느질, 빨래, 물 긷기, 절구질 등의 일이 남자의 일로 옮겨졌고 여자가 하는 일은 단지 수를 놓는 것뿐이었다. 그러나 우리나라에서는 이전에 여자가 맡은 일이라고 하는 것을 아직도 지키며 바꾸지 않으니 중국 여자들은 지나치게 편안한데 우리나라 여성들은 지나치게 부지런하다. 지금 약간만 바꾸어 물 긷고 절구질 하는 일 하나만 줄여도 여자들이 교육을 받는 것을 전적으로 할 수 있을 것이다.[26]

창강은 두 가지를 지적한다. 조혼 풍속과 지나친 여성노동이다. 그래서 중국처럼 20세 이후에 시집을 보내면 여자가 교육받을 시간이 늘어날 것이라고 본다. 또 만주 사람들이 주인이 된 뒤로 여자가 하는 일이 남자의 일로 옮겨갔으나 우리나라는 그대로여서 중국 여자들에 비해 우리나라 여자들이 지나치게 일을 많이 한다고 본다. 따라서 중국처럼 여자들의 일을 줄이면 여자들이 교육을 받을 수 있게 된다는 것이다.

매천 황현의 막내동생 황원의 처에 대해 쓴 〈황원의 처 안유인 묘지명(黃瑗妻安孺人墓誌銘)〉에서 창강의 논조는 신랄해진다. 그는 사대부가 입으로는 도덕을 말하고 겉모습은 풍류를 꾸미지만 안에서는 서울의 부자들의 돈과 재물을 빼앗아 생업을 삼고, 시골의 선비들은 하루 종일 책만 보고 앉아서 그들의 처의 근력과 골수가 뽑히고 말라비틀어진다고 하여 양반가정의 경제가 여성의 노동에 의해 유지되어 왔던 현상에 대해 비판적인 어조로 이야기하고 있다.

> 내 친구 장수 황씨 황원 계방은 매천의 막내 동생이다. 그의 처 안유인은 소박한 밭을 일구어 계방의 독서를 도운 것이 20여 년이었는데 한 번도 계방을 향해 원망하는 말을 낸 적이 없었다. 피로가 쌓여 병이 들어 대한제국 융희 기원 16년 임자년 6월 24일에 죽었다. 나이 44세였는데 계방이 슬퍼했다. 하루는 비가 왔는데 둘째 아들이 말하길,
>
> "비는 오는데 어머니는 오시지 않네요."
>
> 라고 하였다. 계방이 이 소리를 듣고 더욱 억장이 무너져 먼 길에 편지를 보내 나에게 무덤의 명을 청하였다.
>
> 옛날에 정전을 시행하던 시대에는 천하의 백성들이 모두 밭이 있어 산업이 균등하였다. 때문에 농사를 귀하게 여기고 상업을 천하게 여기며 그것으로써 백성의 뜻을 바로잡았다. 후세에 정전이 없어지고 토지를 점유하는 일이 일어나 이 때문에 상업을 흥기하고 토지를 점유당한 사람들의 가난을 구하고자 하였다. 대한민국의 초기에는 일찍이 정전의 제도가 있지 않았는데 상업을 천히 여기는 설을 헛되이 사수하여 상업을 흥기하지 않으니 아! 토지를 점유당한 사람은 많은데 가난하지 않은 사람은 만 명 가운데 한 명 정도이다. 때문에 사대부가 입으로는 도덕을 말하고 겉모습은 풍류를 꾸미지만 안에서는 서울의 부자들의 돈과 재물을 빼앗아 생업을 삼고 시골의 선비들은 하루 종일 책을 보며 중얼거려 그들의 처의 근력과 골수가 이미 뽑아져 말라비틀어진다.

계방은 비록 어질지만 세속과 같으니 어째서인가? 아! 계방의 나이 지금 또 많아 할 수 있는 것이 없다. 원컨대 내가 말하는 것을 여러 아들에게 알려 가난하지 않는 방법을 구하게 해 유인의 제사를 풍성하게 지내 유인을 위로 하여야 한다.[27]

황원의 처 안씨는 밭을 일구어 20년간 남편의 독서를 돕다가 피로가 쌓여서 병이 들어죽었다. 창강은 이런 안씨의 삶이 어디서 비롯된 것인가를 정전제가 없어졌는데도 상업을 천하게 여기는 태도, 노동하지 않고 서울의 부자들에게서 돈과 재물을 빼앗아 먹고 사는 사대부, 아내의 노동에 기생해서 사는 시골 선비와 관련시켜 이야기하고 있다. 그리고 그 남편인 황원에게 왜 이런 세속에서 벗어나지 못했는지 그 이유를 묻고 아들들에게 가난하지 않을 방법을 구하게 해서 제사라도 풍성하게 지내게 하라고 이야기한다. 그리고 안씨의 입장에서 명(銘)을 쓰고 있다.

군자는 스스로 열심히 노력해야 하는데 나는 남편이 일하는 것 보기 힘드네.
언젠가 편안해질 것이라 묵묵히 기다려 보다가
마침내 이르지 못하고 달라진 것 없이 죽음에 이르렀네.
하늘에서 살피시고 크게 보살피셔서 죽은 뒤라도 복으로 보답해주시길.[28]

창강은 이 묘지명에서 상업을 천시하는 태도, 노동하지 않고 먹고 사는 양반들을 분명하게 비판하고 과중한 노동의 피로로 죽은 여성을 위로하고 있다. 창강은 다른 행장이나 묘지명에서도 방적과 바느질, 장사, 집안일 등 여성노동을 언급한다. 그런데 안씨의 묘지명에서는 선비들의 노동하지 않는 태도를 유독 비판하고 있으며, 비판의 대상은 서울의 사대부, 과거제도가 없어졌음에도 책만 읽고 생계를 도모하지 않는 선비, 즉 노동하지 않는 양반들이다. 창강은 안씨, 즉 선비 아내의 과중한 노동이 비단 그 남편만의 문제가 아니라 사회적 문제라고 본 것이다. 안씨의 죽음에 이른

노동의 뒤에는 생계를 도모하지 않은 남편 황원이 있고, 그 뒤에는 양반은 일을 하지 않는 세태가 있다고 본 것이다. 이러한 의식은 1910년 『규문궤범』을 찬술한 왕성순의 어머니를 위해 쓴 묘지명에서도 발견된다. 창강은 개성에서 나온 묘지(墓誌)를 읽어보면 선조에 대해 상인이라고 밝힌 경우가 없는 것을 이상하게 여겼는데, 그것이 장사하는 것을 기피하는 풍속 때문임을 알게 되었다고 하면서 상인을 천시하는 풍조에 대해 다음과 같이 언급한다.

> 대저 사농공상 네 부류의 백성은 선왕의 바른 백성(正民)이었다. 이 네 부류의 백성은 소소하게 귀천의 구별이 없을 수는 없었으나 일찍이 귀하게 여기고 천하게 여기는 일은 있지 않았다. 선비를 귀하게 여기고 장사꾼을 천하게 여기는 것은 후세의 혼란스런 정사에서 비롯된 것이다. 천하에 천한 일을 피하고 귀한 일을 좇는 것이 넘쳐남이 모두 이와 같다. 그러나 관직의 길이 좁아 수용되지 못해 이에 밤낮으로 벼슬을 구하고자 간사한 일과 훔치는 일을 하며 스스로 그 때문에 마을 사람들을 어지럽히는 것을 알지 못하고 이 때문에 백성과 나라를 병들게 하는 것을 알지 못한다. 이러한 사람들과 자력으로 밥을 먹고 자신의 재물로 부모님을 봉양하고 벼슬아치를 섬기는 일에 힘쓰는 사람을 비교하여 헤아려 보면 그 어진 사람과 불초한 사람이 어떠한가? 아아! 이러한데도 오히려 저를 귀하게 여기고 이를 천하게 여기는 것이 옳은가?[29]

창강은 상업을 천시하는 것은 혼란스러운 정사에서 나온 것으로 잘못된 것임을 지적하고 스스로 생계를 해결하는 사람이 벼슬아치들을 섬기며 벼슬을 구하고자 하는 선비들보다 훨씬 낫다고 평가한다. 안씨의 묘지명에서 선비의 세태를 비판하고 아들들에게 가난하지 않을 방법을 찾게 해야 한다고 언급한 것도 생계를 위해 일하는 것이 더 떳떳하다고 본 것도 이러한 인식과 무관하지 않다. 창강은 여성노동의 과중함을 덜기 위해서는 양반이라도 일을 해야 하며 양반이 떳떳이 일을 하기 위해서는 사농공상의 차별이 없어져야 한다고 본다. 여성노동의 문제를 구조적, 사회적 문제로 바라본 것이다. 이러한 인식의 기저에 깔려 있는 것은 바로 생계, 즉 경제의 중요성에 대한 인식이다. 앞서 〈도명주전〉에서 천하의 가장 어려운 일은 생계라고 하면서 창기나 유녀들의 열의 열이 모두 곤궁함 때문에 그 일을 한다고 본 것과도 상통하는 인식이다. 창강은 유교적 도덕관념에 얽매이지 않고 경제를 인간사의 핵심적 문제로 간주하는 인식의 전환을 보여주고 있는 것이다. "만고에 다투던 일이 결국 한 그릇 밥 때문"[30]임을 깨달았기 때문이다.

5. 창강 김택영의 여성 인식이 갖는 역사적 의미

이 글은 창강 김택영이 여성 인물이나 여성 문제에 대해 남긴 글들을 중심으로 여성 담론의 성격을 살핀 것이다. 창강은 〈절부에 관한 설〉, 〈귀유광의 정녀론을 반박하는 논의〉 등 유교 여성 담론에서 가장 중요한 부분인 열절에 대해 논한 글이나 열녀전을 남기고 있으며, 여성교육서인 〈규문궤범서〉를 통해 여성교육에 대한 생각을 밝히고 있다. 또한 여성을 대상으로 한 전(傳)이나 행장, 제문이나 묘지명 등을 통해 여성노동이나 여성기록에 대한 중요한 인식을 보여주고 있다. 창강이 남긴 글들을 중심으로 여성 기록에 대한 태도, 열절, 여성교육, 여성노동에 대한 논의를 살핀 결과는 다음과 같다.

창강은 소외된 자들의 기록을 남기는 것을 중요하게 생각했는데 여성에 관한 기록도 예외가 아니다. 그러나 문제는 소외된 자들이나 규문 안의 여성들에 관한 기록들이 드물다는 것이다. 따라서 창강은 이같은 인물들의 자취를 기록하기 위해 지지(地志)나 묘지, 행장 같은 기록들을 참고하고 간찰이나 견문도 활용했다. 이 과정에서 창강은 묘지나 행장 기록도 역사 기록의 일부로 평가하고 있는데 이러한 평가는 여성에 관한 기록들이 주로 묘지나 행장, 제문을 통해 남아 있는 오늘날 여성의 역사를 재구하는 데 중요한 참조가 된다.

창강의 열절에 대한 인식은 전통적인 정절관을 크게 벗어나지 않는 것처럼 보인다. 이 글에서는 특히 귀유광의 정녀론에 반박하는 논의가 창강이 아들을 잃고 며느리를 돌려보내라는 조긍섭의 권유에 대한 답으로 쓰였다는 점을 밝히고, 창강이 여성에 대한 성적 통제를 확실하게 보여준다고 보았다. 창강은 수절의 고통은 이해하지만 실혼 상태에 있는 여성의 개가를 허용하지 않는 강고한 태도를 보여주기 때문이다. 그런데 창강의 정절에 관한 논의에서 일관되게 나타나는 것은 이념에 의한 일률적인 재단이 아니라 실정을 고려한 개별적 판단을 하고 있다는 점이다. 절부에 관한 논의에서도 수절의 고통이라는 측면에서 접근하고 있고, 귀유광의 정녀론에 대한 반박에서도 예외적인 경우를 들어 실정을 따지고 있으며, 〈도명주전〉에서도 도명주라는 개인의 실정을 통해 창기에 대한 이해에 접근하고 있기 때문이다. 열 이념 자체에 대한 문제 제기를 하지 않는다는 점에서는 한계가 있지만 실정에 대한 고려를 하고 있다는 점은 다른 해석의 가능성을 갖는다는 점에서 주목할 필요가 있다.

창강의 여성담론에서 가장 주목되는 점은 여성교육과 여성노동에 대한 것이다. 창강은 여성교육의 필요성을 인식하고 여성교육이 실제로 이루어지기 위해서는 조혼을 금지하고 노동의 과중함을 줄여야 한다고 보았다. 그리고 나아가 여성에게 생계의 부담을 지우고 생계는 모른 체 책만 읽는 시골 선비에 대해 비판한다. 이는 조선시대 양반이나 양반 부인들의 행장이나 묘지명에서 생계에 대해 알지 못하고 독서에 몰두한 선비나 독서에 몰두할 수 있도록 내조한 부인들을 칭송한 것과는 확실히 다른 태도이다. 창강은 여성의 과중한 노동이 선비가 생계를 도모하지 않는 것에서 비롯되며, 선비가 생계를 도모하지 않고 오직 독서하여 벼슬에만 오르려 하는 비현실적 태도는 장사하는 것을 천시하는 데서 비롯된다고 보았다. 그는 벼슬에 오르려고 벼슬아치들에게 아첨하는 것보다 장사를 해서라도 스스로 생계를 책임지는 것이 더 낫다고 보았다. 경제가 인간사의 핵심적 문제이고 어려운 문제임에도 이를 여성에게 맡겨 과중한 노동을 하게 하는 데 대해 그는 '근력과 골수가 뽑'힐 정도로 착취당하는 것으로 보았다. 여성교육의 기회를 확대하고, 과중한 여성노동을 줄이기 위해 풍속과 구조의 변화가 필요하다고 본 창강의 인식은 유교 지식인 내부에서 일어난 여성인식의 변화를 보여준다는 점에서 중요한 의미를 갖는다. 창강이 보여주는 이러한 인식의 변화가 중요한 의미를 갖는 것은 무엇보다 현실에 대한 철저한 인식과 경험에 기반하여 이루어졌기 때문이다.

▸ 주

* 이 글은 『동양한문학연구』 46, 2017에 게재된 글을 재수록한 것이다.

1 김경미, 「개화기 열녀전 연구」, 『국어국문학』 132, 2002 ; 홍인숙, 『근대계몽기 여성 담론』, 혜안, 2009 ; 김현미, 「19세기 조선학자의 딸/선비의 아내로 산다는 것」, 『한국문화연구』 20, 2011 ; 황수연, 「한말 도학파의 여성 담론」, 『한국고전여성문학연구』 28, 2014 ; 김기림, 「개화기 호남 유림의 여성 인식」, 『한국고전연구』 30, 2014.

2 창강의 문집은 『한국문집총간』 347집에 『소호당집』이란 제명으로 수록되어 있다. 이 문집에 수록된 여성 관련 자료는 황수연 역, 『19세기 · 20세기초 여성생활사 자료집』 8, 보고사, 2013, 223~286면에 대부분 번역 수록되어 있으며, 여기에 빠진 인물전은 김승룡 편역, 『송도인물지 : 숭양기구전외』, 현대실학사, 2000에 번역 수록되어 있다.

3 김승룡, 「창강 김택영의 전 연구」, 『민족문학사연구』 18, 2001 ; 김경미, 「개화기 열녀전 연구」, 『국어국문학』 132, 2002 ; 홍인숙, 「근대계몽기 개신 유학자들의 성 담론과 그 의의 - 개가'론'/열녀'담'을 중심으로」, 『동양한문학연구』 27, 2008 ; 곽미선, 『김택영의 중국 망명시기 문학 활동 연구』, 보고사, 2013, 91~110면.

4 김승룡, 위의 논문, 160면.

5 김택영, 『송도인물지 : 숭양기구전외』, 김승룡 편역주, 현대실학사, 2000, 191면. "且嫌兼取婦女有似乎地志, 而不合於耆舊之名."

6 김택영, 위의 책, 김승룡 편역주, 현대실학사, 2000, 191면 ; 김승룡, 앞의 논문, 2001, 곽미선, 앞의 책, 95면.

7 김택영, 『김택영의 조선시대사 韓史綮』, 조남권 · 안외순 · 강소영 역, 태학사, 2001, 364~5면.

8 김택영, 〈도명주전(都明珠傳)〉, 『합간소호당집보유』 권2, 『한국문집총간』 347, 434면. "我國婦女之教, 於歷代最嚴, 故娼妓之流, 非有奇特之節, 學士大夫不肯以文字傳之. 然若壹於是而更無容他議, 則鄭衛淫婦,何以得列於經也. 今都明珠者, 其跡雖甚穢, 而其

情誠可哀, 故特叙之, 以見天下古今御世育民之難." 〈도명주전〉은 김승룡, 앞의 책, 272~274면에 번역 수록되어 있다.

9 김택영, 〈서씨의 어머니 이태의인의 80세 수서(徐母李太宜人八十壽序)〉, 황수연 역, 『19세기·20세기초 여성생활사 자료집』 8, 보고사, 229면, "男子位乎外, 故易以顯, 女子位乎內, 故易以隱. 夫大舜之父雖愚, 而其母則必賢矣. 然而世無有舜母之賢之說者, 隱之故也. 噫! 世間之捙鬚髯鼓聲氣, 冠其首帶其腰, 書劍其業者, 或欺瞞一世, 僥倖成名, 或浮沉一鄕, 詭取衆悅, 大則輝于國乘, 小則錄于邑誌者, 比比有之. 而閨門之內, 貞靜拙直, 不言而潛行者, 得顯於世者幾希. 蕙枯玉埋, 彌滿於天地之間, 雖劉更生氏嘗爲之作傳, 而猶不足以盡舒其幽掩之鬱, 何其惜矣!", 『소호당문집정본』 권4, 『한국문집총간』 347, 270면.

10 김택영, 위의 글, 황수연 역, 위의 책, 231면, "遂乃慨然濡筆而爲之述, 以爲天下賢婦人之宜顯揚於世者.", 『소호당문집정본』 권4, 『한국문집총간』 347, 270면.

11 김택영, 앞의 책, 김승룡 편역주, 17면.

12 김택영, 〈문씨의 어머니 곽유인 묘지명(文母郭孺人文成鳳妻墓誌銘)〉, 황수연 역, 위의 책, "而誌狀亦一史之流也. 則豈可獨讓於此, 不以使天下知我故邦嘗有一賢婦人也哉.", 『소호당문집정본』 권13, 『한국문집총간』 347, 394면.

13 김택영, 〈절부에 관한 설(節婦說)〉, 황수연 역, 앞의 책, 235면, "觀於古今載籍, 寡婦不死而守節者, 與殉於夫者, 均之爲節婦矣. 吾邦則不然, 惟於殉者, 始稱爲節婦而旌褒之. 而彼纍然枯槁, 抱孤明齎幽鬱, 以潛消於凄房冷室之中者, 槩不在指數而湮沒之何也? 夫殉者一時之苦也, 不死者終身之苦也. 終身之苦與一時之苦何如也? 且使婦女之道, 必以殉夫爲歸而無可更議, 則何世之烈女必出於少壯而絶不出於衰老乎? 吾以是尤以知不死者之至苦且難, 而不敢重彼而輕此也. 又況彼不死者或志在必死, 而義有所不可死者乎?", 『소호당문집정본』 권7, 『한국문집총간』 347, 312면.

14 김택영, 〈自誌〉, 『소호당문집정본』 권15, 『한국문집총간』 347, 347면, "二十三, 出遊箕子古都及楓岳, 其冬讀歸有光文, 忽大感悟, 胸膈間如有開解聲."

15 김택영, 〈귀유광의 정녀론에 반박하는 논의(駁歸熙甫貞女論論)〉, 황수연 역, 위의 책, 232~233면, "歸熙甫之論貞女, 援据正經以爲女未嫁而爲其夫死, 且不改適, 是六禮不具, 婿不親迎, 無父母之命而奔者也, 非禮也. 其說誠是矣. 然孰知夫變節之伏於其間也?", 『소호당문집정본』 권7, 『한국문집총간』 347, 311면.

16 김택영, 위의 글, 황수연 역, 위의 책, 233면, "故貞烈之女之或遇此變節者, 及其夫死, 守節不嫁.", 『소호당문집정본』 권7, 『한국문집총간』 347, 311면.

17 김택영, 위의 글, 황수연 역, 위의 책, 233면, "薄命之人, 安往而命不薄, 不如無嫁.", 『소호당문집정본』 권7, 『한국문집총간』 347, 311면.

18 김택영, 위의 글, 황수연 역, 위의 책, 232~233면, "故曰 : 女子許嫁而在父母側者, 宜遵歸氏論, 其許嫁而字于人家者, 歸氏之論, 不能以局之也. 雖然, 旣曰隱情, 則今何以知其隱? 曰 : 吾於吾家乎親驗之.", 『소호당문집정본』 권7, 『한국문집총간』 347, 311면.

19 조긍섭, 『암서집』 8, 『한국문집총간』 350, 114면, "盧家女年今幾何? 何以處之? 旣未成婦, 反諸其父母, 於義無不可者. 震川貞女之論, 似可承用也. 嗣續有他圖否. 事已至此, 不如返國."

20 〈정미고(丁未稿)〉(1907)에 넷째아들을 얻고 이름을 광속이라 하고, 기쁜 마음을 써서 아내에게 보여준 시가 수록되어 있고, 〈무오고(戊午稿)〉(1918)에 양자를 들이며 쓴 시에 '작년에 또 작은아들 광속을 잃었다(去年又失少子光續)'고 한 것으로 미루어 아들의 생몰연대는 1907년~1917년으로 추정된다. 김택영, 『소호당문집정본』 권4, 권5, 『한국문집총간』 347, 194면, 219면.

21 『소호당문집』 해제, 한국고전번역원 DB.

22 김택영, 〈아내 왕씨의 광명〉, 황수연 역, 위의 책, 275면.

23 김택영, 위의 글, "男剛女柔, 天之性也. 聖人因其性而制爲動靜之義. 男居外治外事, 而女居內治內事, 男兼有妻妾, 而女終身於一夫, 此其設教之大綱也. 然而, 婦女或有不幸橫出, 而爲再醮遊女者, 不聞其有設法而禁之者, 何也. 盖天下之至難者生道也. 彼再醮遊女之徒, 其淫穢無行, 誠爲可惡. 然平心而求其情, 不勝其血氣之私者十之五, 則窮困而求其生者十之十也. 暴風恠雨, 天猶有憾, 鰥寡孤獨人命不均, 雖聖人無以一一富而生之."

24 2장 〈도명주전〉 인용 부분 참조.

25 김택영, 〈규문궤범서(閨門軌範序)〉, 황수연 역, 위의 책, 272~3면, "三代之時, 女教視乎男教之之方, 見於內則諸篇, 而其詳沒於秦火, 漢劉向有憂於是, 作列女傳, 其後班昭以女誡繼之. 今吾少友王原初採中東賢女事, 彙爲一書, 其目十有五, 始於女教總論, 終於廣言行, 名曰閨門軌範. 盖補劉向, 班昭之闕, 而欲以尋三代之舊焉耳, 何其勤也, 然徒言不如實行, 原初既明是教, 則亦思所以實行是教者乎? 教之之道, 宜倣古家塾之制, 二十五家置一塾, 合二十五家之財以養塾師, 而塾中百物之備, 亦將視乎養師也. 不寧惟是, 又當改良風俗以輔其教, 所謂改良風俗者. 復古婚減女事二者是已.", 『소호당문집정본』 권3, 『한국문집총간』 347, 256면.

26 김택영, 〈규문궤범서〉, 위의 책, 273~4면, "以余之所見於中國者, 古之昏禮, 守之至今, 其女子不滿二十歲不嫁, 甚或幾及三十. 而吾鄕則不然, 遠者十五, 近或十一二, 甚無謂也. 苟能一日改從中國, 則女子受教之日爲多, 而氣血之完, 產育之旺, 亦可以語矣. 以余所見於中國者, 自滿人入主, 盡將中國自古以來女子所職烹飪縫刺浣濯砧杵等事, 移歸於男子之營業, 女子所爲, 只一刺繡而已. 而吾邦於向所云女子所職者, 尙守不變, 則是中國之女子過於逸, 而吾邦之女子偏獨勤也. 今若少變之, 鏟去砧杵一事, 女子之受教, 庶或益專.", 『소호당문집정본』 권3, 『한국문집총간』 347, 256면.

27 김택영, 〈황원의 처 안유인 묘지명(黃瑗妻安孺人墓誌銘)〉, 황수연, 위의 책, 285~6면, "吾友長水黃瑗季方者, 梅泉子之季弟也. 其妻安孺人, 鋤薄田以佐季方讀書者二十餘年. 一不向季方出怨言. 積瘁得疾, 以故韓隆熙紀元之六年壬子六月二十四日卒. 年四十四. 季方悲之. 一日雨作, 次子曰: "雨來母不來." 季方聞尤摧臆, 走書萬里, 請金澤榮銘其壙. 古者井田之世, 天下之人, 皆有田而產業均. 故貴農而賤商, 以端民志. 後世井田廢兼幷起, 故興商業以救被兼幷者之貧. 若韓邦初未嘗有井田之制, 而徒死守賤商之說, 不興商業, 於是乎兼幷者多, 而不貧者萬之一矣. 故士大夫口談道德, 貌飾風流, 而內攘京鄕富人之錢財以爲生. 鄕曲之士終日對書咿咿, 而其妻之筋髓已擢而枯矣. 季方雖賢, 其如俗尙何哉. 嗟乎! 季方年今且衰, 無能爲. 願以吾所言者告于諸子, 俾求不貧之道, 以豐孺人之祀而有以慰孺人也哉.", 『소호당문집정본』 권13, 『한국문집총간』 347, 386면.

28 김택영, 위의 글, 황수연, 위의 책, 286면, "君子自强兮, 予不難夫胼指, 康或有時兮, 默憘

愔其以竣, 竣竟不至兮, 亦不渝而至死, 天鑒孔灼兮, 尙以報于後祉."『소호당문집정본』 권13,『한국문집총간』347, 386면.

29 김택영, 〈왕씨의 어머니 김숙부인 묘지명(王母金淑夫人墓誌銘)〉, 황수연, 위의 책, 281면, "夫士農工賈四民, 先王之正民也. 是四民者, 不能無小小貴賤之相別, 而未嘗有綦貴綦賤. 綦貴士而綦賤賈者, 乃後世之亂政也. 天下之避賤趨貴者, 滔滔皆是. 而官祿之塗窄無以容, 於是乎日夜營營工乞巧, 求爲奸爲盜, 曾不自知以之擾人州里, 以之病人國家. 以此之所爲, 較絜於自食其力自出其財, 俛俛焉養父母事縣官者, 其賢不肖, 果何如也? 嗚呼! 是尙可貴彼賤此爲哉?",『소호당문집정본』권13,『한국문집총간』347, 384면.

30 김택영, 〈전호재가 그의 부친 구고옹의 칠순을 축수한 것을 위하여(爲錢浩哉壽其大人九皐翁七十)〉, "萬古鬪爭事, 究竟一盂飯)",『소호당시집정본』권6,『한국문집총간』347, 218면.

참고문헌

1. 자료

김동훈・허경진・허휘훈 주편,『김택영』, 보고사, 2010.

김택영,『소호당문집』,『한국문집총간』347, 한국고전번역원.

______,『송도인물지: 숭양기구전외』, 김승룡 편역주, 현대실학사, 2000.

______,『김택영의 조선시대사 韓史綮』, 조남권.안외순.강소영역, 태학사, 2001.

왕성순,『규문궤범』, 여성문화이론연구소 역, 국학진흥원, 2003.

황수연 역,『19세기・20세기초 여성생활사 자료집』8, 보고사, 2013.

2. 논저

곽미선,『김택영의 중국 망명시기 문학 활동 연구』, 보고사, 2013.

김경미,「개화기 열녀전 연구」,『국어국문학』132, 2002.

김기림,「개화기 호남 유림의 여성 인식」,『한국고전연구』30, 2014.

김동훈,「김택영, 근대적 각성과 중국문인들의 영향」,『한국문학연구』28, 동국대학교 한국학연구소, 2005.

김승룡,「창강 김택영의 전 연구」,『민족문학사연구』18, 민족문학사연구소, 2001.

______,「창강 김택영 연구의 현황과 과제」,『한국인물사연구』5, 한국인물사학회, 2006.

김현미,「19세기 조선학자의 딸/선비의 아내로 산다는 것」,『한국문화연구』20, 2011.

최혜주,『滄江 金澤榮의 韓國史論』, 한울아카데미, 1996.

홍인숙, 「근대계몽기 개신 유학자들의 성 담론과 그 의의 - 개가'론'/열녀'담'을 중심으로」, 『동양한문학연구』 27, 2008.
_____, 『근대계몽기 여성 담론』, 혜안, 2009.
황수연, 「한말 도학파의 여성 담론」, 『한국고전여성문학연구』 28, 2014.

당위적 규범과 현실의 경계

－심재 조긍섭(1873~1933)*

강성숙

1. 근대전환기 유학자의 선택

심재(深齋) 조긍섭(曺兢燮)은 19세기 말에서 20세기 初, 개화기와 대한제국기, 일제강점기를 거치는 격변기를 살았던 유학자였다. 개화사상을 시작으로 서구의 문물과 사상이 유입되던 이 시기 유학은 사회를 이끄는 기능을 상실했을 뿐 아니라 문화적 담론을 생산하는 주도적 위치도 유지하기 어려웠다. 그럼에도 불구하고 이 시기 유학자들은 더욱 치열하게 주자학 재해석과 관련한 학문적 논쟁을 이어나갔고, 한말 조선조 성리학은 가장 정교한 이론화와 실천 형태로 만개했다고 평가되기도 한다.[1] 한말 유학자들에게 중세보편주의 사상을 대변하는 전통적 가치와 도덕의 수호는 무너져가는 사회질서를 바로 세울 수 있는 유일한 길이었으며 선택의 여지가 없는 평생의 과업이었다고 하겠다. 비록 구시대의 유물로 취급받으며 근대화에 역행하는 흐름으로 평가받기도 했지만 이 시기 유학자들은 개화와 함께 외세와 신문물이 가져온 불합리한 세계에 대한 비판적 대항 담론으로서 성리학을 강조하면서 각자 보국(保國)과 수도(守道)를 실천해 나갔다.

근대전환기의 분열과 혼란상을 몸소 체험한 조긍섭은 확신하는 바에 따라 유학에 대해 고민하고 입장을 정리하여 일생 동안 글쓰기에 전념했다. 그에게 학문 탐구와 글쓰기는 도(道)가 궁벽한 시대를 헤쳐 나갈 가장 확실한 방도였다.[2] 그는 17세 무렵부터 면우(俛宇) 곽종석(郭鍾錫)을 찾아가 태극(太極)·성리(性理)에 대해 질의하는 등 꾸준히 다양한 학통의 유학자들과 교유하면서 학문적 지평을 넓혀갔고 일찍부터 영남의 대표적 유학자인 서산(西山) 김흥락(金興洛), 만구(晚求) 이종기(李種杞), 면우 곽종석 등으로부터 국사(國士)가 될 인물로 기대를 받았다.[3] 또한 창강(滄江) 김택영(金澤榮), 난곡(蘭谷) 이건방(李建芳), 경재(耕齋) 이건승(李建承), 산강(山康) 변영만(卞榮晩) 등과 폭넓게 교유하였으며, 만년까지 꾸준한 연구와 저술, 교육 활동을 이어나갔다.

그의 작품은 시(詩) 863편, 서(書) 253편을 비롯하여 묘갈명 81편, 제문 31편, 묘지(墓誌) 29편, 묘표(墓表) 26편 등이 있는데,[4] 이 가운데 여성을 대상으로 한 작품도 28편으로 적지 않게 발견된다. 여성 대상 작품 28편[묘갈명 4편, 제문 4편, 묘지·묘표·비문 각3편, 전(傳) 3편, 상량문 3편, 서(序) 3편, 서후(書後) 1편, 시(詩) 1편]을 창작 연도순으로 정리하면 아래 표와 같다.

번호	종류	제목	대상	연도	소재
1	묘표	유인 구씨 묘표 (孺人具氏墓表)	유인 구씨(1876~1895) 구연호(具然鎬) 딸, 조상신(曺相莘) 妻	을미(1895)	심재집(深齋集)
2	묘지명	표씨 어머니 김유인 묘지명 [表母金孺人墓誌銘]	김유인(1828~1896) 표정해(表禎海) 妻, 표석준(表奭峻, 1866~?) 母	무술(1898)	심재집(深齋集)

3	상량문	열부 정씨 정려 상량문 (烈婦鄭氏旌閭上樑文)	열부 정씨(1848~1884) 노상대(盧相大) 妻	을사(1905)	암서집(巖棲集) 심재집(深齋集)
4	상량문	효열각 상량문 (孝烈閣上樑文)	유인 이씨 학생 조공 처	병오(1906)	암서집(巖棲集) 심재집(深齋集)
5	정려비	열부 공인 박씨 정려비 (烈婦恭人朴氏旌閭碑)	공인 박씨(1874~1909) 박재수(朴在洙) 딸, 성대윤(成大潤) 妻	기유(1909)	암서집(巖棲集) 심재집(深齋集)
6	묘갈명	열부 이씨 묘갈명 (烈婦李氏墓碣銘)	열부 이씨(1844~1864) 이준신(李俊臣) 딸, 강우경(姜遇慶) 妻	경술(1910)	암서집(巖棲集) 심재집(深齋集)
7	전	조씨 집안의 열부 염씨전 [曺烈婦廉氏傳]	열부 염씨(?~1758) 염인하(廉仁夏) 딸, 조후창(曺後昌) 妻	경술(1910)	암서집(巖棲集) 심재집(深齋集)
8	제문	장모 박유인에게 올리는 제문[祭外姑朴孺人文]	박유인(?~1911) 노기정(盧基正) 妻	임자(1912)	암서집(巖棲集)
9	묘표	이씨 어머니 조유인 묘표 [李母趙孺人墓表]	(1851~1880) 조경의(趙景毅) 딸, 이지석(李祉錫) 妻, 이적우(李績雨) 母	이장(移葬) 연도[1912] 이후	암서집(巖棲集) 심재집(深齋集)
10	묘갈명	유인 최씨 묘갈명 (孺人崔氏墓碣銘)	유인 최씨(?~1864) 최건묵(崔建默) 딸, 이성진(李性鎭) 妻	심재 정산 은거[1914] 이후	암서집(巖棲集) 심재집(深齋集)
11	시	8월 18일에 셋째 딸이 태어나서 수봉에게 지어서 부치다[八月十八日 第三女生 題寄壽峰]	조긍섭 3女	1914년 이후	암서집(巖棲集) 심재집(深齋集)
12	서후	≪광산김씨삼강록≫ 뒤에 쓰다[書光山金氏三綱錄後]	박씨(?~1593) 박순신(朴舜臣) 딸, 김질(金質) 妻	정사(1917)	암서집(巖棲集) 심재집(深齋集)
13	묘지명	김씨 어머니 이유인 묘지명 [金母李孺人墓誌銘]	이유인(1853~1889) 이사도(李思道) 딸, 김선기(金善琪) 妻, 김성호(金誠浩) 모(母)	정사(1917)	암서집(巖棲集) 심재집(深齋集)
14	비문	조열부 정씨 비문 (曺烈婦鄭氏碑)	열부 정씨(1896~1917) 정용(鄭鎔) 딸, 조병인(曺秉仁) 妻	1917년 이후	암서집(巖棲集)
15	서	김유인 이씨 효열록서 (金孺人李氏孝烈錄序)	김현경(金顯景) 妻, 김문배(金文培) 母	무오(1918)	암서집(巖棲集) 심재집(深齋集)

16	전	이씨 집안의 열부 성씨전 [李烈婦成氏傳]	열부 성씨(?~1918) 성정호(成禎鎬) 딸, 이우택(李佑澤) 妻	기미(1919)	암서집(巖棲集) 심재집(深齋集)
17	고유문	의로운 누이 이랑 묘비 중수 고유문[義姊李娘墓碑重竪告由文]	이랑(1843~1854)	갑자(1924)	암서집(巖棲集)
18	묘갈명	이씨 어머니 서유인 묘갈명 [李母徐孺人墓碣銘]	서유인(1855~1916) 서유지(徐有志) 딸, 이원호(李元鎬) 妻, 이승기(李承機) 母	을축(1925)	암서집(巖棲集) 심재집(深齋集)
19	전	손씨 집안의 절부 안씨와 열부 이씨 합전 [孫節婦安氏烈婦李氏合傳]	절부 안씨 - 손차기(孫此基) 妻 열부 이씨(1902~1918)-손두기(孫斗基) 妻	정묘(1927)	암서집(巖棲集) 심재집(深齋集)
20	서	김군 어머니 이의인 61세 수서[金母李宜人六十一壽序]	이상헌(李相憲) 딸, 김규병(金奎昞) 妻, 김경동(金絅東) 母 원배(元配) 의인(宜人) 곽씨(郭氏) 계배(繼配)	1928년 이후	암서집(巖棲集)
21	서	문씨 어머니 이유인 60수서 [文母李孺人六十壽序]	(1870~?) 후은(後隱) 문봉성(1854~1923) 妻, 수봉 문영박(1880~1930) 계모	기사(1929)	심재집(深齋集)
22	비문	최효부 권씨 여표비 (崔孝婦 權氏 閭表碑)	효부 권씨 권장서(權莊瑞) 딸 최련(崔鍊) 妻	경오(1930)	심재집(深齋集)
23	제문	딸에게 주는 제문[祭亡女文]	조긍섭 2女 (1908~1929)	경오(1930)	암서집(巖棲集)
24	묘표	이씨 집안의 절부 강씨 묘표 [李節婦姜氏墓表]	절부 강씨(1851~1931) 이익영(李益榮) 妻, 이규순(李圭順) 母	1931년 이후	암서집(巖棲集) 심재집(深齋集)
25	묘갈명	박부군 정유인 묘갈명 (朴府君鄭孺人墓碣銘)	정유인(1858~1932) 정진봉(鄭鎭鳳) 딸, 박수영(朴壽榮) 妻, 박재갑(朴在甲) 母	1932년 이후	암서집(巖棲集) 심재집(深齋集)
26	제문	윤씨 가문에 시집간 고모께 올리는 제문 [祭尹氏姑文]	조시영(曺時永) 딸, 조병의(曺柄義) 여동생, 조긍섭 고모	미상	암서집(巖棲集)
27	제문	안씨 가문에 시집간 조카딸 제문[祭安氏從女文]	조용섭(曺龍燮) 딸, 조긍섭 조카	미상	암서집(巖棲集)

28	묘지명	정씨 어머니 하유인 묘지명[鄭母河孺人墓誌銘]	하유인(1816～1862) 하진흡(河鎭洽) 딸, 정원휘(鄭元暉) 妻, 정해영(鄭海榮) 母	미상	암서집(巖棲集) 심재집(深齋集)

묘갈명이나 제문 등 글의 성격이 제한적이어서 여성에 대한 인식을 살피는 데 한계는 있겠지만, 근대전환기 전통적 유학자의 눈에 비친 여성과 여성에 대한 평가가 어떤 의미를 지닌 것인지 살피는 것은 근대담론 중심의 연구가 놓치고 있는 당대 여성 인식의 중요한 측면을 파악하게 한다는 점에서 의의가 있다. 이는 유학자 조긍섭 연구를 보완하는 자료가 될 수 있을 것이며, 나아가 당대 여성 인식이 실제로 어떻게 다양하게 드러나는지 알 수 있는 계기가 될 것이다. 심재 조긍섭이 현실 세계를 어떻게 인식했으며, 이에 대응하는 여성 인식을 어떻게 드러내고 있는지 그가 남긴 여성 대상 작품 28편을 중심으로 살펴보고자 한다.

2. 한말 유학자 심재의 현실 인식

> 오늘날 애국을 이야기하는 자들은 "외국 사람들을 배운 이후에 나라를 보존할 수 있다."라고 말한다. 그 옷을 입고, 그 행동을 하며, 그 정치를 들어서 따르니 나라가 망한 지 오래이다. 어찌 사랑하여 보존하는 바이겠는가.[5]

> 기이한 것은 좋아할 만한 것이 아니다. 기이한 것을 좋아하는 자는 새로운 것을 기뻐하고, 새로운 것을 기뻐하는 자는 옛것을 가벼이 버리며, 옛것을 가벼이 버리는 자는 그 본심을 잃는 데 이르러서도 스스로 알지 못한다.[6]

심재는 신학과 신문물 수용이 국가를 위태롭게 한 요인이라 보고 전통 문명이 담고 있는 본연의 마음을 보존해야 한다고 역설했다. 조긍섭이 위 「곤언(困言)」을 지은 시기는 1910년 경술국치가 이루어진 때다. 나라가 망한 이유를 그는 외국의 것을 따르고 스스로 자신의 주체성을 버렸기 때문이라고 분석한다. 그에게 특히 옛것, 즉 전통문화는 주체성을 지키고 나라를 보존하기 위해서 꼭 지켜야만 하는 것이었다.

영호에 산수가 좋은데	瀯湖好山水
선생이 또한 명현이셨네	夫子又名賢
학문에 발분하여 백발이 옴을 잊고	發憤忘垂白
곤궁하게 살아도 현초가 넉넉했네	居窮富草玄
유림이 일본 오랑캐에게 더럽혀지니	斯文化鱗介
오늘 위태한 데 빠짐을 면하셨네	今日免冰淵[7]

위 예문은 〈윤교우 주하에 대한 만사〉의 일부분이다. 윤주하(尹冑夏)는 한주(寒洲) 이진상(李震相)의 문인이었는데, 1906년 세상을 떠나자 심재가 이 만사를 지었다. 1905년 을사늑약이 체결되고 규탄상소를 올린 최익현, 이지용 등은 체포된다.[8] 유생의 상소와 의병의 봉기가 각지에서 일어나던 이 시기에 윤주하가 세상을 떠나자, 심재는 그가 앞으로 겪게 될 위태로운 상황을 면하게 되었음을 오히려 다행스럽게 여기고 있다. 그는 국시(國是)를 부지하기 어려운 상황에서 나라의 백성들이 앞으로 겪게 될 어려움을 걱정하고 있는데, 현실에 맞서 싸우기보다는 이러한 현실에서 벗어나 수도(修道)하며 자정(自靖), 강학(講學)하는 삶을 선택한다.

> 오직 근래 이후로는 도술(道術)이 세상과 함께 무너졌으니, 따질 것도 없는 먼 지방과 궁벽한 곳은 실로 논할 것이 없습니다만, 문명의 근원지인 경우도 빠르게 서로 빠져들어 오랑캐의 도를 사용하기에 이르렀습니다. 이 때문에 궁하게 지내면서 가만히 탄식하며 하나의 도맥이 땅에 떨어져 유지할 사람이 없을까 매우 두려워하였습니다.[9]

1921년 봉화의 유림 권욱연(權頊淵, 1880~1959)에게 보낸 편지에서 심재는 도학과 세상이 함께 무너졌다고 했다. 그에게 세상과 도학은 다른 것이 아니었다. 세상이 바로 서기 위해 필요한 것이 성리학적 질서이자 도의 성립인데, 오랑캐의 도인 서양의 문물과 문화를 사용하게 되면서 세상 역시 무너지게 되었다는 것이다. 심재에게 세상을 바로 세울 유일한 방법은 땅에 떨어진 도맥을 유지하는 것이었다.

여성 대상 작품에서도 심재는 전통과 도덕을 바로 세우기 위한 전통적 여성 가치를 드러내고 장려하여 이러한 글이 세상 사람들을 교화하는 데 유용할 것이라고 진술한다. 특히 열부나 효부 등을 대상으로 하는 글에서 이는 두드러진다. 그러나 전형적인 열부 대상이 아닌 묘지문이나 수서(壽序) 등에서는 일상적 가치로서의 경제관념을 강조하는 등의 새로운 면모가 나타나기도 한다. 여성 대상 작품의 특징을 분석하기 전에 심재는 여성, 구체적으로 딸이나 아내, 어머니에 대해 어떠한 인식을 드러내고 있는지를 살펴보도록 하겠다. 이를 통해 그가 여성을 바라보는 기본적 태도를 점검할 수 있을 것이다.

3. 심재의 여성 인식

1) 자해(自解)의 대상, 딸

심재 조긍섭은 모두 7명의 자녀를 낳았으나 장성할 때까지 살아남은 자식은 겨우 딸 2명이었는데,[10] 둘째 딸마저 시집간 지 6년 되던 해, 심재 나이 58세 때 죽어 심재가 죽기 전까지 생존한 자식은 딸 하나뿐이었던 것으로 보인다. 7명의 자녀를 낳아 기르고 6명을 먼저 보내는 고통을 겪은 아버지였지만 심재가 자녀와 관련해 남긴 글은 죽은 둘째 딸을 위해 지은 제문 한 편과 셋째 딸을 낳은 소회를 쓴 시 한 편밖에 없다. 특히 느지감치[11] 셋째 딸을 낳고서 수봉(壽峰) 문영박(文永樸, 1880~1930)[12]에게 보낸 시에는 심재가 딸에 대해, 여성에 대해 어떻게 인식하고 있는지 잘 드러나 있다.

사람들이 말하기를 딸 낳은 것이 과실 아니니	人言生女未爲失
남의 집에 시집보내어 남자가 아내를 삼는 것	送與人家男作室
남의 집도 딸을 낳아 딴 사람에게 시집보내거니	人家亦有女送人
나도 언젠가는 아들 낳는 날이 어찌 없겠는가	而我生男豈無日
이 말이 농담 같아도 참으로 일리 있으니	斯言似諧眞有理
그 말 외기를 입에서 나오듯 할 뿐 아니라	誦之不啻如口出
더구나 지금은 정역(征役)이 날로 강팍해지니	況今征役日椎膚
어찌 꼭 아들만이 길하다고 하겠는가	何必女凶男是吉
국과 밥 챙겨 들고 여윈 아내에게 권하니	手持羹飯勸瘦妻
여윈 아내가 이 말 듣고 한바탕 웃네	瘦妻聞之爲一咥
다만 부끄러운 것은 서쪽 사는 수봉	但愧西隣壽峰子
몇 년이나 나 때문에 마음을 졸였던가	幾年爲我凋心血
겹겹의 약봉지에 수증기는 구름 같고	重重藥裹氣蒸雲
찰찰 꿀단지는 광채가 눈보다 빛나는데	灩灩蜜缸光奪雪
와서 함께 국수 먹는 기쁨 기대하였더니	方期來餙湯餠歡
문에 수건 걸었다고 알려올 줄 알았으랴	豈意走報門帨設
잃은 말이 복이 되어 돌아온 신통한 노인이 있었고	失馬爲福有神翁
자벌레 굽힘은 펴려 함이란 말 옛 철인에게 들었네	屈蠖求伸聞古哲
시 지어 스스로 달래고 그대 마음도 위로하며	詩成自解因解君
누워서 등불꽃이 떨어졌다 도로 맺히는 걸 보네	臥看燈花墜還結[13]

조긍섭은 아들이 아니라 딸을 낳아 서운한 마음을 스스로 달래고, 함께 걱정해준 문영박을 위로하기 위해 이 시를 지어 보낸다. 심재에게 딸을

낳은 사실은 기쁘게 받아들이기 어려운, 그래서 스스로 풀어 설명하고 이해시켜야 할[自解] 사안이었다. 아들 낳은 일은 함께 음식을 나누며 축하하는 기쁨[方期來餙湯餠歡]으로 형상화되지만 딸은 기대하지 않았던 사건인 문에 수건 거는 일[豈意走報門帨說]로 일컬어진다. 또한 딸 낳은 것을 새옹지마(塞翁之馬)의 노인이 말을 잃은 것과 『주역』에 나오는 자벌레 몸을 수축하는 일에 비유하면서 아들을 낳아 이 상황을 바꿀 수 있기만을 기대한다.

"사람들이 말하길[人言]"이라는 말도 옮기는 위로의 우스갯소리는 딸에 대한 보편적인 인식과 편견을 드러낸다. 딸을 낳아 남의 집에 보내는 것은 부모의 입장에서는 잃어버리는 것[失]이지만 남편에게는 아내를 얻는 일[作室]이므로 결국 손해만 되는 것이 아니라는 위로의 궤변은 그 자체로 딸에 대한 부정적 인식을 드러낸다.

조긍섭은 〈딸에게 주는 제문〉[14]에서 딸이 시집간 이후 한 번밖에 친정에 오지 못한 일을 언급하며 부모와 멀리 떨어져 있어 슬퍼하는 딸을 안타까워했다. 시집에서 생긴 일을 문 밖으로 나가지 않도록 하는 것을 부덕(婦德)으로 인식하지만, 아버지의 입장에서는 할 말을 털어놓지 못한 딸에 대한 걱정이 앞섰던 것이다. 〈정씨 어머닌 하유인 묘지명〉[15]에서도 하유인이 시집살이 23년간 한 번도 친정에 가보지 못한 것을 언급하고 있다. 시부모와 남편의 병수발을 하며 죽을 때까지 친정에 가보지 못한 유인 하씨의 행적을 '효부(孝婦)'로 칭송하면서도 이런 효성이 친정부모에게 미치지 못함을 안타까워한 것이다.

심재에게 여성으로서의 딸은 그 자체로 기쁘게 받아들이기 힘든, 납득이 필요한 존재였다. 심재가 지키고 싶어했던 전통적 세계에서 여성은 주체적 의지를 지니고 스스로를 위해 생각하고 행동할 수 있는 존재가 아니었으므로 아버지로서 그는 딸을 받아들이기가 그렇게 어려웠던 것이 아닐까 생각한다.

2) 교화 대상으로서의 아내

심재는 아내의 역할에 대해서는 '승순(承順)'을 가장 가치 있는 미덕으로 평가했다. 이는 여성 대상 작품에서뿐 아니라 여성이 언급되는 지점에서 대표적으로 거론되는 덕목이었다.

> 김씨는 본관이 광주(光州)이고, 아버지는 숙손(叔孫)이다. 가장에서는 또 "아내가 되고 어머니가 되어, 순종하고 알맞게 하지 아니함이 없었다."라고 하였다. 공보다 2년 뒤에 돌아가셨으니, 향년 55세이다.[16]

> 처사의 아내 밀양 박씨(密陽朴氏)는 치숙(致淑)의 따님이니, 부덕(婦德)이 있어서 남편인 처사의 마음으로 자기 마음을 삼듯이 순종하였다.[17]

아내, 어머니로서 여성의 삶이 〈사직 정공 묘갈명〉에서는 '순종하고 알맞게 함[順適]'으로 요약된다. 〈지암 김 처사 묘지명〉에서는 남편의 마음을 잘 헤아려 마치 자신의 마음인 양 생각하고 순종하는 것이 부덕(婦德)이라 했다. 남편의 뜻이 설사 자신의 뜻과 다르더라도 남편의 뜻을 받들어 자발적으로 따르는 것이 아내인 여성이 갖추어야 할 덕목으로 강조한 것이다.

> 구씨는 통훈대부 전 사간원 정언 구연호(具然鎬)의 딸로, 집안 조상신(曺相莘)의 아내이다. 18세에 우리 조씨에게 시집왔다. 어린아이 같은 마음을 지녀서는 마땅히 다른 이의 감정을 따르는 데 급급하겠지만 구씨는 그렇게 하지 않았다. 예법에 맞는 몸가짐으로 평소 행동거지는 구차하지 않았으며 마음에 새기거나 실제 일에 참여할 때에도 넉넉하니 법도를 갖추어 받들고 따랐다.[18]

아내로서 여성은 어린아이가 하듯 남의 감정에 무조건 휩쓸리는 것이 아니라 예법에 따라 구차하지 않게 행동하는 것 또한 요구된다.(〈유인 구씨 묘표〉) 법도대로 처신할 것이 요구되지만 가장인 남편의 뜻을 따르는 승순의 가치는 여전히 중요하다. 심재는 아내로서 여성에게 적절한 처신을 칭송하기는 하지만 이는 가장이자 남편의 성품이나 행위로부터 나오는 것으로 보았다. 이 지점에서 심재는 여성을 교화하는 남편의 역할을 부각했다.

효자의 가장 어려운 곳 알고자 하는가	欲知孝子最難處
어버이 뜻에 앞서 안색 살피기를 성인의 법 따랐네	先意色養惟聖軌
부친이 손님과 벗들 서로 시문 논하기를 기뻐하니	親從賓友喜論文
예를 갖추고 음식 넉넉히 마련하여 현사를 맞이하고	卑禮豊厨致賢士
부친이 연로하여 밤에 자다 매양 놀라니	親耄夜睡睡每驚
밤새 위안하는 소리 귀에 들렸네	慰安終宵聲在耳
이웃 노인에게도 은혜 미루어 부친 섬기듯 하고	恩推隣老視事父
교화가 아내에게 미쳐 능히 체득하게 하였네	化率閨妻能體己[19]

위 〈산동효자가〉(1897)에서 심재는 효자의 행적을 기술하면서 그의 효행이 아내를 교화하여 따르게 한 점을 높이 평가했다.[20] 이는 한편으로 가정의 질서를 지켜내야 하는 가장으로서 남편의 책무를 강조하는 것으로 볼 수 있겠으나 아내의 행위에 대해서는 제한적으로 평가할 수밖에 없는 한계를 노출한다. 다음은 심재가 창강(滄江) 김택영(金澤榮)과 주고받은 편지글이다.

〈허생전(許生傳)〉은 우언(寓言)인 듯하니, 반드시 실제 일이 있었던 것은 아닙니다. 그러나 그 첫머리에 "어찌 도적질이라도 하지 않습니까?"라는 '何不盜賊' 네 글자를 내 놓았으니, 문득 이것이 큰 착오입니다. 일생을 독서하였으면서 처자로 하여금 이런 악담으로 대들게 하였으니, 어찌 지워버리지 않았단 말입니까. 장차 한 명의 아내도 능히 교화시키지 못하면서 천하를 경륜하겠다고 자부하는 것은 어리석은 것이 아니라면 망녕된 것입니다. 이런 등의 곳은 아마도 글을 짓는 법에 매우 장애가 있는 듯합니다.[21]

심재는 〈허생전〉에서 허생의 아내가 남편인 허생에게 도둑질이라도 해서 가족을 먹여 살리라고 요구한 것을 두고, 실제로는 있을 수 없는 일이라 못 박고 일생 독서하여 세상을 경륜하고자 하는 뜻을 지닌 사람이 아내를 교화하지 못했다는 것이 논리적이지 못하다고 생각했다. 그리하여 아내를 교화하지 못한 허생이라는 인물이 바보가 아니라면 도리에 맞지 않는 황당한 인물이라고 평가했다. 심재에게 아내 교화의 책임은 세상에 도를 실천하는 것과 다른 것이 아니었으므로, 아내를 잘 교화하여 가정을 잘 다스리는 일부터 해야 세상의 질서를 바로잡을 수 있다고 보았던 것이다.

3) 아들의 어머니로 드러나는 여성

조긍섭은 5세 때 어머니 김씨를 여의었는데, 자신의 어머니에 대한 기록을 따로 남기지 않은 것으로 보인다. 대신 고모와 장모 박유인에게 올리는 제문에서 심재는 자신을 자식처럼 보살펴 준 이들에 대해 언급하며 어머니로서의 여성에 대한 인식을 직접적으로 보여주고 있다.

> 제가 어머니를 잃고 이를 갈기도 전부터 때때로 고모님을 뵈면 어머니처럼 자상하게 대해주셨지요. 머리를 빗겨주고 발에 버선을 신겨 주시고, 해주지 않은 것이 없었습니다. (…중략…) 제게 자식 없는 것을 가엾게 여기시어 말이 그에 미치면 눈살을 찌푸리셨고, 옛날이야기로 웃게 만들어 즐거울 수 있었습니다.
>
> 세월이 흘러 계절이 바뀌었는데, 하룻밤 사이에 떠나시어, 옷깃도 붙잡지 못했으니 줄줄 눈물만 흐릅니다. 갑자기 편찮으시다는 말을 들었는데 다시

부음이 연이어 오다니요. 평생 자식처럼 돌봐주셨는데 조금도 갚지 못했습니다. 고모는 통찰력 있고 민첩하여 온갖 일에 어그러짐이 없었지요. 이웃의 고아들과 마을 부녀자들은 고모에 의지해 주린 배를 채웠습니다. 들으니 선을 행하면 훗날 복이 널리 후세에 전해진다고 합니다. 이 세상에 산 것이 짧았으니 운명이 어찌 그리도 기박합니까? 보잘 것 없는 제수를 차렸지만 드시는 것을 보지 못하겠지요. 슬픔을 고하는 것으로 말씀 올리니 어찌 알아주시기를 바라겠습니까![22]

심재는 고모가 평생 자신을 자식처럼 돌봐주었다고 하면서 자신이 느껴보지 못한 어머니의 자상함, 즉 머리를 빗겨주고 버선을 신겨주며 상처받지 않도록 마음 써준 일을 언급했다. 어머니는 자식이 성장하는 데 필요한 정서적, 일상적 지원을 해주는 존재로 보는 것이다. 또한 상황을 통찰하고 민첩하게 실행하여[通敏] 이웃 사람들까지 도와줄 수 있는 역량을 지녔다는 점을 높이 평가했다. 심재는 누군가를 돌보는 존재로서 그 돌봄의 대상을 이웃과 마을로 확장시켜 나가는 선행에 대해 높이 사고 있는데, 이는 심재가 생각한 어머니 역할에 대한 생각을 반영한 것으로 해석할 수 있겠다.

아, 옛날에 부인의 덕을 일컬은 것은 그 부류가 한 가지가 아닙니다. 부드럽고 바른 것은 아내가 되는 바탕이고, 순하고 공경스러운 것은 며느리가 되는 바탕입니다. 사랑으로 가르치는 사람은 어머니가 되고, 자애로 따르게 하는 사람은 시어머니가 되니, 무릇 이 모든 것이 그 행실입니다. 솜씨 있게 바느질하고 길쌈을 하는 것과 정결하게 음식하고 빨래하는 것과 부지런하게 생활하고 청소하는 것과 익숙하게 옛 가르침을 외워 익히는 것, 무릇 이 모든 것이 그 능력입니다. 행실과 능력이 하나도 빠짐이 없고 나서야 부덕(婦德)이 온전하게 됩니다. 옛사람들은 멀어서 알 수 없고, 제가 보고 듣기로는 유인과 같은 분은 이에 해당시켜도 부끄러울 것이 없다고 어떻게 하지 않을 수 있겠습니까. (…중략…) 오직 제 집만은 가장 가까우면서 가난하였는데, 가까웠기 때문에 자주 와보셨고, 가난했기 때문에 오래 머무실 수가 없었습니다. 그러나 오시게 되면 제 아내만의 어머니가 아니었고, 우리 집안사람들 모두가 어머니로 모셨습니다. 상자 속에 오래 모아둔 실이 없었다가 실 잣는 수레가 멈추는 소리가 들리지 않게 되었으며, 아이들이 까는 요와 아이들을 싸는 포대기에서 일찍이 소변과 대변을 묻힌 흔적이 없어졌으며, 상에는 식은 국과 말라빠진 생선이 놓여서 흠칫 놀란 듯 수저를 드시지 못하였으니, 집으로 돌아가시면 반드시 의복과 면포가 저절로 따라왔습니다. 불초가 장가든 뒤로 일찍이 험하고 기운 옷을 입은 적이 없어서 거지와 같아지지 않은 것은 실로 유인의 힘이었지만, 알지 못하는 사람들은 내조를 받은 것이라고 생각합니다. (…중략…) 저를 낳아주신 것은 제 아버지이지만, 저를 사랑해주신 것은 유인이셨지요. 하루아침에 모두 돌아가시니, 쓸모없는 저는 무엇을 하겠습니까. 때로 지팡이를 짚고 서서 목을 빼고서 뚫어지게 바라보지만 목소리와 모습은 아득해지니, 한 마디가 되는 거리가 하늘 끝입니다. 산과 같은 은혜와 바다와 같은 자애로움은 갚고자 해도 갚을 곳이 없습니다.[23]

위 〈장모 박유인에게 올리는 제문〉(1912)에서 심재는 장모 박유인에 대해 자신을 낳지는 않았지만 사랑해준 사람으로 인정하며, 장모를 같은 해(1911) 세상을 떠난 자신의 아버지와 나란히 언급하고 있다. 심재는 장모 박유인을 아내·며느리·어머니·시어머니로서 부덕(婦德)을 다 갖춘 여성으로 평한다. 유인은 심재의 아내인 셋째 딸 집에 자주 방문했는데, 올 때마다 바느질, 빨래, 청소를 해주었으며 부족한 물품들을 보내주곤 하여 집안사람들 모두가 유인을 어머니처럼 여겼다고 언급했다. 형편이 어려운 자식에게 마음을 쓰고 경제적 원조를 아끼지 않은 장모에 대해 심재는 자신이 거지꼴을 면하고 살게 된 것이 모두 장모의 도움 때문이었다고 칭송했다. 그는 유인의 덕을 '곧고도 은혜롭고 온화하면서도 법도가 있다[孺人爲德. 貞而能惠. 和而有則]'고 하여 은혜로움이나 온화함만을 강조한 것이 아니라 법도에 어긋나지 않는 올곧은 성품을 함께 평가했다.

그런데 심재는 이러한 어머니의 덕이 자식을 통해서 드러난다는 생각을 분명히 지니고 있었던 것으로 보인다. 그가 쓴 여성 대상 작품 가운데, 열부 또는 효부, 의자(義姊)로 명명되는 대상에 관한 글과 가족을 위한 제문[24]을 제외한 글은 모두 10편인데, 이 가운데 7편은 대상 여성이 누구의 어머니인지를 제목에 밝히고 있다.[25] 여성 대상 묘지명이나 묘표 등의 제목에는 대상 여성의 성씨를 밝혀 쓰고, 어느 집안에 시집갔는지 정도를 밝히는 것이 일반적이다. 수서(壽序)의 경우만 보통 아들을 밝혀 '○母'라는 표현을 덧붙여 쓰는 경우가 발견된다. 묘지명이나 묘표 제목에 '○母'를 넣어 아들이 누구인지 밝혀 쓰는 사례는 심재의 글에서 특히 많이 발견되는데, 이는 어머니로서 여성을 아들과의 관계에서 인식하는 그의 태도를 반영한 것으로 보인다.

> 아들이 이승기(李承機)인데 벗들 사이에 이름이 알려졌다. 딸 셋은 고용주(高龍柱), 박노신(朴魯信), 문제량(文濟良)에게 시집갔다. 모월일에 화순군(和順郡) 이서면(二西面) 장복동(長福洞) 남서쪽을 등진 자리에 임시로 묻었다.[26]
>
> 명에 이른다.
>
> 부인의 선은 대부분 숨겨져 婦善多潛
> 자식이 있어야만 드러난다네. 有子乃顯
> 드러난다 해도 참되지 않으면 顯而不誠
> 그것 역시 어쩌면 선하지 않을지도. 亦或罔善
> 아아, 이생이여! 于嗟李生!
> 이를 보아 더욱 힘쓰시게. 眎此增勉[27]

위의 〈이씨 어머니 서유인 묘갈명〉(1925)에서 심재는 서유인의 아들 이승기(李承機)가 호남에서 500리 길을 세 번이나 와서 요청한 일을 거론하고, 이승기가 써온 행장의 내용을 요약하고 있다. 묘갈명에서는 아들이 있어서 유인의 선함이 드러난다는 점을 강조하면서 아들에게 어머니가 더욱 드러날 수 있도록 노력하라고 권면한다. 결국 어머니로서의 여성의 삶은 스스로 드러나기 어려운 것이므로 아들이 드러나야 주목받을 수 있다는 것이다. 심재는 어머니로서의 여성을 대상으로 묘갈명을 쓰고 있지만 실제로는 아들에게 어머니가 드러날 수 있는 삶을 살도록 촉구한다.

> 김장수(金章叟) 군은 그 태의인(太宜人)의 생신에 축수를 드리고자 기록할 시를 구하며 내게 수서(壽序)를 부탁하였다. 나는 수서를 쓰지 않은 지 오래되었지만 군에게 사양할 수는 없었으니, 태의인이 어진 분이기 때문이었다. 태의인의 행동은 규방[閨壼]에서 벗어나지 않았으니 어찌 그 분을 어질다 하겠는가? 그 아들이 어질어서이다. 어찌 그 아들을 어질다 하는가? 김 군이 어질다는 것은 향리에서 칭송하였으니 나는 그에 대해 더 잘 알고 있다.[28]

〈김군 어머니 이의인 61세 수서(壽序)〉에서도 심재는 이의인을 어질다 칭하면서 그가 어진 이유는 그 아들 때문이라고 밝히고 있다. 또한 수서의 내용도 이의인의 행적에 대해 기술하는 것이 아니라, 아들 김경동(金絅東)의 사람됨을 알 수 있는 행적을 거론하는 것으로 대신하고 있다. 어머니로서 여성의 삶은 드러날 여지가 없는 것이므로 자식의 행적을 통해서만 언급될 수 있었던 것이다.

심재는 여성 대상 글에서 아들을 통해 드러나는 어머니의 존재를 특히 강조하여 제목을 구성하고 있다. '○母', 즉 누구의 어머니인지가 여성에게는 자신의 존재를 증명하는 통로라고 인식한 것이다. 심재에게 어머니로서 여성은 효나 열(烈)로 표상화되어 드러나거나 아들을 통해서만 자신을 증명할 수 있는 존재였다고 하겠다. 그리하여 어머니로서의 여성에게 요구되는 임무도 양육과 교육의 문제로 귀결되었다.

4. 전범(典範)적 여성과 현실적 요구

조긍섭은 대원군이 실각하던 1873년에 태어나 부친에게서 한학의 기초를 배웠으며[29] 19세이던 1891년까지 과거시험을 보았다. 전통적 세계관을 교육받고 이를 실현하고자 살아왔던 그에게 갑오경장(1894)과 러일전쟁, 을사조약과 경술국치는 신학문과 신문물이 가져온 폐해이자 전통적 학문과 도리가 무너져 생긴 결과였다. 의병활동이나 독립운동에 뛰어든 유학자도 있었지만, 심재는 은거하여 학문을 궁구하고 제자들을 교육하며 저술 활동을 통해 세상을 바로 세울 도에 대해 나름대로 치열하게 고민했던 것으로 보인다.

여성에 대한 글에서 심재는 세상을 교화할 만한 전범으로서의 도덕적 지표가 되는 효(孝)와 열(烈), 의(義)로 드러나는 여성의 행위에 주목했다. 그런데 19세기 말에서 20세기 초에 이르는 이 시기 효열 담론은 실제로 현실적 맥락과 괴리된 측면이 많았다.[30] 갑오경장 이후 과부의 재가가 허용되는 등 가족 관계와 신분 제도에서 커다란 변화가 생겼고, 1920년대 이후로는 TV와 라디오, 신문이 보급되고 여성 교육이 본격화되면서 유교적 사고방식에 대한 반감으로 별거와 독신, 우애결혼 같은 가족 형태가 등장했으며, 여성이 남편에게 이혼을 제기하는 경우도 급증했다.[31]

대한제국의 멸망 이후 대두된 유교적 가치관에 대한 회의와 환멸이 1920년대에 이르러서는 확산되어, 남편이나 시부모, 일가, 처가 등에 대한 순종과 복종에 대한 반감과 거부감이 계속되었다. 전통적 가치관의 변화와 함께 이 시기 여타 문학 장르에서는 새로운 여성 인식을 드러내는 작품들이 나타나게 된다. 개화기 가사문학, 특히 개화기 규방가사는 남녀동등론에 기반한 여성교육, 신여성, 이혼 등의 당대 담론을 반영하고 있다. 〈싀골싀씨 셜은타령〉 같은 작품에서는 남편 없이 고된 시집살이를 한 삶이 얼마나 부당한지 드러내 밝히고 있는데, 기존의 규방가사에서는 표출되지 않았던 시댁식구에 대한 불만과 시집살이의 고달픔을 직접 표현했다는 점에서 새롭다.[32] 전통적 가치를 적극적으로 옹호하는 구여성이 창작한 소설에서도 '효절'은 '부질없는 것'으로 드러내면서 '효절 이데올로기에 대한 허무감'을 표출하는 등 '여성의 현실 인식이 실제 생활 속에서 서서히 변화하는' 모습을 보여준다.[33]

효나 열에 대한 인식이 급격하게 변화하는 시기에 심재는 유학자로서 부모와 반목하는 아들, 며느리가 증가하는 세태에 대한 반동으로 교화에 대한 신념을 실현하기 위해 효행과 열행, 의로운 행위를 한 여성에 대한 글을 적극적으로 남긴 것으로 보인다. 심재의 여성 대상 글에는 열부나 효부의 믿기 어려운 행위와 이를 둘러싼 환상적 요소가 여전히 나타나기는 하지만, 가까운 친족이나 사우의 어머니에 관한 글에서는 경제적인 여건과 관련한 일상생활에 대한 관심이 나타나며 이들에게서는 전통적 덕목인 유순함과는 또 다른 가치를 부각하고 있다는 점에서 그의 현실감각을 읽을 수 있다.

1) 교화를 위한 전범, 열부(烈婦)·효부(孝婦)·의자(義姊)

조긍섭이 쓴 여성 대상 작품 28편 가운데 효열이나 의가 제목에 드러나는 글은 12편이지만 실제 작품 내에서 효부(孝婦), 열부(烈婦)라고 평가하는 예까지 합하면 15편(1장 작품목록 ③④⑤⑥⑦⑩⑫⑭⑮⑯⑰⑲㉒㉔㉘) 정도가 된다.[34] 이러한 효부와 열부, 절부, 의인의 이야기는 남편과 시부모에게 함부로 하는 여성들을 교화하기 위한 목적으로 쓰였다.

교만한 아내와 사나운 며느리가 들으면	驕妻悍婦聞之
족히 기세가 꺾이고	足以沮喪
지나가는 시인 묵객은	墨客騷人過者
읊조리며 탄식하지 않음이 없네	莫不咏歎 (중략)
들보 북쪽에 던지니	抛樑北

고고한 정절 다행히도 임금님 마음 움직였네 孤貞何幸動宸極
원컨대 이 의리 가지고 사람들 교화하여 願將此義化斯人
자식은 어버이 버리지 않고 신하는 나라 위해 죽게 하리 子不遺親臣死國[35]

심재에게 효와 열, 의는 인간으로서 누구나 지켜야 할 직분임에도 당대의 현실은 이와 거리가 있는 것으로 파악된다. 삼강의 질서와 원칙이 발현되지 못 하고 현실은 다만 "교만한 아내와 사나운 며느리"의 기세로, 자식이 어버이를 버려두고 신하는 나라를 저버리는 세태로 형상화되고 있다. 개화기 열녀담론에서 '정절 문제가 민족의 가치와 우월성을 확인하는 도덕적 가치로 부각'되고, '정절이나 효행 등의 전통 윤리 규범을 서양에 대한 도덕적 우위, 또는 서양의 위협으로부터 스스로를 지킬 수 있는 실천 윤리 규범'으로 인식되며, 여성에게 기대되는 이러한 윤리를 민족과 국가를 되살리는 문제와 연결시키고 있다는 점은 선행 연구에서 밝힌 바 있다.[36] 민족과 국가의 위기를 부권의 위기로 보고, 그 위기를 극복할 대안을 여성에게서 찾은 것은 이 시기 여성담론의 공통된 양상으로 보인다.[37]

심재는 민족과 국가의 위기상황을 타개하기 위해 전범적 인물의 행위를 제시하고 있으나 이것으로 세속을 교화하려는 심재 역시 그 한계를 인식하고 있었던 것으로 보인다.

유인이 시집가니 시아버지와 시어머니는 둘 다 중한 병에 걸려 모든 일상생활의 활동과 보고 듣는 것을 반드시 유인이 손발과 눈귀가 되어야 할 수 있었다. 온도를 적절하게 맞추고 맛을 잘 조절하는 것은 유인을 몸과 입으로 삼았는데, 유인 역시 오직 시부모를 자기 마음처럼 여겨 맛있고 새로운 반찬은 미리 준비하여 그때그때 올리지 않은 적이 없었고, 독성이 있고 먹기 거북한 약은 먼저 맛보지 않은 적이 없었으며, 침이나 눈물이 흐르면 손으로 닦아내지 않은 적이 없었다.

20년을 하루같이 하였는데 이렇게 남편에게도 행하여 순순히 명을 따르고 어김이 없었다. 한번은 손가락 피를 내어 오래 된 학질을 낫게 한 적도 있었다. 이렇게 자신의 어버이에게도 하였을 것인데 본생(本生) 시부모에 대해서는 안부를 물으러 갈 여가가 없어 죽을 때까지 귀녕(歸寧)할 수 없었다. 그렇지만 운명으로 믿고 철마다 물건을 보냈는데, 이렇게 집안사람들에게도 하니 동서들과 친족들이 기뻐하며 잘 간직했다. (…중략…) "효는 진실로 어렵다. 며느리로서 시부모에게 효도하는 것은 더욱 어렵다. 시부모에게 효도하면서 오래도록 변하지 않을 수 있고 며느리에게 변함이 없기란 더욱 더 어렵다. 이제 하씨는 이미 그 매우 어려운 것을 할 수 있었으니 어찌 '효부(孝婦)'라고 칭하지 않겠는가?"[38]

하유인(1816~1862)은 23세에 시집가 45세 때 속병으로 죽을 때까지 20여 년 동안 한 번도 친정에 가보지 못한 채, 몸이 불편한 시부모를 봉양했다. 심재는 유인이 자신의 부모에게도 하기 힘든 효행을 시부모에게 행한 것, 그리고 이를 오랫동안 변함없이 한 것에 대해 높이 평가했다. 그는 '진실로 어렵다[固難]', '더욱 어렵다[尤難]', '더욱 더 어렵다[尤甚難]', '그 매우 어려운 것을 할 수 있었다[能其甚難]'라고 하며 어려울 난 자[難]를 여러 번 사용하여 며느리로서 시부모를 봉양하는 것이 얼마나 어려운 일인지 드러내고 있다. 심재는 열행이나 효행의 전범적 대상을 구현해 세상을 교화하고 나라의 도를 바로 세울 수 있을 것으로 믿었으나 실제로는 이미 도가 쇠퇴한 상황에서 그것이 얼마나 어려운 것인지 잘 알고 있었던 것으로 보인다.

또한 심재가 기록하는 절의여성은 당대 여성뿐 아니라 많게는 70년, 150여 년 전 인물(또는 사건)도 있었다. 〈의로운 누이 이랑 묘비 중수 고유문〉은 1854년 남동생을 살리고 죽은 12세 여자아이의 행적에 대한 평가를 담고 있으며,[39] 〈조씨 집안의 열부 염씨전〉은 1758년 영조대 정절모해사건과 관련한 열행을 다루고 있다.[40] 심재는 70년 전 만들어진 무덤의 묘비명을 다시 짓고, 150년 전 죽은 열부의 행위를 둘러싼 신이한 요소를 가감 없이 전달하며 지금의 세태를 교화할 힘이 오래 전 과거에 있다고 믿었다. 그러나 과거의 열행이나 효행을 소환해 그 비일상적이고 신이한 현상을 제시하는 것 자체가 당대 효열 담론이 현실에서는 존재하기 어려움을 보여주는 방증이기도 하다. 다만 심재는 이러한 모범적인 행위에 대한 글쓰기를 멈추지 않는 것이 유학자로서의 임무를 다하는 것이라 여겼던 것으로 보인다.

2) 일상을 채우는 덕목, 교육과 살림

열부, 효부, 의자(義姊) 등이 현실에서 사라져가는 도덕적 가치를 현현하는 전범적 여성이라면, 현실의 삶에서 생활을 영위해가는 데 가장 중요한 여성의 덕목으로 교육과 살림이 부각된다. 이 때, 살림을 규모 있게 꾸리고 자식을 잘 교육시키기 위해 필요한 여성의 덕목은 유순함이나 온화함 같은 미덕과는 차이가 있다.

〈박부군 정유인 묘갈명〉[41]의 정유인은 남편을 잃고 홀로 아들을 기르면서 글방 선생에게 보내 아들을 교육시키기 위해 부지런히 살림을 하여 비용을 마련했다. 그리고 아들들이 독서하여 선망의 대상이 되는 것이 소원이라고 말하면서 서책을 사는 데 드는 비용은 거금도 아까워하지 않았다. 교육에 필요한 비용을 마련하는 것이 어머니로서 여성이 해야 할 중요하고 가치 있는 덕목으로 기술되고 있는데, 심재는 특히 여성의 살림살이와 경제력에 관심을 기울이고 있다.

> 사치하고 검소함은 알맞게 했으며 친족과 조화롭고 마을사람들과 잘 지냈으며 종들을 잘 다스렸다. 종친과 친정에 두루 베풀었으며 아들을 가르쳐 그 능력을 드러낼 수 있었는데, 묵정밭을 일구어 먹고살았다.[42]

〈표씨 어머니 김유인 묘지명〉에서 심재는 유인 김씨의 덕목을 말하면서 검소함만을 부각하지 않았다. 무조건 아끼기만 한 것이 아니라 필요한 데에는 아끼지 않은 유인의 면모를 평가하면서 적절한 소비를 통해 살림을 일구고, 그 혜택이 종친과 친정에까지 두루 미칠 수 있었던 덕목을 부각했다. 또한 아들 교육에 힘써 자신의 능력을 드러냈다고 하여 김유인을 어머니로서의 존재감을 완성한 인물로 묘사했다.

> 우리 아버지는 생활력이 좋으셨고 어머니는 힘을 다해 베를 짜서 협조하여 집안을 세울 수 있었습니다. (…중략…) 집안의 방과 부엌에는 먼지나 때, 악취와 더러움이 조금도 남은 적이 없었습니다. 타고난 성품이 자상하게 베푸는 것은 좋아하셨지만 도리가 아닌데도 구하고 기대는 자에 대해서는 엄하게 하여 온화한 표정이나 좋은 말을 건네지 않으셨습니다.[43]

유인 조씨(1851~1880)는 조긍섭의 벗인 이적우(李績雨, 1876~1940)의 모친으로, 이적우가 5세 때 죽었다. 심재는 조씨가 자신의 어머니와 거의 비슷하다고 하면서 남다른 소회를 밝혔다. 조씨는 부지런히 베를 짜서 살림에 보탰으며 매사에 부지런했다. 심재는 본래 아내의 성품으로 유순함을 높이 평가했는데, 여기서는 무조건적인 유순함과 조화로움이 아니라 도리에 맞는지 스스로 판단하고 과단성 있게 행동하는 여성의 모습을 부각하고 있다. 무리하게 요구하는 이에 대해서는 딱 잘라 거절하고 냉정하게 대하는 것이 오히려 법도에 맞는 것이라고 본 것이다.

> 유인은 41세에 아들 하나를 두었는데 바로 재갑이다. 3년 후 남편을 잃자 유인은 애통함을 참고 아들을 길렀는데, 손가락은 성한 구석이 없었고 땅바닥에는 흘린 곡식이 없을 정도로 고생하며 울기를 반복하면서 장성하도록 했다. 게다가 양식을 후하게 준비하여 글방 선생에게 보내 그 배우고 익히는 비용으로 삼으니 사람들로 하여금 '박씨에게 훌륭한 후손이 있을 것이로

다.'라고 칭찬하도록 만들었다. (…중략…) 애초에 시집왔을 때에는 작은 집이 적막하였고 솥 하나와 표주박 하나뿐이었지만 근심하고 탄식하는 마음을 한 번도 가져본 적이 없었다. 성품이 단정하고 깨끗하여 의롭지 않은 물건이 있으면 털끝만치도 취하지 않았다. 길쌈을 잘하여 매번 한 필을 만들어 팔아 그 번 것으로 쌀과 소금을 마련하고 논밭을 샀다. 남편이 죽자 혼절하고는 따라 죽고자 하였는데, 시어머니와 어린 자식 때문에 애써 그로 인해 살았다. 고생하며 일하고 절약한 세월이 수십 년이어서 제법 저축한 것이 있었는데, 이에 시어머니 상에 예를 다해 보내드리고 선대의 무덤에 의장(儀仗)으로 쓰는 물건을 빠짐없이 갖추어 주었으며, 후손이 없는 시댁 식구와 자매를 위해 후사를 구해 뒤를 이어 주고 전지를 떼어 도와주었다. (…중략…) 정숙하고 총명하면서도 인자하여, 부덕을 온전히 갖추었네. 아내의 도는 이름이 없는 것인데, 게다가 남편 역시 현명하였네. 아들과 손자 있으니, 복을 누릴 것이고 봉록을 받을 것이네. 우뚝한 돌이여, 그 아래 쌍옥이 묻혀 있다네.[44]

유인 정씨(1858~1932) 역시 부지런하게 일하고 길쌈을 하여 생계를 유지하고 논밭을 사서 재산을 일군 인물이다. 44세에 남편을 잃고 75세에 세상을 떠날 때까지 남편 대신 살림을 일구고 자식을 교육하는 데 힘썼다. 애쓰며 평생 저축한 재산은 아끼지 않고 자식을 교육하고 병들고 가난한 이들을 위해 베풀어주었는데, 심재는 정유인의 정숙함과 총명함[貞淑敏惠]을 큰 덕목으로 꼽고 있다. 남편이 일찍 죽어 가장의 역할을 해야 했던 정씨에게 생계를 위해 민첩하고 지혜롭게 매사 스스로 결정하는 능력은 생존을 위한 덕목이었을 것이다. 이는 앞서 유순함으로 남편의 뜻을 따르는 부덕의 내용과는 차이를 보인다.

5. 교화의 당위적 가치와 현실적 요청

심재는 교화의 방편으로 열절(烈節)을 행한 전범적 여성에 대한 글을 썼지만, 무조건적이고 희생적 행위에 대해서는 적극적 평가를 유보하고 있다. 〈최효부 권씨 여표비〉[45]에서 심재는 신체를 훼손하는 행위에 반대하고 있다. 권씨는 시아비의 병이 낫지 않자 자신이 대신하기를 빌며 기도했는데, 꿈에 신선이 나타나 인육으로 치료할 수 있다 하자 허벅지살을 베었다. 때마침 부엌에 비둘기가 스스로 날아와 함께 국을 끓여 드리자 시아버지의 병이 나았다. 심재는 신체훼상은 모든 사람에게 권면할 것은 아니라고 하면서, 다른 방법이 없는 어쩔 수 없는 상황에서 용인할 수 있는 정도라고 선을 그었다. 또한 비둘기가 스스로 부엌에 들어온 것과, 이를 먹고 병이 완치된 비일상적 이적이 부모나 시부모에게 불순하는 자가 듣고 두려워하게 할 목적이라면 권하는 것이 옳다고 밝히고 있다. 심재에게 효와 열, 의는 세태를 교화할 상징으로서 존재하는 가치로 보여진다.

상징적 질서가 바로잡힌 세계를 구현하기 위해 근대유학자 심재는 여성의 교화를 강조하고 있지만, 기본적으로는 가장을 중심으로 기본적인 생계가 해결되고 남편과 아내, 시부모와 며느리, 친족과 가문, 이웃이 조화로운 상태를 지향했던 것으로 보인다. 다음 예문은 〈선고 소리재 부군 행략〉(1911)이다.

> 젊어서부터 가난에 곤궁하여 부모를 섬기고 처자를 돌보는 일을 하느라고 비천한 기예에 능하지 못한 것이 없었다. 짚신을 삼고 자리를 짜고 새끼를 꼬는 등의 일로 손이 한가할 때가 없었으나 수고롭게 여기지 않았다. 보는 사람들이 부군의 근면함과 노고를 탄식하였으나 부군께서는 성품인 것처럼 편안해 하였다. 어버이가 계실 때, 혹 남의 술자리에 가게 되면 돌아올 때는 생선이나 고기 등 맛있는 음식이 손에 들려 있지 않은 적이 없었다. (…중략…) 자신의 생활은 매우 절제하고 검약하였는데, 홀로 계실 때는 밤

이라도 등불을 켠 적이 없었고, 한 벌의 솜옷으로 겨울을 지냈으며, 곡식 한 톨이나 떨어진 자리라도 버리지 못하게 하셨다. 항상 김모재(金慕齋)의 말을 외우며, "성인의 마음은 세밀하다. 그러나 널리 사랑하고 기쁘게 베풀어 비록 집안이 매우 가난해지더라도 남에게 주는 마음은 없어진 적이 없다."라고 하였다. 만년에는 불초한 내가 문장 짓는 것에 종사하였기 때문에 글을 지어준 대가로 받은 폐백이 상자에 가득차기도 하였는데, 친척이나 친구들의 길흉사에 필요한 것이 있으면 문득 흩어서 베풀어주어 하루도 쌓아두게 하지 않으셨다.[46]

심재의 부친 소리재(素履齋) 조병의(曺柄義, 1842~1911)는 가난한 살림살이에 평생 절약하면서 부모를 봉양하고 처자식을 돌보기 위해 새끼 꼬고 짚신 삼는 등의 노동을 한 것으로 보인다. 심재 역시 문장을 지어준 대가로 폐백을 받은 것이 상당하여 어느 정도 생계에 보탬이 되었던 듯한데, 그는 생계를 위한 노동의 소중함에 대해 잘 인식했던 것 같다. 그리하여 심재는 주변 사람들이 '힘들게 애쓴다고 탄식[歎其勤苦]'했지만 자신의 노동에 대해 대수롭지 않게 편안히 여긴 부친의 태도를 높이 평가하고 있다. 〈지암 김처사 묘지명〉(1918)에도 생계를 해결하기 위해 집에서 멀리 떨어진 곳까지 가서 글방 훈장을 하는 처사 김태민(金泰玟)의 이야기가 소개되고 있다.[47] 어머니를 위해 거처의 온도를 살피고 미리 어부들에게 부탁해 생선을 구해 돌아가는 김처사의 모습을 그리면서 심재는 기본적인 생계가 유지되어야 일상의 소박한 즐거움이 영위될 수 있다는 점을 중요하게 다루었다.

심재는 지금의 현실이 이상적이고 도덕적 여성의 전범을 받아들이기 쉽지 않음을 잘 알았기에, 전범적 행위의 실천이 얼마나 어려운 일인지 부각해 언급했다. 그럼에도 불구하고 인륜적 파행과 이로 인한 국가적 위기를 절실하게 인식했기 때문에 도가 쇠퇴하는 세상을 방어할 장치로 효열에 관한 기술 활동을 계속했다.

그러나 한편으로는 어려운 시대를 헤쳐 나갈 현실적인 문제 해결은 상징세계의 질서를 바로잡는 것만으로는 역부족이라는 사실 역시 잘 인식하고 있었다. 그는 여성, 특히 홀로 된 여성이 이러한 가장으로서의 책임을 맡게 되었을 때 겪는 어려움에 대해 누구보다 잘 이해하고 이들이 힘들게 이룬 성취를 부각했으며, 이것이 더 큰 파급효과를 가져올 것으로 기대했던 것으로 보인다. 베를 짜고 길쌈하며 전답을 사서 경영하는 경제적 주체로서의 여성에게는 유순함만을 미덕으로 강요하기 어렵다. 실제 삶에서는 총명하고 민첩하며 도리에 맞지 않는 경우에는 과단성 있게 주장을 관철시키는 여성이 요청되었던 것이다.

심재는 가장으로서의 여성의 역할을 간과하지 않았고, 가장으로서 필요한 덕목도 부분적으로 인정하고 있었다. 이는 부모와 남편에게 순종하는 것을 부덕으로 삼는 유자들의 여성 인식과도 차이가 있으며, 『일사유사(逸士遺事)』에서 '그저 앞에서 '남편'이 '국가'가 하는 것대로 무조선 '따르면서 희생적인 삶을 살고 있으라고 말'[48]한 언론인 장지연의 태도와도 차이가 있다. 한말 근대 전환기 유학자로서 심재는 나름의 현실 인식을 지니고 여성을 형상화하여 유학자로서의 소임을 다하기 위해 노력했다고 평가된다.

▸ 주

* 이 글은 『동양한문학연구』(2017, 동양한문학회)에 실린 「심재(深齋) 조긍섭(曺兢燮)의 여성인식 연구」를 본서의 출판 방향에 맞추어 약간 수정한 것이다.

1 이주연, 「심재 조긍섭의 고문론 연구」, 이화여대 석사논문, 1998, 1면.

2 황명환, 「근대전환기 한시의 『논어』 수용 양상과 그 의미 - 향산 이만도와 심재 조긍섭을 중심으로」, 경북대 석사논문, 2015, 14면.

3 조긍섭의 생애와 행적에 관련한 정보는 강동욱, 「深齋 曺兢燮의 學問性向과 文論」, 경상대 박사논문, 2000 ; 이주연, 앞의 논문, 1998 ; 황명환, 위의 논문 참조.

4 조긍섭의 저술은 『深齋集』과 『巖棲集』으로 묶여 있는데, 이에 대한 비교는 강동욱, 앞의 논문, 70~71면 참조.

5 조긍섭, 「困言」, "今之言愛國者曰, 學外人而後, 國家存. 服其服, 行其行, 擧其治而從之, 國之亡也, 久矣. 而安所愛而存之.", 『深齋先生文集』 14권, 221면, 밑줄 필자.

6 "奇之不可以好也, 好奇者悅新, 悅新者輕舍舊, 輕舍舊者至喪其本心, 而不自知矣." 위의 글, 221면, 밑줄 필자.

7 조긍섭, 〈윤교우 주하에 대한 만사[挽尹膠宇 胄夏]〉, 김홍영 역, 『암서집』 1, 부산대학교 점필재연구소, 2013, 387면, 『암서집』 3권, 『한국문집총간』 350, 355면. 밑줄 필자.

8 1876~1910년 국내외 정세와 주요사건에 대해서는 박도, 『개화기와 대한제국』, 눈빛출판사, 2012 참조.

9 조긍섭, 〈권자신 욱연에게 답함 신유년[答權子信 頊淵○辛酉]〉, 남춘우 · 정석태 역, 『암서집』 4, 부산대학교 점필재연구소, 2014, 106~108면, 惟是邇年以來, 道術與世並壞, 遐方僻壤非所有, 亡者固無足論, 卽如文明本原之地, 駸駸然胥溺而至於用夷. 以此窮居竊歎, 深恐一脉之墜地, 維持之無人. 『암서집』 11권, 『한국문집총간』 350, 164면.

10 딸에게 주는 제문[祭亡女文](1930)(차미희 외 4인 역, 『19세기 · 20세기 초 여성생활사 자료집』 9, 보고사, 2013, 307~309면, 445면.)에서 자신의 운명을 탓하며 아이 일곱을 낳아 길렀으나 차례로 죽고 딸 두 명만 살아남아 시집가게 되었음을 언급했다. "余命途釁甚, 前後擧七男女, 而次第爲異物, 惟汝與汝姊, 幸得成立有室家, 其歸又皆得所." 『암서집』 25권, 『한국문집총간』 350, 401면.

11 심재가 수봉(壽峰) 문영박(文永樸, 1880~1930)과 빈번하게 교유하던 시기인 것으로 보아 정산(鼎山)으로 은거한 1914년(심재 나이 42세) 이후에 이 글이 지어졌을 것으로 추정된다.

12 문영박은 아버지 문봉성(文鳳成)을 도와 남평 문씨 세거지 인흥(仁興, 현재 대구광역시 달성군 화원읍)에 수봉정사(壽峰精舍)와 광거당(廣居堂)을 지어 학문 강론의 터전을 마련한 인물이다. 수만 권의 책을 모아 문중문고를 설치하기도 했는데, 이곳은 문인 학자들이 유숙하며 학문을 토론하는 아카데미이자 신학에 맞서 전통적 학문을 가르치는 사립학교의 기능을 겸하기도 했다. 조긍섭은 광거당의 누각 이름을 짓기도 했고 이곳에 머물며 수봉의 자제와 조카들을 가르치기도 할 만큼 수봉과 친분이 두터웠다.

13 조긍섭, 〈8월 18일에 셋째 딸이 태어나서 수봉에게 지어서 부치다[八月十八日 第三女生題寄壽峰]〉, 김홍영 · 정석태 · 김보경 역, 『암서집』 2, 부산대 점필재연구소, 2013, 231~232면, 『암서집』 4권, 『한국문집총간』 350, 55면. 밑줄 필자.

14 차미희 외 4인 역, 앞의 책, 307~309면.

15 위의 책, 321~325면.

16 조긍섭, 〈사직 정공 묘갈명[司直鄭公墓碣銘]〉, 정석태 역, 『암서집』 8, 부산대 점필재연구소, 2015, 114면, 金氏貫光州, 父曰叔孫. 狀亦曰爲婦爲母, 無不順適. 後公二年卒, 年五十五. 『암서집』 30권, 『한국문집총간』 350, 457면. 밑줄 필자.

17 조긍섭, 〈지암 김 처사 묘지명 무오년[志巖金處士墓誌銘戊午]〉, 정석태 역, 위의 책, 321면, 處士之配曰密陽朴氏致淑女, 有婦德, 能以處士之心爲心. 『암서집』 28권, 『한국문집총간』 350, 425면. 밑줄 필자.

18 조긍섭, 〈유인 구씨 묘표 을미년(孺人具氏墓表乙未)〉, 具氏通訓大夫 前 司諫院 正言然鎬之女而 族子相莘之妻也. 年十八以歸吾曺氏. 宜其有童心 促促然隨人作喜怒 而具氏不以然. 威儀閑習擧止甚不苟, 至於宅心參事恢然有法度承順. 『심재집 속집』 권6 묘표, 614면, 밑줄 필자.

19 조긍섭, 〈산동효자가 정유년(山東孝子歌 丁酉)〉, 김홍영 역, 앞의 책, 150~151면, 『암서집』 2권, 『한국문집총간』 350, 16면. 밑줄 필자.

20 〈박부군 정유인 묘갈명(朴府君鄭孺人墓碣銘)〉(차미희 외 역, 앞의 책, 336면.)의 정유인(1858~1932)은 박수영(朴壽榮)에게 시집갔으나 남편이 일찍 죽었다. 75세로 죽을 때까지 일찍 죽은 남편 대신 살림을 일구고 자식을 교육하는 데 힘썼는데, 조긍섭은 정유인의 훌륭한 행적이 일찍 죽은 남편 박수영이 모범을 보여서 가능했던 것이라고 역설했다.

21 조긍섭, 〈김창강에게 답함[答金滄江]〉, 남춘우 역, 『암서집』 3, 부산대 점필재연구소, 2013, 210면, 許生傳似是寓言, 未必有實事. 然其劈初出何不盜賊四字, 便是大錯. 一生讀書, 乃令妻孥角此惡口, 豈不抹撥. 且其不能化及一婦, 而以經綸天下自負, 非癡則妄. 此等處恐於文律極有礙. 『암서집』 8권, 『한국문집총간』 350, 113면. 밑줄 필자.

22 조긍섭, 〈윤씨 가문에 시집간 고모께 올리는 제문[祭尹氏姑文]〉, 차미희 외 역, 앞의 책, 304~305면, 我之失恃, 自未齔時, 時見吾姑, 如母之慈. 櫛髮線足, 無所不爲. … 閔我無養, 語及顰眉, 談古佐笑, 以得其怡. 粵歲歷候, 一宿而辭, 執裾不得, 泫然以洟. 旋愕病聞, 復聲繼之. 平生子視, 不能報絲. 念姑通敏, 百度無虧. 隣孤里婦, 待飽其飢. 我聞種善, 後祉多垂. 一世之短, 命何傷奇? 薄羞在豆, 不見下匙. 辭以告哀, 豈望其知!, 『암서집』 25권, 『한국문집총간』 350, 396면. 밑줄 필자.

23 조긍섭, 〈장모 박 유인에게 올리는 제문(1912)[祭外姑朴孺人文 壬子]〉, 남춘우, 정석태 역, 『암서집』 7, 부산대 점필재연구소, 2015, 359~362면, 嗚乎. 古稱婦人之德, 其類不一. 曰柔曰正, 所以爲妻也. 曰婉曰敬, 所以爲婦也. 愛而敎者爲母也, 慈而從者爲姑也, 凡此皆其行也. 紡織纂緝之工, 飮食澣濯之潔, 起居灑掃之勤, 古訓誦習之熟, 凡此皆其能也. 行與能無一闕焉然後, 爲婦德之全. 古之人遠矣, 以吾所聞見, 若孺人者豈不可以當之而無愧乎哉. … 惟弊家最近而貧, 近故數來視. 貧故不能久留. 然方其來則不惟吾妻之母之也, 卽一家之人咸亦母之. 箱籠間無久蓄之線, 引綿之車不停聲也, 小兒之臥席包襁, 未嘗有便溲跡也, 案楪有寒羹瘠魚, 卽瞿瞿然不能下箸也, 及歸則必以衣布之材自隨. 不肖自娶婦來, 身未嘗衣麁惡補綴之服, 不似窶人者, 實孺人之力, 而不知者以爲得內助也. … 生我吾父, 愛則孺人. 一朝而盡, 朽立何爲. 拄杖有時, 凝望矯首, 聲容渺渺, 寸地天涯. 山恩海慈, 欲報何所. 『암서집』 25권, 『한국문집총간』 350, 396면. 밑줄 필자.

24 심재가 쓴 여성 대상 제문은 모두 4편인데, 각각 장모와 둘째딸, 고모, 조카딸에 대한 것이다.

25 7편의 제목은 다음과 같다. 〈표씨 어머니 김유인 묘지명[表母金孺人墓誌銘]〉, 〈이씨 어머니 조유인 묘표[李母趙孺人墓表]〉, 〈김씨 어머니 이유인 묘지명[金母李孺人墓誌銘]〉, 〈이씨 어머니 서유인 묘갈명[李母徐孺人墓碣銘]〉, 〈김군 어머니 이의인 61세 수서[金母李宜人六十一壽序]〉, 〈문씨 어머니 이유인 60수서[文母李孺人六十壽序]〉, 〈정씨 어머니 하유인 묘지명[鄭母河孺人墓誌銘]〉

26 조긍섭, 〈이씨 어머니 서유인 묘갈명 을축[李母徐孺人墓碣銘 乙丑]〉, 차미희 외 역, 앞의 책, 334~335면, 男卽承機, 知名士友間. 女三人適高龍柱朴魯信文濟良. 以某月日葬于和順郡二西面長福洞負坤之原, 權厝也. 『암서집』 31권, 『한국문집총간』 350, 469면. 밑줄 필자.

27 조긍섭, 위의 글, 밑줄 필자.

28 조긍섭, 〈김군 어머니 이의인 61세 수서[金母李宜人六十一壽序]〉, 차미희 외 역, 앞의 책, 299~301면, 金君章叟將壽其太宜人晬辰, 頗求詩於所識, 而要余爲之序. 余之不爲壽言久矣, 而於君不能辭, 則以賢之乎太宜人也. 太宜人之行, 不出乎閨壼, 曷賢之乎? 以子賢也. 曷賢乎其子? 君之賢, 鄕里稱誦之, 而余知之尤深. 『암서집』 19권, 『한국문집총간』 350, 306면. 밑줄 필자.

29 조긍섭의 부친 조병의(曺柄義, 1842~1911)는 경전(經傳)이나 사서(史書) 외에는 일체 공부하지 못하게 했고, 강학계(講學稧) 규약을 마련하여 가문의 전통 교육에 힘썼다. 1906년 이후 사립학교 설립이 본격화되면서 신학(新學)이 유행하여 군에 학교가 설립되자 반발하여 온 고을에 통고(通告)를 시도하기도 했다.

30 19세기 여성 효열 담론에 관해서는 강성숙, 「19세기 여성 孝烈 담론 일고찰」, 『한국고전여성문학연구』 26집, 한국고전여성문학회, 2013, 55~93면 ; 김기림, 「19세기 이후 효열부 담론의 양상과 의미 - 19세기말, 개화기를 중심으로」, 『동양고전연구』 58집, 동양고전학회, 2015, 142~172면 참조.

31 『동아일보』 1929년 10월 25일자 사설에서는 "작년도 통계에 의하면 조선에서 결행된 이혼건수가 8220여라 한다. (…중략…) 소위 유산지식계급에서는 남성이 여성을 이혼하고 무산하류계급에서는 여성이 남성을 이혼한다."고 하여 이혼 증가 문제를 다루고 있다. 『조선총독부 통계연보』에 따르면 1917년 이혼 건수는 1만 542건으로 일제강점기 최고를 기록했다고 한다. 김경일, 『근대의 가족, 근대의 결혼』, 푸른역사, 2012.

32 개화기 규방가사에 나타난 여성담론에 대해서는 고순희, 「개화기 가사를 통해 본 여성담론의 전개양상과 특성」, 『한국고전여성문학연구』 10, 한국고전여성문학회, 2005, 201~229면 참조.

33 서경희, 「구여성의 소설 〈고씨효절록〉 연구」, 『한국고전여성문학연구』 10, 한국고전여성문학회, 2005, 398면.

34 남편을 따라 순절하지 않고 시부모를 봉양하고 시동생과 그 소생까지 양육한 유인 최씨는 문면에서 '열부(烈婦)'로(⑩〈유인 최씨 묘갈명〉), 병에 걸린 시부모를 20년간 봉양하고 피를 내어 남편을 살린 유인 하씨는 '효부(孝婦)'(㉘〈정씨 어머니 하유인 묘지명〉)로 지칭하며, ⑫〈≪광산김씨삼강록≫ 뒤에 쓰다〉의 박씨는 죽은 남편을 따라 자결하여 '열부'로 지칭된다. 남편의 병을 대신하기를 빌며 자결하거나[③〈열부 정씨 정려 상량문〉] 죽은 남편을 따라 자결하는 열부[⑫〈≪광산김씨삼강록≫ 뒤에 쓰다〉, ⑤〈열부 공인 박씨 정려비〉, ⑥〈열부 이씨 묘갈명〉, ⑭〈조열부 정씨 비문〉, ⑯〈이씨 집안의 열부 성씨전〉, ⑲〈손씨 집안의 절부 안씨와 열부 이씨 합전〉]와 함께 시부모 봉양과 후사를 위해 살아남아 정절 훼손의 위험 속에서도 살림을 경영한 절부[④〈효열각 상량문〉, ⑮〈김유인 이씨 효열록 서〉, ⑲〈손씨 집안의 절부 안씨와 열부 이씨 합전〉, ㉔〈이씨 집안의 절부 강씨 묘표〉], 시아버지의 병을 대신하고자 허벅지 살을 벤 효부[㉒〈최효부 권씨 여표비〉], 정절모해를 밝히기 위해 자결한 열부(⑦〈조씨 집안의 열부 염씨전〉), 남동생을 구하고 불에 타 죽은 의인(⑰〈의로운 누이 이랑 묘비 준수 고유문〉)이 그 대상이다.

35 조긍섭, 〈열부 정씨 정려 상량문 을사년([烈婦鄭氏旌閭上樑文 乙巳]〉, 남춘우・정석태 역, 『암서집』 7, 부산대 점필재연구소, 2015, 220~227면, 『암서집』 24권, 『한국문집총간』 350, 383면. 밑줄 필자.

36 김경미, 「개화기 열녀전 연구」, 『국어국문학』 132, 국어국문학회, 2002, 208~209면.

37 근대가 남녀평등의 이념하에 여성해방을 전면에 내세웠지만 실제로는 중세와는 또다른 차원의 여성 억압을 만들어냈다. 제국주의 통치세력이나 민족주의 집단이 공통적으로 가족의 영역 내에 어머니와 아내로서의 지위만 인정받도록 한 것이다. 고미숙, 「담론의 풍경: 한국의 근대성, 그 담론적 배치에 대한 계보학적 탐색(서설)」, 『근대전환기 여성담론』, 한국고전여성문학회 제13차 학술발표회 요지집, 2004, 8면.

38 조긍섭, 〈정씨 어머니 하유인 묘지명[鄭母河孺人墓誌銘]〉, 차미희 외 역, 앞의 책, 321~325면, 孺人歸則舅若姑俱嬰篤疾, 凡起居運用視聽, 必以孺人爲手足耳目. 溫凊之宜, 甘酸之調, 以孺人爲身口, 而孺人亦惟以舅姑爲心, 珍異之饌, 未嘗不預具而時進也, 毒穢之藥, 未嘗不先嘗也. 唾涕之遺, 未嘗不手除也. 蓋二十年如一日, 以是而推於夫, 則承順無違. 嘗取指血以療久瘧. 以是而推於私親則於本生舅姑, 候問無曠日, 終身不得歸寧. 而信命贈遺必以時, 以是而推於家庭, 則娣姒和宗族悅臧獲懷. … "孝固難, 婦人而孝於舅姑尤難, 孝於舅姑而能不渝於久遠, 不衰於子婦尤甚難. 今河氏旣能其甚難者, 如之何不稱之曰孝婦." 『암서집』 28권, 『한국문집총간』 350, 426면. 밑줄 필자.

39 조긍섭, 〈의로운 누이 이랑 묘비 중수 고유문[義姊李娘墓碑重竪告由文]〉, 위의 책, 302~303면, 『암서집』 25권, 『한국문집총간』 350, 391면.

40 조긍섭, 〈조씨 집안의 열부 염씨전(曺烈婦廉氏傳)〉, 위의 책, 347~352면, 『암서집』 35권, 『한국문집총간』 350, 526면.

41 조긍섭, 〈박부군 정유인 묘갈명(朴府君鄭孺人墓碣銘)〉, 위의 책, 336~339면, 『암서집』 32권, 『한국문집총간』 350, 492면.

42 조긍섭, 〈표씨 어머니 김유인 묘지명[表母金孺人墓誌銘]), 奢儉以稱, 和宗善里, 以戢僮指. 施徧黨族于私親篤爲家, 能集教子使立揚其根林, 以食菑畬在. 『심재집 속집』 권5 묘지명, 591면, 밑줄 필자.

43 조긍섭, 〈이씨 어머니 조유인 묘표[李母趙孺人墓表]〉, 차미희 외 역, 앞의 책, 340~343면, 吾父善治生, 先妣能竭力機杼, 助而有立. … 以至堂室厨竈之間, 塵垢臭穢, 未嘗毫髮留焉. 性喜慈施, 然至以非道求附者, 凜然不借色辭. 『암서집』 33권, 『한국문집총간』 350, 502면. 밑줄 필자.

44 조긍섭, 〈박부군 정유인 묘갈명(朴府君鄭孺人墓碣銘)〉, 위의 책, 336~339면, 盖孺人以四十一擧一男卽在甲. 居三歲而喪府君, 孺人忍痛鞠孤, 指無完膚, 土無遺粒, 辛勤呴覆, 以底成立. 又以重饟延塾師, 資其學習, 使人稱朴氏有後. … 始歸斗屋蕭然, 惟一鼎一瓢, 而未嘗有戚嗟意. 性端潔, 物有涉非義者, 雖一毫不取. 工織紝, 每市成一匹, 以其贏供米鹽買土田. 及喪府君, 頓絶欲隨殞, 而以尊姑及稚子, 勉而從生. 勤苦節約數十年, 頗有積蓄, 於是送姑喪以禮, 具先世墳墓儀物無闕, 爲父家及姊妹之無後者, 乞嗣以續而割田以贍之. … 貞淑敏惠, 婦德之全. 妻道無成, 矧夫亦賢. 有子有孫, 宜福宜祿. 崔崔者石, 下薶雙玉. 『암서집』 32권, 『한국문집총간』 350, 492면. 밑줄 필자.

45 조긍섭, 〈최효부 권씨 여표비(崔孝婦 權氏 閭表碑)〉, 余惟刲股之事, 自昌黎晦翁皆未之許. 而至我東濯纓栗谷諸賢則, 以爲可行, 雖退陶之論或可或不可, 欲人擇而行之. 然此特爲不可. 以是率人爾, 苟世之篤於親者, 斷而行之, 卒獲其利, 其誰以毁傷體膚, 議其非孝. 且朱子以有所爲, 而爲并廬墓而言之, 以爲不可. 苟無所爲而爲則, 世未有以廬墓爲非孝, 況不愛尺寸之膚, 以回所天之命乎. 栗谷則謂如有神醫如華扁者以爲可則, 可行, 然華扁不世有, 而疾不可不治則, 邂逅感激而行之亦容. 有所不能已者, 若孝婦則, 又有

鬼神告之矣. 醫而神尙可以從則, 鬼而神者, 寧不可以聽耶. 故如昌黎斷以爲不可, 濯纓之斷以爲可, 固皆執一之論, 必若無所爲, 而爲以利其親, 世有行者, 雖朱子亦當歸之以孝則. 如權氏事是已. 或曰然則今之表權氏者 將以爲人人勸歟. 曰非勸乎人人也. 亦揭其異而已, 揭之而世之不順父母舅姑者, 聞之惕然, 而知懼焉. 雖曰勸可也. 『심재집 속집』 권5 비, 589면. 밑줄 필자.

46 조긍섭, 〈선고 소리재 부군 행략 신해년[先考素履齋府君行畧 辛亥]〉(1911), 김홍영, 남춘우 역, 『암서집』 9, 부산대점필재연구소, 2015, 243~244면, 自少困於貧窶, 爲事育之故, 於鄙藝無不能之. 如捆屨織席合繩等事, 手無閒時, 而不以爲勞. 見者歎其勤苦, 而府君安之若性. 親在時或爲人赴醵會, 及還則鮮腥旨甘之物, 未嘗不在手焉. … 自奉甚撙約, 獨處夜未嘗點燈, 一絮衣以竟冬, 至於顆粒弊簞, 不使遺棄. 常誦金慕齋之言曰聖人心細, 然汎愛喜施, 雖家至屢空, 而與人之心未嘗忘. 晩年以不肖從事觚墨, 修潤之贄, 或至盈篋, 親戚知舊有吉凶之須, 輒散而施之, 未嘗使有一日之積. 『암서집』 34권, 『한국문집총간』 350, 524면. 밑줄 필자.

47 조긍섭, 〈지암 김처사 묘지명 무오년(志巖金處士墓誌銘 戊午)〉, 정석태 역, 앞의 책, 111~115면, 『암서집』 제28권, 『한국문집총간』 350, 425면.

48 서신혜, 「『逸士遺事』 여성 기사로 본 韋庵 張志淵의 시각, 그 시대적 의미」, 『한국고전여성문학연구』 제8집, 한국고전여성문학회, 2004, 240면.

참고문헌

曺兢燮, 『巖棲集』, 『한국문집총간』 권350, 한국고전종합DB, 한국고전번역원, http://db.itkc.or.kr/

曺兢燮, 『深齋先生文集』, 한국문집편찬위원회, 韓國歷代文集叢書, 서울: 景仁文化社, 1999.

김홍영 외 3인 역, 『암서집』 1~9, 부산대학교점필재연구소, 2013~2015.

차미희 외 4인 역, 『19세기 · 20세기초 여성생활사 자료집』 9, 보고사, 2013, 1~467면.

『동아일보』, 한국언론진흥재단 고신문 http://www.bigkinds.or.kr/mediagaon/goNewsKeyword.do

강동욱, 「深齋 曺兢燮의 學問性向과 文論」, 경상대 박사논문, 2000, 1~173면.

강성숙, 「19세기 여성 孝烈 담론 일고찰」, 『한국고전여성문학연구』 26집, 한국고전여성문학회, 2013, 55~93면.

고미숙, 「담론의 풍경: 한국의 근대성, 그 담론적 배치에 대한 계보학적 탐색(서설)」, 『근대전환기 여성담론』, 한국고전여성문학회 제13차 학술발표회 요지집,

2004, 1～9면.
고순희, 「개화기 가사를 통해 본 여성담론의 전개양상과 특성」, 『한국고전여성문학연구』 10, 한국고전여성문학회, 2005, 201～229면.
김경미, 「개화기 열녀전 연구」, 『국어국문학』 132, 국어국문학회, 2002, 187～211면.
김경일, 『근대의 가족, 근대의 결혼』, 푸른역사, 2012, 1～479면.
김기림, 「19세기 이후 효열부 담론의 양상과 의미 - 19세기말, 개화기를 중심으로」, 『동양고전연구』 58집, 동양고전학회, 2015, 142～172면.
민족문화연구소 편, 『한말 영남 유학계의 동향』, 영남대학교출판부, 1998, 1～662면.
박도, 『개화기와 대한제국』, 눈빛출판사, 2012. 1～672면.
서경희, 「구여성의 소설 〈고씨효절록〉 연구」, 『한국고전여성문학연구』 10, 한국고전여성문학회, 2005, 397～432면.
서신혜, 「『逸士遺事』 여성 기사로 본 韋庵 張志淵의 시각, 그 시대적 의미」, 『한국고전여성문학연구』 제8집, 한국고전여성문학회, 2004, 221～245면.
이주연, 「심재 조긍섭의 고문론 연구」, 이화여대 석사논문, 1998, 1～190면.
이철, 『경성을 뒤흔든 11가지 연애사건』, 다산초당, 2008, 1～332면.
황명환, 「근대전환기 한시의 『논어』 수용 양상과 그 의미 - 향산 이만도와 심재 조긍섭을 중심으로」, 경북대 석사논문, 2015, 1～111면.

필자 약력 (가나다순)

강성숙

- 이화여자대학교 국어국문학과 졸업, 동 대학원에서 구비문학으로 박사학위 취득
- 주요 연구 성과 : 『19세기 · 20세기초 여성생활사 자료집』(공역, 2013), 「구비설화에 나타난 노인 주체의 욕망」(2015), 「업신(神) 설화의 종교 경험적 의미와 여성」(2014), 「조선후기 일상생활의 장에서 남/녀 젠더 차이의 간극과 교섭」(2013), 「효행설화연구」(2012)
- 현재 인제대학교 교양학부 조교수

김경미

- 이화여자대학교 국문과 졸업, 동대학원에서 고전문학으로 박사학위 취득
- 주요 연구 성과: 『19세기 소설사의 새로운 모색』(2011), 『家와 여성』(2012), 『노년의 풍경』(공저, 2014), 『19세기 소설의 사랑』(공역, 2003), 『17세기 여성생활사 자료집』 1(공역, 2006), 『금오신화』(2009), 『자기록』(2014)
- 현재 이화여자대학교 이화인문과학원 HK교수

김기림

- 이화여대 국문과에서 한문학 전공. 문학 박사
- 주요 연구 성과 : 『17세기 여성생활사 자료집4』(공역, 2006), 『18세기 여성생활사 자료집』 3(공역, 2010), 『19세기 20세기초 여성생활사 자료집』 2(2013), 「19세기 이후 효열부 담론의 양상과 의미」(2015), 「송사 기우만의 시세계 고찰」(2015), 「상소문의 서술전략과 논증적 글쓰기에 있어서의 활용방안 모색」(2016), 「호남의 사열전의 서술 방식 및 의의에 대한 고찰」(2016)
- 현재 조선대학교 기초교육대학 교수

김남이

- 이화여자대학교 국문과 졸업, 동 대학원에서 한문학으로 박사학위 취득
- 주요 연구 성과: 「燕巖이라는 고전의 형성과 그 기원」, 「조선 전기 지성사의 관점에서 본 사화(史禍)」, 『역주 점필재집』(공역, 2016), 『근대 수신교과서』(공역,

2011), 『18세기 여성생활사 자료집』(2010)
- 현재 부산대학교 한문학과 교수

김현미
- 이화여자대학교 국문과 졸업, 동대학원에서 한문학으로 박사학위 취득
- 주요 연구 성과: 『19세기 · 20세기 초 여성생활사 자료집』 4, 5집(역서, 2013), 『18세기 연행록의 전개와 특성』(저서, 2007), 「18세기 한문 산문 연행록 속 '풍속' 요소의 인지와 범주」(2016), 「연행록의 계보적 독해」(2016), 「19세기 · 20세기 초 문인들의 제 망녀문(祭亡女文) 속에 드러난 애도(哀悼)」(2015), 「19세기 선비행장(先妣行狀)류 글에 형상화된 어머니의 가르침」(2014), 「『直菴集』 소재 子女敎育文 연구 - 18세기 가문교육 실상 보기의 일환으로」(2013)
- 현재 한국학중앙연구원 전임연구원

홍인숙
- 이화여대 국문과 졸업, 동대학원에서 한문학으로 박사학위 취득
- 주요 연구성과: 「일제 식민지 시대 열녀 담론 연구」(2016), 「〈자기록〉에 나타난 관계성 서술방식의 의도와 효과」(2016), 「근대 척독집을 통해 본 '한문 교양'의 대중화와 그 의미」(2015), 「근대 척독집의 변전과 그 의미 - 〈신체미문 시문편지투〉를 중심으로」(2015), 「1920~30년대 근대 척독집 소재 여성 서간에 나타난 젠더의식과 그 의미」(2014), 「조선시대 한글 간찰(언간)의 여성주의적 가치에 대한 재고찰 시론」(2014)
- 현재 선문대학교 교양학부 조교수

황수연
- 연세대학교 국문과 졸업, 동대학원에서 한문학으로 박사학위 취득
- 주요 연구 성과: 「김씨 부인 상언의 글쓰기 전략과 수사적 특징」(2015), 「한말 도학파의 여성담론 - 간재 전우를 중심으로」(2014), 「19세기 사족 여성의 빈곤 경험과 대처에 관한 연구」(2014), 『19세기 · 20세기 초 여성생활사 자료집』 7, 8집(역서, 2013)
- 현재 홍익대학교 교양과 초빙교수

경계에 선 유교 지식인의 여성 담론

초판 1쇄 인쇄 2017년 3월 13일
초판 1쇄 발행 2017년 3월 20일

엮은이 한국고전여성문학회
펴낸이 박성복
펴낸곳 도서출판 월인
주소 01047 서울특별시 강북구 노해로25길 61
등록 1998년 5월 4일 제6-0364호
전화 (02) 912-5000
팩스 (02) 900-5036
홈페이지 www.worin.net
전자우편 worinnet@hanmail.net

ISBN 978-89-8477-632-6 93810

값은 뒤표지에 있습니다.